Kohlhammer

Jochen Brandtstädter

# Entwicklung – Intentionalität – Handeln

Verlag W. Kohlhammer

Die Deutsche Bibliothek – CIP-Einheitsaufnahme

Brandtstädter, Jochen:
Entwicklung, Intentionalität, Handeln / Jochen Brandtstädter. – Stuttgart ;
Berlin ; Köln : Kohlhammer, 2001
ISBN 3-17-017104-6




Verlagsort: Stuttgart
Umschlag: Gestaltungskonzept Peter Horlacher
Gesamtherstellung:
W. Kohlhammer Druckerei GmbH + Co. Stuttgart
Printed in Germany

# Inhalt

# Vorwort

Dieses Buch handelt von Entwicklung, von intentionalem Handeln, und von der Verbindung beider Aspekte in einem Prozeß, für den ich den etwas umständlichen Begriff „intentionale Selbstentwicklung“ gewählt habe. Die zentrale These des Buches läßt sich auf eine knappe Form bringen: Intentionales Handeln ist einerseits ein Entwicklungsprodukt, andererseits ein treibender Prozeß der Entwicklung. Diese These impliziert eine zweite: Menschliche Entwicklung ist ein selbstreferentieller Prozeß – ein Prozeß, in dem die Person die Fähigkeiten und Bereitschaften entwickelt, sich und ihre Entwicklung selbst zu gestalten. Beide Thesen haben eine bedeutsame theoretische Konsequenz: Menschliche Entwicklung über die Lebensspanne, eingeschlossen auch die Prozesse des Alterns, kann nicht angemessen bestimmt werden ohne die Berücksichtigung der Selbstentwürfe, in denen die Person sich und ihre vergangene, gegenwärtige und zukünftige Entwicklung repräsentiert und konstruiert. Die Bedingungen der Entwicklung, Änderung und Realisierung dieser Selbstentwürfe sind allerdings ihrerseits nicht durchweg der persönlichen Kontrolle zugänglich: Intentionales Handeln hat stets einen nichtintentionalen Hintergrund und unterliegt kulturellen, historischen und naturgesetzlichen Bedingungen, die Handlungsspielräume zugleich erweitern und begrenzen.

Selbstverständlich ist die Annahme, daß der Mensch den Gang seiner Entwicklung beeinflußt und gezielt mitgestaltet, nicht neu. Gerade in frühesten entwicklungspsychologischen Ansätzen ist Entwicklung wesentlich im Sinne von Selbstvervollkommnung und Selbstkultivierung verstanden worden. Handlungen und deren teils intendierte, teils unbeabsichtigte Wirkungen sind immer schon als treibende Elemente individueller Lebensgeschichten gesehen worden, allerdings kaum je in systematischer Weise in die theoretische Analyse integriert worden – d.h. in einer Weise, die dem Umstand Rechnung trägt, daß intentionale, selbstregulatorische Aktivitäten Bedingungen der menschlichen Ontogenese, zugleich aber selbst auch Entwicklungsresultate sind.

Es zeichnen sich in diesem Punkt jedoch neue Entwicklungen ab, und von diesen soll hier die Rede sein. Handlungstheoretische Perspektiven haben sich in den verschiedensten Bereichen der Psychologie durchgesetzt, und Konzepte handlungstheoretischer Provenienz (wie z.B. persönliche Ziele, Lebensthemen, Kontrolle, Kompensation, *self-guides*, Selbstwirksamkeit, *life planning*) sind zu Ausgangspunkten innovativer entwicklungspsychologischer Forschungsprogramme geworden. Auch allgemeine historisch-gesellschaftliche Entwicklungen haben dazu beigetragen, eine handlungstheoretische Entwicklungsperspektive zu fördern. Unter Bedingungen der Globalisierung von Produktions- und Kommunikationsprozessen, der Pluralisierung von

Lebensformen und der allgemein zunehmenden Geschwindigkeit von Innovationsprozessen haben normative Zeittafeln und Ordnungsstrukturen des Lebenslaufes an Bedeutung verloren; Entwicklung über die Lebensspanne erscheint zunehmend als ein eigenverantwortlich zu gestaltendes Projekt, wobei freilich auch Aspekte von Unsicherheit, Risiko und mangelnder langfristiger Planbarkeit hervortreten.

In den sieben Kapiteln dieses Buches geht es mir darum, diese Gesichtspunkte weiter zu entfalten und zu einer Gesamtperspektive zu integrieren, die der Entwicklungspsychologie neue und – wie ich meine – vielversprechende Aussichten eröffnet. Ein Fellowship am *Center for Advanced Study in the Behavioral Sciences*, Stanford/USA, bot mir während des akademischen Jahres 1998/99 Muße und Anregung, das Projekt voranzubringen. Dem Deutsch-Amerikanischen Akademischen Konzil danke ich für die finanzielle Unterstützung dieses Forschungsaufenthaltes. Die Deutsche Forschungsgemeinschaft unterstützte Forschungsvorhaben zur Entwicklung von Kontrollüberzeugungen im Erwachsenenalter und zu adaptiven Ressourcen im Alter, deren theoretische und empirische Ergebnisse in diesen Text eingeflossen sind. Frau Brigitte Goerigk-Seitz bin ich für die sorgfältige Betreuung und redaktionelle Optimierung des Manuskriptes sehr zu Dank verpflichtet.

Jochen Brandtstädter — Trier, April 2001

# 1. Handeln in der Entwicklung: Ansätze zu einer Handlungspsychologie der Ontogenese

Zu den weniger ergiebigen Veranstaltungen der neueren Entwicklungspsychologie gehören die wiederkehrenden programmatischen Debatten zur Frage nach dem für die Entwicklungspsychologie eigentlich geeigneten „Paradigma“. Mit ihrer Unterscheidung von mechanistischen und organismischen Entwicklungsmodellen haben Reese und Overton (1970) das Spektrum möglicher paradigmatischer Orientierungen abzustecken versucht; zwischenzeitlich sind neue Kandidaten – z.B. „kontextualistische“, „relationale“, „ko-konstruktionistische“ Paradigmen – in die Konkurrenz eingetreten (vgl. etwa Overton, 1998). Paradigmadebatten sind Symptome des Problems, zu dessen Lösung sie beitragen möchten: Sie sind Zeichen einer Unsicherheit in grundlegenden theoretischen Orientierungen und insofern charakteristisch gerade für Disziplinen, die sich noch in einem präparadigmatischen Entwicklungszustand befinden.

Dieses Buch wurde nicht in der Absicht geschrieben, den psychologischen Paradigmenzoo um eine neue Variante zu bereichern oder diese – mit dem Anspruch einer „präskriptiven Unifikation“ (Herrmann, 1979) der Psychologie – gar als einzig angemessene zu propagieren. Da das wissenschaftliche Projekt der Entwicklungspsychologie entschieden mehr interessante Fragen aufwirft, als sich im Rahmen einer einzelnen oder einheitlichen Theorieperspektive behandeln oder lösen lassen, scheint ein gewisser postmoderner Eklektizismus in Paradigmenfragen nicht unangemessen. Mein Projekt ist entsprechend bescheidener: Es soll eine theoretische Rahmenperspektive skizziert und ausgearbeitet werden, die handlungs- und entwicklungspsychologische Aspekte verbindet und die, kurz gesagt, den Umstand reflektiert, daß das sich entwickelnde Individuum wenn nicht Produzent, so doch zumindest Mitproduzent und intentionaler Gestalter seiner eigenen Entwicklung ist – und zwar mit fortschreitender Entwicklung in zunehmendem Maße.

## 1.1 Ausgangspunkte: Entfaltung einer Handlungsperspektive in der Entwicklungspsychologie

Die Grundannahme, daß der Mensch den Gang seiner Entwicklung beeinflußt und gezielt mitgestaltet, ist in der Entwicklungspsychologie kaum jemals ernsthaft in

Frage gestellt worden. Dennoch ist dieser Gedanke bislang, vielleicht wegen seiner Eingängigkeit und scheinbaren Trivialität, noch kaum zum Ausgangspunkt theoretischer Bemühungen gemacht worden. Seine innovativen theoretischen Implikationen erschließen sich vielleicht erst auf den zweiten Blick. Diese Implikationen lassen sich in erster Annäherung folgendermaßen bestimmen.

Zentral für eine aktionale Perspektive ist die Annahme, daß die menschliche Ontogenese – verstanden als lebenslanges Geschehen und insbesondere auch Prozesse des Alterns einschließend – nicht angemessen verstanden werden kann ohne Beachtung der selbstreflexiven und selbstregulativen Rückkopplungen, die zwischen den Entwürfen, die Individuen von sich und ihrer Entwicklung konstruieren, und den Entwicklungsprozessen selbst bestehen. Das handelnde Subjekt bildet deskriptive und normativ-präskriptive Repräsentationen von sich und seiner Entwicklung; es macht sich ein Bild davon, wie es sein möchte oder werden möchte, wie es unter Umständen werden könnte, und wie man seinen Lebensablauf bzw. auch wie man ihn auf keinen Fall gestalten sollte. Diese Vorstellungen fließen in selbstregulative und selbstkorrektive Aktivitäten ein und wirken so auf die individuelle Entwicklung zurück. Sie bilden damit die Hintergrundbedingungen für ein Geschehen, das ich mit dem Begriff der „intentionalen Selbstentwicklung" bezeichnen möchte (vgl. Brandtstädter, 1998, 1999a). Dieser Begriff soll hier vorläufig für das Insgesamt der Aktivitäten stehen, in denen Individuen sich selbst, ihr Verhalten und ihre Entwicklung zum Objekt zielgerichteten und planvollen Handelns machen.

## 1.2 Entwicklung: Handlungsbedingung und Handlungsergebnis

Die zentrale ontogenetische Bedeutung von Aktivitäten, durch die das Individuum in Austausch- oder Interaktionsbeziehungen mit seiner materialen und sozialen Umwelt tritt, ist in herkömmlichen entwicklungspsychologischen Ansätzen keineswegs übersehen worden. Durch Handeln und durch die Erfahrung der Ergebnisse unseres Handelns bilden wir Repräsentationen von uns selbst und unserer Umwelt, die wir im Handeln auf uns selbst und unsere Umwelt zur Anwendung bringen. Interaktionistische, kontextualistische und konstruktivistische Entwicklungsansätze, in einflußreicher Weise v.a. Piaget (1947, 1970; vgl. auch Flavell, 1963) und Vygotski (1986), haben diese Grundvorstellung theoretisch ausgeführt und so dazu beigetragen, einseitige Sichtweisen zu überwinden, in denen das Individuum lediglich als passiver Empfänger von Entwicklungs- und Sozialisationseinflüssen gesehen wird (vgl. auch Bronfenbrenner, 1979; Lerner, 1985; Magnusson, 1990; Sameroff, 1975). Allerdings geht eine aktionale Entwicklungsperspektive im angesprochenen Sinne über die erwähnten Ansätze hinaus, indem sie Entwicklung nicht nur als kausales Resultat oder funktionelles Beiprodukt der Interaktionen des Individuums mit seiner Umwelt, sondern wesentlich als Zielbereich intentionalen Handelns betrachtet. Im Begriff intentionaler Selbstentwicklung wird mit anderen Worten die Relation zwischen individuellem Handeln und individueller Entwicklung nicht nur in einem funktionalen, sondern auch in einem reflexiv-intentionalen Sinne bestimmt. Für frühe Entwicklungsabschnitte mag eine rein funktionale Sichtweise noch angemessen sein. Das Kleinkind etwa, das seine Umwelt spielerisch exploriert und in diesem Prozeß kognitive Schemata aufbaut und ausdifferenziert, bewirkt mit seiner Aktivität zwar spezifische Entwicklungseffekte, aber es *bezweckt* solche Effekte natürlich nicht, auch wenn sein Verhalten bereits intentionale Züge trägt. Von intentionaler Selbstentwicklung im vollen Sinne des Wortes kann vielmehr erst gesprochen werden, wenn im Handeln Repräsentationen und Zielsetzungen bestimmend werden, die auf das eigene Selbst und die eigene Entwicklung bezogen sind. Solche selbstreferentiellen Handlungsorientierungen sind nun aber zugleich selbst Entwicklungsergebnisse; sie entstehen und ändern sich im Zuge der Ontogenese.

Damit wird nun bereits ein weiterer theoretisch bedeutsamer Sachverhalt deutlich: Entwicklung und entwicklungsbezogenes Handeln bedingen sich wechselseitig. Die Ontogenese formt das Handeln, und das Handeln formt die Ontogenese – so kann man es pointiert formulieren. Die Gewichte in dieser Wechselbeziehung verschieben sich im Laufe der Entwicklung. Wie intentionales Handeln im allgemeinen, so sind auch Aktivitäten intentionaler Selbstentwicklung an bestimmte ontogenetische Voraussetzungen gebunden. Die Fähigkeit, sich selbst und seine Entwicklung zum Gegenstand von Beobachtung, Bewertung und korrektivem Handeln zu machen und in diese Prozesse zugleich normative Forderungen, moralische Standards und auch Sichtweisen anderer Personen zu integrieren, setzt besondere repräsentationale Kompetenzen voraus, die erst im Verlaufe der kognitiven, sprachlichen und soziomoralischen Entwicklung emergieren. Die Ontogenese von Prozessen der Selbstregulation und intentionalen Selbstentwicklung ist bislang nur unzulänglich erforscht; dies wird später noch auszuführen sein (Kapitel 3). Im Zuge der vielschichtigen Entwicklungen, die zu intentionalem und selbstreflexivem Handeln führen, kommt es nun zu einem dialektischen Umschlagen in der Bedingungsrelation zwischen Entwicklung und Handeln: Intentionale Aktivitäten und die ihnen zugrunde liegenden Orientierungen werden zunehmend selbst zum Motor und Regulativ der persönlichen Entwicklung. Damit wird eine qualitativ neue Stufe der Ontogenese erreicht, in der Prozesse der autonom-intentionalen Steuerung der Entwicklung verstärkt in den Vordergrund treten.

Wenn oben von einer Verschiebung der Einflußgewichte in der Wechselbeziehung zwischen Entwicklung und Handeln die Rede war, so ist diese allerdings nur gradueller Art. Aktivitäten intentionaler Selbstgestaltung unterliegen über die gesamte Lebensspanne Veränderungen, und darüber hinaus reflektieren sie auch – im Sinne einer intentional-reflexiven Beziehung – die praktischen Konsequenzen, die das Subjekt aus der wahrgenommenen Veränderung von Handlungs- und Entwicklungsbedingungen für seine weitere Lebensgestaltung zieht. Subjektive Lebensentwürfe, Entwicklungsziele und Identitätsprojekte sind lebenszyklischem Wandel unterworfen und ändern sich z.B. im Zusammenhang mit Rollenübergängen etwa im beruflichen und familiären Bereich; individuelle Ziele und Ambitionen orientieren sich an wahrgenommenen Handlungsressourcen und werden revidiert und angepaßt, wenn diese im Lebensablauf sich erweitern oder enger werden; wie später noch deutlich wird, sind solche adaptiven Dynamiken für die Aufrechterhaltung personaler Kontinuität und insbesondere auch für die Wahrung einer positiven Selbst- und Lebensperspektive im höheren Alter von zentraler Bedeutung. Intentionale Selbstentwicklung steht, zusammenfassend gesprochen, in einem Kräftefeld von situativen und personalen Bedingungen, das selbst entwicklungsoffen ist.

Eine weitere Einschränkung muß gemacht werden, um möglichen Mißverständnissen vorzubeugen: Begriffe entwicklungsbezogenen Handelns und intentionaler Selbstentwicklung, wie sie hier im Ansatz umrissen wurden, dürfen nicht im Sinne von unbegrenzter Handlungsfreiheit oder Omnipotenz mißverstanden werden. Wenngleich der Begriff des Handelns Elemente von Wahlfreiheit und personaler Kontrolle wesentlich einschließt, sind in der theoretischen Analyse heteronome Einflüsse nicht zu übersehen. Wie jede andere Handlung, so unterliegen auch Aktivitäten intentionaler Selbstgestaltung kulturellen, historischen und naturgesetzlichen Beschränkungen, die teilweise oder gänzlich persönlicher Kontrolle entzogen sind. Selbst der „innere Kontext" des Handelns ist nicht durchweg einer direkten intentionalen Steuerung des Subjektes zugänglich. Zwar können wir etwa zu unseren Wünschen, Meinungen und Handlungstendenzen kritisch Stellung nehmen, und diese besondere Fähigkeit spielt in der intentionalen Selbstentwicklung eine bedeutsame Rolle. Ebenso verfügen wir über eine Vielfalt von Techniken, um eigene mentale Zustände und Dispositionen zu beeinflussen oder in erwünschter Weise zu modifizieren. Allerdings können wir uns nicht beliebige Wünsche oder Überzeugungen bilden oder uns von ihnen trennen, nur weil es uns vorteilhaft erscheint. Die Frage nach den Grenzen der Intentionalität im mentalen Geschehen ist ein theoretisch spannendes wie auch in ethischer und moralischer Hinsicht implikationsreiches Thema, an dem wir bei der differenzierten Entfaltung einer aktionalen Entwicklungsperspektive nicht vorbeigehen können. Vorerst mag der Hinweis genügen, daß ein aktionales Entwicklungsverständnis sich für eine Berücksichtigung der nonintentionalen, subpersonalen und transpersonalen Einflüsse, denen Intentionsbildungen und Handlungen unterliegen, offen halten muß.

## 1.3 Ideengeschichtliche Anmerkungen

Diese einleitenden Überlegungen mögen das heuristische und integrative Potential einer Handlungsperspektive in der Entwicklung andeuten. Zugleich werfen sie die Frage nach den Umständen auf, die die Etablierung und theoretische Entfaltung dieser Sichtweise zumindest bis in die neuere Zeit behindert haben.

Die Idee von Entwicklung als „aktiver Gestaltung" (Höhn, 1958) ist, wie ich schon betont habe, kein neuartiger theoretischer Gedanke. Sie läßt sich vielmehr bis in die Antike zurückverfolgen. Schon bei Aristoteles wird der Begriff des Handelns mit Begriffen von Entwicklung und Selbstgestaltung verbunden (vgl. etwa Charles, 1984; Müller, 1982). Handeln ist für Aristoteles begründet, sofern das Individuum in seiner Tätigkeit darauf zielt, sich selbst und seinem Leben eine vernunftgemäße Form zu geben, wobei Vernunft, Tugendhaftigkeit und Wohlbefinden sich wechselseitig voraussetzen und befördern. Selbstgestaltendes Handeln schafft personale Kontinuität und Integrität, problematisiert diese aber zugleich. Einerseits impliziert Selbstgestaltung „nicht nur die Identität des Gestaltenden mit dem Gestalteten, sondern auch ... die Identität seiner eigenen Ausgangsgestalt mit der im Tun realisierten Gestalt" (Müller, 1982, S. 226). Andererseits scheint jede selbstkorrektive Intention, jedenfalls soweit sie negative Selbstbewertungen einschließt, auch ein Moment der Selbstentzweiung einzuschließen, das die Vorstellung einer homogenen, diachronisch kohärenten Identität in Frage stellt. Für Aristoteles war solche Selbstentzweiung übrigens ein Charakteristikum „schlechter" Menschen, denn diese „haben nichts Liebenswertes, und so empfinden sie auch keine Freundschaft zu sich selbst" (Nikomachische Ethik, 1166 b 25-27; Gigon, 1975). Dagegen könnte man immerhin einwenden, daß eine kritische Selbstbewertung schon einen kontrastierenden positiven Selbstentwurf voraussetzt. Tatsächlich finden wir selbstkorrektive Tendenzen stärker bei Personen ausgeprägt, die sich in Problem- und Konfliktsituationen befinden und mit sich und ihrem Leben unzufrieden sind (Brandtstädter, 1989b), aber solche Tendenzen sind dann jedenfalls nicht als Ursache solcher Konflikte, sondern eher als Lösungsversuche anzusehen, und insofern nicht nur Ausdruck von Selbst-„Entzweiung", sondern auch der Bereitschaft, diese durch eine Neuorientierung der eigenen Entwicklung zu überwinden.

Zu großer Blüte kam die Idee der Selbstperfektion und Selbstbildung in der Renaissance. Das Entwicklungsideal des allseitigen, nach Vollendung auf allen Gebieten strebenden Menschen (*l'uomo universale*; Burckhardt, 1952), in der italienischen Renaissance durch Universalgenies wie Dante oder Leonardo idealtypisch verkörpert, wirkt noch in den Werken eines Shaftesbury, Herder oder Goethe nach (vgl. auch Spranger, 1914). In seiner ausgangs des 15. Jahrhunderts verfaßten „Rede über die Menschenwürde" charakterisiert Pico della Mirandola 1484 den Menschen als „Geschöpf von unbestimmter Gestalt", das sich selbst als „schöpferischer Bildhauer" gestalten und „in die Eigenart jeder Kreatur" ausformen kann (Buck,

1990, S. 5ff.). Für Giambattista Vico (1744) wird die Vorstellung des sich selbst und seine Geschichte gestaltenden Menschen zum methodischen Ausgangspunkt kulturphilosophischer Analyse. Wir können, so Vico, nur verstehen, was wir selbst geschaffen haben; insofern aber Kultur und Geschichte Ergebnisse unseres Handelns sind, finden sich die Geschichts- und Kulturwissenschaften im Vergleich zu den Naturwissenschaften in einer bevorzugten Erkenntnisposition (vgl. auch Bunge, 1979).

In der frühen deutschen Entwicklungspsychologie, v.a. im Umkreis der durch Dilthey (1894) und Spranger (1914) begründeten „geisteswissenschaftlichen" Psychologie, wurde Entwicklung von vornherein als lebensumspannender Prozeß der Selbstgestaltung verstanden (vgl. auch Höhn, 1958). Auch Charlotte Bühler steht noch unter dem Einfluß dieser Sichtweise, wenn sie Entwicklung im Lebensablauf unter Aspekten der gelingenden oder mißlingenden Konkretisierung und Realisierung von Lebenszielen analysiert (vgl. Bühler, 1933; Bühler & Marschak, 1969). Freilich wurde die Idee von Entwicklung als aktiver Gestaltung von ihren frühen geisteswissenschaftlichen Proponenten mit einer einseitig verstehensmethodologischen, antikausalistischen Programmatik und mit Überschußbedeutungen von Freiheit und Spontaneität verknüpft. Solche programmatischen Eigenheiten und – wie man rückblickend wohl feststellen kann – Übertreibungen fanden seinerzeit in einer Psychologie, die sich zunehmend mit den methodischen Idealen der Naturwissenschaften identifizierte (vgl. auch Cairns, 1983; Reinert, 1976), kein günstiges Umfeld vor. Aus Gründen, die später noch deutlicher werden, sieht sich auch der hier vorliegende Entwurf einer aktionalen Entwicklungsperspektive nicht – oder allenfalls partiell – in der Kontinuität dieser frühen geisteswissenschaftlichen Programme. Eher sieht er sich in der Tradition von programmatischen Entwürfen, die das Projekt der Entwicklungspsychologie nur in der Verbindung von kultur- und naturwissenschaftlichen Perspektiven für aussichtsreich halten – wie dies im übrigen schon Karl Bühler (1927) postuliert hat, wenn auch (zu seiner Zeit) mit eher geringer Resonanz.

Natürlich hat gerade auch das behavioristische Programm mit seinen explizit antimentalistischen Zielsetzungen zunächst die Rezeption und weitere Verbreitung handlungstheoretischer Perspektiven behindert. Andererseits hat es aber auch theoretische Akzente gesetzt, die in gewisser Weise einem Verständnis von Entwicklung als Handlungs- und Kulturprodukt entgegenkommen, denn gerade behavioristische Theoretiker haben sich einem extremen exogenistischen Konzept der Ontogenese, wonach Entwicklung uneingeschränkt formbar und manipulierbar ist, bis zur Übertreibung angenähert (Bijou & Baer, 1961; Skinner, 1953; Watson, 1930). Behavioristische Lerntheorien haben insbesondere auch wichtige Beiträge zur Analyse von Prozessen der Selbstregulation und der Selbstkontrolle geleistet (vgl. etwa Kanfer & Gaelick-Buys, 1991; Karoly, 1993). Gleichwohl ist Selbstregulation in den begrifflichen Kategorien des Behaviorismus nichts anderes als ein Vorgang, bei dem Individuen durch gezielte Manipulation von Reiz- und Verstärkungsbedingungen ihr eigenes Verhalten beeinflussen, wobei im Grunde dasselbe geschieht wie bei jeder Art von Verhaltensmanipulation: „When a man controls himself ... he controls himself precisely as he would control the behavior of anyone else – through the manipulation of variables of which behavior is a function" (Skinner, 1953, S. 228). In einem Ansatz, der mentalistische Begriffe wie Ziele, Erwartungen, Werte als Elemente von human- und verhaltenswissenschaftlichen Erklärungsargumenten zurückweist, ist allerdings die zentrale Fragestellung einer aktionalen Entwicklungsperspektive schwerlich zu fassen: nämlich die Frage nach der Verbindung individueller Entwicklungsprozesse mit dem System der Bedeutungen, Werte und Wissensbestände, an denen sich individuelles Handeln in kulturellen Kontexten orientiert.

Blicken wir nun auf die aktuelle Situation, so ist das Interesse an einer „aktionalen" Entwicklungsperspektive deutlich gestiegen. Mehrere Umstände haben hier zusammengewirkt. Nachdem die wissenschaftstheoretische Kritik am reduktionistischen Programm des methodologischen Behaviorismus (vgl. hierzu etwa Lenk, 1978; Putnam, 1985) traditionelle Vorbehalte gegenüber kognitivistischen Konzeptionen weitgehend ausgeräumt hat, konnten sich handlungstheoretische Ansätze in den verschiedensten human- und sozialwissenschaftlichen Disziplinen durchsetzen. Innerhalb der Psychologie finden handlungstheoretische Ansätze v.a. in den Bereichen der Sozial-, Kultur- und der Entwicklungspsychologie zunehmend Beachtung (vgl. etwa Boesch, 1980, 1991; Brandtstädter, 1984b, 1998; Chapman, 1984; Gollwitzer & Bargh, 1996; Valsiner, 1989), auch wenn von einem einheitlichen Format der verschiedenen Ansätze nicht die Rede sein kann. Teilweise wohl als Nebenprodukt der traditionellen, insgesamt nicht allzu erfolgreichen Suche nach universellen und invarianten Ordnungsmustern in der Ontogenese hat die entwicklungspsychologische Forschung umfangreiche Evidenz für die große Plastizität und Änderungsoffenheit von Entwicklungsmustern angehäuft. Diese haben sich in hohem Maße als kontextspezifisch – als spezifisch für soziale, kulturelle und historische Rahmenbedingungen – erwiesen; Längsschnittstudien dokumentieren eine ausgeprägte inter- und intraindividuelle Variabilität von ontogenetischen Verläufen (vgl. etwa Baltes, Reese & Lipsitt, 1980; Brim & Kagan, 1980), und nicht zuletzt stehen überzeugende Belege für eine – insbesondere von psychoanalytischer Seite propagierte – langfristig determinierende Wirkung frühkindlicher Erfahrungen auf die Entwicklung im Erwachsenenalter weiterhin aus (z.B. Clarke & Clarke, 1976; Oyama, 1979). Nach einem Jahrhundert entwicklungspsychologischer Forschung scheint uns heute die menschliche Ontogenese weniger geordnet und vorhersagbar als vielleicht je zuvor, wie dies z.B. auch Brim und Kagan (1980, S. 13) lakonisch bemerken: „Growth is more individualistic than was thought, and it is difficult to find general patterns." Diese Befundlage hat traditionelle kriteriale Bestimmungen des Entwicklungsbegriffs, wie etwa Universalität, Irreversibilität und Begrenztheit durch einen Endzustand (vgl. etwa Harris, 1957) problematisiert; zugleich hat sie Ansätzen Auftrieb gegeben, in denen Entwicklung als ein durch Handeln und durch institutionalisierte Praxis auf kultureller und personaler Ebene geformtes und verantwortetes Geschehen gesehen wird, als ein Geschehen, das zugleich kultur- und naturwüchsig ist und bei dem – wie es Bourdieu (1991, S. 7) formuliert – „history (is) turned into nature" (vgl. auch Brandtstädter & Greve, 1994b; Bruner, 1990b).

Zu den ideengeschichtlichen Trends, die einer aktionalen Entwicklungsperspektive weiterhin entgegenkommen, gehört auch die Ausweitung des Entwicklungskonzeptes auf die gesamte Lebensspanne, die sowohl Resultat empirischer Befunde als auch begrifflicher Neuorientierungen ist (vgl. Baltes, 1983; Brandtstädter, 1990), und die sich in den letzten beiden Jahrzehnten, befördert auch durch das Aufkommen einer systematischen Alternspsychologie (z.B. Thomae, 1985, 1987), auch in den Lehrbüchern durchgesetzt hat. Nicht zufällig zeigten schon die frühen Exponenten einer lebensspannenumfassenden Entwicklungspsychologie Affinitäten zu einer handlungstheoretischen Sicht. So hat Charlotte Bühler (1933; Bühler & Marschak, 1969) verdeutlicht, wie sich Aktivitäten intentionaler Selbstgestaltung mit Lebenszielen, Identitätsprojekten und Repräsentationen des Lebensablaufes verbinden. Zukunftsbezogene Selbstentwürfe konkretisieren sich v.a. im Jugend- und frühen Erwachsenenalter, in einem Entwicklungsabschnitt also, in dem Aufgaben einer selbständigen und eigenverantwortlichen Lebensführung verstärkt in den Vordergrund treten. Für die Entwicklungspsychologie des Erwachsenenalters und des höheren Lebensalters hat eine aktionale Perspektive daher besondere Attraktivität. Allerdings wird eine solche Perspektive erst dann entwicklungstheoretisch gehaltvoll, wenn nicht nur die ontogenetischen Effekte von Prozessen intentionaler Selbstentwicklung, sondern auch die Ontogenese solcher Prozesse selbst beachtet wird.

Trotz der angesprochenen Veränderungen im Selbstverständnis der Entwicklungspsychologie scheinen Ressentiments gegenüber theoretischen Ansätzen, die Entwicklung als Ergebnis von Handlungen auf kultureller und personaler Ebene verstehen, zumindest unterschwellig weiterzubestehen. Ein aktionales Entwicklungsverständnis, das die menschliche Ontogenese als einen durch kulturell und historisch situiertes Handeln geformten Prozeß versteht, scheint in einem Spannungsverhältnis zu einem auf allgemeine ontogenetische Gesetzmäßigkeiten gerichteten, „nomothetischen" Erkenntnisinteresse zu stehen. Diese Konfliktspannung wird noch verstärkt durch Kontroversen zur Frage der Anwendbarkeit kausaler bzw. nomologisch-deduktiver Erklärungsformate auf Handlungen, die zu den Dauerbrennern der handlungsphilosophischen Debatte gehören (vgl. etwa Beckermann, 1979; Davidson, 1980; Greve, 1994; Tanney, 1995). Eine aktionale Entwicklungspsychologie scheint, zumindest auf den ersten Blick, Elemente des Willkürlichen und Arbiträren zu enthalten, die dem Anliegen einer nomologischen Systematisierung diametral entgegenzustehen scheinen.

Nun könnte hier nicht ohne eine gewisse Berechtigung angemerkt werden, daß das traditionelle, „nomothetische" Erkenntnisinteresse in der Entwicklungspsychologie gerade unter dem Eindruck der Multidimensionalität, Multidirektionalität und Kontextgebundenheit von Entwicklungsmustern ohnehin in eine fundamentale Krise oder zumindest doch erheblich unter Beschuß geraten sei; zunehmend wird der

Einfluß akzidenteller, quasizufälliger („aleatorischer") Entwicklungseinflüsse und der teilweise emergente, nicht im Sinne geschlossener Kausalketten zu rekonstruierende Charakter von Entwicklungsphänomenen betont (z.B. Gergen, 1980; Kagan, 1980). Bisweilen wird die Schwierigkeit, Konsistenz und Kontinuität in der menschlichen Ontogenese auszumachen, sogar zur positiven Evidenz für den essentiell chaotischen oder ungeordneten Charakter von Entwicklungsprozessen umgemünzt, wobei auch Parallelen zur Chaostheorie oder gar zum Weltbild der Quantenphysik gezogen werden (vgl. etwa Kagan, 1984a; Thelen & Smith, 1994). Wenn etwa Brim und Kagan (1980) in der oben zitierten Passage auf den „individualistischen", d.h. sich generalisierender Systematisierung widersetzenden Charakter von Entwicklung anspielen, so scheint dies auf den ersten Blick durchaus der Situation in der Physik zu entsprechen, wie sie etwa Prigogine (1979, S. 25) beschreibt: „Statt Stabilität und Harmonie zu finden, entdecken wir, wo wir auch hinschauen, Entwicklungsprozesse, die zu Verschiedenartigkeit und wachsender Komplexität führen." Wenngleich eine aktionale Perspektive in der Entwicklungspsychologie solchen Auffassungen entgegenzukommen scheint, ist vor ontologischen Kurzschlüssen zu warnen. Vergleiche mit physikalischen Konzepten hinken hier insofern, als z.B. der fundamental indeterministische Ansatz der Quantenphysik nicht Ausdruck theoretischer Ignoranz ist, sondern im Gegenteil außerordentlich hohen Vorhersage- und Erklärungswert besitzt. Überdies wäre es ein logischer Fehler, fehlende Evidenz für Konsistenz und Kontinuität in der Entwicklung gleichzusetzen mit Evidenz für das Fehlen dieser Merkmale. Insofern behält die traditionelle Sicht ihre Geltung, daß Schönheit und Stärke von Entwicklungstheorien wesentlich darin liegen, kontextspezifische Unterschiede ebenso wie Regelmäßigkeit und Invarianz in der Ontogenese durch Rekurs auf allgemeinere Prinzipien zu erklären (vgl. auch Lerner, 1984; Rosch, 1977). Es wird allerdings eingehender zu untersuchen sein, inwieweit eine aktionale Perspektive solchen Ansprüchen genügen kann. Schon vorwegzunehmen ist, daß eine Handlungsperspektive in dem Sinne, wie sie im folgenden bestimmt werden soll, die Rede von Entwicklungsuniversalien und allgemeinen Entwicklungsprinzipien keineswegs obsolet macht, sondern im Gegenteil neue Sichtweisen auf diese Konzepte eröffnet.

## 1.4 Handeln und Selbstgestaltung in Entwicklungskontexten der Moderne

Ich habe in den voraufgegangenen Überlegungen einige eher wissenschaftsimmanente Trends angesprochen, die zur Entfaltung handlungstheoretischer Perspektiven in der Entwicklungspsychologie beigetragen haben. Das Thema intentionaler Selbstentwicklung ist freilich noch aus anderen Gründen „zeitgemäß". Unter den historisch-gesellschaftlichen Bedingungen der Globalisierung von Produktions- und Kommunikationsprozessen, der Beschleunigung wirtschaftlicher und gesellschaftlicher Veränderungen und der zunehmenden Pluralisierung von Lebensformen und Entwicklungsoptionen gewinnen Aspekte der Eigenverantwortung und planvollen Organisation als wesentliche Momente individueller Lebenspolitik zunehmend an Bedeutung. Normative Außensteuerungen und Zeittafeln, die individuellen Lebensabläufen Struktur und dem Einzelnen eine gewisse Orientierungssicherheit hinsichtlich möglicher und wahrscheinlicher Lebensabläufe gegeben haben, haben als Entwicklungsregulative an Einfluß verloren. Die schon angesprochene Abwendung von *„stability and ordered change"*-Konzeptionen (Gergen, 1980) und die zunehmende Betonung der Variabilität und Änderungsoffenheit von Entwicklungsabläufen (vgl. auch Baltes, 1983; Lerner, 1985) kann ohne weiteres in diesen umfassenderen Zusammenhang gestellt werden; sie charakterisiert ein Entwicklungsverständnis, das mit den angesprochenen historisch-gesellschaftlichen Entwicklungsdynamiken korrespondiert.

Der Lebenslauf ist unter Bedingungen der Moderne zunehmend zu einem „reflexiven Projekt" (Giddens, 1991) geworden, das einerseits Freiräume für eine individualisierte Gestaltung der persönlichen Entwicklung eröffnet, andererseits aber mit Risiken und Unsicherheiten behaftet ist und besondere Kompetenzen und Bewältigungsleistungen herausfordert. Die Fähigkeit, sich aus gewohnten Bindungen und Lebensmustern zu lösen und sich permanenten De- und Resozialisierungsanforderungen zu stellen, stellt zum einen hohe Anforderungen an die adaptive Flexibilität und „innere Mobilität" (Berger, Berger & Kellner, 1987) des Einzelnen; „Flexibilität" ist zu einem Zielbegriff geworden, in dem die Bewältigung von Diskontinuität und Wandel sowie die Verfügbarkeit in wechselnden Arbeitsbedingungen, Rollenstrukturen und Bindungen zum Programm individueller Lebensgestaltung erhoben werden (vgl. Sennett, 1998).

Der Flexibilitätsimperativ verbindet sich zudem mit der Tendenz zur Übertragung von ökonomischen Optimierungs- und Maximierungsprinzipien auf den Bereich der individuellen Lebensführung. Die korrespondierende „Zeitkultur" ist durch eine zeitliche Kompression bzw. erhöhte Ablaufgeschwindigkeit von Alltagsaktivitäten (Mahlzeiten, Kommunikation, Transport) gekennzeichnet, die allerdings mit dem Erleben eines zunehmenden Zeitdruckes in den Bereichen von Familie und Arbeit und einer Tendenz zur Skelettierung oder Reduzierung von alltäglichen Aktivitäten auf das „Wesentliche" einhergeht (vgl. hierzu Analysen bei Garhammer, in Druck). Selbstregulatorische Fähigkeiten und Fertigkeiten, die sich auf den planvollen Gebrauch und die Ökonomisierung der Zeit, die Kompensation von Defiziten und das Management von Emotionen beziehen, sind gefragt, und entsprechende wissenschaftliche Ratgeber stehen hoch im Kurs (vgl. etwa Baumeister, Heatherton & Tice, 1994).

Freilich werden auf diesem Hintergrund auch Risiken und Paradoxien sichtbar (vgl. Brandtstädter, in Druck). Die Betonung von *„planful competence"* (Clausen,

1991), von handlungs- und risikofreudiger Lebensgestaltung, erscheint als adaptive Antwort auf wachsende Unsicherheit und Komplexität, reflektiert jedoch zugleich auch die zunehmende Schwierigkeit einer langfristigen Planung und Vorhersage zukünftiger Abläufe. Unter den Entwicklungsbedingungen der Moderne scheint eine eher offene, provisorische Haltung gegenüber eigenen Lebens- und Selbstprojektionen angesagt, eine Form des Planens, die von vornherein die Möglichkeit des Scheiterns einrechnet und die ein tentatives Engagement einer langfristigen Bindung vorzieht. Eine unsichere Zukunftsperspektive affiziert auch Modalitäten der Selbstkontrolle, soweit dieses Konzept – etwa im Sinne des Belohnungsaufschub-Paradigmas (vgl. etwa Mischel, Shoda & Rodriguez, 1989) – als Bereitschaft oder Fähigkeit verstanden wird, aktuelle Nachteile zugunsten künftiger, größerer Gewinne in Kauf zu nehmen und die Handlungsführung gegen Ablenkungen und Verlokkungen abzuschirmen. Sind langfristige Verläufe nicht kalkulierbar, so wird es u.U. zu einer rationalen Strategie, situative Vorteile opportunistisch zu nutzen statt in zeitlich entfernte Ziele zu investieren (Fantino, 1995). Ausgenommen hiervon sind allenfalls vielleicht Investitionen, die der Absicherung gegen unerwünschte Verläufe dienen und insofern nur einen indirekten Zukunftsbezug zeigen.

Die Diversifizierung und Pluralisierung von Lebensformen und die partielle Auflösung allgemeiner normativer Ablaufschemata des Lebens mögen einerseits ein Gefühl von Freiheit und Selbstverantwortung befördern, sie bringen jedoch gleichzeitig besondere Orientierungs- und Entscheidungslasten mit sich. Entwicklung, als reflexives, mit Risiken und Unsicherheiten behaftetes Projekt, bedarf zunehmend auch professioneller „Entwicklungsberatung" (Brandtstädter & Gräser, 1999). Zugleich beeinflußt ein vergrößerter Wahl- und Entscheidungsspielraum affektive Bilanzierungen: Eine zentrale Rolle in der Bewertung eigener Lebensumstände und lebensgeschichtlicher Abläufe spielen Vorstellungen, wie die persönliche Entwicklung möglicherweise aussehen könnte und welchen Verlauf sie – rückblickend – möglicherweise genommen hätte, hätte man an kritischen Punkten andere Selektionen und Entscheidungen getroffen. Gefühle von Ärger, Unzufriedenheit, Enttäuschung oder Reue sind wesentlich an die Verfügbarkeit solcher alternativen Repräsentationen gebunden (z.B. Gilovich & Medvec, 1995; Kahneman & Miller, 1986).

Weitere dilemmatische Spannungen, die aus der „Gegenwartsschrumpfung" (Lübbe, 1996, S. 12) und der reduzierten Voraussehbarkeit zukünftiger Lebensumstände entstehen, betreffen die Konstruktion von Identitätsentwürfen und -zielen. Identität impliziert Selbstgleichheit über die Zeit und Unterscheidbarkeit von anderen; als Identitätsmarkierungen dienen v.a. Merkmale oder Selbstdefinitionen, die invariant und diskriminativ relevant sind oder vom Individuum in dieser Weise erlebt werden (Brandtstädter & Greve, 1994a). Die Entwicklungs- und Arbeitsumwelten der Moderne ermöglichen zwar einerseits stärker individualisierte, idiosynkratische Lebensentwürfe, sie erschweren jedoch zugleich überzeitlich stabile Identifikationen. Sie begünstigen vielmehr die geschmeidige Anpassung an verschiedene, u.U. sogar widersprüchliche Identitätssphären und Rollenerwartungen. Diese besondere

Form der Flexibilität ist auch im differentialpsychologischen Konzept des *self-monitoring* (Snyder, 1979, 1987) angesprochen. Das Konzept ist in einem vielsagenden Sinne mißverständlich: Als *„self-monitorers"* gelten gerade solche Personen, die sich in ihrem Verhalten weniger von eigenen Identitätsentwürfen und Prinzipien als von situativen Erfordernissen bestimmen lassen. In diesem Begriffsgebrauch zeichnet sich eine „moderne" (oder vielleicht schon postmoderne) Auflösung von Vorstellungen einer diachronisch kohärenten und transkontextuell homogenen Identität – und vielleicht auch von traditionellen Charakteridealen – ab, wie sie auch im Konzept einer „komponentiellen Identität" (Berger et al., 1987) angesprochen wird.

Unter den Lebensbedingungen der Moderne treten zwei übergreifende Themen intentionaler Selbstentwicklung verstärkt in den Vordergrund, die ich mit den Begriffen „Selbsteffizienz" und „Selbstkultivierung" bezeichnen möchte (vgl. Brandtstädter & Lerner, 1999). Das Thema der *Selbsteffizienz* bezeichnet das Anliegen der maximalen und optimalen Nutzung, Ausschöpfung und Erhaltung von Entwicklungs- und Handlungsreserven. Ziele der Effizienzmaximierung werden v.a. in Leistungsgrenzbereichen aktiviert; in je höherem Maße verfügbare Handlungsressourcen zeitlicher, materieller, psychologischer oder physischer Art ausgeschöpft und beansprucht werden, um so dringlicher wird das Anliegen einer Steigerung oder bestmöglichen Nutzung der knappen Reserven. Eine Akzentuierung solcher Ziele zeigt sich nicht nur unter den oben skizzierten historisch-kulturellen Bedingungen; vielmehr werden effizienzthematische Ziele auch bei altersgebundenen Einschränkungen und Handlungsressourcen dominant. Hier werden gewisse Entsprechungen zwischen den Lebensumständen der Moderne und den adaptiven Herausforderungen des Alterns sichtbar; Probleme der Verknappung von Handlungsressourcen, der zunehmenden Zukunftsunsicherheit und, damit verbunden, der Aufrechterhaltung langfristiger Sinn- und Zielperspektiven scheinen beiden Bereichen gemeinsam. Es ist daher nicht zufällig, wenn Konzepte der „Selbstwirksamkeit" oder der „Kompensation" sowohl in alternspsychologischen wie auch in arbeitspsychologischen Kontexten zunehmend Beachtung finden (Baltes & Baltes, 1990; Bandura, 1995).

Im Thema der *Selbstkultivierung* sind dagegen Intentionen und intentionale Aktivitäten angesprochen, durch die wir unser Verhalten und unsere Entwicklung in Einklang mit normativen Selbstentwürfen bringen. Selbstkultivierungsziele können sich auf bestimmte Tugenden, Kompetenzen oder ästhetische Ideale beziehen, wie sie auch sozial geteilten Vorstellungen vernünftigen Lebens und gelingenden Alterns explizit oder implizit zugrunde liegen; sie orientieren sich an Modellen des Verhaltens und der Entwicklung, die wir bewundern, respektieren und als Maßstab für Selbstbewertungen und Selbstkritik akzeptieren. Selbstkultivierungsziele involvieren insofern „starke Wertungen" (Taylor, 1989/1994), bei denen die Wahl von Handlungsmitteln und Entwicklungspfaden nicht allein von zweckrationalen Erwägungen bestimmt wird, sondern wesentlich von Vorstellungen, welche Art von Leben wir führen wollen und welche Art von Person wir sein möchten. Nicht der Aspekt effizienter Zielerreichung steht hier im Vordergrund, sondern die Frage, welche Ziele überhaupt wert sind, verfolgt zu werden. Wenngleich beide Fragen nicht unabhängig voneinander sind – man denke etwa an metaethische Prinzipien, welche die Frage nach dem Sollen mit der Frage nach dem Können verknüpfen (z.B. Brandtstädter, 1986) –, so fordert ihre Beantwortung doch unterschiedliche Wissensformen; das *praktische* Wissen, das Selbstkultivierungsziele bestimmt, wird gelegentlich auch mit dem Begriff der „Weisheit" angesprochen (Nozick, 1989). Die effizienzbezogenen Entwicklungsideale der Moderne scheinen für die Ausbildung eines solchen Wissens auf den ersten Blick kein günstiges Umfeld zu schaffen. Unter Bedingungen kultureller Akzeleration tragen Lebenserfahrung und Expertise hinsichtlich ihrer Anwendbarkeit zur Lösung zukünftiger Probleme ein zunehmend knapperes Verfallsdatum; „Weisheit" steht in Gefahr, zu einem obsoleten Ideal zu werden (vgl. auch Kuhl, 1986). Allerdings ist gerade die Wiederbelebung dieser Thematik – etwa im Umfeld der Kognitions- und Alternsforschung (Baltes & Smith, 1990; Sternberg, 1990) – ein Anzeichen dafür, daß erlebte Orientierungsdefizite in diesem Bereich auch Ausgangspunkte für spät- oder postmoderne Gegenbewegungen und Gegenkulturen werden können. Panelstudien zur Wertentwicklung weisen in eine ähnliche Richtung; sie zeigen z.B., daß unter Jugendlichen die Suche nach einer „sinngebenden Lebensphilosophie" gegenüber materialistischen Zielen wieder an Bedeutung gewinnt (z.B. Schulenberg & Ebata, 1994).

Themen der Selbstkultivierung und die damit zusammenhängende Frage, wie Lebenszeit am besten investiert wird, beschäftigen philosophische Weisheitslehren seit alters her; Senecas Traktat „Über die Kürze des Lebens" (*De brevitate vitae*) ist ein klassisches Beispiel aus der Schule der Stoa. Der Weisheitsbegriff, so wie er z.B. von Stoikern wie Seneca, Epiktet oder Marc Aurel entfaltet wurde (vgl. Werle, 2000), ist von einer interessanten Ambivalenz hinsichtlich der Einschätzung der Möglichkeiten und Grenzen eigenen Handelns bestimmt, in der sich ein weitgehender Pessimismus hinsichtlich der Beeinflußbarkeit äußerer Lebensumstände mit einer überaus optimistischen Einschätzung der Möglichkeiten zur Selbstbildung und Selbstkontrolle verbindet: Weisheit besteht wesentlich in der Kunst, „schicksalsresistent" zu werden (Sloterdijk, 1999, S. 355), d.h. ein Maß an Haltung und Selbstkontrolle zu gewinnen, das die individuelle Glücksbilanz gegenüber den unkontrollierbaren Wechselfällen des Lebens stabilisiert.

Wenngleich der Eudämoniebegriff der stoischen Philosophie eine – wie noch deutlicher werden wird – sicher überzogene Vorstellung von der intentionalen Steuerbarkeit kognitiver und emotionaler Prozesse impliziert, enthält er einen Gesichtspunkt, der gerade unter Bedingungen zunehmender Komplexität und Intransparenz gesellschaftlicher Abläufe wieder bedeutsam wird. Er ruft in Erinnerung, daß gelingende Entwicklung und „erfolgreiches" Altern, wie auch sonst immer definiert, nicht allein in Begriffen effizienter Zielerreichung bestimmt werden können. Gefordert erscheint vielmehr die theoretische Entfaltung eines Wechselspiels zwischen Bindung und Ablösung, zwischen hartnäckiger Zielverfolgung und flexibler Akkommodation von Zielen an Kontextbedingungen, die sich der intentionalen Modifikation widersetzen. Dieses Wechselspiel ist für eine fortlaufende Abstimmung zwischen Handlungszielen und Handlungsressourcen und insofern für die Dynamiken intentionaler Selbstentwicklung schlechthin grundlegend. Die Betonung von aktiv-offensiven Glücks- und Bewältigungsmodellen, wie sie sich im Kontext kontrolltheoretischer Paradigmen in weiten Bereichen der Entwicklungs- und Alternspsychologie durchgesetzt hat, erscheint insofern einseitig. Sie erscheint im Lichte vorherrschender Effizienzideale „modern“, trägt jedoch gerade den Grenzen der Planbarkeit und Vorhersagbarkeit, wie sie in den Entwicklungssettings der Moderne in großer Schärfe in Erscheinung treten, kaum Rechnung. Diese Gesichtspunkte sollen in späteren Kapiteln weiter entfaltet werden; dabei werden wir uns z.T. über den Horizont einer rein intentionalistischen Perspektive hinausbewegen und auch nichtintentionale Mechanismen des Handelns in die theoretische Analyse einbeziehen müssen.

# 2. Entwicklung, Handeln, Kultur: Konvergenzpunkte

Schon in den einleitenden Überlegungen hat sich angedeutet, daß die Begriffe von Handeln, Kultur und Entwicklung aufeinander verweisen und sich wechselseitig voraussetzen. Ob wir Kultur als System von tradierten Wissensbeständen, Problemlösungen und Institutionen verstehen, auf deren Grundlage Menschen ihr Leben organisieren, oder auch als die aus diesen Voraussetzungen entstehenden Formen des Lebens und Zusammenlebens selbst (vgl. etwa Ingold, 1994), impliziert ist in jedem Falle das Bild eines mit Intentionalität und Bewußtsein ausgestatteten, sein Leben und seine Entwicklung aktiv gestaltenden Individuums: „The most satisfactory definition of culture presupposes the existence of an active mental agent, who is not only the recipient and guardian of a cultural tradition but also participates in some specific way of life“ (Shweder et al., 1998, S. 868). Eben dies ist auch für den Handlungsbegriff konstitutiv: Das Handlungskonzept setzt ein intentionales und selbstreflexives Subjekt voraus, das in seinem Verhalten normativen Erwartungen folgen und insoweit auch unter ethisch-moralischen Kategorien betrachtet werden kann – Kategorien, die sinnlos werden oder zumindest ihren vertrauten Sinn verlieren, wenn sie von der Voraussetzung eines reflexiven Handlungssubjektes abgelöst werden.

Die Beziehungen zwischen Handeln, Kultur und Bewußtsein sind insofern nicht lediglich im geläufigen Sinne einer wechselseitigen Beeinflussung zu verstehen, sondern im stärkeren Sinne eines wechselseitigen Konstituierungsverhältnisses (vgl. auch Valsiner, 1994): Repräsentationales Bewußtsein, kommunikative Aktivität und individuelles Handeln schlechthin setzen in ihren semantischen und symbolischen Gehalten überindividuelle Ordnungs- und Kooperationsstrukturen voraus und schließen insofern eine soziale und kulturelle Dimension wesentlich mit ein. Kommunikation und Kooperation sind wesentliche Klammern sozialkultureller Systeme, weil sie nicht nur soziale Interaktionen, sondern darüber hinaus deren Ausrichtung an überindividuellen Ordnungsstrukturen voraussetzen, die wiederum durch eine durch sie strukturierte Praxis aufrechterhalten und reproduziert werden. Im kommunikativen Handeln sind dies etwa sprachliche Regelstrukturen, die die Umsetzung von semantischen Gehalten in Zeichenfolgen und die Extraktion von Sinn aus diesen Zeichenfolgen erst ermöglichen. Im Kontext kooperativen Handelns – ob etwa im Spiel oder in Leistungs- und Arbeitssituationen – sind es z.B. die Sach- und Regelstrukturen der gemeinsamen Aufgabe, die wechselseitige Abstimmung, Organisation und Normierung des Verhaltens forcieren. Denken, Kommunizieren und Handeln müssen aber im Laufe der individuellen Entwicklung zunächst in jene

Formen gebracht werden, die Koorientierung und Koordination im kulturellen Kontext erst ermöglichen. Damit wird erneut deutlich, daß Entwicklung, Kultur und Handeln auf eine sehr viel engere Weise verbunden sind, als es durch die einfache Vorstellung einer wechselseitigen Beeinflussung nahegelegt wird.

Kulturelle Bestände und Einrichtungen sind kumulative Resultate von individuellen oder kollektiven Entscheidungen und Problemlösungen, und insofern selbst durch Handeln konstituiert: „Cultures both develop, change, and remain constant as a result of individual actions and interactions“ (Boesch, 1991, S. 31). Dies gilt unbeschadet des Umstandes, daß die zweckfunktionalen Bedeutungen und Sinngehalte von kulturellen Gegebenheiten – gerade in einer Zeit beschleunigten gesellschaftlich-historischen Wandels – für den Einzelnen oft kaum noch erkennbar sind und sich, wenn überhaupt, oft erst in der historischen Rekonstruktion erschließen. Wenn kulturelle Phänomene als Handlungsergebnisse betrachtet werden, kann dies allerdings nicht bedeuten, daß sie durchweg als Realisationen eines intentionalen Planes zu verstehen wären. Vielmehr schließt Handeln, zumal in komplexen Umgebungen, immer auch unvorhergesehene und nichtintendierte Seiteneffekte ein (vgl. auch Giddens, 1979). Für menschliche Aktoren sind die Systeme, in denen und in Bezug auf die sie handeln, nur in Grenzen transparent; das Prinzip der „begrenzten Rationalität“ (Simon, 1983) gilt nicht nur hinsichtlich der kausalen, sozialen und symbolischen Strukturen des äußeren Handlungsfeldes, sondern auch im Hinblick auf die subjektseitigen psychischen und physischen Bedingungen, die den „inneren“ Kontext des Handelns bilden. Da selbst erfolgreiches Handeln in aller Regel nicht nur Probleme löst, sondern in komplexen Systemen durch seine teils unvorhergesehenen, teils auch in Kauf genommenen Nebenwirkungen Anschlußprobleme erzeugt, halten sich Prozesse kultureller Evolution selbst in Gang (vgl. Etzioni, 1968; Tenbruck, 1972). Auf diesen Umstand verweist auch Hayek (1979, S. 10), wenn er feststellt: *„Kultur ist weder natürlich noch künstlich, weder genetisch übermittelt noch mit dem Verstand geplant.* Sie ist eine Tradition erlernter Regeln des Verhaltens, die niemals erfunden worden sind, und deren Zweck das handelnde Individuum nicht versteht“ (Hervorhebung im Original).

Hayeks These formuliert in zugespitzter Weise die Einsicht, daß soziale und kulturelle Phänomene nicht restfrei im Rahmen von Theorien aufzuklären sind, die wir zur Erklärung der Handlungen und Intentionsbildungen einzelner Aktoren verwenden (vgl. auch Jackson & Pettit, 1992). Sicherlich kann man der These zustimmen, daß individuelle Handlungen und Interaktionen die elementaren und konstitutiven Einheiten sozialer und kultureller Dynamiken sind, und daß jede Erklärung sozialer Phänomene zu zeigen hat, wie diese aus individuellen Aktivitäten resultieren (vgl. Elster, 1989); gleichzeitig aber müssen mikrotheoretische Zugänge offenbar ergänzt werden durch eine makrotheoretische Analyse der Strukturbedingungen, durch die Handlungen reguliert, normiert und in ihrer Ontogenese (wie auch in der Aktualgenese) konstituiert werden. Wenngleich in der Kulturtheorie personalistisch-individualistische und strukturalistische Sichtweisen oft als Gegensätze begriffen wurden, stehen sie doch in einem Verhältnis notwendiger wechselseitiger Ergänzung (vgl. auch Hollis, 1995; Lenk, 1979). Entsprechendes gilt freilich auch für den Entwicklungsbegriff und den Handlungsbegriff; auch hier greifen rein individuumszentrierte ebenso wie rein strukturalistische Erklärungsansätze zu kurz.

Der kulturelle Kontext ist nun nicht nur kumulatives Ergebnis, sondern zugleich regulative und konstitutive Bedingung menschlicher Aktivität; hier kommen weitere Facetten des ko-konstruktiven Verhältnisses von Kultur, Handeln und Entwicklung in den Blick. Im Handeln nutzen wir tradierte Wissensbestände und orientieren uns an den Wertordnungen, kollektiven Repräsentationen und Symbolsystemen einer Kultur. Kulturen bilden Systeme von Handlungsfeldern (vgl. Boesch, 1980, 1991), die dem individuellen Handeln Richtung, aber auch Struktur und Bedeutung geben. Handeln ist mit der soziokulturellen Matrix, innerhalb derer es sich bewegt, zugleich inhärent verbunden: Zumindest für bestimmte Kategorien alltäglicher Handlungen oder Handlungsabläufe gilt, daß sie außerhalb kultureller Strukturen in einem strikten Sinne unmöglich sind. So wie etwa der Akt des Mattsetzens außerhalb des Schachspieles formal (in allen möglichen Welten) unmöglich ist, so sind auch alltägliche Handlungen, wie ein Versprechen geben, jemanden grüßen oder Spaghetti Bolognese zu kochen, außerhalb spezifischer Institutionen, Konventionen oder Regelstrukturen in einem spezifischen Sinne unmöglich. Auf diesen wichtigen Punkt wird noch zurückzukommen sein.

Die angesprochenen teils begrifflichen, teils kausalen Wechselbeziehungen verbinden die Bereiche von Handeln und Kultur zugleich auch mit der ontogenetischen Sphäre. Kulturelle Handlungsfelder schließen ein spezifisches Arrangement von Entwicklungsangeboten („*affordances*“; Gibson, 1977) und -beschränkungen ein, die für die menschliche Ontogenese über die Lebensspanne bestimmte Spielräume eröffnen bzw. abgrenzen. Ohne die systematische Steuerung, Normierung und Institutionalisierung von Entwicklungsprozessen über die Lebensspanne könnten kulturelle Systeme weder bestehen noch sich über die Zeit erhalten. Manifest wird dieser steuernde Einfluß nicht nur in den Kontexten von Erziehung und Sozialisation, sondern in der Strukturierung des Lebenszyklus durch Entwicklungsaufgaben und zeitnormierte Rollenübergänge insgesamt, nicht zuletzt auch in den mit diesen Normierungen verbundenen symbolischen Konzeptionen von gelingendem Leben und Zusammenleben. Gerade auch Prozesse intentionaler Selbstgestaltung sind in den Funktionszusammenhang der kulturellen Regulation von Entwicklung einbezogen, denn zum einen entstehen diese Prozesse in der Ontogenese unter dem Einfluß von Erziehungs- und Sozialisationspraktiken (und führen diese zu einem gewissen Grade fort, indem hier das Subjekt mit sich gleichsam in eine selbstreferentielle pädagogische Relation tritt), zum anderen bewegen sie sich selbstverständlich auch dort, wo sie in ihren Zielsetzungen von normativen Mustern abweichen, innerhalb eines kulturell-historisch konstituierten Orientierungs- und Möglichkeitsfeldes. Die Kommunikations- und Kooperationsstrukturen, die sozialkulturelle Handlungssysteme verklammern und konstituieren, werden in Entwicklungs- und Sozialisationsprozessen reproduziert, zugleich aber organisieren sie diese Prozesse: Die im historischen Prozeß „strukturierten Strukturen“ werden in der Ontogenese wiederum zu „strukturierenden Strukturen“ (Bourdieu, 1991).

Resümierend können wir also feststellen, daß Kultur, Handeln und Entwicklung sowohl in begrifflicher wie funktioneller Hinsicht so eng miteinander verflochten sind, daß eine adäquate theoretische Fassung des einen Bereiches kaum ohne Bezug auf die jeweils anderen möglich ist. Abbildung 1 faßt diesen zentralen Gesichtspunkt zusammen. Die nachfolgenden Überlegungen sollen diese These noch weiter entfalten, wobei ich die verschiedenen Seiten des gezeigten Verweisungsdreiecks gesondert betrachte.

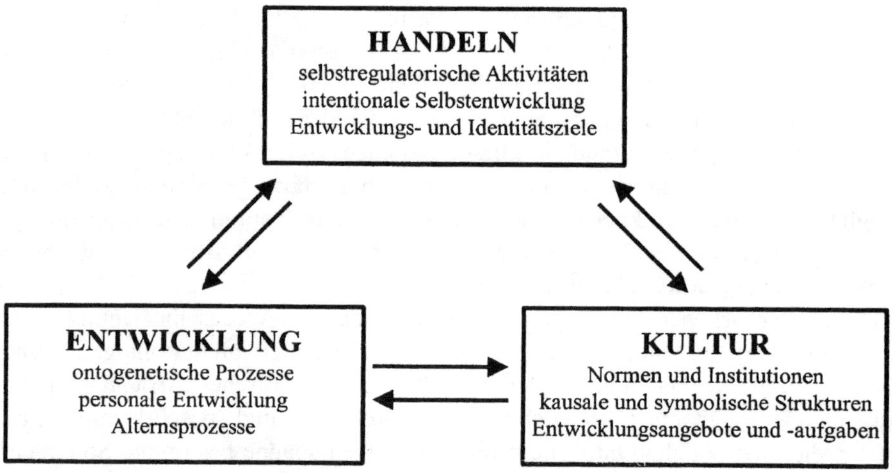


*Abbildung 1: Handeln, Entwicklung, Kultur: Vermittlungs- und Wechselbeziehungen.*

## 2.1 Zum Handlungsbegriff

Im folgenden möchte ich zunächst den Handlungsbegriff in seinen kultur- und entwicklungstheoretischen Bezügen näher aufschlüsseln und Strukturmerkmale herausarbeiten, die für das Thema intentionaler Selbstentwicklung bedeutsam erscheinen.

Eine Explikation des Handlungsbegriffs kann sich nicht auf eine spezifische Einzeltheorie stützen; zu vielgestaltig sind die Ansätze, die – in verschiedensten Disziplinen – den Handlungsbegriff für sich in Anspruch nehmen (vgl. auch Lenk, 1978). Einflußreiche handlungstheoretische Formulierungen finden sich z.B. in der Soziologie (z.B. Bourdieu, 1977; Parsons & Shils, 1962; Schütz, 1962) und in Bereichen der Anthropologie (z.B. Geertz, 1973; Gehlen, 1971); nicht zuletzt hat auch die analytische Handlungsphilosophie wesentliche Beiträge zur theoretischen und begrifflichen Fassung des Handlungskonzepts geliefert (zum Überblick z.B. Care & Landesman, 1968; Meggle, 1977a, 1977b). Im engeren Bereich der Psychologie lassen sich vier Theoriefamilien unterscheiden (vgl. Brandtstädter, 1998):

(a) *Motivationspsychologische Ansätze*: Als größte und älteste Theoriengruppe sind hier insbesondere die in der Tradition von K. Lewin und E.C. Tolman stehenden Erwartungs-Wert-Modelle zu nennen. In diesem Theorieschema werden Handlungen aus der Verbindung kognitiver und evaluativer Komponenten erklärt: (1) aus den Erwartungen des Handlungssubjektes bezüglich möglicher Handlungsfolgen bzw. der subjektiven Auftrittswahrscheinlichkeit solcher Folgen; (2) aus den subjektiven Bewertungen antizipierter Handlungsfolgen und den solchen Bewertungen zugrunde liegenden Werten und Zielen. Die Verbindung dieser beiden Komponenten wird zumeist als multiplikative Funktion formuliert (zu Varianten dieses Grundmodells siehe z.B. Atkinson, 1970; Fishbein und Ajzen, 1975; Heckhausen, 1989; zum Überblick vgl. auch Feather, 1982; Krampen, 2000).

(b) *Systemtheoretische Ansätze*: In der Tradition von Miller, Galanter und Pribam (1960) stützt sich diese Theoriefamilie insbesondere auf kybernetische und systemtheoretische Konzepte; Basisparadigma ist das Modell des Regelkreises. Der systemtheoretische Ansatz fokussiert auf die Regulation von Handlungen, die Rückkopplungsbeziehungen zwischen Wahrnehmungs-, Kognitions- und Handlungsprozessen und das Zusammenspiel zwischen hierarchisch organisierten Regulationsebenen (vgl. etwa Carver & Scheier, 1981, 1990; Ford, 1987; Powers, 1973).

(c) *Strukturalistische Ansätze*: Im Mittelpunkt dieses Theorienprojektes steht die Analyse der Struktur von Handlungen, wobei der Strukturbegriff hier in verschiedenen Bedeutungen zu verstehen ist, die nicht immer genau abzugrenzen sind. Zum einen geht es um die formale (logische, logisch-mathematische, logisch-begriffliche) Struktur von Handlungen (paradigmatisch sind hier die Arbeiten von Piaget, z.B. Piaget, 1970, 1976) zu nennen; zweitens um die Analyse der grundlegenden syntaktischen Struktur von Handlungen im Hinblick auf Aktoren, Instrumente, Ziele, Objekte und Kontexte (z.B. Aebli, 1980; Bruner, 1982; Schank & Abelson, 1977), und drittens – teilweise auch in Verschränkung mit systemtheoretischen Perspektiven – um die Analyse der komponentiellen Struktur spezifischer Aktivitäten und das Ineinandergreifen verschiedener Fertigkeitskomponenten in der Handlungsausführung (z.B. Fischer, 1980; Mascolo, Fischer & Neimeyer, 1999).

(d) *Sozialkonstruktivistische und tätigkeitstheoretische Ansätze*: Eine weitgehend eigenständige handlungstheoretische Linie hat sich in der früheren UdSSR aus den Arbeiten von Vygotsky und seinen Schülern entwickelt (Leontiew, 1978; Luria, 1979; Vygotsky, 1934/1986). Basierend auf der Position des dialektischen Materialismus ist dieser Ansatz durch eine konstruktivistische und sozialhistorische Orientierung geprägt: „Tätigkeit" ist das in soziale Strukturen und Zweckbezüge eingebettete, kulturelle Werkzeuge nutzende Handeln, das zwischen individuellem Bewußtsein und externer Realität vermittelt. Kognitive Strukturen und Kompetenzen entwickeln sich aus der Interaktion mit Symbolsystemen und Objekten, die als materialisierte Ideen und Problemlösungen dem Handeln und seiner Entwicklung Struktur und Organisation geben (vgl. auch Oerter, 1991; Valsiner, 1994; van der Veer & Valsiner, 1991; Wertsch, 1981).

Diese Unterscheidung verschiedener Theoriefamilien ist natürlich weder erschöpfend noch trennscharf. Neuere, spezifischere Theorieprojekte befassen sich z.B. mit kulturellen, symbolischen und phänomenologischen Aspekten des Handelns (z.B. Boesch, 1980, 1991; Bruner, 1990a; Waldenfels, 1999), mit kognitiven Prozessen im Kontext der Planung und Ausführung von Handlungen (z.B. Gollwitzer & Moskowitz, 1996; Kuhl & Beckmann, 1985; von Cranach, 1982), mit Verbindungen zwischen handlungs- und selbstkonzepttheoretischen Aspekten (z.B. Greve, 2000b; Higgins, 1996a, c), mit der handlungsregulativen Funktion von Emotionen (z.B. Scherer, 1999; Schwarz & Bohner, 1996), mit der Rolle von Kontroll- und Selbstwirksamkeitsüberzeugungen im Handeln (z.B. Bandura, 1986; Flammer, 1995; Krampen, 2000), oder auch mit automatischen und subintentionalen Aspekten des Handelns (vgl. etwa Bargh, 1996). Zumeist verbinden diese verschiedenen Projekte Elemente aus mehreren der oben skizzierten Theorieansätze.

Einige der genannten Ansätze sind in großer Nähe zu entwicklungspsychologischen Fragestellungen entstanden oder von vornherein als Entwicklungstheorien formuliert worden; dies gilt v.a. für strukturalistische und tätigkeitstheoretische Konzepte. Schon hier kann jedoch festgestellt werden, daß sie nur Teilaspekte einer breiter zu fassenden aktionalen Entwicklungsperspektive darstellen. Keiner der Ansätze ist zu einer Integration handlungs- und entwicklungstheoretischer Aspekte vorgedrungen; insbesondere ist das besondere Wechselverhältnis zwischen Handeln und Entwicklung kaum beachtet worden: der Umstand nämlich, daß Entwicklung – im Laufe der Entwicklung intentionalen Handelns – selbst zum Gegenstand des Handelns wird.

## Konstituenten des Handlungsbegriffes

Was ist Beispielen, die wir für Handlungen geben können, wesentlich gemeinsam, und anhand welcher Merkmale unterscheiden wir Handlungen von nicht handlungsartigen Aspekten des Verhaltens? Wenngleich der Handlungsbegriff sich scharfen definitorischen Grenzziehungen widersetzt (vgl. auch Greve, 1994), sollen zumindest einige zentrale Bestimmungsaspekte beleuchtet werden.

Schon im Alltagsverständnis meint Handeln nicht Verhalten schlechthin, sondern ein Verhalten, das in bestimmter Weise erklärt, interpretiert und beschrieben werden kann: Von Handlung reden wir bei einem Verhalten, das (a) vom Handlungssubjekt aufgrund bestimmter Annahmen, Bewertungen und Interpretationen ausgewählt und ausgeführt wurde (und insofern ein Moment der Wahlfreiheit und Argumentationszugänglichkeit einschließt), das weiterhin (b) als Mittel für die Erreichung von Zielen (und insofern auch als mehr oder weniger erfolgreich) oder als

Ausdruck bestimmter Werthaltungen und Einstellungen des Handlungssubjektes gedeutet werden kann, und das (c) schließlich im Hinblick auf die zugrunde liegenden Annahmen, Wertungen und Regelbezüge erklärt und begründet, aber auch einer kritischen Beurteilung unterzogen werden kann.

Auch wenn psychologische und philosophische Handlungstheorien bislang noch keine einheitliche Bestimmung des Handlungsbegriffs hervorgebracht haben, so besteht doch weitgehend Übereinstimmung, daß Verhaltensabläufe und -ereignisse, die außerhalb der Kontrolle des Handlungssubjektes liegen und die ihm in diesem Sinne lediglich widerfahren oder zugestoßen sind, *keine* Handlungen sind. Nicht zuletzt sind Handlungen soziale und interpretative Konstrukte (Lenk, 1981): Erst im Kontext von sozialen Konventionen oder Symbolsystemen kann ein bestimmtes Verhalten etwa als Gruß, Beleidigung oder Hilfehandlung gelten. Die Beschreibung oder Interpretation eines Verhaltens als Handlung eines bestimmten Typs impliziert den Bezug auf solche normativen und semantischen Strukturen und transzendiert daher das in der unmittelbaren Beobachtung Gegebene.

Verhalten und Handeln stehen mithin nicht in einer umkehrbar eindeutigen Relation: So etwa kann eine Grußhandlung durch eine Handbewegung, ein Kopfnicken oder das Sprechen einer Grußformel realisiert werden; umgekehrt kann ein und derselbe Verhaltensablauf je nach seinen kontextuellen Einbettungen unterschiedliche Typen von Handlungen repräsentieren (vgl. auch Greve, 1996). In der handlungstheoretischen Literatur wird gelegentlich unterschieden zwischen Akten und Handlungen, wobei „Akt“ eine generische, durch soziale Regeln konstituierte Kategorie von Handlungen bezeichnet, im Gegensatz zu dem konkreten Handeln, durch das ein Akt instantiiert wird (z.B. Harré & Secord, 1972). Auch hier gilt dann wieder, daß ein und derselbe Akt unterschiedlich ausgeführt oder durch unterschiedliche Handlungen instantiiert werden kann. Allerdings müssen solche Varianten, um als Exemplare desselben Akttyps gelten zu können, gemeinsame Strukturmerkmale aufweisen, die aufgrund geltender Konventionen oder Regeln für den betreffenden Handlungstyp konstitutiv sind.

In erster Annäherung können wir also Handlungen durch Kriterien wie Intentionalität, Zurechenbarkeit, personale Kontrolle, (erlebte) Wahlfreiheit und Reflexivität bestimmen (vgl. Greve, 1996; Groeben, 1986; Lenk, 1978; Werbik, 1978). Keines der genannten Kriterien ist allerdings ohne Komplikationen; neben prototypischen Fällen, die diesen Kriterien zweifelsfrei genügen, gibt es auch Grenzfälle. Dies wird in zwei Zusammenhängen besonders deutlich werden: Zum einen, wenn wir die Entwicklung von Intentionalität und intentionalem Handeln und die dabei auftretenden Vor- und Übergangsformen betrachten (Kapitel 3), und zum anderen, wenn wir Grenzen und Beschränkungen des Handelns und seine Durchsetzung mit nichtintentionalen Elementen näher betrachten (Kapitel 5).

(a) *Intentionalität*: Intentionalität – von lat. *intendere* (auf etwas zielen oder gerichtet sein) – meint im engeren, geläufigeren Sinne die Orientierung eines Tuns auf einen Zweck oder ein Ziel, also soviel wie Absichtlichkeit, Zielbezogenheit und

Vorsätzlichkeit. In einer umfassenderen Bedeutung, wie sie seit Brentano (1874) in der Handlungsphilosophie geläufig ist, meint Intentionalität die Relation des Bezogenseins auf etwas („*aboutness*"; Dennett & Haugeland, 1987). Zur terminologischen Differenzierung können wir im ersten Falle von Handlungsintentionalität, im zweiten von referentieller Intentionalität sprechen. Referentielle Intentionalität ist eine Eigenschaft z.B. von Aussagen oder Abbildungen, insbesondere auch von mentalen Zuständen: Erwartungen, Wünsche, Meinungen, Emotionen (und natürlich Intentionen im engeren Sinne) richten sich auf etwas, sie haben ein intentionales Objekt (das allerdings keinem real existierenden Gegenstand entsprechen muß) und tragen propositionalen Gehalt – was von den physiologischen Gehirnprozessen, die mentalen Zuständen zugrunde liegen oder korrespondieren, nicht gesagt werden kann (vgl. auch Searle, 1983).

Intentionen sind sicher keine hinreichende Bedingung von Handlungen: Störende Umstände, wie z.B. Kompetenzdefizite, mangelnde prozedurale Konkretisierung eines Handlungsplanes, Probleme der Aufrecherhaltung der Motivationslage, intra- und interpersonelle Konflikte oder schon das schlichte Vergessen von Handlungsvorsätzen, können das Ausführen oder Zu-Ende-Führen von intendierten Handlungen behindern. Schon das alte handlungsphilosophische Thema der Willensschwäche („Akrasia") verweist auf solche Ausführungsprobleme (z.B. Lanz, 1987). Ist Intentionalität nun aber eine notwendige oder konstitutive Bedingung für Handlungen? Wenn wir Handeln, wie oben, idealtypisch als zielbezogenes, von Kognitionen und Wertungen geleitetes bzw. aus solchen Orientierungen im Sinne eines praktischen Schlusses ableitbares Tun betrachten, so ist dies zu bejahen: Handlungen, in diesem Sinne verstanden, sind Intentionen in Aktion.

Bei genauerer Betrachtung zeigen sich jedoch bestimmte Problemfälle oder Anomalien, in denen die Anwendung des Intentionalitätskriteriums Schwierigkeiten bereitet (vgl. auch Beckermann, 1977; Greve, 1994; Lenk, 1978). Beispielsweise kann die Intentionalität von Handlungen sehr schwach ausgeprägt sein, etwa wenn jemand während eines Telefongesprächs beiläufig Muster kritzelt. Auch können Handlungen – zumal in komplexen, intransparenten Systemzusammenhängen – unerwartete und insofern nicht intendierte Folgen hervorbringen, deren Betrachtung aber gleichwohl für die Beschreibung der Handlung bedeutsam ist; Handlungsgeschichten verlieren oft ihre besondere Pointe, wenn man die Beschreibung des Tuns nur von individuellen Intentionen abhängig macht (man denke an den verschossenen Elfmeter, die aus Versehen verspeisten Giftpilze und dgl.). Ebenso kann ein intendiertes Handlungsergebnis Konsequenzen einschließen, die zwar vorhergesehen, aber nicht direkt intendiert wurden, wie es etwa der Fall ist, wenn schädliche Nebeneffekte zugunsten erwünschter Wirkungen in Kauf genommen wurden.

Von solchen kontra- und periintentionalen Effekten soll später (Kapitel 5) noch eingehender die Rede sein. Die nähere Analyse wird zeigen, daß die betrachteten Fälle keineswegs zwingen, die Bindung des Handlungs- an den Intentionalitätsbegriff preiszugeben. Gleichzeitig wird hier aber schon deutlich, daß sich in den Prozessen und Ereignissen, durch die Handlungen zu umfassenderen Handlungs- und schließlich zu Lebensgeschichten verbunden werden, stets Handlungs- und Widerfahrniselemente mischen.

(b) *Kontrolle*: Der Aspekt der Kontrolle trennt Handlungen von Ereignissen oder Körpervorgängen, die uns schlicht zustoßen oder widerfahren. Musterbeispiele für den letzteren Fall sind Reflexautomatismen oder Körpervorgänge wie Erröten, Schwitzen, einen Krampf bekommen, Einschlafen, sich Erkälten (vgl. Brennenstuhl, 1975). Wenngleich solche Körpervorgänge u.U. – etwa als äußere Symptome – in einem Zusammenhang zu Meinungen, Erwartungen oder Intentionen des Subjekts stehen können, so hat dieser Zusammenhang doch nicht den Charakter eines Begründungszusammenhanges, wie wir ihn bei kontrolliertem Handeln unterstellen. Aber auch mentale Zustände und Abläufe wie Einsichten, Überzeugungen, Erwartungen, Einfälle, Emotionen haben nicht den Charakter intendierter, personal kontrollierter Handlungen, obschon sie sowohl im Entstehungszusammenhang von Handlungen eine Rolle spielen, als auch aus Handlungen resultieren und gerade auch in Zusammenhängen intentionaler Selbstentwicklung zum Gegenstand zielgerichteten Handelns werden können. Über Verhaltensereignisse und Abläufe mit Widerfahrnischarakter kann man zwar u.U. Kontrolle haben in dem Sinne, daß man sie absichtlich herbeiführen oder zumindest die Auftrittswahrscheinlichkeit ihres Eintretens erhöhen kann: Man kann eine Schlaftablette nehmen, um einzuschlafen, in die Sauna gehen, um zu schwitzen, und man kann seine Aufmerksamkeit auf bestimmte Inhalte lenken, um seinen Gedanken und Gefühlen eine bestimmte Richtung zu geben. Gleichwohl haben die so herbeigeführten körperlichen oder psychischen Zustände oder Veränderungen nicht den Charakter kontrollierter Handlungen. Man kann zwar lernen, wie man sich zum Schwitzen oder Einschlafen bringen oder in bestimmte Stimmungen versetzen kann, aber diese Prozesse selbst sind weder gelernt noch verlernbar, und man kann zwar für das Einnehmen einer Schlaftablette verantwortlich gemacht werden, aber nicht dafür, daß man dann eingeschlafen ist.

Der Kontrollbegriff ist mit dem Intentionalitätsbegriff zwar nicht deckungsgleich; bekanntlich kann man nicht alles tun oder erreichen, was man intendiert. Jedoch kann man ein Verhalten oder eine Verhaltensfolge nur insoweit als intendiert charakterisieren, als man unterstellen kann, daß die Person den Verhaltensablauf initiiert und gesteuert hat, und daß sie insbesondere auch hätte anders handeln können (vgl. etwa Chisholm, 1971; Lenk, 1978). Es gibt unterschiedlich starke Interpretationen dieses Kriteriums, die bereits David Hume in seiner Unterscheidung von Handlungsfreiheit (Freiheit, eigenen Wünschen und Zielen gemäß zu handeln) und Willensfreiheit (Freiheit des Willens von jeglicher vorgängiger Determination) vorweggenommen hat (z.B. Stroud, 1977). Die erste, schwächere Lesart besagt: Man hätte ein anderes Verhalten zeigen können, wenn man gewollt bzw. sich anders entschieden hätte. Unter einer strengeren Lesart fordert das Kriterium jedoch, den Begriff personal kontrollierten Handelns auf Fälle zu beschränken, wo die Person nicht nur über das Handeln selbst, sondern auch über das zugrunde liegende Wünschen und Wollen Kontrolle hatte.

Hier werden nun gewisse Grenzen von Intentionalität und Kontrolle sichtbar, deren genauere Auslotung gerade im Hinblick auf das Thema intentionaler Selbstentwicklung bedeutsam ist. Einerseits ist es richtig, daß Handlungskontrolle ein gewisses Maß an Kontrolle auch über die Intentions- und Willensbildungen voraussetzt, die dem Handeln zugrunde liegen. Techniken des Selbstmanagements z.B. schließen zu einem wesentlichen Teil auch Strategien der Motivations- und Emotionskontrolle ein (vgl. etwa Karoly & Kanfer, 1982). Menschliche Handlungssubjekte sind zudem in der Lage, ihr eigenes Wünschen und Wollen reflexiven Bewertungen zu unterziehen und aufgrund solcher Bewertungen u.U. auch primäre Handlungstendenzen aufzugeben. Die Ausbildung dieser zweiten, höherstufigen Ebene von Intentionalität und Kontrolle ist eine wesentliche Voraussetzung von Selbstkultivierung und intentionaler Selbstentwicklung.

Andererseits sind wir weder in dem Sinne frei, daß wir unter beliebigen Bedingungen beliebige Intentionen bilden können, noch in dem Sinne, daß wir den Kontext unserer Überzeugungen und Wertungen, in dem unsere Intentionen stehen, beliebig aus- und umgestalten könnten. Von diesen Grenzen und Beschränkungen wird noch eingehender zu reden sein (Kapitel 5). Vorerst mag hier die Feststellung genügen, daß wir, wenn wir von intentionalem, personal kontrolliertem Handeln sprechen, derlei extreme (und extrem unplausible) Voraussetzungen nicht machen müssen. Wer sich nicht jederzeit beliebige Überzeugungen und Meinungen bilden kann, und wer aufgrund seiner Überzeugungen und Meinungen nicht anders handeln kann, als er es tut, ist keineswegs „unfrei" oder für sein Tun nicht verantwortlich. Es gibt Fälle, wo wir einem so bestimmten Handeln vielleicht im Gegenteil einen besonders hohen Grad an Unabhängigkeit und Verantwortlichkeit zusprechen würden. Freiheit im Sinne der Fähigkeit, jederzeit in jeder Situation Beliebiges tun und wollen zu können, ist nicht nur eine evolutionsbiologische Unmöglichkeit, sondern mit Vorstellungen von personaler Verantwortung geradezu unverträglich (vgl. auch Dennett, 1984). Meine Wünsche und Überzeugungen sind auch und gerade dann *meine* Wünsche und Überzeugungen, wenn ich in ihre Entstehung, Entwicklung und Veränderung nicht beliebig eingreifen kann.

(c) *Der Regelbezug des Handelns*: Die Verschränkungen zwischen individuellem Handeln und seinen sozialen und kulturellen Kontextualisierungen werden besonders deutlich, wenn die Beziehungen des Handelns zu Regeln, Normen und Konventionen in den Blick genommen werden; Regel- und Handlungsbegriff stehen in einem Verweisungsverhältnis (Toulmin, 1974; Winch, 1958). Menschliches Handeln ist in zweifacher Hinsicht auf Regeln bezogen: Zum einen wird der Spielraum des Handelns durch normative Setzungen und Regelungen eingeschränkt, und zum anderen wird Handeln durch Regeln und Institutionen erst konstituiert. Dementsprechend können wir mit Searle (1971) zwischen regulativen und konstitutiven

Regeln des Handelns unterscheiden (die Unterscheidung geht auf Kant zurück; vgl. auch Brandtstädter, 1984c; D'Andrade, 1984).

Regulative Regeln bestimmen zulässige Spielräume und gewünschte Abläufe des Verhaltens in bestimmten Situationen; sie können formellen Charakter haben (wie z.B. gesetzliche Vorschriften) oder auch informeller Natur sein (wie z.B. Höflichkeitsregeln). In Zusammenhängen sozialer Verhaltenssteuerung dienen regulative Regeln der wechselseitigen Koordinierung, Synchronisierung und Standardisierung des Verhaltens; sie machen Verhalten berechenbar und antizipierbar. Regulative Regeln sind im allgemeinen mit sozialen Sanktionsmechanismen verknüpft, welche die Auftrittswahrscheinlichkeit regelabweichenden bzw. devianten Verhaltens reduzieren; sie können aber zumindest prinzipiell übertreten werden. Deshalb dürfen Regelmäßigkeiten des Verhaltens, die Ausdruck kulturgesetzlicher Regelungen sind, auch nicht mit Gesetzmäßigkeiten im kausalnomologischen Sinne verwechselt werden. Aus der Feststellung, daß Autofahrer vor roten Ampeln halten, würde selbst dann keine nomologische Zwangsläufigkeit, wenn sich alle Autofahrer stets „gesetzeskonform" verhielten; wir gewinnen ein Verständnis dieses Verhaltens eher durch einen Blick auf Vorschriften der Straßenverkehrsordnung und Prinzipien der Verkehrserziehung als durch Rekurs auf Naturgesetze (die allerdings relevant werden können, wenn es gilt, involvierte physikalische Aspekte des Geschehens oder auch Störungen des regelhaften Ablaufs zu erklären).

Konstitutive Regeln dagegen legen fest, welche Strukturmerkmale ein bestimmtes Verhalten in einer bestimmten Situation aufweisen muß, um überhaupt als Handlung eines bestimmten Typs gelten zu können. Grüßen, heiraten, ein Versprechen geben oder lügen, Walzer tanzen kann man nur im Rahmen bestimmter Regeln (Sprachregeln, Spielregeln) und Institutionen, die die Ausführung solcher Akte standardisieren und die notwendigen intentionalen und situativen Begleitumstände festlegen. Diese Regeln mögen Unschärfen aufweisen, bedürfen jedoch zugleich einer gewissen Stabilität und eines „harten Kernes", um gelingende Kommunikation und Kooperation überhaupt zu ermöglichen. Konstitutive Elemente des Walzertanzes sind z.B. charakteristische Schrittfolgen und eine Begleitmusik im Dreivierteltakt, konstitutive Elemente des Lügens sind eine falsche Aussage und eine Täuschungsabsicht, zum Gruß gehört wesentlich ein Adressat, usf.. Zwar lassen konstitutive Regeln im allgemeinen Ausführungsvarianten zu – Grüßen oder Walzer tanzen kann man auf verschiedene Art und Weise, und insbesondere gibt es mehr oder weniger gelungene Ausführungen. Im Gegensatz zu regulativen Regeln können konstitutive Regeln dagegen nicht übertreten werden: Man kann z.B. ebenso wenig ohne Täuschungsabsicht lügen, wie man ohne Beziehung auf einen Adressaten einen Gruß ausführen kann. Die Vermittlung konstitutiver Regeln kann explizit durch Erläuterung oder implizit (etwa durch Musterbeispiele) erfolgen; vielfach werden explizite und implizite Instruktionsformen verbunden. Das entsprechende Regelwissen ist individuell in kognitiven Schemata organisiert, die es erlauben, von Teilelementen einer Handlungsepisode ausgehend weitere Verläufe zu antizipieren oder auch in der Erinnerung zu rekonstruieren.

Man könnte mit Blick auf gegebene Beispiele auch sagen, daß ein Handeln erst aus der Verbindung eines Verhaltens mit bestimmten Regeln erzeugt wird: Indem ich meine Hand in einer bestimmten Situation, in bestimmter Weise und mit bestimmter Absicht bewege, grüße ich – wobei die Grußhandlung hier durch einen Kontext von Regeln und Bedeutungen erst erzeugt wird. Daher ist es treffend, Handlungen als „Interpretationskonstrukte“ (Lenk, 1978) zu bezeichnen. Die weitergehende Feststellung jedoch, daß Handeln, im Gegensatz zu physikalisch faßbaren Ergebnissen, „nur auf der Ebene der deutenden Beschreibung als solches ‚existent‘“ sei (Lenk, 1978, S. 295), erscheint jedoch zumindest mißverständlich: Wenn wir Zuschreibungen von mentalen Zuständen (Meinungen, Wünschen, usf.) – und damit auch Beschreibungen von Handlungen – daraufhin beurteilen, ob sie wahr oder falsch sind, so haben wir uns offenbar auf die ontologische Voraussetzung eingelassen, daß es diese Phänomene gibt (Greve, 1994).

Nicht nur regulative, sondern auch konstitutive Regeln unterliegen einer historischen Dynamik: So etwa mögen sich die für die Ausführung bestimmter Handlungen oder Akte konstitutiven Regeln graduell soweit ändern, daß die verschiedenen Varianten innerhalb der Abwandlungsreihe nur noch in einer losen Beziehung der Familienähnlichkeit stehen. Sprachspiele mögen sich ändern; allerdings ändern sich mit ihnen zugleich Begriffe und Bedeutungen (Wittgenstein, 1969). Mit dem Entstehen und Vergehen von Institutionen verschwinden zugleich auch die durch sie konstituierten Handlungen: Die Handlung z.B. des Elfmeterschießens gab es nicht, bevor das „Fußball“ genannte System konstitutiver Regeln existierte.

Welche Implikationen haben diese Unterscheidungen im Hinblick auf unser Thema? Auch Aktivitäten intentionaler Selbstentwicklung stehen in einem Kontext regulativer und konstitutiver Regeln. Sozial geteilte normative Repräsentationen der Entwicklung werden wesentlich dadurch handlungswirksam, daß sie mit Systemen regulativer Regeln verbunden sind; man denke etwa an „Entwicklungsaufgaben“, normative Verhaltenserwartungen oder an Zeitnormen für die Abfolge von Entwicklungs- und Rollenübergängen. Und indem wir unser Handeln an bestimmten Begriffen von Vernunft, Moral oder Tugend orientieren, ordnen wir es zugleich in die Regel- und Begriffsstrukturen ein, die für diese Begriffe in einer Sprachgemeinschaft und historischen Situation konstitutiv sind. Diese Strukturen prägen nicht nur dem Handeln, sondern auch der Ontogenese bestimmte Formen und Ordnungen auf: Konstitutive Regeln, die den Aufbau eines bestimmten Typs von Handlungen, Fertigkeiten oder Kompetenzen festlegen, implizieren vielfach auch eine Abfolge von notwendigen Lern- und Entwicklungsschritten. Wenn etwa kompetentes moralisches Urteilen die Fähigkeit zur kompetenten Erfassung der Intentionen anderer Personen begrifflich einschließt, so folgt daraus auch, daß moralische Urteilskompetenz in der ontogenetischen Sequenz nicht *vor* der genannten sozialkognitiven Kompetenz auftreten kann – und wenn eine hiervon abweichende Entwicklungsfolge bislang nicht beobachtet wurde, so ist dies nicht Ausdruck einer naturgesetzlichen Zwangsläufigkeit, sondern einer konstitutiven Regel. Befunde, die dieser Regel scheinbar widersprechen, wären dann keine überraschenden empirischen Befunde oder gar „Falsifikationen" einer theoretischen Annahme, sondern Ausdruck von begrifflicher Verwirrung oder mangelnder konzeptueller Validität der eingesetzten Meß- oder Beobachtungsinstrumente. Wie ich an anderer Stelle eingehender dargelegt habe, ergeben sich hieraus auch Ansätze für ein Verständnis von sog. Entwicklungsuniversalien (Brandtstädter, 1985a, 1998). Insofern sehe ich – im Gegensatz etwa zu Gergen (1980) – keineswegs eine prinzipielle Unverträglichkeit zwischen einem auf allgemeine Ordnungsstrukturen und Prinzipien der Entwicklung gerichteten Erkenntnisinteresse und einer kontextualistisch-handlungstheoretischen Perspektive.

(d) *Polyvalenz von Handlungen*: Handlungen sind eingebettet in kausale, soziale, symbolische Strukturen, die sie mit spezifischen Effekten und Bedeutungen verbinden. Robert spielt eine Etüde am Klavier; indem er dies tut, steigert er seine pianistischen Fertigkeiten; dadurch verbessert er die Aussichten, die Prüfung am Konservatorium zu bestehen; damit erfreut er die ehrgeizigen Eltern, usf.; zugleich belästigt sein Klavierspielen den geräuschempfindlichen Nachbarn, erfüllt – da das Ganze in den Mittagsstunden geschieht – den Tatbestand der Ruhestörung, usf.. Einige dieser Effekte und Implikationen mögen vom Handelnden intendiert sein, andere mögen als Nebenwirkungen in Kauf genommen werden, wiederum andere mögen ihm nicht bewußt sein. Beschreibungen von Handlungen und Handlungseffekten können also zahlreiche Ebenen umfassen (Vallacher & Wegner, 1987). Goldman (1970) spricht in diesem Zusammenhang von einem „Handlungsbaum" (*act tree*), dessen Verzweigungen durch kausale Mechanismen, Konventionen, sprachliche Regeln usf. „generiert" werden: Aus dem Anschlag der Klaviertasten wird durch kausale Vermittlungen ein akustischer Effekt, unter bestimmten kompositorischen und ästhetischen Kategorien Musik, durch das Zusammenwirken bestimmter physikalischer und psychologischer Faktoren eine „Störung", aufgrund geltender Rechtsnormen der Tatbestand ruhestörenden Lärms, usf.. Handlungen können nicht nur im Hinblick auf unterschiedliche Konsequenzen, unterschiedliche Systemebenen, unterschiedliche Ebenen der Abstraktion beschrieben werden, sondern zugleich unterschiedlich feinkörnig analysiert und aufgeschlüsselt werden: Roberts Übungen am Klavier umfassen bestimmte Läufe, diese wiederum spezifische Sequenzen von Fingerbewegungen, sensorisch-motorischen Koordinierungen, usf.. Feinberg (1977) hat dies den „Ziehharmonikaeffekt" der Handlungsbeschreibung genannt. Die komponentielle Zerlegung einzelner intentionaler Akte führt zu Teilhandlungen oder Handlungsteilen („Aktemen"; Boesch, 1991), bei denen die Anwendung des Intentionalitätsbegriffs zweifelhaft wird; im Beispiel des Klavierspielers etwa erfolgt der musikalisch geordnete Anschlag der Tasten keineswegs nichtintentional, aber nicht jeder gespielten Note geht – zumindest bei einem gewissen Grad an Geübtheit – eine eigene Intentionsbildung voraus.

Handlungsbäume haben – und hier wird das Bild ungenau – keine finite Form oder Struktur. Sie involvieren kausale Ketten, zeitliche Sequenzen, semantische Verweisungen und Implikationen, die auf verschiedenen Abstraktions- und Zerlegungsebenen modelliert werden können. Der „projizierte Handlungsbaum" (*projected act tree*; Goldman, 1970), an dem der Handelnde sich orientiert, ist stets nur ein verkürztes, perspektivisch eingeengtes, mehr oder weniger gültiges Modell der Strukturen, in denen sich Handeln vollzieht und seine Wirkungen und Bedeutungen entfaltet. Handlungsbäume bestehen daher auch nicht ausschließlich aus Handlungen, die einem einzelnen Akteur zugerechnet werden können. Sie beschreiben eher *Handlungsgeschichten*, die aus dem Zusammenwirken von Bedingungen entstehen, die nur teilweise intendiert und personal kontrolliert sind.

Der Vielschichtigkeit der Bedeutungen, Implikationen und Wirkungen von Handlungen entspricht, daß eine Handlung gleichzeitig verschiedenen Zielen und Intentionen dienen und für den Handelnden selbst unterschiedliche symbolische und expressive Bedeutungsgehalte haben kann. Wer das Rauchen aufgibt, mag dies etwa aus gesundheitlichen Motiven, aus finanziellen Gründen, aus Rücksicht auf Andere oder aus Gründen der Selbstbestätigung tun. Handlungen und Handlungsentscheidungen ergeben sich im allgemeinen aus einer nicht immer konfliktfreien Mischung von symbolischen, expressiven, instrumentellen und ästhetischen Valenzen; insofern kann man sie als „überdeterminiert" bezeichnen (Boesch, 1991). Der Polyvalenz von Handlungen korrespondiert das Phänomen „gemischter Gefühle": Wenn eigenes oder beobachtetes fremdes Verhalten gleichzeitig unterschiedliche interpretative Schemata aktiviert, können damit unterschiedliche emotionale Reaktionen induziert werden. So etwa kann eine Aggressionshandlung gleichzeitig als Normverletzung, Ausdruck mangelnder Selbstkontrolle, erfolgreiche Selbstbehauptung, usf. codiert werden und dementsprechend eine Gefühlsmischung z.B. von Angst, Schuld und Triumph erzeugen. Die Verrechnung der verschiedenen Implikationen und Valenzen erfolgt vor einem intentionalen Hintergrund, der unterschiedlich umfangreiche Teile der individuellen Motivstruktur involvieren, eine unterschiedliche analytische Tiefe aufweisen und einen unterschiedlich ausgedehnten zeitlichen Horizont umspannen kann.

Es wird hier bereits deutlich, daß die Bedeutungsstruktur von Handlungen sich bis auf die Implikations- und Abstraktionsebenen globaler Identitätsziele und Lebensmaximen entfalten kann, die der Handlungs- und Lebensorganisation Sinn verleihen. Solche übergreifenden thematischen Valenzen können freilich erst dann in der Handlungsregulation wirksam werden, wenn die Person zu einer hinreichend differenzierten Repräsentation der symbolischen Bedeutungen ihres Tuns in der Lage ist. Die Konstruktion von Bedeutungen und Valenzen eigenen Tuns ist somit nicht nur ein zentrales Moment der Handlungsregulation, sondern bildet zugleich auch das symbolische Medium, durch das Handlungen und Handlungsgeschichten in Bezug zu normativen Selbst- und Lebensentwürfen einerseits, zu kulturell vermittelten Vorstellungen von vernünftigem Leben und gelingender Entwicklung andererseits gesetzt werden.

## 2.2 Kulturelle Grundlagen intentionaler Selbstentwicklung

Kulturelle Systeme erhalten und reproduzieren sich, indem sie die für ihren Bestand notwendigen Bedingungen und Strukturen erzeugen und diese zugleich fortlaufend stabilisieren und neu hervorbringen. Sie weisen somit Eigenschaften *autopoietischer Systeme* auf. Im Anschluß an Maturana und Varela (1980), die den Begriff in der Biologie eingeführt haben, können wir als autopoietisch solche Systeme bezeichnen, welche die Einheiten (Strukturen, Prozesse, Elemente), aus denen sie bestehen, durch eben diese Einheiten selbst produzieren und reproduzieren (vgl. auch Luhmann, 1985). Die einzelne Zelle beispielsweise, als Prototyp eines biologischen autopoietischen Systems, ist zugleich produzierendes und produziertes System, wobei das Produkt den Produzenten einschließt (vgl. Varela, 1975).

Kulturelle Systeme sind nun keine Organismen mit eingebauten homöostatischen oder selbstorganisierenden Funktionen; sie erhalten sich dadurch, daß sie Handlungen und Interaktionen, insbesondere aber auch Entwicklungs- und Sozialisationsprozesse in bestimmter Weise normieren und regulieren. Das verhaltensregulative Potential kultureller Normen und Institutionen resultiert zunächst aus Lern- und Motivationsprozessen, die es für individuelle Aktoren vorteilhaft, wünschenswert oder vernünftig erscheinen lassen, die eigene Verhaltens- und Lebensführung – wie auch diejenige anderer Personen – normativen soziokulturellen Erwartungen anzugleichen. Die kulturelle Autopoiese ist so mit der „personalen" Autopoiese – mit den Strukturen und Prozessen, durch die das individuelle „Selbst" sich gestaltet und erhält – verschränkt: „... culture and psyche ‚make each other up' in the domains of self-organization, thinking, knowing, feeling, wanting, and valueing" (Shweder et al., 1998, S. 867).

Kulturelle Normen und die mit ihnen verbundenen Sanktionsmechanismen begünstigen tendenziell die Entstehung bzw. dienen der Stabilisierung und Reproduktion von Verhaltens- und Denkmustern, die zur Sicherung kultureller Kontinuität und der sie tragenden Strukturen, Institutionen und Machtverteilungen beitragen. Starre Normenstrukturen können freilich die adaptive Flexibilität von Systemen, deren Bestand von variablen und nicht durchweg kalkulierbaren Bedingungen abhängt, beeinträchtigen. Daher können auch Normverletzungen systemerhaltende Funktionalwerte haben; und zwar nicht nur, indem sie, wie es Durkheim (1895/1965) seinerzeit formuliert hat, durch die Verletzung bestimmter „Kollektivgefühle" die gesellschaftliche Solidarität befördern, sondern insbesondere auch, weil sie Konflikte und Unverträglichkeiten im gesellschaftlichen Orientierungs- und Handlungsgefüge anzeigen (Lenk, 1979). Normverletzungen können Normenkonflikte einerseits abpuffern oder neutralisieren (Luhmann, 1964, spricht von „brauchbarer Illegalität"), andererseits können sie Neuanpassungen und neue Synthesen in den Norm- und Wertsystemen einer Kultur in Gang bringen. Auf diesem Wege kann normabweichendes Verhalten schließlich zur Normalität – oder gar „das Verbrechen von gestern" zur „Moral von heute" (Durkheim 1895/1965, S. 160) – mutieren (auch die umgekehrte Entwicklung ist denkbar). Begünstigt wird normabweichendes und grenzüberschreitendes Verhalten einerseits durch seine affektiven Implikationen, andererseits auch durch seine individuierenden und identitätsstiftenden Bedeutungen. Boesch (1991) verweist auf die affektive Ambivalenz normativer Grenzziehungen und den spannungsvollen Kontrast zwischen einem gewohnten, sicheren, aber oft auch anreizarmen Handlungsfeld diesseits der Grenze und neuartigen, reizvollen, aber auch riskanten Handlungsoptionen, die sich bei der Grenzüberschreitung ergeben: „The history of cultural change is one of continuously strengthening and reaffirming the here, on the one hand, while also transcending frontiers and exploring the beyond, on the other" (S. 119).

Anzumerken ist hier, daß die Vorstellung von Kultur als eines einheitlichen und kohärenten Handlungs- und Orientierungsrahmens eine vereinfachende Fiktion ist, die insbesondere unter Bedingungen kultureller Akzeleration und der beschleunigten Auflösung tradierter Sinnorientierungen fragwürdig wird (Ingold, 1994). Kultur erscheint gerade unter diesen Bedingungen weniger als homogener Handlungsraum, sondern als ein vielschichtiges Gefüge von Konventionen, Bedeutungen und Problemlösungen, in dem Individuen ihr Leben, ihre Entwicklung und ihre „persönlichen Kulturen" (Heidmets, 1985) in zunehmend individualisierter Weise gestalten.

Die kulturelle Steuerung von Entwicklung stellt sich vor diesem Hintergrund als Teil des umfassenderen Prozeßgeschehens dar, durch das sich kulturelle Systeme reproduzieren und reformieren. Durch ein besonderes, auch nach ontogenetischen und lebenszyklischen Abschnitten differenziertes Arrangement von fördernden und einschränkenden Bedingungen wird die Ontogenese in Formen gebracht und innerhalb von Spielräumen gehalten, die nicht nur für die Entwicklung und Lebensführung des einzelnen Individuums, sondern gleichzeitig auch für Bestand und Funktionieren der überindividuellen sozialen und kulturellen Strukturen bedeutsam sind, in denen und durch die der Einzelne sein Leben organisiert. Allerdings können die Steuerungsziele von individueller Entwicklung und kultureller Bestandserhaltung, von sozialer Integration und Systemintegration vielfach in Konflikt geraten, so daß die gefundenen, oft instabilen Kompromisse kaum noch vorherrschenden Vorstellungen (geschweige denn theoretischen Idealmodellen) wünschenswerten Lebens und Zusammenlebens entsprechen: Dies ist ein wiederkehrendes Thema der Entfremdungsliteratur seit Rousseau, das auch Freud in seinen Überlegungen zum „Unbehagen in der Kultur" (1930/1972) aufgegriffen hat. Durch diese Konflikte werden permanent Spannungen gesetzt, die die persönliche Entwicklung wie auch die kulturelle Evolution in Richtung auf neue temporäre Gleichgewichte und Synthesen vorantreiben, wie es in dialektischen Entwicklungsmodellen seit Hegel immer wieder betont wurde (vgl. Kesselring, 1981; Riegel, 1975).

Die kulturelle Steuerung der Ontogenese umfaßt nicht nur ein breites Spektrum physischer und psychischer Funktionen, sondern zugleich auch sämtliche Lebensabschnitte von der Geburt bis zum Tode. Entwicklung über die Lebensspanne resultiert aus dem interaktiven Zusammenspiel von kulturellen, biologischen und personalen Regulativen, auch wenn in bestimmten lebenszyklischen Perioden die eine oder andere Komponente dieses Bedingungsgefüge scheinbar dominiert. So etwa ist die Wirkung biologischer Regulative und endogener Wachstumsprogramme in den formativen Entwicklungsphasen von der Kindheit bis zum frühen Erwachsenenalter besonders augenfällig; andererseits bedarf Entwicklung gerade in solchen veränderungsintensiven und -sensiblen Phasen kultureller Stützungen und Gerüste (Hinde & Stevenson-Hinde, 1957; Wood, Bruner & Ross, 1976). Als „physiologische Frühgeburt“ (Portmann, 1956) ist das neugeborene Kind für sein Überleben und seine weitere Entwicklung angewiesen auf Bezugspersonen und soziale Einbettungen, die durch ein selektives Arrangement von entwicklungskritischen Bedingungen für seine weitere physische und psychische Entwicklung Sorge tragen: Bereits in dieser frühesten Phase also ist die Entwicklungsökologie des Kindes durch normativ stabilisierte Praktiken – wie auch durch implizite Entwicklungstheorien und kollektive Repräsentationen gelingender Entwicklung, aus denen solche Praktiken teilweise abgeleitet sind (vgl. Goodnow & Collins, 1991) – strukturiert. Die biologischen und genetischen Steuerungen der Entwicklung setzen jedenfalls beim Menschen die „Kulturierung“ von Entwicklung (Lorenz, 1950) von Anfang an voraus (vgl. Rudolph & Tschohl, 1977). Der Prozeß der kulturellen Formung von Entwicklung setzt sich in Erziehungs- und Sozialisationspraktiken und in geleiteten Aneignungsprozessen („*learning through apprenticeship*“; Rogoff, 1995) fort, die auf die Befähigung zur kompetenten Teilnahme in Netzen gesellschaftlicher Kooperation und Kommunikation gerichtet sind, und in denen der Sozialisand schrittweise in soziale Wissens- und Handlungsgemeinschaften eingeführt wird.

Auch wenn man den interaktiven Charakter von Sozialisationsprozessen berücksichtigt und, gerade aus einer handlungstheoretischen Perspektive, deren Zerlegung in einen aktiv-gestaltenden und einen passiv-rezeptiven Part zurückweisen muß, so steht doch außer Frage, daß die kulturelle Regulation der Ontogenese in den früheren Phasen überwiegend den Charakter einer Außensteuerung hat. Sozial geteilte Repräsentationen und Zielvorstellungen von menschlichem Leben und Zusammenleben kommen jedenfalls zunächst in den Strukturierungen der Lern- und Entwicklungsumwelt und im erzieherischen Handeln zur Geltung und werden durch diese erst vermittelt. Allerdings zielen diese Außensteuerungen auch schon auf den Aufbau und Erwerb von Kompetenzen, Fertigkeiten und normativen Orientierungen, die es dem Individuum ermöglichen sollen, seine Entwicklung und Lebensführung später in die eigene Verantwortung zu nehmen. Damit wird eine Gewichtsverschiebung in Richtung auf die stärkere Dominanz von intentionaler Selbstentwicklung angebahnt und vorweggenommen, also auf einen personalen Regulationsmodus hin, in dem Intentionalität und selbstreferentielles Bewußtsein selbst zu treibenden Faktoren der Ontogenese werden. Auch die personale Regulation von Entwicklungsprozessen, die v.a. in der Entwicklung des Erwachsenenalters in den Vordergrund tritt, bleibt freilich mit der kulturellen Steuerung von Entwicklungsprozessen gekoppelt: Die Selbstentwürfe, die zur Orientierungsgrundlage intentionaler Selbstentwicklung werden, und die zugrunde liegenden Repräsentationen wünschenswerter und möglicher Entwicklung sind sozialkulturell vermittelt – und zwar selbst dort, wo sie von sozial geteilten Repräsentationen wünschenswerter oder „normaler“ Lebensführung abweichen.

In den involutiven Prozessen des höheren Alters scheinen wiederum biologische Faktoren Zeittakt und Ausmaß von Entwicklungsveränderungen anzugeben, aber auch hier wird deren Wirkung durch individuelles Handeln und durch die kulturellen Sinnsphären und Normierungen moduliert, in die dieses Handeln eingebunden ist. Ob, wie und mit welchem Erfolg der ältere Mensch sein Altern zu „bewältigen“ sucht, inwieweit er altersgebundene Funktionsverluste hinnimmt oder gegen sie ankämpft, hängt wesentlich von seinen Selbstentwürfen und Handlungsmöglichkeiten ab, die ihrerseits von sozial geteilten Repräsentationen „erfolgreichen Alterns“ und von verfügbaren Wissensbeständen abhängen. Gerade im Zusammenhang der Kompensation von Funktionsverlusten im Alter gewinnen kulturelle Hilfen und Stützungen Gewicht; Baltes (1997) spricht aus dieser Sicht von einem mit dem Alter zunehmenden *„need for culture“*; zugleich betont er aber auch einen „age-related decrease in the efficiency of culture“ (S. 368) – was im wesentlichen auf die Feststellung hinausläuft, daß es im höheren Alter aversive Veränderungen und Verluste gibt, die es nicht gäbe, wenn wirksame und allgemein zugängliche Präventions- und Kompensationsmittel zur Verfügung stünden.

Bei genauer Betrachtung erkennen wir also in der Ontogenese über die gesamte Lebensspanne eine wechselseitige Durchdringung von biologischen und kulturellen Regulativen. Diese Regulative bestimmen auch Spielräume und Zielsetzungen intentionaler Selbstentwicklung; in Aktivitäten personaler Entwicklungsregulation werden biologische und kulturelle Steuerungen keineswegs suspendiert, sondern vielmehr integriert und (in der dialektischen Dreifachbedeutung des Wortes) aufgehoben.

Das Konzept der „Entwicklungsaufgaben“ (Havighurst, 1953) verdient in diesem Zusammenhang besondere Erwähnung, da es versucht, zwischen sozialkulturellen, personalen und biologischen Regulationsebenen der Ontogenese eine Brücke zu schlagen. In altersgradierten Entwicklungsaufgaben – so wie der Begriff im Anschluß an Havighurst allgemein gefaßt wird – verbinden sich konsensuell geteilte Vorstellungen gelingender Entwicklung und guten Lebens mit Annahmen über Bedingungen und Verläufe der Ontogenese. Entwicklungsaufgaben konturieren einen normativen Erwartungsrahmen, an dem sich nicht nur Erziehungs- und Sozialisationspraktiken, sondern mit zunehmender Handlungskompetenz auch das Individuum selbst in der Planung, Gestaltung und Bewertung seiner Entwicklung orientiert (vgl. auch Oerter, 1978). Der Aufgabenbegriff hat im gegebenen Zusammenhang allerdings insofern problematische Konnotationen, als er – nach dem Muster einer hierarchischen pädagogischen Relation – die Vorstellung von einer übergeordneten Instanz, die Aufgaben stellt, und einem Adressaten, dem sie zur Bearbeitung und Bewältigung aufgegeben sind, nahelegt (vgl. auch Flammer & Avramakis, 1992). Für frühe Entwicklungsphasen mag diese Vorstellung noch annähernd zutreffen; sie wird freilich irreführend, sobald die in Entwicklungsaufgaben verdichteten normativen Erwartungen internalisiert und in den Funktionskreis selbstreferentiellen Handelns übernommen werden.

In Wechselwirkung mit biologisch-ontogenetischen Prozessen prägen Entwicklungsaufgaben und die damit verbundenen sozialisatorischen und selbstregulativen Praktiken den individuellen Entwicklungs- und Lebensgeschichten eine überindividuelle, allgemeine Struktur auf; sie konstituieren somit gleichsam ein „kulturelles Skript“ oder auch eine „Normalbiographie“ des Lebenslaufes (vgl. Hagestad, 1991; Neugarten, Moore & Lowe, 1965; Settersten & Mayer, 1997). Das Schema der Normalbiographie definiert typische, zeitlich strukturierte Ablaufsequenzen für Entwicklungs- und Rollenübergänge. Solche Standardisierungen sind für die Steuerung und Koordinierung gesellschaftlicher Abläufe insofern vorteilhaft, als sie Rollenübergänge auf verschiedenen lebenszyklischen Ebenen (Bildung und Ausbildung, Beruf, Familie) synchronisieren und auf grundlegende ontogenetische Sequenzen abstimmen, dadurch auch zu organisatorischen Vereinfachungen und zur Stabilisierung und Optimierung von Systemabläufen beitragen (vgl. auch Chudacoff, 1989). Zugleich bildet das kulturelle Skript aber auch ein verhaltensregulatives kognitives Schema; hieraus werden seine formativen Wirkungen in der Ontogenese z.T. erst verständlich. Schematische Erwartungs- und Wissensstrukturen organisieren die Informationsverarbeitung, fokussieren die Aufmerksamkeit und erzeugen, sobald sie durch Hinweisreize aktiviert sind, präintentionale Erwartungen und Voreinstellungen, die auch ohne vermittelnde Reflexion spezifische Verhaltensabläufe in Gang setzen können (vgl. auch Bargh, 1996; Bargh & Chartrand, 1999).

Im kulturellen Skript des Lebenslaufes mischen sich deskriptive mit präskriptiven Elementen. Das Skript bildet einen Erwartungsrahmen hinsichtlich dessen, was für eine Person eines bestimmten Alters und einer spezifischen lebenszyklischen Position „normal“ ist, wobei der Normalitätsbegriff hier sowohl auf statistische Modal- oder Erwartungswerte, als auch auf mehr oder weniger explizite Üblichkeits- oder Angemessenheitsnormen verweist. Beide Aspekte überlagern sich insofern, als das im deskriptiv-statistischen Sinne „Normale“ teilweise aus normativen Stabilisierungen und Institutionalisierungen des Lebensablaufes entsteht, zugleich aber auch – zumal dort, wo explizite Normsetzungen fehlen – selbst verhaltensorientierende und -normierende Funktionen annehmen kann (vgl. Brandtstädter, 1977). Einerseits also beschreibt und normiert das kulturelle Lebenslaufskript bestimmte Zeiträume und sequentielle Ordnungen für Entwicklungs- und Rollenübergänge

(Abschluß der Ausbildung, Berufswahl, Elternrolle, Übergang in den Ruhestand, etc.); andererseits grenzt es Toleranzbereiche ab, innerhalb derer bestimmte Verhaltensweisen als angemessen gelten und außerhalb derer sie eventuell nicht mehr gebilligt werden.

Stereotype Vorstellungen und Erwartungen hinsichtlich „altersgemäßer" Verhaltensmuster (vgl. Clausen, 1986; Hagestad & Neugarten, 1985) sind, wie Stereotype im allgemeinen, durch Entdifferenzierung und Übergeneralisierung gekennzeichnet; Unterschiede innerhalb altersgleicher Gruppen werden reduziert, solche zwischen Altersgruppen dagegen akzentuiert. Die fiktive Konstruktion eines generalisierten Anderen, deren Geltung im begrenzten Ausschnitt eigener Erfahrungen kaum in Frage gestellt werden kann, sichert das Stereotyp konsensuell ab. Auch die Beobachtung von inkonsistenten Einzelfällen führt nicht notwendig zur Auflösung des stereotypen Schemas, sondern kann durchaus noch zu einer Verschärfung beitragen; solche Kontrasteffekte sind z.B. dann zu erwarten, wenn durch Kontextinformationen nahegelegt wird, daß es sich bei dem beobachteten Fall um einen „atypischen" Sonderfall bzw. eine Ausnahme handelt (eingehender Bless & Schwarz, 1998).

Die „Normalbiographie" ist im allgemeinen nach verschiedenen sozialen Variablen oder Zielgruppen ausdifferenziert (z.B. für Geschlechtsgruppen oder verschiedene berufliche Laufbahnen; vgl. auch Kertzer, 1989). In komplexen Gesellschaften mit hoher Änderungsdynamik steht das dominante Schema des Lebenslaufskripts vielfach in Konkurrenz zu alternativen Lebens- und Gesellschaftsentwürfen, die eventuell „Subkulturen" oder auch „Gegenkulturen" mit je eigenen Normalitätsstandards definieren (mit dem Zerfall des allgemeinen Ablaufschemas werden freilich Vorstellungen von Normativität und Normalität insgesamt fraglich). Lebenslaufskripte implizieren spezifische Modelle des Lebens und Zusammenlebens, und wie diese ändern sie sich im Zuge politischen, ökonomischen und technologischen Wandels, aber auch in der Reaktion auf solche Veränderungen. Gerade unter den Bedingungen kultureller Akzeleration und einer zunehmenden globalen Vernetzung und Interdependenz gesellschaftlicher und ökonomischer Prozesse weisen Lebenslaufskripte eine zunehmend geringe diachronische Stabilität und Homogenität auf, gleichzeitig kommt es zu einer stärkeren zeitlichen Überlagerung und Konkurrenz zwischen alternativen Skriptvarianten (man denke etwa an die Überlagerung von Tendenzen der Modernisierung und der Ent- oder Gegenmodernisierung in entwickelten Industriegesellschaften; vgl. Berger et al., 1987). Wie wir schon sahen, liegen in dieser Pluralität Konflikt- ebenso wie Innovationspotentiale; für den Einzelnen ergibt sich eine Ausweitung seiner Lebenslaufoptionen, aber zugleich eine erhöhte Schwierigkeit und Unsicherheit der Orientierung.

Vor diesem Hintergrund beobachten wir eine zunehmende „Aufweichung" des Lebenslaufskriptes und eine Tendenz zur Flexibilisierung und Diversifizierung von subjektiven Altersnormen (Zepelin, Sills & Heath, 1987). Die Rede von einer progressiven „Deinstitutionalisierung" (z.B. Held, 1986) des Lebenslaufes scheint allerdings insofern überzogen, als von einem Verschwinden normativer kultureller

Entwicklungssteuerungen nicht die Rede sein kann. Vielmehr fordert ein beschleunigter kultureller Wandel eine entsprechende akkommodative Flexibilität der normativen Strukturierungen und Institutionalisierungen des Lebenszyklus bzw. wird durch diese erst möglich gemacht; an die Stelle spezifischer zeitgebundener Lern- und Bildungsziele treten zunehmend inhaltsneutrale Meta-Lernziele (im Sinne des „Lernens zu Lernen" oder der Bereitschaft zu lebenslangem Lernen).

Von einer Deinstitutionalisierung des Lebenslaufes kann auch schon insofern nur mit Einschränkungen gesprochen werden, als in vielen Hinsichten weiterhin eine hohe konsensuelle Konsistenz präskriptiver Entwicklungserwartungen besteht. Übereinstimmungen bestehen nicht nur hinsichtlich dessen, was von Individuen eines bestimmten Alters erwartet werden kann oder darf, sondern v.a. auch hinsichtlich der Einschätzung, welche diesbezüglichen Erwartungen „man" im allgemeinen hat bzw. die meisten anderen haben (vgl. Fallo-Mitchell & Ryff, 1982; Hagestad & Neugarten, 1985). Die Konsistenz solcher Einschätzungen steigt mit dem Alter der Befragten; subjektive Zeitnormen etwa zu biographischen Übergängen sind in älteren Gruppen homogener, zugleich nähert sich das eigene Urteil der unterstellten allgemeinen Erwartung an (vgl. auch Heckhausen, 1990; Plath & Ikeda, 1975). Für diesen Effekt gibt es teils genuin entwicklungspsychologische Erklärungshypothesen, wie etwa die Annahme einer altersgebunden zunehmenden Konformitätsneigung. Nicht unplausibel erscheint allerdings, daß sich in diesen Befundmustern auch der oben erwähnte Trend zu einer Flexibilisierung des Lebenslaufes spiegelt, der v.a. die jüngeren Generationen und deren Lebensplanung betrifft und insofern in jüngeren Stichproben zu einer größeren Variation und Toleranzbreite lebenslaufbezogener Normvorstellungen führen sollte. Zu einer genaueren Abwägung zwischen den verschiedenen Interpretationen bedürfte es spezifischer sequentieller Erhebungsformate, die eine Trennung bzw. Gewichtung von Alters-, Generations- und Zeitwandelseffekten ermöglichen; an Erhebungen diesen methodischen Formates mangelt es bislang.

Worauf beruht die formative und regulative Wirkung von Entwicklungsaufgaben und „kulturellen Skripts" in der Ontogenese, durch welche psychologischen Prozesse wird sie vermittelt, und an welche Voraussetzungen ist sie geknüpft? Hier wird zunächst das metaethische Prinzip „Sollen setzt Können voraus" relevant. Auf die gestellte Frage bezogen heißt dies, daß Entwicklungsaufgaben und normative Erwartungen nur insoweit erfüllbar und insofern auch legitim sein können, wie sie auf Handlungsressourcen und Entwicklungspotentiale der Adressaten Rücksicht nehmen. Altersgradierte normative Erwartungen sind in ihrem Entstehungs- und Begründungszusammenhang mit impliziten Entwicklungstheorien und -stereotypen verbunden, die Orientierungen liefern, in welchen Aspekten Entwicklung für modifizierende Eingriffe offen ist, und in welchem Alter man welchen Anforderungen gewachsen (oder auch noch nicht oder nicht mehr gewachsen) ist. Wie z.B. Nydegger (1986) gezeigt hat, beruhen soziale Altersnormen z.B. zur Vaterschaft wesentlich auf Vorstellungen darüber, welche Kompetenzen für die Übernahme der Elternrolle wichtig sind und wie sich diese Kompetenzen entwickeln.

Eine handlungstheoretische Perspektive fordert allerdings auf, den Zusammenhang zwischen kollektiven Repräsentationen „normaler" und „gelingender" Entwicklung und der individuellen Handlungsregulation genauer auszuführen. Sozialisationskonzepte lerntheoretischer Provenienz verweisen hier im allgemeinen auf soziale Verstärkungsmuster, die die Auftrittswahrscheinlichkeit normkonformen Verhaltens erhöhen; Abweichungen von normativen Erwartungen können beispielsweise Sanktionen zur Folge haben, die von Klatsch und Spott über soziale Stigmatisierung und Ausgrenzung bis hin zum strukturellen Ausschluß von spezifischen Lebenschancen und Lebenslaufoptionen reichen. Allerdings macht ein rein verstärkungstheoretischer Ansatz noch nicht verständlich, auf welche Weise sich das Individuum externe normative Erwartungen „zu eigen" macht und sie in seine Selbstentwürfe integriert. Erst im Prozeß der Internalisierung von und Identifikation mit den Normen und Realitätskonstruktionen, die sozialen Verhaltenserwartungen und -sanktionen zugrunde liegen, formen sich die Selbstentwürfe aus, an denen das Individuum sein Verhalten und seine weitere Entwicklung orientiert.

Das Internalisierungs- und Interiorisierungskonzept berührt einen zentral bedeutsamen Punkt in der Ontogenese intentionaler Selbstentwicklung, nämlich den Übergang von extern-heteronomen zu personalen Formen der Verhaltens- und Entwicklungssteuerung (vgl. auch Kapitel 3). Allerdings entsteht erst dann ein vollständigeres Bild, wenn zugleich beachtet wird, wie internalisierte Normen und Bewertungsstandards in der sozialen Interaktion wiederum „externalisiert" werden. Was man selbst – und für sich selbst – für angemessen hält, bildet die Grundlage für Identifikationen, Abgrenzungen und Ausgrenzungen. So etwa bilden Vorstellungen hinsichtlich des für bestimmte Altersgruppen „angemessenen" Verhaltens ein Schema, das in der sozialen Interaktion – sobald es durch spezifische *age markers* (Filipp & Mayer, 2000; Fry, 1988) aktiviert ist – bestimmte Zuschreibungen und Bewertungen erzeugt. Indem sie spezifische Verantwortungs- und Mißbilligungszonen konturieren, werden Meinungen darüber, was von einer Person eines bestimmten Alters – im normativen wie im deskriptiven Sinne – zu erwarten ist, leicht zu selbsterfüllenden Prophezeiungen. Wenn etwa ineffizientes, ungeschicktes oder hilfesuchendes Verhalten bei älteren Menschen eher toleriert oder leichter entschuldigt wird als bei jüngeren Erwachsenen (Banziger & Drevenstedt, 1982), so kann dies die Ausbildung entsprechender Verhaltensmuster fördern und die Bereitschaft zu selbstkorrektiven und kompensatorischen Anstrengungen unterminieren. Solche Eigendynamiken sind z.B. im Hinblick auf die Entstehung und Aufrechterhaltung von Unselbständigkeit im höheren Alter zu beachten (Baltes, 1996).

Ein weiteres kommt hinzu. Kulturelle Lebenslauf-Skripte haben, wie oben schon betont wurde, zugleich präskriptiv-normierende und deskriptive Funktionen: Indem sie individuellen Entwicklungsabläufen eine überindividuelle „normative" Struktur vorschreiben und aufprägen, bestimmen sie gleichsam auch eine im deskriptiv-statistischen Sinne „normale“ Ablaufstruktur von biographischen Ereignissen und ein System korrespondierender sozialer Erwartungen. Abweichungen von diesen Erwartungen erzeugen Erklärungs- und Rechtfertigungsbedarf; v.a. haben sie besondere symbolische und attributive Valenzen: Dies ergibt sich u.a. aus dem in der Struktur von Dispositionsbegriffen liegenden und auch von der Attributionsforschung (z.B. Jones & McGillis, 1976) bemerkten Umstand, daß von einem beobachteten Verhalten um so eher auf korrespondierende Persönlichkeitsattribute geschlossen wird, je deutlicher das Verhalten von situativen Erwartungen abweicht. Lebenslauf-Skripts sind nicht nur mit impliziten Entwicklungstheorien, sondern zugleich auch mit Vorstellungen über typische Gründe, Ursachen und Folgen normabweichender Verläufe verbunden. Wer etwa bestimmte Rollenübergänge nicht entsprechend dem normativen Zeitmuster absolviert, zieht daher bestimmte Merkmalszuweisungen auf sich: Je nach betrachtetem Bereich kann er oder sie z.B. als leichtfertig, verantwortungslos oder inkompetent wahrgenommen werden. Diese schematischen Attributionen können Selbstbewertungen und selbstregulative Aktivitäten dahingehend beeinflussen, die eigene Biographie dem normativen Schema anzugleichen. Wenn allerdings Abweichungen vom normativen Schema schon zum biographischen Faktum geworden sind, können auch entlastende Strategien oder akkommodative Prozesse aktiviert werden, um negative Rückwirkungen auf das eigene Selbstbild zu neutralisieren. Eine typische selbstwertdienliche Strategie in diesem Zusammenhang besteht darin, subjektive biographische Zeitnormen post hoc den faktischen Abläufen der eigenen Biographie anzugleichen; auch werden Zeitnormen, die man verfehlt hat, vielfach in ihrer Bedeutung abgewertet (vgl. auch Kalicki, 1995; Wrosch & Heckhausen, in Druck).

Die bisherigen Betrachtungen haben schwerpunktmäßig auf soziale und psychologische Prozesse zentriert, die tendenziell eine Angleichung der individuellen Biographie an das „kulturelle Skript“ und die mit ihm verbundenen normativen Erwartungen begünstigen. Es dürfen hier allerdings gegenläufige Tendenzen nicht übersehen werden, die aus der Konfliktspannung zwischen Sozialisation und Individuation, zwischen Konformität und Identität resultieren, wie sie in Gesellschaften mit einem individualistischen Identitätsverständnis besteht. Persönliche Identität konstituiert sich hier, anders als in Gesellschaften mit kollektivistischer Orientierung (vgl. Triandis, 1988), wesentlich auch im Kontrast zu sozialen Repräsentationen des Normalen und in Abweichungen vom unterstellten Stereotyp. Gemildert wird diese Problemspannung einerseits dadurch, daß Normalitätsschemata Spielräume für positiv valente Abweichungen lassen und dadurch auch für selbstwertdienliche Vergleiche verfügbar werden können. So etwa werden negative Altersstereotype eher auf Andere projiziert als für die eigene Person akzeptiert; d.h. die meisten älteren Menschen glauben, daß sie hinsichtlich alterstypischer Einbußen und Verluste besser dastehen als die meisten anderen (vgl. z.B. Braithwaite, 1986; O'Gorman, 1980). Spielräume für eine individualisierende Gestaltung der Biographie ergeben sich nicht zuletzt auch durch den Umstand, daß soziale Entwicklungsaufgaben (sofern sie überhaupt explizit sind) einen gewissen Grad von Abstraktheit und Unschärfe aufweisen und individuelle, den eigenen Interessen und Möglichkeiten angemessene Ausgestaltungen zulassen. Auf welche Weise Entwicklungsaufgaben, wie z.B. das „Finden eines Lebensstiles“ im frühen Erwachsenenalter oder das „Akzeptieren des eigenen Lebens“ im höheren Alter (Newman & Newman, 1975), zu interpretieren und zu erfüllen sind, kann und muß teilweise im Horizont eigener Lebenspläne und Identitätsziele ausgehandelt werden. Angesichts einer zunehmenden Pluralität normativer Entwicklungserwartungen wird dies zu einer Entwicklungsaufgabe eigenen Ranges.

## 2.3 Phylogenetische und biologische Grundlagen intentionaler Selbstentwicklung

Allgemein ist die kulturelle und personale Regulation von Entwicklungsprozessen und die ihr korrespondierende Idee der Modifizierbarkeit, Plastizität oder „Bildbarkeit“ menschlichen Verhaltens schon im Kulturbegriff selbst vorausgesetzt, soweit hierunter in einem spezifischen Verständnis auch die Vervollkommnung eines der Verbesserung fähigen Gegenstandes – insbesondere der menschlichen Entwicklung und Lebenstätigkeit selbst – gefaßt wird (vgl. auch Hofstätter, 1977; Klaus & Buhr, 1971). So bestimmt bereits Johann Nicolas Tetens (1777) die „Perfektibilität und Entwickelung des Menschen“ aus zwei konstitutionellen Eigenarten: zum einen aus der „inneren Selbstthätigkeit“ und dem „Seelenvermögen“ zu bewußter Reflexion, zum andern aus der „vorzüglichen Modifikabilität“ des Menschen:

> „Der Mensch ist unter allen empfindenden Mitgeschöpfen der Erde das meist perfektible Wesen, dasjenige, was bey seiner Geburt am wenigsten von dem ist, was es werden kann, und die größte Auswickelung annimmt. Es ist das vielseitigste, das beugsamste Wesen, das am mannigfaltigsten modificiret werden kann, seinem ausgedehnten Wirkungskrais, zu dem es bestimmt ist, gemäß. Am schwächsten zu einer Form allein bestimmt kann es die mehresten annehmen“ (Tetens, 1777, S. 740f.).

In diesen Äußerungen klingt bereits ein wesentlicher Gedanke an: die Annahme nämlich, daß die kulturelle Einbettung und „Kultivierung“ menschlicher Entwicklung, einschließend auch die Prozesse intentionaler Selbstentwicklung, nicht losgelöst von biologischen (phylogenetischen, biosozialen) Grundlagen der menschlichen Konstitution betrachtet werden kann. In der Tat ist die Einbeziehung auch biologischer Perspektiven für die theoretische Grundlegung des Konzepts intentionaler Selbstentwicklung von wesentlicher Bedeutung.

Die Aktivitäten menschlicher Selbst- und Lebensgestaltung – und deren Entwicklung und Änderung im Lebenslauf – spiegeln nicht nur, wie im Voraufgehenden erörtert, die formativen Einflüsse der sozialkulturellen Umwelt wider, sondern gleichermaßen die Funktionspotentiale von Gehirn und Bewußtsein, wie sie sich im

Zuge der biologischen Evolution herausgebildet haben. Versteht man mit Bruner (1990b, S. 21) Kulturen als einen „set of prosthetic devices by which human beings can exceed or even redefine the ‚natural limits' of human functioning", so muß man doch zugleich sehen, daß der Mensch kulturelle Werkzeuge und Amplifikatoren der Entwicklung weder nutzen könnte – noch sie benötigen würde oder hervorgebracht hätte –, wenn er dazu nicht durch seine biologische Konstitution prädisponiert wäre (vgl. auch Tooby & Cosmides, 1992).

Die Wechselbeziehungen zwischen Handeln, Entwicklung und Kultur werden noch deutlicher akzentuiert durch den Gedanken, daß Kultur bzw. die zur Kulturbildung notwendigen Handlungs- und Entwicklungspotentiale beim Menschen kompensierend an die Stelle spezialisierter Anpassungsmechanismen und -automatismen treten und somit überlebensnotwendig werden. Dies hat schon Herder in seiner „Abhandlung über den Ursprung der Sprache" von 1772 klar ausgesprochen:

> „Wenn der Mensch Vorstellungskräfte hat, die nicht auf den Bau einer Honigzelle und eines Spinngewebes bezirkt sind, und also auch den Kunstfähigkeiten der Tiere in diesem Kreise nachstehen: so bekommen sie eben damit weitere Aussicht. Er hat kein einziges Werk, bei dem er also auch unverbeßerlich handle; aber er hat freien Raum, sich an vielem zu üben, mithin sich immer zu verbeßern. Jeder Gedanke ist nicht ein unmittelbares Werk der Natur, aber eben damit kann's sein eigen Werk werden".

Da also der Mensch – so Herder weiter – nicht mehr „eine unfehlbare Maschine in den Händen der Natur" ist, wird er „sich selbst Zweck und Ziel der Bearbeitung" (Herder, 1772, S. 28).

Anthropologen wie Childe (1956), Gehlen (1971) oder auch Geertz (1973) haben diese gedankliche Linie aufgegriffen und theoretisch ausgebaut. Gehlen (1971) hat den Menschen als „Mängelwesen" charakterisiert, das der „tierischen Einpassung in ein Ausschnittmilieu" entbehrt und dem mithin Kultur zur „zweiten Natur" geworden ist. In diesem anthropologischen Konzept gewinnt die Kategorie des Handelns zentrale Bedeutung:

> „Der Mensch ist das handelnde Wesen. Er ist ... nicht ‚festgestellt', d.h. er ist sich selbst noch Aufgabe ... und gerade insofern er sich selbst noch Aufgabe ist, nimmt er auch zu sich selbst Stellung und ‚macht sich zu etwas' ... Selbstzucht, Erziehung, Züchtung als In-Form-Kommen und In-Form-Bleiben gehört zu den Existenzbedingungen eines nichtfestgestellten Wesens. Sofern der Mensch auf sich selbst gestellt eine solche lebensnotwendige Aufgabe auch verpassen kann, ist er das gefährdete oder ‚riskierte' Wesen, mit einer konstitutionellen Chance, zu verunglücken" (Gehlen, 1971, S. 32).

Kultur ist aus dieser Sicht ein artifizielles, exosomatisches Anpassungsmittel, das für die Spezies Mensch lebensnotwendig ist. Geertz (1973, S. 44) bringt das Argument auf den Punkt: „We are, in sum, incomplete or unfinished animals who complete or finish ourselves through culture." Allerdings darf Unspezialisiertheit nicht mit Unangepaßtheit gleichgesetzt werden. Die Rede von Anpassungsdefiziten ist insofern mißverständlich, als ein Mangel an adaptiven Mechanismen beim Menschen durch seine besondere Kompetenz zur Kompensation von Inkompetenz (Marquard, 1984) mehr als wettgemacht wird: durch die Fähigkeit eben, Anpassungsprobleme durch kreatives und konstruktives Handeln zu lösen und bewährte Lösungen über Raum und Zeit zu transportieren und zu institutionalisieren.

Ein grundlegendes evolutionäres Merkmal, das eine soziale und personale Steuerung von Entwicklung möglich und zugleich notwendig macht, wurde schon hervorgehoben: die Plastizität, Offenheit und flexible „Programmierbarkeit" der Ontogenese. Diese konstitutionellen Eigenschaften bringen adaptive Potentiale wie auch Gefährdungen mit sich, und sie haben sich zusammen mit Mechanismen herausgebildet, letztere abzupuffern oder zu bewältigen. Hierin gründet stammesgeschichtlich die Fähigkeit, Kultur hervorzubringen und aufrechtzuerhalten, und die eigene Entwicklung auf die „Landkarte der Gesellschaft" zu projizieren (Berger et al., 1987, S. 65).

Die kognitive Architektur des Menschen ist mit den funktionellen und ontogenetischen Potentialen ausgestattet, um diese adaptiven Aufgaben zu bewältigen. Die Fähigkeit, sich wechselnden adaptiven Erfordernissen in nichtstationären Lebens- und Entwicklungsumwelten flexibel anzupassen, setzt – entsprechend dem Gesetz der erforderlichen Vielfalt (Ashby, 1956) – eine hinlänglich variable und erfahrungsoffene Organisation des Verhaltens und seiner kognitiven und motivationalen Steuerungen voraus. Durch die neuronale Architektur ist eine entsprechende Mannigfaltigkeit und Plastizität auf der Ebene zentralnervöser Steuerungs- und Verknüpfungsvorgänge gegeben. Hervorzuheben sind hier besonders die Fähigkeit zur Abstraktion und Begriffsbildung und die dadurch gesteigerte Fähigkeit, aus Ereignisabläufen Struktur und Regelmäßigkeit zu extrahieren; die Fähigkeit zur strukturellen Tiefenanalyse von Problemen und zur Übertragung von Problemlösungen auf phänomenal neuartige Situationen (Transfer); die Fähigkeit zu interner Repräsentation der Umwelt und des eigenen Selbst und, damit verbunden, die Möglichkeit zu internem Probehandeln und zukunftsbezogenem Planen. Potenziert werden diese Handlungs- und Entwicklungspotentiale durch das Sprachvermögen. Sprache stellt die symbolischen Mittel bereit, das eigene Denken und dessen Resultate in einen sozialen Raum zu exportieren, Problemlösungen über räumliche Distanzen zu transportieren und über die Zeit zu bewahren und zu tradieren; Sprache ist das Medium, in dem Selbst- und Lebensentwürfe konstruiert und sozial koordiniert werden; nicht zuletzt potenziert Sprache die Möglichkeiten der Selbststeuerung des Verhaltens durch Selbstaufforderungen und Selbstbewertungen.

Der Komplexität und Veränderlichkeit kulturspezifischer Entwicklungsaufgaben entspricht die beim Menschen im Vergleich zu anderen Säugetieren (auch Hominiden) ausgeprägte Verzögerung der zentralnervösen Funktionsreifung, wodurch zugleich die Phase einer hilfsbedürftigen, unselbständigen Kindheit stark verlängert ist. Steigerung von Hirnvolumen und -kapazität, verzögertes Reifungstempo und prolongierte Kindheit bilden zusammen mit der Ausbildung von Familien- und Gruppenstrukturen einen Komplex von synergistischen Faktoren, die sich offenbar in der Stammesgeschichte des Menschen wechselseitig verstärkt haben (vgl. auch Lerner, 1984). Mit diesen Faktoren in Zusammenhang stehen auch spezifische „Neotenie"-Effekte, die als eine wesentliche phylogenetische Voraussetzung für die Kulturierung von Entwicklungsprozessen anzusehen sind. Der Neoteniebegriff bezeichnet die Fortdauer von morphologischen Merkmalen oder Verhaltensaspekten, die in der früheren Phylogenese nur als passagere Merkmale in frühen Aufbauphasen der Ontogenese auftraten, beim erwachsenen bzw. geschlechtsreifen Individuum; impliziert ist eine phylogenetische Divergenz zwischen den Zeitskalen für Geschlechtsreifung, Größenwachstum und morphologische Entwicklung (Heterochronie; vgl. auch Gould, 1977). Auch das Neugierverhalten bzw. der Umstand, daß dieses sich beim Menschen über die ganze Lebensspanne erhält, kann als neotenes Merkmal gelten. Epistemische und exploratorische „Neugier" ist nicht nur ein Motor der kognitiven Entwicklung, sondern auch Grundbedingung für die Offenheit und Revisionsfähigkeit der individuellen Handlungsorganisation und Lebensplanung: „Nur der Mensch bleibt bis in sein Alter ein *Werdender*" (Lorenz, 1954, S. 239; Hervorhebung im Original).

Entwicklung, Handeln und Kultur bilden mithin eine funktionale Synthese, die bereits in der biologischen Konstitution angelegt ist. Die geläufige Lehrbuchformel, die Entwicklung als Resultat der Interaktion von biologisch-genetischen und Umweltbedingungen beschreibt, gibt die Komplexität dieses Zusammenhangs kaum angemessen wieder. Die durch kollektives und individuelles Handeln geformte Umwelt hat wesentlich den Charakter einer artifiziellen Entwicklungsökologie: „environment is nature organized by organisms" (Lewontin, 1982, S. 160) – wobei der Umweltbegriff hier nicht nur materiell-physikalische Gegebenheiten, sondern zugleich auch die Systeme von Normen, Konventionen und Symbolen einschließt, die dem individuellen Handeln Sinn und Orientierung geben.

Die selektiven und konstruktiven Aktivitäten, die der Schaffung und kontinuierlichen Umformung der materiellen, sozialen und symbolischen Entwicklungsökologie in der Ontogenese zugrunde liegen, sind ihrerseits keineswegs abgekoppelt von biologischen Regulativen – auch wenn ihre psychologische Erklärung typischerweise auf den inneren, „mentalen" Kontext des Handelns und die einfließenden kulturellen Sinngehalte fokussiert. Auch in Bereichen der Psychobiologie und Entwicklungsgenetik wird zunehmend erkannt, daß die Wirkung genetischer Faktoren in der Ontogenese wesentlich durch Handlungssysteme, damit zugleich durch Intentionalität und reflexives Bewußtsein vermittelt ist (womit sich allerdings auch die implikationsreiche Annahme verbindet, daß Intentionalität und Bewußtsein mit subpersonalen und präintentionalen Prozessen gekoppelt sind; hierauf ist zurückzukommen). Die genetische Regulation von Entwicklungsprozessen setzt komplementäre epigenetische Ordnungsstrukturen in der Umwelt voraus, die sowohl die Auftrittswahrscheinlichkeit und Variationsbreite, als auch die zeitliche Abfolge entwicklungskritischer Bedingungen regeln. Diese Ordnungsstrukturen werden – durch Aktivitäten des Filterns, Aufsuchens, Abschirmens und Herstellens spezifischer entwicklungskritischer Einflüsse – z.T. durch das Entwicklungssubjekt selbst geschaffen und aufrechterhalten (vgl. auch Odling-Smee, 1994; Plomin, 1994). In diesem Prozeß werden auch genetisch verankerte (speziestypische und personspezifische) Präferenzfunktionen wirksam. Individuen wählen und gestalten ihre Entwicklungsumwelt nach Maßgabe von genetisch mitbedingten Interessens- und Kompetenzstrukturen; sie exponieren sich damit in selektiver Weise spezifischen Einflüssen, die sie wiederum in einer von genotypspezifischen Dispositionen abhängigen Weise verarbeiten. Auf diese Weise kommt es zu systematischen Koordinationen zwischen genetisch beeinflußten phänotypischen Merkmalen und Umweltbedingungen und damit zugleich zu „Genotyp-Umwelt-Kovariationen" (Scarr & McCartney, 1983).

Solche Kovariationsbeziehungen sind teils durch intentionales Handeln und die ihm zugrunde liegenden Präferenzen und Kompetenzen vermittelt, teils sind sie nichtintendiertes Ergebnis von intentionaler Aktivität. Befunde aus der „Swedish Adoption/Twin Study of Aging" (SATSA) illustrieren diesen Punkt (Plomin, Lichtenstein, Pedersen, McClearn & Nesselroade, 1990). Im SATSA-Projekt wurden getrennt aufgewachsene eineiige Zwillinge im höheren Lebensalter untersucht; dabei wurden auch biographische Daten analysiert. Ähnlich wie für andere phänotypische Variablen fand sich auch für biographische Indikatoren, wie z.B. berufliche Veränderungen oder familiäre Ereignisse, ein deutlicher Einfluß genetischer Faktoren. Die naheliegende Erklärung ist auch hier, daß diese Effekte wesentlich durch Persönlichkeitsmerkmale und damit zusammenhängende Handlungsbereitschaften vermittelt sind, deren differentielle Ausprägung ebenfalls genetischen Einflüssen unterliegt (Saudino, Pedersen, Lichtenstein, McClearn & Plomin, 1997). Für Persönlichkeitsmerkmale, wie etwa Ängstlichkeit, Aggressivität, Neurotizismus oder soziale Extraversion, sind z.T. deutliche genetische Einflüsse belegt (vgl. etwa Loehlin, 1992). Da solche Merkmale mit spezifischen Präferenzen in der Lebensorganisation und in der Selektion und Gestaltung von Entwicklungsnischen zusammenhängen, sollten sie sich zugleich – und zwar u.U. auch ohne willentliches Zutun – auf die Wahrscheinlichkeit bzw. das Risiko auswirken, von bestimmten Lebensereignissen betroffen zu werden. Entsprechende Zusammenhänge sind in verschiedenen Studien gefunden worden (vgl. auch Schmitz, Rothermund & Brandtstädter, 1999).

Durch Individuums-Umwelt-Koordinationen der beschriebenen Art wird die individuelle Lebens- und Entwicklungsgeschichte gleichsam zu einer Extension des Phänotyps. Das Konzept des extendierten Phänotyps (Dawkins, 1982) wird meist an typischen Beispielen, wie etwa dem Nestbau der Vögel, dem Spinnennetz oder dem Damm des Bibers, illustriert. Aber auch die individuellen und kollektiven Tätigkeiten, durch die Menschen ihre physische, materielle, soziale und symbolische Lebens- und Entwicklungsumwelt konstruieren, stabilisieren und an äußere und eigene Veränderungen anpassen, können in diesem Sinne verstanden werden. Offensichtliche Entsprechungen und Homologien dürfen allerdings nicht den Blick für wesentliche Unterschiede verstellen. Der Biber folgt keinem reflexiv repräsentierten Ziel oder Plan, wenn er seinen Damm baut, und er entscheidet sich dazu nicht aufgrund von Erfahrungen oder Argumenten. Der „Sinn" tierischer Artefaktbildungen ergibt sich aus deren evolutionsbiologischer Genese und Funktion und nicht aus einer Kultur- oder individuellen Bildungsgeschichte. Hier fehlen also wesentliche Elemente von Intentionalität, Reflexivität und Wahlfreiheit, wie sie gerade für das Konzept intentionaler Selbstentwicklung zentral sind. Damit wollen wir nicht voreilig unterstellen, daß zwischen abgeleiteter und unmittelbarer Intentionalität, zwischen reflexivem, intentionalem Handeln und automatisiertem, „instinktgeleitetem" Verhalten durchweg eine scharfe Grenze zu ziehen sei. Vielmehr gibt es fließende Übergänge (vgl. auch Dennett, 1986; 1995), wie wir sie im übrigen auch in der Ontogenese der Intentionalität beim Menschen finden. Wie noch zu zeigen ist, sind gerade die Prozesse, die intentionalem Handeln zugrunde liegen – Prozesse der Aktualgenese von intentionalen Einstellungen, emotionale Reaktionen, auch Denkprozesse – selbst nicht durchwegs nach dem Muster intentionalen Handelns zu verstehen.

Nach allem kann man Bruner (1990a) nur eingeschränkt zustimmen, wenn er feststellt: „It is culture, not biology, that shapes human life and the human mind" (S. 21). Die These, so einnehmend sie gerade aus handlungs- und kulturtheoretischer Sicht wirkt, setzt in doppelter Hinsicht einen problematischen Akzent: Erstens erscheint anstelle der dualistischen Gegenüberstellung von kulturellen und biologischen Bestimmungen die Betrachtung ihres Zusammenwirkens theoretisch angemessener, und schließlich ist auch das Entwicklungssubjekt selbst nicht einfach durch kulturelle und biologische Einflüsse „geformt", sondern an deren ontogenetischer Ausformung und Expression maßgeblich beteiligt.

# 3. Intentionale Selbstentwicklung: Ontogenese und Wandel

Wie bildet sich in der Ontogenese jene besondere Klasse von Aktivitäten aus, die wir mit dem Begriff intentionaler Selbstentwicklung bezeichnen? Wie werden solche Aktivitäten durch Veränderungen von Handlungsspielräumen und -ressourcen beeinflußt, wie sie etwa infolge von Rollenübergängen, kritischen Lebensereignissen oder alternsbedingten Verlusten eintreten? Diese Fragen führen auf unzulänglich erforschtes Gebiet. Schon zur Entwicklung von Intentionalität und intentionalem Handeln gibt es vergleichsweise wenig empirische und theoretische Arbeiten (z.B. Bullock, 1991; Oppenheimer & Valsiner, 1991); mehr noch fehlt es an Arbeiten, die die Ontogenese von Handlungen im Kontext intentionaler Selbstentwicklung analysieren. Ansatzpunkte für die ontogenetische Analyse lassen sich aus der näheren Betrachtung der für selbstregulatives und selbstkorrektives Handeln grundlegenden Prozesse und Funktionen gewinnen.

Wie für Handeln schlechthin, so ist auch für „entwicklungsbezogenes" Handeln zunächst der Aspekt der Intentionalität konstitutiv. Allerdings sind hier intentionale Gehalte besonderer Art angesprochen. Das Individuum muß Zielvorstellungen und normative Repräsentationen von sich und seiner Entwicklung gebildet haben; es muß in der Lage sein, sich selbst, sein Verhalten und seine aktuelle Situation im Hinblick auf diese Repräsentationen zu beurteilen und im Hinblick auf Bedeutungen und mögliche Folgen zu bewerten. Dazu muß nicht nur die eigene Person zum Beobachtungsgegenstand gemacht und insofern objektiviert werden, vielmehr müssen die Beobachtungsresultate auch begrifflich eingeordnet werden. Diese begriffliche Einordnung kann erst gelingen, wenn selbstdeskriptive Attribute soweit mit situations- und verhaltensbezogenen Bedeutungen verbunden sind, daß sie zu Beobachtetem in Bezug gesetzt werden können.

Effektives selbstregulatives und selbstkorrektives Handeln setzt, wie hier schon deutlich wird, *Wissen* voraus. Damit zielbezogene Handlungsintentionen überhaupt ausgeführt werden können, müssen nicht nur die Zielzustände selbst, sondern auch die Wege (Mittel, Zwischenziele), die zu diesen Zielzuständen führen, hinreichend spezifisch und genau repräsentiert sein. Wer sich etwa für sein Verhalten und seine Lebensführung das Ziel setzt, im Umgang mit seinen Mitmenschen Fairneß zu zeigen, muß – zumindest in wesentlichen Grundzügen – wissen, was es in einer Sprachgemeinschaft bedeutet, „fair" zu sein und welche Verhaltensweisen in welchen Situationen die Zuschreibung dieses Merkmals legitimieren. Wer in einem bestimmten Leistungsbereich erfolgreich sein möchte, muß sich eine Vorstellung von den Kriterien gebildet haben, nach denen Leistungen bewertet werden können. Er benötigt zudem genauere Vorstellungen davon, welche personspezifischen und situativen Bedingungen die Realisierung solcher Kriterien begünstigen oder verhindern, und muß dort, wo zwar Wege und Mittel bekannt, aber persönlich nicht verfügbar sind, sich vielleicht zunächst die für eine Zielerreichung notwendigen Kenntnisse und Fertigkeiten aneignen. Aktivitäten intentionaler Selbstentwicklung operieren also, in kognitionspsychologischer Terminologie, auf einer Basis von semantischem und prozeduralem Wissen. Dieses Wissen entwickelt sich in einer ontogenetischen Progression, die zunächst in zunehmender Differenzierung und Durchdringungstiefe die externen kausalen und symbolischen Strukturen erfaßt, in denen das eigene Handeln und die eigene Entwicklung stehen, und die in einer späteren Phase – auf einer metakognitiven Ebene – auch den „inneren" Kontext der Handlungsregulation einschließt. Die Kopplung von Prozessen intentionaler Selbstentwicklung an den Aufbau von Wissen über Entwicklung verweist, nebenbei bemerkt, auch auf die potentielle Eigendynamik von entwicklungspsychologischer Forschung: Theorien über menschliche Entwicklung werden, sobald sie in entwicklungsbezogenem Handeln zur Anwendung gelangen, zu Bedingungen eben derjenigen Prozesse, die sie erklären sollen.

Im Hinblick auf die Handlungsausführung bedarf es spezifischer *selbstregulatorischer Kompetenzen*, um gesetzte Intentionen auszuführen, sie gegen Ablenkungen abzuschirmen und eventuell gegen Widerstände und über längere Zeiträume ohne externe Verstärkung durchzuhalten (vgl. auch Gollwitzer, 1991; Kuhl, 1987). Gerade bei einem erschwerten Handlungsablauf können gesetzte Intentionen und Entschlüsse nur dann durchgehalten werden, wenn die erforderlichen antizipatorischen und symbolischen Kompetenzen gegeben sind, um Ablenkungen und Versuchungen zu neutralisieren und die Aufmerksamkeit auf Handlungsergebnisse zu fokussieren, die in der Zukunft liegen.

Wenn von intentionaler Selbstentwicklung die Rede ist, so rückt v.a. auch das Selbst in den Blickpunkt der ontogenetischen Analyse. Wir handeln nicht nur im Bezug auf uns selbst, sondern auch im Bezug auf *unser Selbst*, und dieses Selbst entsteht wesentlich dadurch, daß wir handlungsleitende Theorien über uns sowie zukunftsbezogene Selbstentwürfe bilden (vgl. auch Mittelstraß, 1988) – also Vorstellungen und Überzeugungen davon, wie (oder was) wir sind, sein könnten oder werden sollten.

Wiederum sind hier Wechselbeziehungen zu beachten: Selbstentwürfe in ihren verschiedenen zeitlichen Varianten (Vergangenheit, Gegenwart, Zukunft) und Geltungsmodi (Ist *vs.* Soll, Möglich *vs.* Unmöglich ...) unterliegen teils selbst ontogenetischen Änderungen, teilweise werden sie solchen Veränderungen auch angepaßt. Jedenfalls ist das „Selbst" nicht einfach ein Bündel von mehr oder weniger veränderlichen Merkmalen, sondern ein aktives, autopoietisches System, das seine Kontinuität und Konsistenz zu sichern und gegen Bedrohungen zu verteidigen sucht. Stabilität und Konstanz von Selbstattributen müssen daher auch als Ausdruck dieser Dynamiken betrachtet werden. Damit stellt sich für die ontogenetische Analyse auch die Frage nach den Mechanismen und Prozessen, durch die Selbstdefinitionen und Identitätsthemen im Lebenszyklus einerseits stabilisiert, andererseits an veränderte Entwicklungs- und Handlungsoptionen angepaßt werden.

Wenn wir diese Gesichtspunkte ordnen, so läßt sich die Frage nach der Ontogenese intentionaler Selbstentwicklung in eine Reihe von Teilfragen aufschlüsseln, die sich allerdings überlagern und ergänzen: (a) Wie entwickeln sich intentionales Handeln und die für Intentionalität grundlegenden repräsentationalen Prozesse und Kompetenzen? (b) Welche ontogenetischen Schritte und Bedingungen führen vom Erkennen persönlicher Agentschaft zur differentiellen Ausformung von Kontroll- und Selbstwirksamkeitsüberzeugungen – insbesondere auch von „entwicklungsbezogenen" Kontrollüberzeugungen? (c) Wie entwickeln sich Fähigkeiten und Fertigkeiten der Selbststeuerung und Selbstregulation, einschließlich auch der Fähigkeit, selbstregulatorische Intentionen durchzusetzen und durchzuhalten? (d) Wie entstehen die Selbstrepräsentationen, aus denen Ziele und thematische Orientierungen intentionaler Selbstentwicklung resultieren, und wie ändern sich diese Repräsentationen im Lebensablauf?

## 3.1 Zur Ontogenese von Intentionalität und intentionalem Handeln

Um genauere Ansatzpunkte für die ontogenetische Analyse zu finden, ist es nützlich, sich noch einmal wesentliche Merkmale intentionaler Aktivitäten zu vergegenwärtigen. Als intentional haben wir in Kapitel 2.1 Aktivitäten bezeichnet, mit denen *bestimmte Ziele angestrebt* oder *bestimmte Einstellungen und Selbstdefinitionen zum Ausdruck gebracht* werden (und die insofern Repräsentationen solcher instrumentellen oder expressiven Bezüge involvieren); die *personal kontrolliert* sind (und insofern ein zumindest subjektiv erlebtes Element der Wahlfreiheit bzw. des „Anderskönnens" implizieren); die aus *Entschlußbildungen* resultieren und insofern *Abwägungen zwischen alternativen Optionen* voraussetzen; die als Realisationen bestimmter Akte (bzw. Typen von Handlungen) aufgefaßt werden können (und deren Ausführung also beim Handelnden ein entsprechendes Regel- oder Konstruktionswissen voraussetzt) und die somit schließlich als *Ausdruck oder praktische Folge bestimmter mentaler Einstellungen* (Meinungen, Ziele, Absichten) gedeutet werden können. Auf Aktivitäten, die diesen Kriterien genügen, ist auch das intentionale Erklärungsformat – mitsamt seinen Voraussetzungen hinsichtlich der Rationalität des Handlungssubjektes – anwendbar.

Mit diesen idealtypischen Bestimmungen sind allerdings entwickelte Formen intentionaler Aktivität bezeichnet, deren ontogenetische Vorläufer die genannten Kriterien oft nur unvollständig erfüllen. Für die Ontogenese der Intentionalität gilt insofern abgewandelt, was Dennett (1995, S. 205) im Hinblick auf die Phylogenese feststellt: „Before intentionality can be fully fledged, it must go through its awkward, ugly period of featherless pseudo-intentionality". Wir wollen im folgenden zunächst Vorstufen und frühe Erscheinungsformen intentionaler Aktivität darstellen, wie sie sich etwa in den ersten beiden Lebensjahren – wenn wir die theoretische Systematik Piagets (1947; vgl. auch Flavell, 1963) zugrunde legen, also in der sensumotorischen Phase – herausbilden.

Ontogenetisch grundlegend für die Koordination von Zielen und Mitteln bzw. zielgerichteten Aktivitäten ist die Repräsentation von Regelmäßigkeiten und Kontingenzen in der transaktionalen Beziehung zwischen Selbst und Umwelt. Rudimentäre Kontingenzwahrnehmungen deuten sich schon in klassischen und instrumentellen Konditionierungsprozessen an, wie sie bereits wenige Tage nach der Geburt experimentell nachweisbar sind (vgl. etwa Olson & Sherman, 1983). Allerdings sind Selbst und Umwelt als Pole der epistemischen Relation auf dieser frühesten Stufe noch nicht separiert, sondern in einem synkretischen, autozentrischen Modus des Erlebens verschmolzen. Erst nach Auflösung dieser „adualistischen Konfusion" (Butterworth, 1990; vgl. auch Piaget, 1954) kann das Kind in weiteren Schritten einen Begriff von sich als handelndem Subjekt bilden, das durch seine Aktivität sowohl äußere Effekte setzen als auch Eigenzustände modifizieren kann, und das aus der Eigenperspektive zwar von Objekten der Umwelt unterscheidbar ist, wie diese aber bestimmte charakterisierende und überdauernde Eigenschaften besitzt.

Aktivität und Aufmerksamkeit während der ersten Lebensmonate werden wesentlich durch die bei Geburt angelegten sensumotorischen Regulationen gesteuert. Die Extraktion von Ordnung und Regelmäßigkeit beginnt zunächst bei eng umgrenzten sensorischen „Landschaften" (Case, 1991), die – wie v.a. das Gesicht der Mutter – die Aufmerksamkeit des Säuglings auf sich ziehen. Von diesen ersten kohärenten Repräsentationen ausgehend werden disparate sensorische Ereignisfelder – etwa zwischen mimischen und lautlichen Äußerungen der Mutter – schrittweise zu umfassenderen Mustern und Relationen verbunden. Unterstützt werden solche Verbindungen durch die Fähigkeit des kognitiven Systems, Informationen aus verschiedenen Sinnesmodalitäten zu integrieren und von einer Repräsentationsform in eine andere zu transformieren, so daß die verschiedenen Repräsentationen gleichsam die gleiche Sprache sprechen (Meltzoff, 1990, 1995). Die Fähigkeit zu supramodaler Integration zeigt sich beispielsweise darin, daß Säuglinge markant geformte Gegenstände durch bloßes Berühren wiedererkennen, auch wenn sie die Objekte zuvor lediglich sehen und nicht in die Hand nehmen konnten (Streri & Pêcheux, 1986).

Ein wesentlicher Schritt in Richtung auf intentionale Aktivität besteht darin, auch die Eigenaktivität und deren Effekte auf Ereignisabläufe in diese Repräsentationen zu integrieren, also z.B. eigenes Vokalisieren repräsentational zu verknüpfen mit Veränderungen im Verhalten der Mutter. Wenngleich in dieser frühen Entwicklungsphase das Verhalten noch überwiegend reaktiv an den aktuellen Reizkontext gekoppelt ist, werden doch in bestimmten Verhaltens- und Interaktionssequenzen bereits Elemente von Antizipation und Zielbezogenenheit und damit Vorläufer einer reflexiven Verhaltenssteuerung sichtbar:

> „Wie wirksam ein dreimonatiger Säugling das elterliche Verhalten zu kontrollieren vermag, wird z.B. bei den frühen interaktiven Kitzelspielchen deutlich, wenn sich das Kind durch einen unwiderstehlichen Quietschlaut die nächste Wiederholung abruft (...). Von der Wirksamkeit der Kontingenzerfahrungen kann man sich leicht überzeugen, wenn man durch einen kleinen vorübergehenden Eingriff (kurzfristiges Schließen der Augen auf seiten der Mutter oder reaktionsloses Abwenden) die Erwartungen des Kindes hinsichtlich des mütterlichen Verhaltens verletzt (...). Dabei zeigt sich, daß bereits ein zweimonatiges Kind ein breites (...) Repertoire mimischer, gestischer und stimmlicher Verhaltensformen aktiviert, um die Mutter wieder unter Kontrolle zu bringen" (Papoušek & Papoušek, 1989, S. 479).

Die Erfassung von Verhaltens-Effekt-Kontingenzen wird wesentlich durch die Ritualisierung und mutuelle Koordinierung von stimmlichen oder motorischen Interaktionen unterstützt: Das Kind zeigt Freude, wenn die Mutter sich dem Erwartungsschema entsprechend verhält, oder es reagiert enttäuscht oder überrascht, wenn kein komplementäres Verhalten erfolgt (z.B. Brazelton, Koslowki & Main, 1974; Trevarthen, 1980). Affektäußerungen wie Ärger, Überraschung oder Enttäuschung implizieren bestimmte Erwartungen oder Wünsche und sind daher starke Indizien beginnender Intentionalität. Die antizipatorische Repräsentation von Kontingenzen drückt sich auch in Dishabituations- und Reaktanzphänomenen aus, wie sie z.B. Lewis, Sullivan und Brooks-Gunn (1985) in Experimenten mit Säuglingen im Alter von 8 bis 16 Wochen demonstriert haben. Zunächst wurden in einer operanten Konditionierungsphase die Armbewegungen des Kindes mit interessanten visuellen und akustischen Effekten gekoppelt (das Handgelenk war mit einem Schaltmechanismus verbunden, der ein Tonband und einen Diaprojektor aktivierte). Anschließend wurde die Kopplung wieder aufgehoben; in dieser Löschungsphase zeigten die Kinder zunächst eine von mimischen Ausdrucksreaktionen des Ärgers begleitete Intensivierung des instrumentellen Verhaltens, im weiteren Verlauf dann eine Hemmung instrumenteller Aktivität. Ein bemerkenswerter Aspekt dieser Experimente ist auch, daß sich hier im Übergang von reaktanter Anstrengungssteigerung zu Verhaltenshemmung bereits alle Elemente eines Reaktionsmusters zeigen, das für die Bewältigung von Zielblockaden und Verlusten charakteristisch ist (Klinger, 1975; Wortman & Brehm, 1975; s.a. Kapitel 6).

Mit dem Begriff der „Kreisreaktion" (*réaction circulaire*) hat Piaget (1947) rhythmisch wiederholte sensorisch-motorische Abläufe bezeichnet, die für die Differenzierung kognitiver Schemata in der frühen Entwicklung bedeutsam sind. An diesen Reaktionsmustern läßt sich der graduelle Übergang von reflektorischen, „autozentrischen" zu intentionalen, „allozentrischen" Koordinationen besonders gut beobachten. Im Alter von etwa sechs bis acht Monaten sind Kreisreaktionen (als sog. „sekundäre" Kreisreaktionen) schon deutlich auf die wiederholte Erzeugung eines interessanten äußeren Effektes gerichtet, etwa wenn das Kind – diesen Vorgang gleichzeitig aufmerksam beobachtend, später auch gezielt variierend – einen Gegenstand ergreift, ihn fallen läßt, wieder aufnimmt, usf.. In dieser Entwicklungsphase wird zunehmend auch der eigene Körper exploriert und manipuliert, beginnend zunächst bei „naheliegenden" Bereichen wie den Händen oder dem Mund (Butterworth, 1990; Kravitz, Goldenberg & Neyhus, 1978); die Bewegung der eigenen Extremitäten ist ein Geschehen, das mit großer Aufmerksamkeit beobachtet wird. Solche selbstreferentiellen Kreisreaktionen sind von wesentlicher Bedeutung für die Ausbildung eines objektivierten und integrierten Körperschemas sowie für die repräsentationale Verbindung von Intention und effektorischer Reaktion. Das Auftreten sekundärer Kreisreaktionen ist oft mit dem Beginn intentionaler Aktivität gleichgesetzt worden (vgl. auch Flavell, 1963). Wie allerdings schon deutlich geworden ist, sind solche Abgrenzungen innerhalb einer ontogenetischen Folge einigermaßen willkürlich: Der Übergang von reflektorischer zu reflexiv-intentionaler Aktivität vollzieht sich nicht in kategorialen Sprüngen, sondern involviert Zwischen- oder Übergangsformen, in denen sich Reflex-Automatismen und reflexive Prozesse mischen.

Kinder in dieser frühen Phase erwachender Intentionalität zeigen überschwengliche Gefühle, wenn sie sich ihrer Möglichkeiten bewußt werden, interessante Effekte in regelmäßiger und wiederholbarer Weise zu erzeugen und den Ereignisstrom in Richtung auf angenehme Ergebnisse zu lenken (vgl. Watson, 1966); Karl Bühler (1918) hat solche Phänomene im Konzept der „Funktionslust" angesprochen. Diese affektiven Reaktionen besitzen gleichsam Gerüstfunktionen für die Genese intentionaler Aktivität. Sie sind allerdings noch nicht auf das Selbst in einem objektivierten Sinne oder auf die Qualität der eigenen Produktion bezogen; hierzu bedarf es weiterer Entwicklungsschritte in Richtung auf die Aneignung sozialer Gütekriterien und Maßstäbe für die Selbstbewertung (vgl. auch Heckhausen, 1989).

Mit der Ausdifferenzierung motorischer Fertigkeiten und zunehmender symbolisch-repräsentationaler Kompetenz werden bald auch Objekte gezielt und planmäßig in die Eigenaktivität integriert; Kinder im Alter von etwa 1 ½ bis 2 Jahren z.B. ergreifen zum Essen spontan den bereitliegenden Löffel (vgl. Case, 1985); die symbolische Repräsentation umfaßt sowohl den Gegenstand selbst, wie auch dessen instrumentelle Einordnung in ein Aktivitätsschema. Materielle Gegenstände haben die Funktion von *„affordances"* (Gibson, 1977), die neuartige Handlungsoptionen und Handlungsfelder eröffnen und mit deren Hilfe Handlungsgrenzen kompensatorisch überschritten werden können. Objekte mit Werkzeugfunktion konstituieren darüber hinaus Aufgabensituationen, in denen Erfolg und Mißerfolg exemplarisch erfahren werden können. Insbesondere tätigkeitstheoretische Ansätze (Leontiew, 1977; Vygotsky, 1978; vgl. auch Oerter, 1991; Valsiner, 1987) haben die entwicklungspsychologische Bedeutung von Werkzeugen hervorgehoben. Durch den Werkzeuggebrauch wird den Aktivitäten ein externer Zweckbezug aufgeprägt: Erst wenn die eigene Aktivität hinreichend mit den schon auf gewisse Verwendungszwecke gerichteten Eigenschaften des Werkzeugs abgestimmt ist, wird gelingendes Handeln möglich. Handlungsobjekte und -instrumente implizieren somit gleichsam Entwicklungsaufgaben, deren Bewältigung durch intrinsische Aneignungs- und Kompetenzmotivationen unterstützt wird (vgl. Harter, 1978; White, 1959).

Mit dem erlebten Kontrast zwischen gewünschten und ungewünschten, erwarteten und unerwarteten Handlungseffekten ist im Grundsatz bereits der kognitiv-emotionale Rahmen aufgespannt, in dem sich intentionales, später auch selbstkorrektives und selbstregulatives Handeln bewegt (vgl. auch Higgins, 1988). Zunehmend wird erfaßt, daß Handlungen Effekte hervorbringen können, die losgelöst von der unmittelbaren Tätigkeit existieren und die auch soziale Valenzen besitzen. Die Objektivierung von Handlungsergebnissen im zweiten Lebensjahr schreitet in gleichem Maße voran, wie sich beim Kind der Objektbegriff etabliert, also erfaßt wird, daß Gegenstände unabhängig von den auf sie gerichteten sensorischen und motorischen Aktivitäten bestehen und auch dann fortexistieren, wenn sie aus dem eigenen Aufmerksamkeits- und Handlungsbereich verschwunden sind. Im Umgang mit externen Handlungsmitteln und in den positiven Verstärkungen, die gegenstandsangepaßtes Verhalten im sozialen Kontext erfährt, eröffnet sich zugleich die soziale Dimension des Handelns; mit dem Objektbezug werden daher auch soziale und kulturelle Bezüge des Handelns erfahren und interiorisiert (vgl. Vygotsky, 1978).

Die Beachtung des Handlungsproduktes und seiner Qualität ist bei Kindern im Alter von 18 Monaten schon gut zu beobachten. So z.B. unterbrechen sie im Spiel mit Bauklötzen ihre Tätigkeit, wenn ihnen etwas geglückt ist, und betrachten aufmerksam das Ergebnis (vgl. Trudewind, Unzner & Schneider, 1989). In diesem Entwicklungsabschnitt beginnen Kinder auch, sich gegen Störungen eines geplanten Handlungsablaufes mit dem Ausdruck von Ärger und Protest zu wehren; in diesem reaktanten Verhalten – Kemmler (1957) sprach von „Trotzreaktion" – manifestiert sich die wachsende Fähigkeit, Tätigkeiten zielgerichtet zu organisieren und Abweichungen von intendierten Ergebnissen zu registrieren (vgl. auch Heckhausen, 1985). Im dritten Lebensjahr wird die reaktante Abwehr von äußeren Behinderungen oder von unerwünschten Hilfestellungen zunehmend auch von assertiven Äußerungen („ich will", „ich kann das") begleitet (vgl. Geppert & Küster, 1983); hierin artikulieren sich bereits Elemente eines Selbstkonzeptes eigener Fähigkeiten. Mit der kognitiven Differenzierung zwischen dem Selbst als handelndem und zugleich von Handlungseffekten betroffenen Subjekt, dem äußeren Handlungsergebnis, dem instrumentellen Tun und den eingesetzten Handlungsmitteln ist ein konzeptuelles Grundgerüst geschaffen, von dem aus in der weiteren Sprachentwicklung jene begrifflichen Kategorien aufgebaut werden können, die für das gesamte handlungs- und moralsprachliche Idiom konstitutiv sind.

Damit sind erste frühe Meilensteine auf dem Wege zur Entwicklung jener komplexeren Handlungssysteme markiert, in denen das eigene Selbst zum Gegenstand intentionalen Handelns gemacht wird. Allerdings sind wir von Aktivitäten, die intentional auf einen zukunftsgerichteten Selbstentwurf bezogen sind, noch eine Reihe von Entwicklungsschritten entfernt. Solche intentionalen Gehalte werden den Aktivitäten des Kindes zunächst gleichsam von außen aufgeprägt, insbesondere von den Eltern, die das Handlungs- und Erfahrungsfeld des Kindes strukturieren und sich dabei sowohl an impliziten Entwicklungstheorien wie auch an Zielvorstellungen zur Entwicklung ihres Kindes orientieren.

Die weiteren Etappen in der Genese intentionaler Selbstentwicklung lassen sich im Hinblick auf die folgenden Entwicklungslinien systematisieren, die zwar eine gemeinsame Basis in den beschriebenen frühen Entwicklungen haben und in enger Wechselbeziehung zueinander stehen, die sich aber mit fortschreitender Ausdifferenzierung verschiedener Regulationsebenen auch begrifflich zunehmend deutlicher separieren lassen: (a) die Genese eines konzeptuellen Selbst; (b) die Entwicklung von Wirksamkeits- und Kontrollüberzeugungen; (c) die Entwicklung selbstregulatorischer Funktionen; (d) die Integration von Selbstentwürfen in die Steuerung und Bewertung persönlicher Entwicklung.

## 3.2 Zur Genese eines konzeptuellen Selbst

Wie die vorangegangenen Überlegungen deutlich machen, ist die Genese intentionaler Selbstentwicklung im Zusammenhang mit der Entwicklung von handlungsleitenden Selbstentwürfen und deren repräsentationalen und regulatorischen Funktionen zu sehen. Selbstregulation und intentionale Selbstentwicklung sind in zweifacher Weise selbstbezogen: Zum einen sind sie auf *das Individuum selbst* rückbezogen, zum anderen sind sie auch auf *dessen Selbst* bezogen (daß damit Unterschiedliches zum Ausdruck gebracht wird, wird schon daraus ersichtlich, daß man mit dem Finger zwar auf sich selbst, aber nicht auf sein Selbst deuten kann). Beide Aspekte von Selbstreferentialität sind ontogenetisch insofern miteinander verknüpft, als ein repräsentationales und konzeptuelles Selbst nur dadurch entstehen kann, daß die Person ihre Wahrnehmung und Aufmerksamkeit, direkt oder vermittelt durch die soziale Umwelt, auf sich selbst richtet. William James (1892) hat die Doppelrolle des „Selbst“ in der Selbstrepräsentation in der Unterscheidung zwischen einem Subjekt-Selbst (*„I“*) und einem Objekt-Selbst (*„Me“*) angesprochen. Das Subjekt-Selbst gründete für James im Bewußtsein der eigenen Kontinuität, der personalen Distinktheit, des eigenen Wollens und schließlich auch in der Bewußtheit des eigenen Bewußtseins. Das Objekt-Selbst bestimmte er dagegen als das Insgesamt dessen, was die Person als zu sich gehörig bzw. als ihr eigen betrachtet: „... the sum total of all that he *can* call his“ (1892/1984, S. 160, Hervorhebung im Original). Während James eher das repräsentierte Objekt-Selbst als das repräsentierende Subjekt-Selbst der empirischen Untersuchung zugänglich sah, hat G.H. Mead (1934) diese Beschränkung partiell aufgehoben, indem er selbstreferentielles *Wissen* in den Mittelpunkt der Forschung stellte – wobei das Selbst-Wissen auch die Seite des Subjekt-Selbst und – auf einer qualitativ wie ontogenetisch höheren Reflexionsstufe –

eventuell auch noch die Relation zwischen Subjekt- und Objektselbst zum Gegenstand haben kann (vgl. auch Damon & Hart, 1988).

Neuere theoretische Ansätze bestimmen das Selbstkonzept dementsprechend gern als eine Art von Theorie, die die Person von sich selbst hat (z.B. Brim, 1976; Epstein, 1973; Greenwald, 1980; Kihlstrom & Cantor, 1984) und die sich auch aus dem Bedürfnis und sozialen Erfordernis entwickelt, sich und anderen Rechenschaft über die eigene Person abzugeben – Rechenschaft sowohl im Sinne von Erklärung wie von Verantwortung. In ihren Funktionen kann diese Selbst-Theorie mit einer wissenschaftlichen Theorie verglichen werden: Sie dient der Beschreibung, Erklärung, Vorhersage, nicht zuletzt aber auch der Steuerung eigenen Verhaltens. Allerdings gehen bei einer Explikation des Selbst als selbstreferentieller Theorie Bedeutungselemente verloren, die gerade für das Verständnis von Aktivitäten intentionaler Selbstentwicklung sehr wichtig sind. Die „Theorie“ – oder besser vielleicht: die multiplen theoretischen Schemata – die das Subjekt *von sich selbst* entwirft, konstruiert es zugleich *für sich selbst*, das heißt im Hinblick auf Bereiche, die für seine Handlungs- und Lebensorientierung bedeutsam sind. Nicht alles, was man gültig von sich aussagen kann, rechnet man schon seinem Selbst – seiner Identität – zu. Wenn wir aufgefordert werden, uns selbst zu beschreiben, so nennen wir nicht beliebige Merkmale („ich habe zwei Beine“; „ich trage heute ein weißes Hemd“), sondern solche, von denen wir glauben, daß sie uns in *wesentlicher, wichtiger und informativer* Weise charakterisieren: etwa unsere berufliche Tätigkeit, unsere Gewohnheiten, unsere Interessen und Hobbies (vgl. McCrae & Costa, 1988).

Um also für das Selbstverständnis oder die Identität einer Person konstitutiv zu sein, müssen selbstdeskriptive Attribute offenbar zusätzlichen Kriterien genügen, die wir wie folgt bestimmen können (vgl. Baumeister 1986; Brandtstädter & Greve, 1994a; McGuire & McGuire, 1981):

(a) Von Identitätsmerkmalen fordern wir zunächst hinlängliche *Stabilität und Permanenz*: Nur Attribute, welche die Person zumindest nach eigener Meinung als stabile Merkmale oder überdauernde Dispositionen charakterisieren, können Selbstgleichheit über die Zeit und insofern auch personale Identität begründen. Bestimmte objektive Eigenschaften (wie z.B. das biologische Geschlecht oder die Geschwisterposition) sind von vornherein unveränderlich oder liegen als Elemente unserer vergangenen Lebensgeschichte unabänderlich fest. Bei „entwicklungsoffenen“, modifizierbaren Merkmalen, wie z.B. bestimmten Fertigkeiten oder Kompetenzen, kann eine gewisse Stabilität im Lebensablauf dagegen oft nur durch erhaltende oder kompensatorische Aktivitäten erreicht werden; gerade dieser Aspekt ist für die Analyse von intentionaler Selbstentwicklung von Bedeutung.

(b) Wesentlich erscheint weiterhin der Aspekt der *diskriminativen Valenz*: Nur Merkmale, in denen wir uns von anderen unterscheiden, können Individualität und Unverwechselbarkeit der Person begründen. Anzumerken ist hier, daß der Diskriminationswert eines Merkmales vom Vergleichskontext abhängt; dazu fügt sich u.a. auch die Beobachtung, daß Merkmale wie etwa das biologische Geschlecht oder die ethnische Zugehörigkeit in spontanen Selbstbeschreibungen eher erwähnt werden, wenn die befragte Person in ihrer sozialen Umgebung sich hinsichtlich dieser Merkmale in einer Minoritätsposition befindet (vgl. etwa McGuire, McGuire, Child & Fujioka, 1978; McGuire, McGuire & Winton, 1979). Wie oben angedeutet, sind Prozesse der Auswahl und Aktivierung von Vergleichsperspektiven auch mit selbstwertdienlichen und selbstbildprotektiven Mechanismen verbunden. Auch können Vergleichsperspektiven situationsspezifisch unterschiedlich verfügbar sein, wie es Gergen (1977, S. 153) schön illustriert: „In the presence of the devout, we may discover that we are ideologically shallow; in the midst of dedicated hedonists, we may gain awareness of our ideological depths."

(c) Die genannten beiden Kriterien erscheinen zwar als notwendige Bedingungen, sind aber für sich genommen nicht hinreichend; wir besitzen eine Vielfalt von Merkmalen, die zwar permanent und diskriminativ relevant, aber für unser Selbstverständnis kaum bedeutsam sind (der Fingerabdruck ist ein typisches Beispiel). Diskriminative und stabile Merkmale erscheinen uns offenbar nur in dem Maße identitätsrelevant, wie sie zugleich *biographische Relevanz* besitzen, d.h. insoweit sie uns als bedeutsam für die eigene (vergangene oder zukünftige) Lebensgeschichte erscheinen.

Mit diesen kriterialen Bestimmungen wird der Begriff des Selbst in die Nähe des Identitätsbegriffs gerückt, wobei ich hier Identität als das System jener Merkmale, Eigenschaften und Umweltbezüge verstehen möchte, durch die (und wohl auch *mit denen*) man sich als Person identifiziert (vgl. auch Baumeister, 1986). Das inhaltliche Spektrum von Merkmalen, die den genannten Kriterien genügen und potentiell als Identitätsanker oder -konstituenten dienen können, ist sehr weit: Es reicht von Aspekten der äußeren Erscheinung, der bisherigen Lebensgeschichte, der beruflichen Tätigkeit bis hin zu spezifischen Einstellungen, Persönlichkeitsmerkmalen oder Kompetenzen. Wir haben oben zwischen Merkmalen, die unveränderlich oder unabänderlich festliegen, und solchen, die „entwicklungsoffen", veränderlich und daher mit dem Risiko eines eventuellen Verlustes behaftet sind, unterschieden. Für Merkmale des letzteren Typs gilt im allgemeinen, daß ihre identitätskonstitutive Bedeutung auch daran erkannt werden kann, inwieweit einem Verlust dieser Merkmale durch präventive, erhaltende oder kompensatorische Aktivitäten entgegengewirkt wird – daran also, inwieweit sie aktiv stabilisiert werden und somit auch *selbstregulatorisch bedeutsam* sind.

Aktivitäten intentionaler Selbstgestaltung, so können wir diese Vorüberlegungen zusammenfassen, dienen wesentlich der Verwirklichung und Aufrechterhaltung personaler Identität. Sie setzen Selbstentwürfe voraus, die die Auswahl und Realisierung von Identitätsprojekten und Lebenszielen steuern, und sind daher in ihrer Ontogenese an den Aufbau solcher Selbstschemata gekoppelt (vgl. auch Norem-Hebeisen, 1981). Selbst-Probleme oder Identitätskrisen entstehen v.a. dann, wenn bestimmte Merkmale, die für die subjektive Identitätskonstruktion zentral oder bedeutsam sind, verschwinden oder ihre besondere individuierende Bedeutung verlieren. Dem wirkt das Selbstsystem allerdings entgegen, indem es Handlungen wie auch kognitive Prozesse aktiviert, die auf die Erhaltung der Stabilität und diskriminativen Valenz von Merkmalen gerichtet sind. Konsistenz und Kontinuität des Selbstkonzeptes können gerade dort, wo sie nicht durch intentionales Handeln gesichert werden können, auch durch subintentionale Prozesse wie etwa die selektive Aktivierung oder Veränderung von Vergleichsperspektiven oder die Selektion selbstbildkonsistenten Feedbacks unterstützt werden; ich komme darauf an späterer Stelle zurück.

Für die ontogenetische Analyse gilt nun als Leitprinzip, daß Strukturen und Inhalte der Selbstkonstruktion stets den auf der jeweiligen Entwicklungsstufe gegebenen repräsentationalen und begrifflichen Kompetenzen entsprechen. Konkrete, beobachtungsnahe Attribute sind für die Selbstbeschreibung früher und leichter verfügbar als Merkmale, die – wie etwa psychologische Dispositionen – erst konzeptgeleitet aus Beobachtungen erschlossen werden müssen. Erste einfache Markierungen der Individualität erfolgen durch die Identifikation von Objekten (Spielzeug, Körperteile), die zu einem gehören; in diesem Zusammenhang werden auch erste Besitzansprüche („Meins!") artikuliert (vgl. Kopp, 1982). Etwa im Alter von 1 ½ Jahren ist ein repräsentationales Selbstschema soweit ausgebildet, daß Kinder ihr Gesicht im Spiegel wiedererkennen (vgl. Lewis & Brooks-Gunn, 1979).

Ein kategoriales Selbst wird zunächst v.a. über einfache diskriminative Kontraste (Kind *vs.* Erwachsener, Junge *vs.* Mädchen) konstruiert. Mit der Aneignung sprachlicher Begriffe und zugeordneter semantischer Regeln entsteht nach und nach auch ein Verständnis davon, welche Verhaltensweisen in welchen Situationen es rechtfertigen oder begründen, bestimmte Attribute oder Eigenschaften zu- oder abgesprochen zu bekommen. Selbstbeschreibende Attribute referieren im allgemeinen auf Beziehungen, in denen wir zu unserer Umwelt und zu uns selbst stehen. Grundsätzlich wird die ontogenetische Ordnung, in der sprachliche Konzepte erworben werden, von der Struktur und Komplexität dieser Konzepte und der für ihren Gebrauch einzusetzenden kognitiven Prozesse bestimmt. So etwa verweisen Begriffe wie „tüchtig", „fleißig" oder „stolz" im Kontext leistungsbezogener Selbstbeschreibungen und -bewertungen auf soziale Erwartungen und Standards, nach denen Erfolg und Mißerfolg beurteilt werden; ihre Zuschreibung erfordert spezifische Bedingungsanalysen, etwa im Hinblick darauf, ob ein erzieltes Ergebnis eher dem eigenen Handeln oder fremden Einflüssen zugeschrieben werden kann, und ob die Bedingungsfaktoren eher stabil oder veränderlich sind (z.B. Weiner, 1980). Tugendbegriffe und moralische Attribute haben z.T. noch wesentlich komplexere Implikationsstrukturen. Konzepte wie „gerecht", „fair", „tolerant" oder „besonnen" verweisen auf ethische Prinzipien, die individualistischen Bedürfnissen und eventuell auch unmittelbaren sozialen Rollenerwartungen vor- und übergeordnet sind. Erst wenn solche allgemeineren Prinzipien in ihrer Bedeutung, ihrem Anspruch und ihrer Verbindung mit spezifischen Formen des Handelns und der Lebensführung hinreichend verstanden sind, können sie für die Selbstdefinition und Selbstregulation bedeutsam und wirksam werden (vgl. Damon & Hart, 1988).

Die Differenzierung des repräsentationalen Selbst reflektiert insofern auch die progressive Aneignung und Durchdringung der Kontexte – von der unmittelbar erlebten Nahumwelt eigener Aktivitäten bis hin zum Makrosystem der umgebenden Kultur mit ihren Normen, Institutionen und Symbolen –, in denen sich die Wirkungen und Bedeutungen des eigenen Tuns entfalten und beschreiben lassen. Mit der zunehmend differenzierteren Repräsentation der sozialen, normativen, institutionellen und ideellen Bezüge des Handelns eröffnen sich daher auch für die Selbst- und Identitätskonstruktion fortlaufend neue Dimensionen und Begrifflichkeiten. Allgemein ist es für die Strukturhöhe der kognitiven und soziomoralischen Entwicklung kennzeichnend, wie und im Hinblick auf welche Bezugsebenen selbstdeskriptive und selbstevaluative Attribute – etwa Begriffe von Kompetenz, Tüchtigkeit, Verantwortung – individuell interpretiert werden (vgl. auch Kohlberg, 1976; Selman, 1980).

Die Selbstrepräsentation gewinnt eine neue, objektivierte Qualität, sobald das Kind in der Lage ist, sich und das eigene Verhalten auch aus der Perspektive anderer zu sehen und zu bewerten. Selman (1980, S. 37f.) postuliert in seinem Stufenmodell für den Altersbereich von fünf bis sechs Jahren, zeitgleich etwa mit dem Übergang vom präoperationalen Stadium zum Stadium konkreter Operationen im System Piagets (1947, 1954), den Übergang von einem „undifferentiated and egocentric perspective taking“ zu einem „differentiated and subjective perspective taking“. Kennzeichnend für diesen Perspektivenwechsel ist v.a. die zunehmende Fähigkeit, mentale Zustände (etwa Erwartungen, Absichten, Meinungen) aus Verhaltensindikatoren zu erschließen und ihre Abhängigkeit von der individuellen Informationslage zu erkennen. Erste frühe Anzeichen einer solchen *theory of mind*, deren ontogenetische Wurzeln vielleicht im Imitationsverhalten und in der Koordinierung von Intentionen z.B. im gemeinsamen Spiel liegen, sind etwa im Alter von vier bis fünf Jahren zu beobachten (vgl. Lewis & Mitchell, 1994; Meltzoff, 1995; Trevarthen, 1988).

Das kompetente Erfassen der Handlungsperspektive anderer eröffnet nicht nur für das eigene Handeln neue strategische Dimensionen und manipulative Optionen, sondern ist auch die ontogenetische Eintrittskarte zum Sprachspiel moralischer Bewertungen. Zuschreibungen etwa von Schuld oder Verantwortung fordern – und zwar schon aufgrund der semantischen Struktur der betreffenden Begriffe –, daß nicht nur äußere Handlungsmerkmale, sondern v.a. der „innere“, intentionale Kontext des Handelns berücksichtigt wird (vgl. Piaget, 1932; Brandtstädter, 1981). Mit der Relativierung und Objektivierung des eigenen Standpunktes gewinnen zugleich auch expressive und symbolische Valenzen in der Regulation eigenen Handelns an Gewicht: Ein bestimmtes Verhalten wird nicht allein aufgrund erwarteter Effekte gewählt oder gemieden, sondern weil es den Handelnden als eine Person mit bestimmten Eigenschaften charakterisiert (Brandtstädter, Gräser & Mazomeit, 1990).

Stabilität und Kontinuität der Selbstdefinition sind Voraussetzungen einer konsolidierten Identität. Selbstkategorisierungen durch invariante und essentielle Eigenschaften stellen sich in der mittleren Kindheit ein, in einer Phase der kognitiven Entwicklung also, wo das Denken zu den formalen und begrifflichen Strukturen vordringt, die den konkreten Erscheinungen in ihrer phänomenalen Vielfalt zugrunde liegen. Ein erster früher Identitätsanker, der als Dreh- und Angelpunkt für die weitere Elaborierung einer stabilen Identität dient, ist das Geschlecht (vgl. Guardo & Bohan, 1971; Harter, 1983; Marcus & Overton, 1978; Trautner, 1991). Auf dieses kategoriale Merkmal konzentrieren sich schon recht früh – v.a. in Gesellschaften mit ausgeprägtem Geschlechtsrollenschema – auch Vorstellungen eines „gesollten" Selbst, die beispielsweise die Art und Weise betreffen, wie Gefühle auszudrücken sind (vgl. auch Case, 1991; Stangor & Ruble, 1987, 1989).

Von einer verhaltensregulatorisch wirksamen Selbst- oder Identitätskonstruktion kann allerdings erst dann uneingeschränkt die Rede sein, wenn Selbstdefinitionen gegen Bedrohungen und Destabilisierungen verteidigt werden. Identitätssichernde Reaktionen, wie sie etwa in sozialpsychologischen Konstrukten der *„self-verification"* (Swann, 1983) oder der *„symbolic self-completion"* (Wicklund & Gollwitzer, 1982) beschrieben werden, setzen voraus, daß Eigen- und Fremdperspektive auf einer abstrakteren, symbolisch-begrifflichen Ebene miteinander verbunden werden: etwa im Sinne der Feststellung, daß die eigene Selbstdefinition abweicht von den Eigenschaften, die andere einem zuschreiben. Zwar können auch schon Kinder im Vorschulalter heftig protestieren, wenn sie sich falsch oder abwertend eingeschätzt fühlen. Erst in der mittleren Kindheit jedoch werden die semantischen Korrespondenz- und Zuschreibungsregeln, die situationsspezifische Verhaltensweisen mit bestimmten selbstdeskriptiven Attributen in einer hierarchischen Struktur verbinden, reflexiv erfaßt und damit auch strategisch nutzbar. Kinder können nun z.B. durch gezieltes Verhalten zum Ausdruck bringen, daß sie bestimmte Eigenschaften haben, und sie können durch gezieltes *„impression management"* (Schlenker, 1980) bei Beobachtern einen bestimmten Eindruck zu erzeugen oder eventuell auch zu korrigieren suchen. In dieser fortgeschrittenen Entwicklungsphase der symbolischen Selbstrepräsentationen, etwa zwischen neun und elf Jahren, zeigen Kinder auch selbstregulatorische Verhaltensanpassungen, wenn ihnen bestimmte positiv valente Merkmale zugeschrieben werden; so etwa zeigen sie sich verstärkt hilfsbereit, wenn ihre Selbstattribution zuvor in diesem Sinne beeinflußt wurde (vgl. Grusec, 1983; Higgins, 1988).

Um sich selbst, das eigene Tun und später auch die eigene Entwicklung und Lebensführung nicht nur aus der Sicht anderer Personen, sondern aus der Sicht des „generalisierten Anderen" und schließlich auch vom normativen Standpunkt genereller Maximen oder Prinzipien aus zu beurteilen, muß nicht nur die eigene individualistische Sicht, sondern auch die Perspektive des unmittelbaren sozialen Umfeldes in einem weiteren Objektivierungsschritt relativiert und transzendiert werden. Diese Reflexionsstufe – Selman (1980) spricht von einem *„in-depth and societal-symbolic perspective taking"* – wird etwa in der Adoleszenz erreicht; die Orientierung auf kontextübergreifende ethische Prinzipien wird begünstigt durch das Erleben von Konflikten zwischen verschiedenen Standpunkten und die Notwendigkeit, Konfliktlösungen auszuhandeln und dabei perspektivische Gebundenheiten zu überwinden (vgl. auch Higgins, 1988; Kohlberg, 1976; Loevinger, 1976). Eine wichtige Rolle spielt hierbei auch die Fähigkeit, alternative hypothetische Realitäts- und Zukunftsprojektionen zu entwerfen, die Piaget (1947; vgl. auch Flavell, 1963) als einen Grundzug des formal-operationalen Denkens beschrieben hat. Erst die Erfassung der Realität, der eigenen Person und der eigenen Zukunft als Möglichkeitsfeld, in dem unterschiedliche Entwicklungsoptionen und Handlungsalternativen gewählt und verwirklicht werden können, konstituiert ein Verständnis moralischer Verpflichtungen und ermöglicht Prozesse der Lebensplanung und intentionalen Selbstentwicklung in der Form, wie sie sich im Jugend- und Erwachsenenalter manifestieren.

## 3.3 Entwicklung personaler Kontrolle

Der Begriff der „Kontrolle" bezeichnet zunächst das Vermögen, Ereignisabläufe beeinflussen zu können; das subjektive Bewußtsein dieses Vermögens, das in unterschiedlichem Maße generalisiert, individuell unterschiedlich ausgeprägt und auch unterschiedlich valide sein kann, wird in verschiedenen psychologischen Konstrukten, wie etwa im Konzept der „Kontrollüberzeugungen" (Rotter, 1966) oder der „Selbstwirksamkeit" (Bandura, 1982b, 2000), angesprochen. Intentionale Selbstentwicklung impliziert Kontrolle und Kontrollbewußtsein hinsichtlich der Herbeiführung oder Vermeidung von Entwicklungsergebnissen; Kontroll- oder Selbstwirksamkeitsüberzeugungen können durchaus als eine Facette des repräsentationalen Selbst gesehen werden, die allerdings insofern von besonderer Bedeutung ist, als sie die Auswahl von Entwicklungszielen und die Konstruktion zukunftsgerichteter Selbstentwürfe beeinflußt und somit auf andere Bereiche der Selbstkonstruktion ausstrahlt. Je schwächer die Überzeugung des Individuums, Abläufe der eigenen Entwicklung beeinflussen zu können, desto mehr reduzieren sich die im „möglichen Selbst" (Markus & Nurius, 1986) repräsentierten Entwicklungsoptionen.

Der Kontrollbegriff wird oft in der Weise expliziert, daß man Kontrolle über ein Ereignis hat, wenn man durch eigene Aktivität die Auftrittswahrscheinlichkeit dieses Ereignisses positiv oder negativ beeinflussen kann (z.B. Maier & Seligman, 1976). Kontrolle in diesem Sinne hätte dann bereits der Säugling, soweit er durch seine Aktivität mit einer bestimmten Regelmäßigkeit bestimmte Wirkungen in seiner Umgebung hervorrufen kann. Der Kontrollbegriff, der hier interessiert, meint nun allerdings nicht die Fähigkeit, *irgendeinen* Effekt regelmäßig zu erzeugen, sondern vielmehr gerade solche Veränderungen in Ereignisabläufen herbeiführen zu können, die intendiert sind und eigenen Wünschen entsprechen. Der denkbare Fall, daß die eigene Aktivität ein kontraintentionales Ergebnis hervorbringt, wäre demnach ein Gegenbeispiel für das Haben von Kontrolle, auch und gerade dann, wenn das unerwünschte Ergebnis regelmäßig eintritt – z.B. hat die explizite Intention, nicht an bestimmte Objekte zu denken, oft den genau gegenteiligen Effekt (vgl. Wegner, 1994). Der hier angezielte Begriff von Kontrolle ist also mit dem Intentionalitätsbegriff – genauer mit dem Konzept der Handlungsintentionalität im früher eingeführten Sinne – konzeptuell verknüpft. Damit besteht zugleich aber auch eine ontogenetische Kopplung: Kontrolle im hier gemeinten Sinne kann dem Handlungssubjekt erst dann zu- oder abgesprochen werden, wenn dessen Aktivitäten intentionalen, zielbezogenen Charakter annehmen. Die Begriffe von Intentionalität und Kontrolle sind andererseits aber keineswegs deckungsgleich, denn Kontrolle – und das Ausmaß erlebter Kontrolle – hängt eben wesentlich davon ab, inwieweit sich die beabsichtigten Effekte in den inneren und äußeren Handlungsfolgen realisieren, und dies wiederum hängt auch von den kontextuellen Bedingungen ab, die zwischen Handlungen und eintretenden Handlungsfolgen vermitteln. Nicht zuletzt ist das Erleben von Selbstwirksamkeit und Kontrolle nicht nur von effizienter Zielerreichung abhängig, sondern entscheidend auch davon, inwieweit das Individuum sich frei und in der Lage sieht, seine Ziele selbst zu setzen, und inwieweit es sich mit den Zielen, die es verfolgt, identifiziert; hier berührt der Begriff von Kontrolle Begriffen von Autonomie und Selbstaktualisierung, die übergeordnete „Wachstumsmotive" (Maslow, 1977) und thematische Grundtendenzen intentionaler Selbstentwicklung über die Lebensspanne bezeichnen.

Der Kontrollbegriff, so wie er oben gefaßt wurde, referiert also auf Beziehungen zwischen Zielen, Handlungen, Kontextbedingungen und Handlungswirkungen; Konzepte wie Kontrollbewußtsein, Selbstwirksamkeit oder erlebte Kontrolle haben mit der subjektiven Repräsentation dieser Beziehungen zu tun. Impliziert ist dabei auch die begriffliche Unterscheidung zwischen dem Handlungssubjekt, das bestimmte Bedingungen setzt, und den sozialen, kausalen und symbolischen Kontingenzstrukturen des äußeren Handlungsfeldes, welche die gesetzten Bedingungen in mehr oder weniger erwünschte und antizipierte Effekte transformieren. Dieser Gesichtspunkt wird auch in verschiedenen Differenzierungen des Kontrollkonstruktes angesprochen (vgl. auch Skinner, 1996): Beispielhaft zu nennen sind hier die Unterscheidungen zwischen personbezogenen *„competence judgments"* und kontextbezogenen *„contingency judgments"* (Weisz, 1983; Weisz & Cameron, 1985), zwischen *„response-outcome-expectancies"* und *„efficacy expectations"* (Bandura 1977; Heckhausen, 1989), oder, mit umgekehrtem Vorzeichen, die Differenzierung von *„personal helplessness"* und *„universal helplessness"* (Abramson, Seligman & Teasdale, 1978). Die logische Beziehung zwischen diesen Komponenten perzipierter Kontrolle ist in mehrfacher Hinsicht asymmetrisch: Die Überzeugung „ich kann das Ziel *Z* erreichen" impliziert „es gibt eine Möglichkeit, das Ziel *Z* zu erreichen", aber nicht umgekehrt; bei Negation der beiden Aussagen kehrt sich die Implikationsrichtung um. Diese formalen und begrifflichen Asymmetrien sind in motivations- und entwicklungspsychologischer Hinsicht bedeutsam. Erst wenn z.B. erfaßt wird, daß Ziele, die außerhalb der eigenen Reichweite liegen, nicht generell unerreichbar sein müssen, kann man sich möglicherweise das selbstregulatorische Ziel setzen, seine Kontrollpotentiale entsprechend zu erweitern. Diese Form von „Metakontrolle" wird insbesondere relevant, wenn Schwierigkeiten bei der Realisierung von Zielen auftreten.

Die entwicklungspsychologische Analyse von Kontrollüberzeugungen kann somit an verschiedenen Punkten ansetzen. Einmal können wir fragen, wie sich das Empfinden persönlicher Agentschaft in den Transaktionen des Individuums mit seiner Umwelt ausdifferenziert und zu einem System von „Kontrollüberzeugungen" bzw. einer Facette der individuellen „Selbsttheorie" konkretisiert. Zum zweiten interessiert aber auch, wie sich ontogenetische und altersgebundene Veränderungen individueller Handlungs- und Entwicklungsressourcen auf individuelle Kontroll- und Selbstwirksamkeitsüberzeugungen auswirken. Wir wollen uns zunächst dem ersten Aspekt zuwenden.

Die Vorstellung oder Überzeugung, Ereignisse in meiner Umgebung durch eigene Aktivität beeinflussen zu können, setzt die Trennung zwischen erkennendem und handelndem Selbst und äußeren Wahrnehmungs- und Handlungsgegenständen voraus, die, wie bereits ausgeführt, zu den grundlegenden Errungenschaften der frühen sensumotorischen Entwicklung gehört, und die auf einer späteren Reflexionsstufe in die für Prozesse der Selbstkontrolle grundlegende Möglichkeit mündet, sich selbst zugleich als Subjekt und Objekt eigenen Wahrnehmens und Handelns zu denken.

Aus der Integration von Objekten und Werkzeugen in Handlungsabläufe entwickelt sich im weiteren ontogenetischen Verlauf ein Verständnis indirekter, vermittelter Kontrolle, womit auch der ontogenetische Ausgangspunkt für ein nach person- und kontextseitigen Ressourcen differenziertes Kontrollbewußtsein gesetzt ist (vgl. auch Skinner, 1996). Allerdings fügt sich die Umwelt – gerade auch im Kontrast zur direkten, propriozeptiv erlebten Kontrolle über Eigenbewegungen – den eigenen Aktivitäten und Absichten keineswegs problemlos ein. Die Erfahrung des Widerstandes, den die materielle und die soziale Umwelt – letztere gerade auch aufgrund ihrer eigenen Intentionalität – den Aktivitäten des Kindes entgegenstellt, ist eine Quelle von „Funktionserfahrungen" (Boesch, 1976), die nicht nur für die Ontogenese von Intentionalität und Kontrolle, sondern darüber hinaus für die Entwicklung des Selbstkonzeptes und für die kognitive und soziomoralische Entwicklung insgesamt bedeutsam ist. Die „Widerständigkeit" der Umwelt erzwingt Anpassungen und Differenzierungen der sensumotorischen und kognitiven Schemata und unterstützt zugleich die weitere epistemische Polarisierung von Selbst und Umwelt. Erfahrungen des Gelingens und Mißlingens liefern das Rohmaterial, aus dem eine kognitive Repräsentation von Wirkungs- und Handlungsfeldern aufgebaut wird; insbesondere aber informieren sie über eigene Handlungsmöglichkeiten und -grenzen und tragen auf diese Weise auch zum Aufbau und zur progressiven Differenzierung eines Selbstkonzeptes eigener Handlungs- und Kontrollpotentiale bei. Nicht zuletzt wird durch die Störerfahrung auftretender Diskrepanzen zwischen Erwartungen,

Wünschen und Handlungsresultaten auch das eigene Handeln verstärkt in den Fokus der Aufmerksamkeit gerückt; es werden so ontogenetische Anreize gesetzt, Erklärungen für erwartungs- und wunschdiskrepante Handlungseffekte zu gewinnen. Im Zuge der Objektivierung und Instrumentalisierung der materiellen und sozialen Umwelt wird auch der Objekt- und Werkzeugcharakter des eigenen Körpers bewußt; hier liegt der ontogenetische Ansatzpunkt für reflexive Prozesse, in denen zunächst das eigene körperliche Selbst, später aber auch das „konzeptuelle Selbst" im oben angesprochenen Sinne zum Gegenstand des Denkens und Handelns wird.

Kontrollbewußtsein und ein Empfinden von Selbstwirksamkeit entsteht durch die Generalisierung und begriffliche Codierung von Kontingenzerfahrungen. Gerade materielle Gegenstände und Objekte bilden eine wesentliche Quelle solcher Erfahrungen, da sie Effekte in vergleichsweise verläßlicher und konsistenter Weise produzieren. Der Aufbau von Selbstvertrauen und Selbstwirksamkeit wird aber auch gefördert durch die Sensibilität und Responsivität, mit der Eltern auf kindliches Verhalten eingehen; gleichermaßen wichtig ist auch die Sorgfalt und Umsicht, mit der Anforderungen und Handlungsräume den Entwicklungsmöglichkeiten des Kindes angemessen und auf „Zonen proximaler Entwicklung" (Vygotsky, 1978) abgestimmt werden (vgl. Connell, 1990; Gunnar, 1980; Lamb & Easterbrooks, 1981; Skinner, 1995). Nicht zuletzt ist auch die emotionale Qualität der Eltern-Kind-Beziehung bzw. die Sicherheit der Bindungsbeziehung (*attachment*) für den differentiellen Aufbau von Kontrollüberzeugungen bedeutsam, da Bindungssicherheit als sozioemotionale Ressource den Aufbau von Selbstsicherheit und Selbstvertrauen auch im Umgang mit neuartigen und belastenden Situationen unterstützt (vgl. Ainsworth, Blehar, Waters & Wall, 1978; Bretherton, 1985). Hiermit übereinstimmend weisen auch längsschnittliche Befunde darauf hin, daß sicher gebundene Kinder über eine größere Selbstsicherheit im Umgang mit Neuem und eine größere Frustrationstoleranz verfügen (vgl. z.B. Arend, Gove & Sroufe, 1979; Grossmann & Grossmann, 1991). Die genannten Umgebungsbedingungen sind natürlich nicht nur in der frühen Entwicklung, sondern lebenslang für das Erleben von Kontrolle bedeutsam. Auch z.B. Bildungs-, Berufs-, Partnerschafts- und Familienkontexte unterscheiden sich im Hinblick auf ihre Responsivität, den Grad ihrer Entsprechung zu individuellen Handlungspotentialen und ihre Bindungsressourcen (*„relatedness"*, Connell, 1990), und sie differieren dementsprechend hinsichtlich des Risikos für das Auftreten von erlebtem Kontrollverlust und Depression. Allerdings bezeichnen die Begriffe von Selbstwirksamkeit und Kontrolle nicht nur persönliche Dispositionen, sondern kennzeichnen auch Relationen zwischen Handlungspotentialen und Handlungsmöglichkeiten. Individuen tendieren dazu, ihre Handlungsziele und Ambitionen entsprechend einem Prinzip der *„just manageable difficulty"* (Brim, 1992) abzustecken; sie präferieren – zumindest soweit sie dazu frei und in der Lage sind – Handlungs- und Lebensumwelten, die eigenen Kompetenzen und Interessen korrespondieren. Das Streben nach einer solchen „Passung" ist durchaus als ein tragendes Motiv intentionaler Selbstgestaltung anzusehen (vgl. Konzepte des *„person-envi-*

*ronment-fit*"; z.B. Kahana, 1982); dies um so mehr, als dieses Motiv nicht nur Kontextanpassungen, sondern auch Anstrengungen herausfordert, eigene Kompetenzen oder Fertigkeiten den kontextuellen Erfordernissen anzugleichen.

Die Generalisierung früher Kontingenzerfahrungen und ihre Integration in ein dispositionales Selbstkonzept ist eng an die Entwicklung symbolischer und repräsentationaler Funktionen gekoppelt. Etwa zwischen dem dritten und vierten Lebensjahr beginnen Kinder, die semantischen Bedeutungen eigenen Verhaltens zu erfassen und sich als Träger bestimmter Eigenschaften zu sehen; zunehmend zeigt sich in dieser Phase der sprachlich-symbolischen Entwicklung auch eine Tendenz, Situationen aufzusuchen oder herzustellen, die der Prüfung und Bestätigung von Selbstbildhypothesen dienen (Case, 1991; Heckhausen, 1984). Die Beherrschung der konzeptuellen Strukturen, in denen Begriffe von Kontrolle, Kontingenz und Kompetenz stehen, setzt eine entsprechend differenzierte semantische Repräsentation „interner" und „externer" Bedingungsfaktoren von Leistungen voraus; dieses Sprachspiel mit seinen Unterscheidungen zwischen Anstrengung, Fähigkeit, Aufgabenschwierigkeit und unsystematischen Einflüssen („Zufall", „Glück", „Pech"), die ihrerseits wieder systematisch vergleichende Beobachtungen von intra- und interindividuellen Leistungsdifferenzen voraussetzen, wird offenbar erst in der mittleren Kindheit – ungefähr im Alter von acht Jahren – hinreichend beherrscht (Nicholls & Miller, 1984, 1985). In diesem Entwicklungsabschnitt erstreckt sich Kontrollbewußtsein zunehmend auch auf das eigene Denken, Fühlen und Tun. Die Entwicklung solcher metakognitiven und selbstregulatorischen Aspekte erschließt nicht nur neue Potentiale zur Steigerung eigener Handlungseffizienz, sondern ist auch ein weiterer ontogenetischer Schritt in Richtung auf Prozesse der Selbstbildung und Selbstkultivierung, die für intentionale Selbstentwicklung zentral sind.

Die Repräsentation von eigenen Handlungskompetenzen und kontextuellen Kontingenzstrukturen erreicht ein qualitativ neues Niveau im Übergang zum formaloperationalen Denken in der frühen Adoleszenz. Erst in dieser Phase nimmt die Repräsentation des eigenen Handelns, seiner Bedingungen und Effekte das Format und die Funktion einer impliziten Theorie an, die nicht nur Erwartungen generiert, sondern die gedankliche und planende Bewegung in einem Feld hypothetischer Möglichkeiten erlaubt. Im Durchspielen von alternativen Zukunfts- und Selbstentwürfen, wie es für das formal-operationale Denken in der Phase der frühen Adoleszenz charakteristisch ist, werden längerfristige Zielperspektiven für die persönliche Entwicklung und erste Umrisse von Lebensplänen entfaltet, an denen sich fortan die Steuerung und Kontrolle der eigenen Entwicklung im Erwachsenenalter orientiert.

*Handlungsressourcen und perzipierte Kontrolle*: Die Entwicklung objektiver Handlungsressourcen folgt tendenziell in vielen Leistungs- und Funktionsbereichen einer kurvilinearen Funktion: In den früheren Lebensabschnitten dominiert die Erweiterung des Handlungsspielraumes, während für das späte Lebensalter – bei allerdings großen individuellen Unterschieden im Ausmaß und zeitlichen Ablauf – eine zunehmende Einengung von Handlungsressourcen in physischen, sozialen, zeitlichen und materiellen Aspekten kennzeichnend ist (vgl. auch Heckhausen & Schulz, 1995). Ein solches umgekehrt u-förmiges Entwicklungsmuster ist vielfach auch für das subjektive Erleben von Kontrolle und Selbstwirksamkeit postuliert worden, doch stellen sich die Dinge in empirischer wie theoretischer Hinsicht komplexer dar.

Individuelle Unterschiede in generalisierten Selbstwirksamkeitsüberzeugungen treten schon im Vorschulalter in Erscheinung; Kinder, die Vertrauen in eigene Leistungsmöglichkeiten setzen, zeigen größere Ausdauer bei der Bewältigung auftretender Schwierigkeiten und Hindernisse und präferieren Aufgaben, die ihre Leistungspotentiale herausfordern und einen entsprechend hohen Rückmeldungswert für das Selbstkonzept eigener Tüchtigkeit besitzen (z.B. Heckhausen, 1984). Betrachtet man die Erweiterung objektiver Handlungs- und Selbstregulationskompetenzen, die Progression von außengesteuerten zu selbstinitiierten, symbolischen Formen der Handlungsregulation und die zunehmende Dominanz einer „autonomen" gegenüber einer „heteronomen" soziomoralischen Perspektive (Damon & Hart, 1988; Selman, 1980), so liegt es nahe, eine entsprechende Verschiebung etwa von „externalen" hin zu stärker „internalen" Kontrollüberzeugungen im Übergang von der Kindheit zum Jugendalter zu vermuten. Obwohl vereinzelte Befunde dieser Erwartung entsprechen, kann von einem konsistenten und generellen Entwicklungstrend kaum die Rede sein (vgl. auch Übersichten bei Krampen, 1987; Skinner & Connell, 1986). Die Untersuchung altersgebundener Unterschiede im *locus of control* kann natürlich von vornherein erst dort sinnvoll einsetzen, wo bereits eine begrifflich hinreichend differenzierte Repräsentation eigener Handlungspotentiale gegeben ist.

Es sprechen aber auch grundlegendere theoretische Überlegungen dagegen, erlebte Kontrolle in eine direkte Beziehung zu verfügbaren Handlungsressourcen zu setzen. Das Selbstwirksamkeitsempfinden hängt vielmehr entscheidend von der Relation zwischen dem „gewünschten" (oder auch dem „gesollten") und dem potentiellen oder „möglichen" Selbst ab, davon also, inwieweit subjektiv verfügbare Ressourcen als hinreichend betrachtet werden, um Ziele und Ansprüche zu verwirklichen und den Anforderungen und Erwartungen der sozialen Umwelt zu genügen. Diese Relation ist aber selbst entwicklungsoffen; insbesondere ist sie nicht nur von wahrgenommenen Veränderungen in Handlungsressourcen, sondern auch von den individuellen Anspruchsregulationen und Zielanpassungen abhängig, die mit solchen Veränderungen oft einhergehen. Eine Erweiterung von Handlungsressourcen führt im allgemeinen auch zu einer entsprechenden Expansion von Zielperspektiven und Ambitionen, aus der auch neue Verletzlichkeiten für das Erleben eigener Wirksamkeit resultieren können. Umgekehrt führen erlebte Ressourcenverluste nicht notwendig zu Einbußen erlebter Kontrolle und Selbstwirksamkeit, wenn individuelle Zielorientierungen den veränderten Möglichkeiten angeglichen werden. Die Bedeutung solcher akkommodativen Dynamiken im Zusammenhang der Entwicklung von Kontrollüberzeugungen ist bislang weitgehend unbeachtet geblieben; sie wird besonders evident, wenn wir das spätere Lebensalter betrachten und die Frage stellen, wie trotz erlebter Einschränkungen in vielen Lebens- und Handlungsbereichen ein positive Selbst- und Lebensperspektive bewahrt werden kann (Kapitel 7).

## 3.4 Das selbstregulatorische Selbst

Das repräsentationale Selbst gewinnt als kognitive Struktur erst dann handlungsregulativen Einfluß, wenn selbstreferentielle Kognitionen (Wahrnehmungen, Überzeugungen) mit Wertungen und Zielen, insbesondere mit Vorstellungen eines gewünschten oder gesollten Selbst, kontrastiert werden. Die Ontogenese von selbstevaluativen Standards und normativen Selbstkonzepten geht von einem Zustand aus, in dem zunächst externe Regeln und Direktiven dominieren. Als Vorstufe der Selbstregulation können Anpassungen ablaufenden Verhaltens an externe Aufforderungs- oder Warnsignale gelten; solche Formen von *„compliance"* (Kopp, 1982) sind gegen Ende des ersten Lebensjahres im Kontext der Eltern-Kind-Interaktion zu beobachten. In der selbstinitiierten Kontrolle von Verhaltensimpulsen, wie sie gegen Mitte bis Ende des zweiten Lebensjahres auftritt, manifestiert sich eine schon stärker autonom-intentionale Form der Verhaltensregulation (etwa wenn das Kind nach einem „verbotenen" Gegenstand greift, sich dann aber – gleichsam elterliches Sanktionsverhalten imitierend – durch Kopfschütteln o.ä. selbst „zur Ordnung ruft"). Diese frühe Form von Selbstkontrolle ist noch instabil und durch stärkere situative Reize leicht zu durchbrechen. Hieraus ergeben sich angesichts des nun schon erweiterten kindlichen Bewegungs- und Handlungsfeldes Selbstgefährdungen, denen Eltern und Erzieher typischerweise durch die präventive Aufteilung von „Zonen freier Bewegung" und von „Zonen geschützter Aktivität" (Valsiner, 1987) Rechnung tragen.

Die Umsetzung externer Direktiven in den Funktionskreis der Selbstregulation wird üblicherweise im Konzept der „Internalisierung" angesprochen: Im Zuge der sprachlich-symbolischen Entwicklung werden äußere Gebote und Bewertungen interiorisiert und auf das eigene Handeln und seine Produkte angewendet. Das Auftreten solcher internalen Regulationen gehört zweifellos zu den zentral bedeutsamen Entwicklungsergebnissen der frühen Kindheit (Flavell, 1977). Allerdings ist die Internalisierung normativer Orientierungen keineswegs ein passiv-rezeptiver Übertragungsvorgang von einer äußeren auf eine interne Ebene der Verhaltenskontrolle; vielmehr handelt es sich um einen konstruktiven Prozeß, bei dem Bewertungen der Umwelt in einer dem jeweiligen Entwicklungsstand entsprechenden Weise interpretiert und realisiert werden (vgl. etwa Lawrence & Valsiner, 1993). Ist normkonformes Verhalten auf einer früheren Entwicklungsstufe zunächst extrinsisch motiviert – das Kind zeigt ein bestimmtes Verhalten, um Bestrafungen zu entgehen, um anderen zu gefallen etc. –, so gewinnt es mit dem Aufbau normativer Selbstdefinitionen zunehmend intrinsische Valenz: Man zeigt ein spezifisches Verhalten, weil man eine bestimmte Person sein möchte, oder weil bestimmte Handlungsformen an und für sich ethisch oder moralisch wertvoll erscheinen. Erst auf dieser ontogenetischen Ebene kann von Selbstregulation im anspruchsvolleren Sinne der Assimilation des eigenen Verhaltens an einen Selbstentwurf gesprochen werden.

Gegen Ende des zweiten Lebensjahres werden Prozesse der Selbstregulation durch die Entwicklung sprachlicher und symbolischer Kompetenzen auf ein neues, effektiveres Niveau gehoben. Für Kagan (1984b, S. 130) hört es zu den fundamentalen Entwicklungsuniversalien, daß Kinder im Alter von zwei bis drei Jahren über die Richtigkeit und Angemessenheit ihres Handelns zu reflektieren beginnen, und zwar sowohl vor wie auch während und nach der Handlungsausführung: „They compare their behavior, thoughts and feelings against the standards and try to keep in close accord with the standard, as a space vehicle's program corrects its course in flight". Sprache ist nicht nur ein repräsentationales Medium, sondern zugleich ein Instrument der Handlungs- und Selbstregulation. Im Selbst-Dialog, der zunächst noch vokalisiert wird und erst etwa im Alter von vier Jahren zu einem inneren Dialog wird, werden Repräsentationen sozial gewünschter Verhaltensmuster und Eigenschaften in Selbstaufforderungen und Selbstverstärkungen umgesetzt (vgl. auch Lee, Wertsch & Stone, 1983).

Sprachliche Repräsentationen unterstützen zudem die Orientierung des Handelns auf Fernziele und damit die partielle Abkopplung des Verhaltens vom aktuellen äußeren Reizkontext, der während der sensumotorischen Phase noch dominant verhaltensbestimmend ist. Die Fähigkeit, gesetzte Intentionen gegen distraktive Reize abzuschirmen und Gratifikationen aufschieben zu können, ist für selbstregulatorische Kompetenzen charakteristisch, die wir umgangssprachlich als „Selbstkontrolle" oder „Selbstbeherrschung" bezeichnen (Mischel & Patterson, 1978; Rachlin, 1995). Der Verzicht auf aktuelle zugunsten zukünftiger Vorteile und Gratifikationen kennzeichnet auch eine Ausweitung und zunehmende überzeitliche Integration der Selbstperspektive, da hier gleichsam das „aktuelle Selbst" Opfer zugunsten eines vorgestellten zukünftigen Selbst bringt (vgl. auch White, 1991). Unterstützt wird die weitere Entwicklung solcher selbstregulatorischer Fertigkeiten durch eine zunehmende Reflexion auf die Handlungsprozesse selbst und auf die psychischen Prozesse und Funktionen, die zwischen Intentionen, Handlungen und Handlungsergebnissen vermitteln. In der mittleren Kindheit zeigen sich erste Ansätze zum systematischen Gebrauch metakognitiver Strategien, um die eigene Aufmerksamkeit, Gedächtnisleistung oder Motivation gezielt zu steuern und zu optimieren (Diaz, Neal, Amaya-Williams, 1991; Flavell, Speer, Green & August, 1981). Kinder im Alter von neun bis elf Jahren zeigen strategische Aufmerksamkeitskontrolle, um sich auf ein distantes Ziel zu konzentrieren und Ablenkungen auszublenden (Mischel & Patterson, 1978). Die „reflexive Abstraktion" (Piaget, 1976, 1978), die diesen metakognitiven Regulationen zugrunde liegt, wird durch selbstreferentielles Sprechen unterstützt; der Selbstdialog wird in dieser Entwicklungsphase zunehmend auch zur Steuerung eigener psychischer Funktionen, zur Überwindung von Störungen in Handlungsabläufen sowie insbesondere auch zur Regulation von aversiven emotionalen Befindlichkeiten eingesetzt (vgl. Kopp, 1989; Luria, 1969; Zivin, 1979). Freilich werden in diesen Entwicklungsabschnitten auch schon individuelle Unterschiede in der selbstregulatorischen Kompetenz deutlich (Baumeister et al., 1994).

Selbstregulatorische Prozesse, wie sie sich in der Neutralisierung primärer Handlungsimpulse beim Gratifikationsaufschub oder im Durchhalten gesetzter Intentionen gegen Schwierigkeiten und Versuchungen manifestieren, dienen nun nicht nur der Effizienzerhöhung, sondern gerade im Kontext intentionaler Selbstentwicklung wesentlich auch Selbstkultivierungszielen. In dieser zweiten Funktion ist Selbstregulation ontogenetisch an den Aufbau von selbstevaluativen Standards und normativen Selbstentwürfen gekoppelt, schließlich auch an ethische und moralische Orientierungen, deren Geltung von eigenen Wünschen und Meinungen unabhängig ist, die vielmehr erst Maßstäbe zu deren Bewertung liefern.

Das Entstehen von selbstevaluativen Standards oder *„self-guides“* (Higgins, 1988, 1996a) wird ontogenetisch durch Emotionen wie Stolz, Scham oder Schuld markiert, die sich, z.B. nach erlebtem Erfolg oder Mißerfolg in Leistungs- oder Wettbewerbssituationen, erstmals im dritten bis vierten Lebensjahr zeigen (vgl. Heckhausen, 1984). In der Heftigkeit, mit der sich Kinder bereits in diesem Alter gegen negativ valente Merkmalszuschreibungen verteidigen („Ich bin kein böser Junge!“ u.ä.), kündigen sich Prozesse der Selbstverifikation an, die im Erwachsenenalter zu einem wichtigen Aspekt intentionaler Selbstentwicklung werden. Das repräsentationale Format von *self-guides* entspricht dabei wiederum der kognitiven und symbolisch-semantischen Entwicklung und schreitet wie diese von global-diffusen zu differenzierten, abstrakten und transsituativ generalisierten Repräsentationen fort. Einfache Konzepte des „braven Kindes“ oder kategoriale Normfestlegungen („ein Mädchen tut das nicht“) bilden hier sozusagen die ontogenetischen Drehpunkte, um die sich erste Bedeutungsgehalte eines „sozial gewünschten“ oder „gesollten“ Selbstes gruppieren.

Erst in der mittleren Kindheit sind selbstdeskriptive und selbstevaluative Begriffe im semantischen und episodischen Gedächtnis so repräsentiert, daß Kinder Situationen beschreiben können, die mit bestimmten Eigenschaften korrespondieren, und in denen sie etwa Stolz oder Scham über sich empfinden würden (Harter, 1983). Während Begriffe von „gut“ und „schlecht“ bei jüngeren Kindern noch eine globale Struktur besitzen und holistische Fehlschlüsse erzeugen (nach dem Muster: wer eine schlechte Eigenschaft hat, ist schlecht; wer schlecht ist, kann keine gute Eigenschaft besitzen), können nun auch gegensätzlich valente Attribute in einem differenzierten, in begrifflichen Hierarchien organisierten dispositionalen Selbst integriert werden (*„bidimensional thought“*; Harter, 1998). Damit gewinnt das Selbstkonzept gleichsam kompensatorische Reserven, die Bedrohungen des Selbstwertes abpuffern können (vgl. auch Linville, 1987). Auf dieser Entwicklungsstufe beobachten wir erstmals auch das Auftreten „gemischter Gefühle“ und eine zunehmende Sensibilität für den Umstand, daß auch andere gleichzeitig unterschiedliche Meinungen und Gefühle im Hinblick auf den gleichen Sachverhalt haben können (Kopp, 1989; Selman, 1980).

Normative Konzepte sind typischerweise auf einer höheren, semantischen Ebene der Handlungsregulation verankert (z.B. „sei höflich“) und können erst dann als selbstregulative Maximen in situationsangepaßter Weise wirksam werden, wenn erfaßt wird, welche Verhaltensweisen in welchen Situationen mit der betreffenden Eigenschaft korrespondieren. Allerdings haben selbstevaluative Konzepte auch eine teilweise offene Textur, was Spielraum für inhaltliche Anpassungen eröffnet: So können z.B. Kompetenz- und Tüchtigkeitsbegriffe im Verlaufe von Entwicklungs- und Rollenübergängen mit partiell unterschiedlichen Indikatorenmustern und Zielen verbunden werden. Daher kann die Selbstzuschreibung bestimmter positiv valenter Attribute auch dazu motivieren, sich eben diejenigen Verhaltensmuster und Fertigkeiten anzueignen, die in einem bestimmten Entwicklungsabschnitt zum typischen Indikatorenmuster des betreffenden Attributes gehören.

Individuelle Unterschiede in der Effektivität von Selbstkontrolle und Selbstregulation werden gelegentlich in Begriffen wie „Willensschwäche“ oder „Impulsivität“ angesprochen. Darin ist nicht nur die Unfähigkeit enthalten, eigene Intentionen durchzusetzen, sondern v.a. auch die mangelnde Fähigkeit, in der Intentionsbildung übergeordnete selbstregulative Standards oder *„second order volitions“* (Frankfurt, 1971) zur Geltung zu bringen (Brandtstädter & Greve, 1999). Zwei Gruppen von Entwicklungsbedingungen sind in dieser Hinsicht vorrangig bedeutsam: zum einen Bedingungen, die die Aneignung von selbstregulativen Standards fördern oder behindern, andererseits auch Faktoren, die mit der Aktivierung solcher Standards in der Handlungsregulation – in der Phase der Intentionsbildung wie auch der Handlungsausführung – zusammenhängen. Defizite in der Internalisierung selbstregulativer Standards hängen zunächst mit Lern- und Sozialisationsdefiziten zusammen: Erziehungs- und lernpsychologisch bedeutsam sind hier v.a. die Sensitivität, mit der Erzieher auf erwünschtes und unerwünschtes Verhalten reagieren, sowie die Häufigkeit, Konsistenz und Deutlichkeit, mit der bestimmte positiv oder negativ valente Verhaltenskontingenzen gesetzt und individuell erfahren werden (vgl. Higgins, 1988). Besonderheiten des elterlichen Erziehungsstiles, wie etwa die Bevorzugung von positiv verstärkenden gegenüber strafenden oder negativ verstärkenden Sanktionsformen, können den Ausschlag geben, ob selbstevaluative Standards eher den Charakter von positiv motivierenden Idealen oder aber von negativen Einschränkungen haben, deren Überschreitung Gefühle von Angst oder Schuld auslöst (die Psychoanalyse unterschied hier zwischen dem „Gewissen“ als negativer und dem „Ich-Ideal“ als positiver Regulationsinstanz; vgl. Freud, 1923/1992). Versteht man Selbstregulation und Selbstkontrolle nicht nur als Internalisierung von, sondern auch als Identifikation mit bestimmten Verhaltensnormen und -standards, so sind damit auch Lern- und Erziehungsbedingungen angesprochen, die eine Integration solcher normativer Orientierungen in den eigenen Identitätsentwurf begünstigen; emotional positive, sicher gebundene Beziehungen begünstigen die Übernahme elterlicher Standards durch Lernen am Vorbild. Eltern vermitteln durch ihr Sanktionsverhalten normative Verhaltensentwürfe, die in unterschiedlichem Maße auch argumentativ gestützt und legitimiert werden. Mit wachsender symbolischer und sprachlicher Kapazität ist das Kind imstande, auch implizite normative „Botschaften“ zu decodieren und in Dispositionsbegriffe zu übersetzen („So solltest Du sein“ – „So solltest Du nicht sein“). Für den Überzeugungswert solcher Botschaften ist es entscheidend, inwieweit sie für das Individuum mit attraktiven Lebens- und Selbstentwürfen verbunden und argumentativ einsichtig gemacht werden können; dies hängt wesentlich auch vom weiteren sozialen und kulturellen Kontext und den vorherrschenden Vorstellungen von gelingendem Leben und „optimaler Entwicklung“ ab.

Wie ich schon ausgeführt habe, ist internale Kontrolle zudem auch davon abhängig, daß selbstevaluative Standards verfügbar und handlungsregulativ wirksam werden. Die Ausblendung distraktiver Reize sowohl in der Phase der Intentionsbildung wie im Handlungsablauf ist ein automatisch ablaufender Grundprozeß der Handlungsregulation, der allerdings teilweise auch volitional gesteuert und durch Übung zu einer selbstregulatorischen Fertigkeit ausgebaut werden kann. Durch symbolische Prozesse können selbstkorrektive Tendenzen und die mit ihnen verbundenen selbstbewertenden Emotionen aktiviert oder neutralisiert werden, etwa durch die Wahl einer bestimmten sozialen Vergleichsperspektive, durch spezifische Verantwortlichkeitszuschreibungen, oft auch durch sprachlich-symbolische Einordnungen wie z.B. euphemistische Umschreibungen des eigenen Tuns (vgl. Bandura, 1986). Diese symbolischen Regulationen werden um so effizienter und flexibler sein, je sicherer und differenzierter die Bedeutungen und symbolischen Valenzen des eigenen Tuns erfaßt werden und je aufmerksamer das eigene Handeln analysiert wird. Die hier ins Spiel kommenden sozialkognitiven und semantischen Kompetenzen variieren nicht nur ontogenetisch, sondern auch interindividuell (hierauf beziehen sich differentielle Konstrukte wie etwa das schon erwähnte Konzept des *„self-monitoring“*; Snyder & Campbell, 1982).

## 3.5 Selbstaktualisierung und Selbstkontinuität

Mit der graduellen Entwicklung und Integration der intentionalen, repräsentationalen und selbstregulatorischen Funktionen des Selbstsystems kommt es insofern zu einer Wende in der ontogenetischen Dynamik, als das Selbst – als ontogenetisch geformte Struktur – nun zunehmend regulierende und strukturierende Funktionen in der Entwicklung annimmt. Sobald das eigene Leben und die eigene Zukunft als partiell offenes Handlungs- und Möglichkeitsfeld gesehen wird, wird auch erkannt, daß bestimmte normative Selbstdefinitionen nicht nur spezifische Verhaltensmuster, sondern darüber hinaus bestimmte Formen der Lebensführung implizieren; das Selbst, so könnte man in Anlehnung an Dewey (1934) sagen, definiert sich nun nicht mehr nur allein über bestimmte Merkmale, sondern wesentlich auch über seine *Bewegungsrichtung*. Zukunftsbezogene Konstruktionen eines erwünschten möglichen Selbst werden gerade im Jugend- und frühen Erwachsenenalter zu wesentlichen Orientierungsgrößen intentionaler Selbstregulation. Damon und Hart (1988, S. 67) sprechen von einer Phase der *„systematic beliefs and plans"* in der Selbstentwicklung, der sie zugleich integrierende Funktionen zuschreiben: „... the priority of the belief or plan creates a new coherence in self-understanding, because self-defining categories are selected and related to one another only in a manner consistent with the beliefs or plan." Konstruktionen des zukünftigen Selbst zentrieren hierbei v.a. auf die geplante berufliche Karriere, die Partnerschaft und Familie, sowie auf die spezifischen Entwicklungsaufgaben, die diesen Bereichen zugeordnet sind (Dreher & Oerter, 1987; Nurmi, 1993). Schon im Grundschulalter äußern Kinder Wünsche und Ideen hinsichtlich dessen, was sie später einmal werden können, doch bleiben diese Vorstellungen zumeist noch vage Phantasien (Rosenberg & Rosenberg, 1981; Russell & Smith, 1979); im Jugendalter differenzieren sich zukunftsbezogene Selbstentwürfe, sie werden zunehmend realistischer und mit konkreten Plänen verbunden.

Im Erwachsenenalter fügen sich bereichsspezifische Pläne zu übergreifenden, mehr oder weniger kohärenten und differenzierten Lebensplänen zusammen, in denen sich Lebensthemen und Identitätsprojekte konkretisieren und ausformulieren (vgl. Csikszentmihalyi & Beattie, 1979; Harré, 1984). Wenn Rawls (1975, S. 113) postuliert, daß „jeder Mensch einen vernünftigen Lebensplan hat, der seinen Verhältnissen Rechnung trägt", so kann man der anklingenden Vorstellung einer rationalen Gesamtplanung angesichts des inkrementellen und dialektischen Charakters von Prozessen der Lebensplanung zwar nur bedingt zustimmen; gerade der scheinbare Mangel an vorausschauender Systematik kann in komplexen und teilweise intransparenten Bedingungskontexten – wie es menschliche Lebensumstände typischerweise sind – adaptive Vorteile haben (vgl. auch Lenk, 1972). Richtig ist aber, daß Erwachsene im allgemeinen zumindest eine schematische Vision ihrer Lebenslinie und zukünftigen Entwicklung besitzen, die sie entsprechend persönlicher und situativer Ressourcen und Einschränkungen – die ihrerseits veränderlich und entwicklungsoffen sind – ausgestalten, aber auch fortlaufend modifizieren und abwandeln (Brim 1992; Smith, 1999).

Repräsentationen des „aktuellen", „gewünschten", „gesollten", „möglichen" Selbst bestimmen die Art und Weise, wie Entwicklungsziele im Lebenszyklus interpretiert, implementiert und in Lebenspläne integriert werden. Wesentlichen Einfluß auf die zeitliche Struktur und inhaltliche Ausgestaltung solcher Pläne hat insbesondere auch die Konfrontation des Individuums mit altersgradierten Entwicklungsaufgaben und damit verbundenen sozialen Erwartungen. Durch den Aufbau einer zeitlich strukturierten Entwicklungs- und Planungsperspektive für den weiteren Lebenslauf wird das Selbstbild auch in zeitlichen Aspekten differenziert und integriert; personale Identität in diesem dynamisierten Sinne bestimmt sich nun nicht mehr allein durch das, was man ist, sondern durch die im planenden Entwurf geschaffene Verknüpfung zwischen dem, was man ist, und dem, was man noch nicht ist, aber sein könnte und möchte. Eltern, später auch Lebenspartner, Berufskollegen und andere signifikante Andere spielen hierbei nicht nur als Mentoren und Modelle (vgl. auch Smith, 1996), sondern auch als *„co-developing individuals"* (Plath, 1980) eine Rolle, auf die in der eigenen Lebensplanung Rücksicht zu nehmen ist. Mit der Integration der Entwicklung in partnerschaftliche, familiäre und berufliche Rollensysteme mit ihren vielfach auch inkonsistenten Anforderungsstrukturen wird es zunehmend wichtiger, persönliche Lebenspläne mit den Interessen und Bedürfnissen anderer Personen flexibel abzustimmen. Die permanente wechelseitige Koordinierung und Koorientierung von Entwicklungszielen und Lebensplänen ist zumal für die Stabilität und Qualität von Partnerschaften von entscheidender Bedeutung (vgl. Brandtstädter, Krampen & Hei!, 1986; Felser, Schmitz & Brandtstädter, 1998).

Mit der Einbindung von Selbstentwürfen in familien-, berufs- und lebenszyklische Sequenzen wird intentionale Selbstentwicklung, wie in Kapitel 2 schon ausgeführt, in den Kontext kultureller Skripte des Lebenslaufes und korrespondierender normativer Erwartungen gestellt, die auch in die Selbstwahrnehmung und Selbstbewertung einfließen. Die Konstruktion der persönlichen Identität gründet sich andererseits wesentlich auf Abweichungen vom modalen Schema; mit der Normierung und Institutionalisierung der persönlichen Biographie verliert diese tendenziell an diskriminativer Valenz. Hier wird eine antithetische Spannung zwischen „Individuation" und „Sozialisation", zwischen personaler und kultureller Entwicklungsregulation deutlich, die eine wesentliche Konflikt- und Motivationsquelle intentionaler Selbstentwicklung darstellt. Reduziert wird diese Problemspannung zum einen durch eine zunehmende Toleranzbreite von Zeitnormen, wie sie unter den Stichworten der Flexibilisierung und Deinstitutionalisierung des Lebenslaufes angesprochen wurde, zum anderen durch den Umstand, daß kulturelle Entwicklungsnormen lediglich einen Rahmenplan der persönlichen Entwicklung aufspannen, der Spielraum für individuelle Auslegungen und Ausgestaltungen offenläßt. Es ist somit gleichsam ein Meta-Entwicklungsziel eigenen Ranges, soziale „Entwicklungsaufgaben" mit eigenen Identitätsprojekten zu koordinieren.

Identitätsbildung und Selbstentwicklung sind Prozesse, die nicht irgendwann in einem ontogenetischen Endzustand zum definitiven Abschluß gelangen, sondern die gesamte Lebensspanne umfassen. Obwohl sich mit der zunehmenden Konsolidierung selbstreferentieller Erfahrungen und Rückmeldungen stabile „Identitätskerne" ausbilden, werden in unterschiedlichen Lebens- und Entwicklungsabschnitten unterschiedliche Attribute und Facetten des Selbstschemas in der Selbstregulation dominant. Mit den Entwicklungs- und Rollenübergängen der Adoleszenz und des frühen, mittleren und höheren Erwachsenenalters wechseln z.T. auch die thematischen Orientierungen intentionaler Selbstgestaltung; es kommt zu Verschiebungen in der Relevanz und Zentralität selbstdeskriptiver Merkmale, und neue Standards, Regeln und Vergleichsperspektiven werden für Selbstbewertungen bedeutsam (vgl. Cantor, Norem, Niedenthal, Langston & Brower, 1987; Greve, 2000a; Nurmi, 1992; Wells & Stryker, 1988). Nicht zuletzt ändern sich im Lebenszyklus die temporalen Perspektiven der Selbstbeschreibung; während Jugendliche ihre Identität wesentlich im Hinblick auf ihr zukünftiges Selbst konstruieren, wird mit der Schließung von Handlungspfaden im höheren Alter der lebensgeschichtliche Rückblick zunehmend bedeutsamer für die Identitätskonstruktion (vgl. auch Wong & Watt, 1991).

Der übergeordnete thematische Fokus selbstregulatorischer Aktivitäten liegt zum einen in der Aktualisierung und Erweiterung, zum anderen in der Aufrechterhaltung und Sicherung sozial und personal erwünschter Aspekte des Selbstbildes (Higgins, 1997, unterscheidet zwischen einem *„promotion focus"* und einem *„prevention focus"* der Selbstregulation). Diese beiden Grundintentionen bleiben zu jedem späteren Zeitpunkt der Lebensspanne bedeutsam. Allerdings kommt es im Lebenszyklus, wie oben schon angedeutet, zu einer Verlagerung der Gewichte: Infolge erlebter Einschränkungen von Handlungs- und Entwicklungsreserven im höheren Alter treten gegenüber einer expansiven, auf die Verwirklichung zukunftsbezogener Selbstprojektionen gerichteten Handlungsperspektive zunehmend die Aufrechterhaltung gewünschter Selbstkonzept-Attribute und die Prävention oder Kompensation unerwünschter Veränderungen in den Vordergrund. Die hohe Stabilität von attributiven Selbstdefinitionen und deren bemerkenswert geringe „Verletzlichkeit" gegenüber Entwicklungsverlusten im höheren Alter hat in der letzten Zeit vermehrte Beachtung gefunden (vgl. Costa & McCrae, 1994; Staudinger, Marsiske & Baltes, 1995). Dieses Phänomen muß allerdings, wie schon angedeutet, als Ausdruck adaptiver und protektiver Prozesse des Selbstsystems gedeutet werden, die darauf gerichtet sind, Konsistenz und Kontinuität des Selbstentwurfes zu sichern. Solche Prozesse sind, soweit sie zielbezogene Aktivitäten einschließen – man denke etwa an die aktive Aufrechterhaltung bestimmter Kompetenzen im höheren Alter –, selbst wesentliche Aspekte intentionaler Selbstentwicklung.

# 4. Handeln und Planen im Kontext intentionaler Selbstentwicklung

Aktivitäten der Selbstregulation und intentionalen Selbstentwicklung, so könnte man die voraufgegangenen Überlegungen resümieren, formen die Ontogenese aufgrund von Selbstentwürfen, die durch die begrifflichen und normativen Strukturen der umgebenden Kultur bestimmt sind: „... wir sind Lebewesen, die nicht nur die Welt, in der sie leben, ihre Welt, konstruieren, sondern die auch sich selbst konstruieren, indem sie in ihren und mit ihren Selbstverständnissen ... leben" (Mittelstraß, 1988, S. 129). Intentionale Selbstentwicklung setzt also nicht nur die Differenzierung und Integration von Kompetenzen der Selbstreflexion und Selbstregulation voraus, sondern zugleich deren Verbindung mit Vorstellungen, wie oder was man ist, werden sollte, und werden könnte – kurzum ihre Einordnung in einen Selbstentwurf. Diese Selbstentwürfe und die mit ihnen verbundenen Identitäts- und Entwicklungsziele wandeln sich im Lebenszyklus, etwa in der Konfrontation mit spezifischen Entwicklungsaufgaben und Rollenerwartungen oder aufgrund der Veränderung von Handlungs- und Entwicklungsmöglichkeiten. Zugleich verändern sich damit intentionale Gehalte und Orientierungen selbstregulatorischen Handelns. Aktivitäten intentionaler Selbstentwicklung können sich aber gerade auch darauf richten, Stabilität und Kontinuität von Selbstentwürfen zu sichern und Selbstdefinitionen gegen Veränderungen zu sichern. Dies wird später Thema eines eigenen Kapitels sein (Kapitel 6).

Wir haben Handlungen allgemein als Tätigkeiten bestimmt, die von der Person als Mittel zur Erreichung von Zielen oder zur Lösung von Problemen eingesetzt werden, und die von ihr auf der Grundlage bestimmter intentionaler Orientierungen (d.h. von Erwartungen, Werten, Zielen, Überzeugungen) unter verfügbaren Handlungsalternativen ausgewählt wurden. Handlungen, die auf die Gestaltung der eigenen Entwicklung bezogen sind, reflektieren das Meinen, Wollen und Fühlen, in dem sich die Person auf sich selbst und ihre persönliche Entwicklung bezieht. „Ich wünsche mich anders, ich vermisse ein Sosein, ich werte es negativ, ich erkenne, daß ein Anderssein möglich, für mich möglich ist, ich selbst (...) vermag etwas über mich selbst" – so könnte man mit Husserl (zit. nach Kern, 1973, S. 211) die subjektiv-phänomenologische Seite intentionaler Selbstentwicklung zum Ausdruck bringen. In dieser Analyse sind bereits zentrale Voraussetzungen selbstregulatorischer Aktivität angesprochen: Die Bereitschaft, sich selbst und die eigene Entwicklung zum Gegenstand des Handelns zu machen, wird durch den Kontrast zwischen einem aktuellen und einem gewünschten Selbst, die hieraus resultierende Selbstbewertung, sowie durch die Überzeugung, über die zur Herbeiführung der gewünschten Veränderung erforderlichen Mittel zu verfügen, bestimmt. Solche intentionalen Orientierungen sind überall dort im Spiel, wo Personen ihr Verhalten, ihr Leben und sich selbst aktiv gestalten und ändern wollen: bei dem Jogger, der seine Kondition steigern möchte, ebenso wie bei der Studentin, die sich für eine bestimmte Fachrichtung entscheidet, oder dem Alkoholiker, der sich von seiner Sucht lösen möchte. Eingriffe in die eigene Entwicklung und Lebensführung sind freilich nicht nur von positiven Selbstentwürfen, sondern oft zugleich auch von negativen Zukunftsprojektionen bestimmt. Vorstellungen eines „unerwünschten möglichen Selbst", etwa die Furcht vor Krankheit, Abhängigkeit oder Einsamkeit, werden gerade im höheren Alter zu wesentlichen Antriebsquellen kompensatorischer und präventiver Aktivitäten (vgl. Cross & Markus, 1991).

Aktivitäten intentionaler Selbstentwicklung werden somit, wenn wir zunächst die Ebene subjektiver Repräsentationen – den „inneren" Handlungskontext sozusagen – in den Blick nehmen, durch drei Gruppen von Bedingungen bestimmt:

(a) *Entwicklungs- und Identitätsziele*: Diese Kategorie umfaßt persönliche Wert- und Zielorientierungen, die für die Gestaltung und Bewertung der eigenen Entwicklung maßgebend sind. Persönliche Ziele bilden ein mehr oder weniger kohärentes und konsistentes Gefüge, das nach unterschiedlichen Aspekten strukturiert ist: z.B. nach inhaltlichen Aspekten (auf bestimmte Lebens- oder Motivbereiche bezogene Ziele), nach zeitlichen Gesichtspunkten (Fernziele *vs.* Nahziele, langfristige *vs.* kurzfristige Zielsetzungen), nach Prioritäts- und Wichtigkeitsaspekten (übergeordnete *vs.* untergeordnete Zielorientierungen), nach Aspekten der reflexiven Verfügbarkeit (latente *vs.* manifeste, bewußte *vs.* nicht- oder unbewußte Zielorientierungen). Entwicklungs- und Lebensziele sind verbunden mit, und integriert in, umgreifenden Lebensthemen, Projekten oder Plänen; diese „aufwärtsgerichteten" Verknüpfungen werden aktiviert, wenn wir fragen, warum ein bestimmtes Ziel verfolgt wird. Dagegen aktiviert die Frage, wie ein bestimmtes Ziel zu verfolgen ist, „abwärtsgerichtete" Verbindungen, die Ziele mit zielführenden prozeduralen Abläufen (Plänen, Zwischenzielen) verbinden. Durch diese Verbindungen werden Ziele zu kognitiven Strukturen elaboriert, die Handlungsabläufe in flexibler Weise steuern und strukturieren.

(b) *Annahmen und Überzeugungen über Entwicklungsprozesse, „implizite Entwicklungsmodelle"*: Sowohl die Auswahl und Definition von persönlichen Zielen als auch deren Umsetzung in konkretes Handeln setzen spezifisches Wissen voraus, d.h. Kenntnisse, Erwartungen und Annahmen hinsichtlich möglicher Abläufe, Bedingungen und Veränderungsspielräume von Entwicklungs- und Alternsprozessen. Diese epistemischen Strukturen verbinden, in individuell unterschiedlicher Mischung, persönliche Erfahrungen mit sozialkulturellen Wissens- und Überzeugungsbeständen und sozialen Lebenslauf- und Entwicklungsstereotypen. Sie konstituieren gleichsam ein „implizites Entwicklungsmodell" (Brandtstädter, 1980), das die Person zur Beschreibung und Erklärung ihrer aktuellen Entwicklungssituation und zur Prognose zukünftiger Entwicklungsabläufe einsetzt, und das insofern auch

Entwürfen eines „möglichen Selbst" zugrunde liegt. Implizite Entwicklungsmodelle sind dynamische kognitive Strukturen, die im Prozeß der Auswahl und Implementation von Zielen selektiv aktiviert werden. Facetten impliziter Entwicklungsmodelle können sich auf spezifische Bereiche der Entwicklung (z.B. Beruf, partnerschaftliches Zusammenleben, Gesundheit, Entwicklung kognitiver Leistungen) beziehen, und sie können hinsichtlich struktureller Merkmale (Konsistenz, Differenziertheit, Veridikalität, temporale Erstreckung, usf.) differieren.

(c) *Entwicklungsbezogene Kontroll- und Selbstwirksamkeitsüberzeugungen*: Im Übergang von Zielen zu zielbezogenem Planen und Handeln spielen Einschätzungen der Modifizierbarkeit von Entwicklungsabläufen und der persönlichen Verfügbarkeit relevanter Handlungsmittel eine zentrale Rolle. Die Erreichbarkeit eines Zieles hängt zunächst davon ab, ob überhaupt Mittel zu einem Ziel existieren; ist diese notwendige Bedingung erfüllt, kommt es darauf an, daß der Handelnde die entsprechenden instrumentellen Voraussetzungen kennt und realisieren kann (vgl. die Unterscheidung zwischen *„means-end-beliefs"* und *„agency beliefs"* bei Skinner, Chapman & Baltes, 1988). Die Bindung an ein Ziel und die Ausbildung entsprechender Ausführungsintentionen hängen wesentlich davon ab, ob die Repräsentation eines Zieles mit der Repräsentation von zielführenden Wegen und Mitteln verbunden werden kann. Personen, die sich großen Einfluß auf die Gestaltung ihrer Entwicklung zuschreiben, sind durch Rückschläge und Schwierigkeiten weniger leicht von gesetzten Zielen abzubringen; sie zeigen in der Auseinandersetzung mit Schwierigkeiten größere Hartnäckigkeit und Selbständigkeit, und sind eher bereit, riskante, aber chancenreiche Herausforderungen anzunehmen (vgl. Bandura, 1989). Dagegen ist die Überzeugung, wichtige Lebensziele nicht verwirklichen zu können, eine zentrale Bedingung von Depression und Entfremdung. Ein entscheidender Risikofaktor für das Entstehen solcher Probleme ist allerdings auch das starre Festhalten an unerreichbar gewordenen Zielen, was gerade bei ausgeprägten Kontroll- und Selbstwirksamkeitsüberzeugungen zur Gefahr werden kann; hierauf wird später noch einzugehen sein.

Die Verbindung von persönlichen Zielen und Selbstentwürfen mit Annahmen und Überzeugungen hinsichtlich der persönlichen Entwicklung bildet eine handlungsregulative kognitive Struktur, die Higgins (1996c, S. 1078) mit dem Begriff des *self digest* beschreibt: „The notion of a self digest is meant to capture the idea that self-knowledge summarizes information about oneself as an object in the world in order to serve self-regulatory functions". Diese selbstreferentielle epistemische Struktur bildet den zentralen Motor intentionaler Selbstentwicklung; in ihrer Aktualdynamik unterliegt sie Mechanismen der Aktivierung und Verfügbarkeit, wie sie für Wissensstrukturen und assoziative Netzwerke allgemein gelten. Dies schließt auch die Möglichkeit einer selektiven Aktivierung durch automatische oder subintentionale Prozesse ein (vgl. auch Bargh, 1982). Zugleich ist sie auf verschiedene Weise mit ontogenetischen Veränderungen gekoppelt. Ziele und Kontrollüberzeugungen stehen in einem Bedingungskontext von Motivlagen und Handlungsressourcen, der entwicklungsoffen ist und der sich im Lebensablauf graduell, aber auch – etwa im Zusammenhang mit Rollenübergängen oder kritischen Lebensereignissen – sehr plötzlich und einschneidend ändern kann. Solche Veränderungen bilden sich auf persönliche Ziele und Handlungsorientierungen wesentlich auch auf eine indirekte, reflexiv vermittelte Weise ab, nämlich dadurch, daß der Betroffene sie wahrnimmt und daraus praktische Schlüsse für seine Lebensführung zieht.

Veränderungen im Gefüge entwicklungsbezogener Überzeugungen und Wertungen können in funktionaler Hinsicht auch dazu dienen, Selbstentwürfe gegen Erfahrungen von Verlust und Diskontinuität zu schützen. Beispielsweise können erlebte Entwicklungsverluste durch die Abwertung blockierter Optionen affektiv neutralisiert werden („adaptive Präferenzbildungen"; vgl. Elster, 1983); zentrale oder identitätskonstitutive Bereiche des Selbstkonzeptes können durch Abwandlungen interpretativer Regeln gegen diskrepante oder bedrohliche Informationen geschützt werden (vgl. Brandtstädter & Greve, 1992). Solche protektiven Prozesse sind im Blick zu behalten, wenn wir später nach den Bedingungen fragen, die zur Aufrechterhaltung einer positiven Lebensperspektive auch im höheren Alter beitragen. Dabei wird auch deutlicher werden, daß die Mechanismen, welche die Kohärenz und Kontinuität von Selbstentwürfen sichern, einer intentionalen Kontrolle nicht oder nur bedingt zugänglich sind. Abbildung 2 faßt diese Überlegungen zusammen (Brandtstädter & Greve, 1994b).

## 4.1 Entwicklungsziele und Entwicklungsthemen

Die Entwicklungspsychologie hat Lebens- und Entwicklungsziele zumeist auf einem sehr globalen Niveau betrachtet; wesentliches Anliegen war es, entweder eine durchgängige motivationale Dynamik oder eine allgemeine lebenszyklische Ordnung existentieller Motive oder Sinndimensionen zu finden. An die Stelle früherer Versuche, zu inhaltlichen Motiv- und Zieltaxonomien zu gelangen, sind heute offene Konzeptionen getreten, die einerseits Spielraum für eine individualisierte Bestimmung von Lebens- und Entwicklungszielen lassen, andererseits in stärkerem Maße in handlungstheoretische Konzeptionen eingebettet sind.

### 4.1.1 Inhaltliche Systematiken

Theoretische Versuche, die Vielfalt der sich im Lebenslauf manifestierenden intentionalen Orientierungen auf wenige latente Ziele oder Motive – im Grenzfall auf ein einziges Grundmotiv – zu reduzieren, finden sich zunächst im Umfeld der Psychoanalyse und Neopsychoanalyse. So etwa möchte Adler (1931) den „Lebensstil" und

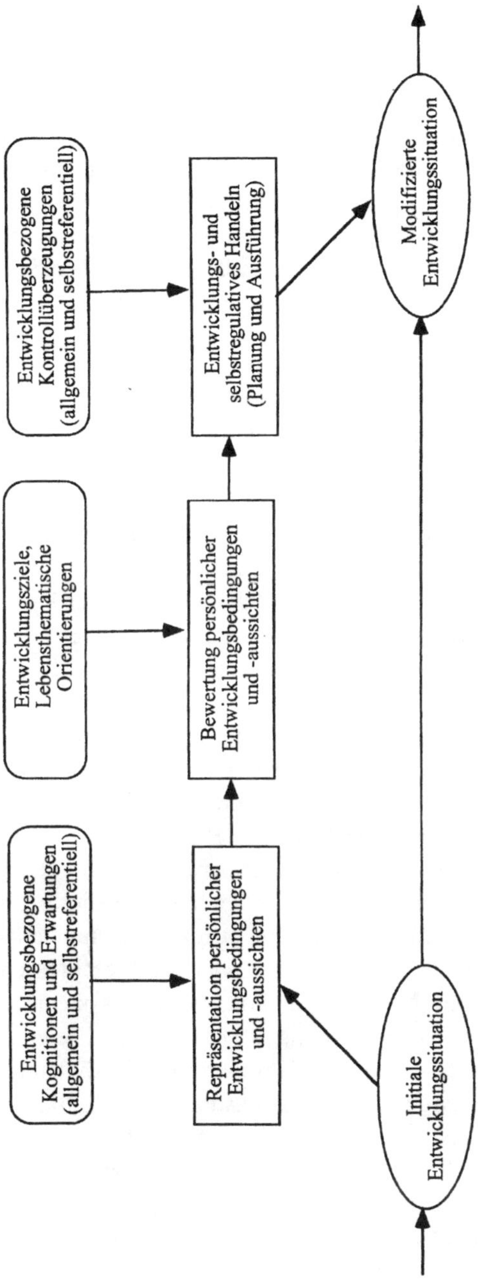


*Abbildung 2: Entwicklungsbezogenes Handeln: prozessuale Komponenten.*

die thematischen „Lebenslinien“ einer Person aus dem allgemeinen Streben nach Superiorität und Selbstvervollkommnung erklären. Für Jung dagegen ist die telische Orientierung der Handlungs- und Lebensorganisation wesentlich durch das Thema der Selbstwerdung und Individuation bestimmt. Maslow (1954, 1967) ordnet existenztragende Motive in einer Hierarchie an, die von physischen Grundbedürfnissen wie Nahrungsaufnahme oder Schmerzvermeidung (*„deficit motives“*) über Sicherheits-, Zugehörigkeits- und Selbstwertmotive zu Selbstverwirklichungszielen (*„growth motives“*, *„metamotivations“*) aufsteigt. Wachstumsmotive sollen im Handeln wie in der Entwicklung in dem Maße dominant werden, wie die innerhalb der Hierarchie vorgeordneten Defizitmotive befriedigt sind.

Da die begriffliche Grenze zwischen Motiven und Zielen fließend ist, sind Differenzierungen nützlich. Motive, als aktuelle Zustände gedacht, bestimmen persönliche Wahrnehmungs- und Handlungsbereitschaften. Ziele richten sich darauf, die subjektiven Erfüllungsbedingungen von Motiven zu realisieren; sie haben daher eine repräsentationale bzw. propositionale Struktur. Ziele und Handlungsorientierungen formieren sich gleichsam aus der Konfrontation von Motiven und Wünschen mit der Realität, wie sie vom Subjekt erlebt und wahrgenommen wird. Zu dieser „Realität“ gehören, zusammen mit äußeren Lebensumständen, auch eigene Entwicklungsressourcen und Kompetenzen; insofern kann der Übergang von Motiven zu Zielen nicht nur als Objektivierung, sondern zugleich als „Personalisierung“ von Motiven gesehen werden (Wurf & Markus, 1991). Oft wird der Motivbegriff auch im Sinne einer überdauernden Motivlage verwendet, also zur Bezeichnung einer chronischen oder habitualisierten Bereitschaft, in bestimmten Situationen spezifische Handlungstendenzen und Zielorientierungen zu aktualisieren. In diesem Sinne spricht man beispielsweise von einem (überdauernden) Leistungsmotiv, Machtmotiv oder Intimitätsmotiv (z.B. Heckhausen, 1989). Motive, als überdauernde oder chronische Handlungs- und Wahrnehmungsbereitschaften gedacht, charakterisieren Personen im differentiellen Sinne und entsprechen in dieser Hinsicht Persönlichkeits- und Temperamentsmerkmalen. Geläufige Persönlichkeitsdimensionen, wie etwa „Extraversion“, „Gewissenhaftigkeit“ oder „Aufgeschlossenheit“ können ohne weiteres als überdauernde Motivations- und Präferenzsysteme verstanden werden, die auch die Formierung von langfristigen persönlichen Zielen beeinflussen; so etwa präferiert die extravertierte Person Projekte und Aktivitäten mit einer interpersonal-sozialen Orientierung (vgl. auch Brunstein, 1993; Little, Lecci & Watkinson, 1992). Durch solche persönlichkeitsspezifischen Präferenzbildungen und Selektionen wird letztlich auch die Lebensorganisation und gesamte Biographie „personalisiert“. Thematisch gleiche Motivlagen oder Motivdispositionen können sich allerdings, je nach individuellen Lebensumständen, Erfahrungen, Überzeugungen und Handlungskompetenzen, in unterschiedlichen Zielen und Handlungsorientierungen manifestieren. Es bedarf also der genaueren Kenntnis solcher vermittelnden Bedingungen, um von Persönlichkeitsmerkmalen und Motiven auf persönliche Ziele und Projekte (und umgekehrt) zu schließen.

Die oben exemplarisch betrachteten Ansätze unterstellen Motivdynamiken, die Handeln und intentionale Selbstentwicklung lebenslang bestimmen. Im Unterschied hierzu postulieren andere, stärker entwicklungs- und lebenslaufpsychologisch ausgerichtete Formulierungen eine wechselnde Dominanz thematisch verschiedener Zielorientierungen im Lebenslauf. Prominente Beispiele sind die Ansätze von Charlotte Bühler und Erik H. Erikson.

Bühler (1933, vgl. auch 1969) versteht Entwicklung im Lebensablauf unter dem Aspekt der gelingenden oder mißlingenden Konkretisierung und Realisierung von Lebenszielen, die sich bereits im Kindheits- und Jugendalter umrißhaft formieren. Sie postuliert vier „Grundtendenzen" des menschlichen Lebens: Bedürfnisbefriedigung, selbstbeschränkende Anpassung, schöpferische Expansion und Aufrechterhaltung der inneren Ordnung. Die Funktion dieser Tendenzen sieht sie zum einen in der Sicherung und Stabilisierung, zum anderen in der Erweiterung persönlicher Handlungs- und Entwicklungspotentiale: „Der Mensch durchschreitet das Leben, indem er sich ständig wandelt und Wandlungen herbeiführt, während er seine Bedürfnisse befriedigt, sich selbst den gegebenen Umständen anpaßt und seine innere Ordnung aufrechtzuerhalten trachtet. Grad und Verfügbarkeit der verschiedenen Tendenzen bestimmen die erreichbare Erfüllung" (Bühler, 1969, S. 14). Während in den Entwicklungsabschnitten der Kindheit Bedürfnisbefriedigung und selbstbeschränkende Anpassung die dominierenden Tendenzen sein sollen, kennzeichnen schöpferische Expansion und Aufrechterhaltung der inneren Ordnung die Abschnitte des Jugend- und Erwachsenenalters. Für das höhere Lebensalter wird eine Regression auf bedürfnisbefriedigende Tendenzen oder das Fortbestehen dominierender Tendenzen des Erwachsenenalters vermutet.

Demgegenüber sieht Erikson (1959) die Persönlichkeits- bzw. Ichentwicklung im Lebensablauf als Sequenz „psychosozialer Krisen", die aufgrund von biologischen und lebenszyklischen Entwicklungsbedingungen sowie von altersgestuften sozialkulturellen Erwartungsmustern in unterschiedlichen Lebensphasen dominant werden und deren Bewältigung die Identitätsentwicklung in diesen Phasen thematisch charakterisiert (z.B. für das Jugendalter *„identity vs. role confusion"*; für das frühe Erwachsenenalter *„intimacy vs. isolation"*; für das mittlere Erwachsenenalter *„generativity vs. stagnation"*; für das hohe Alter *„ego integrity vs. despair"*). Die postulierten „Krisen" – der Begriff bezeichnet hier nicht belastende Situationen, sondern in seiner ursprünglicheren etymologischen Bedeutung Entscheidungspunkte – bilden gleichsam Weichenstellungen für gelingende und mißlingende Entwicklung. Eriksons Ansatz impliziert insofern ein normatives Entwicklungsmodell. Die Annahme einer sich im Lebenszyklus wandelnden Zielrichtung von Sozialisations- und Entwicklungsprozessen kehrt auch im Modell der „Entwicklungsaufgaben" (Havighurst, 1953) wieder, wobei der Aufgabenbegriff in stärkerem Maße die Vorstellung einer präskriptiven externen Setzung nahelegt. Entwicklungsaufgaben orientieren Prozesse intentionaler Selbstentwicklung, indem sie die Auswahl und Definition persönlicher Ziele bestimmen und Zeitnormen für die persönliche Lebensplanung setzen; wie schon ausgeführt wurde (Kapitel 2), haben Erfolge und Mißerfolge hinsichtlich der Erreichung bestimmter Entwicklungsaufgaben im sozialen Kontext spezifische persönlichkeitsdiagnostische Bedeutungen und gehen daher auch mit charakteristischen sozialen Attributionen und Selbstbewertungen einher.

An der handlungstheoretischen Differenzierung von Zielen und Mitteln orientiert sich die Unterscheidung von „instrumentellen“ und „terminalen“ Wert- oder Zielorientierungen bei Rokeach (1973). Terminale Werte haben nach Rokeach den Charakter von kategorialen, nicht weiter ableitbaren, intrinsischen Letzt- oder Grundwerten (Rokeach führt hier u.a. auf: *„freedom“*, *„happiness“*, *„equality“*, *„inner harmony“*, *„self-respect“*, *„social recognition“*, *„wisdom“*); dagegen leitet sich die Bedeutung und Valenz „instrumenteller“ Zielorientierungen aus ihrem Beitrag zur Verwirklichung terminaler Werte ab (als instrumentell in diesem Sinne betrachet Rokeach persönlichkeitsspezifische Merkmale oder Einstellungen wie *„ambitious“*, *„courageous“*, *„polite“*, *„forgiving“*). Unterstellt wird eine zweistufige hierarchische Organisation von Handlungs- und Lebenszielen, „a hierarchical organization – or rank ordering – of ideals or values in terms of importance“ (S. 124). Diese Modellvorstellung ist nicht ohne Probleme. Oft nehmen gerade solche Ziele einen hohen Rang in der persönlichen Wichtigkeitshierarchie ein, die einer Vielzahl von Zwecken zugeordnet werden können und somit nicht den Charakter von Letztwerten oder kategorischen Zielen, sondern eher von allgemeinen Handlungsressourcen haben. Zudem können auch zwischen vermeintlich „letzten“ oder kategorischen Zielen Konflikte entstehen, die zu einer Revision von Prioritäten und zu einer „Zweck/Mittelverschiebung“ (Luhmann, 1968) führen können. Schließlich bezeichnen Wertorientierungen wie „Freiheit“, „Selbstachtung“ oder „Weisheit“ keine Entwicklungsergebnisse, die man durch eine Reihe von instrumentellen Schritten erreichen kann. Vielmehr handelt es sich um überdauernde, chronische Orientierungen, die in Handlungen und Lebensplänen vielleicht eher zum Ausdruck gebracht als angezielt und verwirklicht werden.

Rokeachs Formulierungen legen die Vermutung nahe, daß „terminale“ Ziele im höheren Alter an Bedeutung zunehmen, und haben entsprechende Untersuchungen angeregt (Ryff, 1979). Tatsächlich kann die ausrinnende Lebenszeit sich in der Weise auswirken, daß Ziele, die ihren Wert in sich tragen, gegenüber solchen Zielen, die auf zukünftige Erträge abstellen, an Gewicht und Bedeutung gewinnen; dies ist allerdings eine entwicklungspsychologische Annahme, die über den theoretischen Rahmen Rokeachs hinausführt (vgl. hierzu Befunde bei Brandtstädter, Wentura & Schmitz, 1997).

### 4.1.2 „Offene“ Zielkonzepte

Es schränkt das historische Verdienst der oben diskutierten Ansätze nicht ein, wenn man feststellt, daß sie der Variationsbreite und Dynamik von Entwicklungszielen und selbstregulatorischen Intentionen im Lebenslauf kaum gerecht werden können. Neuere Konstrukte wie *„current concerns"* (Klinger, 1975), *„personal strivings"* (Emmons, 1986), *„personal projects"* (Little, 1983), *„life tasks"* (Cantor & Kihlstrom, 1987) oder *„life themes"* (Csikszentmihalyi & Beattie, 1979; Schank & Abelson 1977) verzichten weitgehend auf konkrete inhaltliche Bestimmungen und fokussieren in stärkerem Maße die regulative Funktion von Zielen in der persönlichen Entwicklung und die Dynamiken der individuellen Definition von Zielen.

*Lebensthemen*: Die theoretischen Bemühungen der Entwicklungspsychologie sind darauf gerichtet, Kontinuität und Kohärenz in lebensgeschichtlichen Veränderungsreihen zu finden. Die Bestimmung von thematischer Kontinuität und Diskontinuität setzt die Feststellung von Ähnlichkeit, Gleichartigkeit und Kohärenz voraus. Im Begiff des „Lebensthemas" und vergleichbaren Konzepten wie „Lebensform" (Spranger, 1914), *„unity-theme"* (Murray, 1938), *„propriate striving"* (Allport, 1955) und „Daseinsthema" (Thomae, 1968) werden solche Homologiebeziehungen durch allgemeine Lebensentwürfe und Identitätsthematiken gestiftet. Ein Lebensthema ist eine Sinngestalt, unter der Zielorientierungen und Lebensaktivitäten als kohärente Geschichte verstanden werden können: „The assumption behind any biography is that the subject‘s actions over time reflect a unique theme played out against a wider background of historical themes" (Csikszentmihalyi & Beattie, 1979, S. 46; vgl. auch Wollheim, 1984). Die „Thematik" einer Lebensgeschichte zeigt sich wesentlich in den Zielen und wiederkehrenden Anliegen, die jemand verfolgt, insbesondere aber in solchen Orientierungen, die dem Leben und Handeln persönlichen Sinn verleihen und bei deren Nichtverwirklichung Sinnverluste und Identitätskrisen eintreten. Schank und Abelson (1977) explizieren den Begriff des Lebensthemas in ähnlichem Sinne, betonen aber zugleich die Schwierigkeit einer inhaltlichen Taxonomie:

> „A life theme is a theme that describes the general position or aim that a person wants in life. Thus, a person can aspire to being rich, or living lavishly, or being important, or living naturally and so on. These themes generate goals continuously with respect to a variety of subjects... [B]ecause life themes are continuous goal generators, it is not really possible to delimit a set of possible life themes" (Schank & Abelson, 1977, S. 145).

Lebensthemen in diesem Sinne umfassen zugleich Komplexe von Zielen und Präferenzregeln für die Lösung von Zielkonflikten: So etwa mag das Lebensthema „Macht und Prestige" Karriereziele und interpersonale Ziele einschließen, zugleich aber in Situationen, wo solche Zielorientierungen in Konflikt geraten, bestimmte Prioritäten und Lösungsmuster bestimmen.

*Personal strivings*: In ähnlichem Sinne bestimmt Emmons (1986, 1989) sein Konzept „persönlicher Strebungen"; er versteht darunter langfristige, überdauernde Zielkomplexe (*goal units*), die zugleich Ausdruck überdauernder Motiv- und Persönlichkeitsdispositionen sind: Ein Gesellungsmotiv etwa korrespondiert mit dem Streben nach Popularität und Vermeidung von Einsamkeit und generiert entsprechende Zielsetzungen und Handlungen. *Personal strivings* und die mit ihnen zusammenhängenden Zielorientierungen können einen positiven oder negativen Zielfokus haben, also auf die Vermeidung aversiver oder Herbeiführung positiver Situationen gerichtet sein. Personen, die überwiegend Vermeidungsziele benennen, berichten nach Befunden von Emmons und Kaiser (1996) häufiger über negative Stimmungen und Unzufriedenheit, was insofern plausibel ist, als Vermeidungsziele die Wahrnehmung oder Erwartung unerwünschter Ereignisse implizieren (vgl. Higgins, 1997).

*Personal projects*: Das Konzept „persönlicher Projekte" (Little, 1983, 1993) bezeichnet dagegen eher Handlungsprogramme, die in ihren inhaltlichen und strukturellen Merkmalen nicht nur übergreifende Bestrebungen, sondern auch die in einer Entwicklungsökologie gegebenen Handlungsmöglichkeiten reflektieren. Persönliche Projekte sind insofern Objektivationen übergreifender lebensthematischer Orientierungen und Bestrebungen; in ähnlichem, allerdings auf den Gesamtentwurf des Lebens bezogenem Sinne wird der Projektbegriff z.B. auch in der Existenzphilosophie Sartres (1943) gebraucht. *Personal projects* können in unterschiedlichem Maße Identitätsziele zum Ausdruck bringen und ebenso konkretisiert und auf persönliche Handlungsmöglichkeiten abgestimmt sein. Beide Parameter sind für das subjektive Wohlbefinden bedeutsam; bemerkenswert ist hierbei, daß persönliche Projekte gerade im höheren Alter eher so ausgelegt sind, daß sie beiden Kriterien entsprechen (vgl. Little, 1999). Auf die grundsätzliche Bedeutung der flexiblen Anpassung von Zielen an Handlungsressourcen werde ich noch näher eingehen (Kapitel 6); dabei werden sich auch Gesichtspunkte zur theoretischen Einordnung der eben genannten Befunde ergeben.

*Life tasks*: Von den theoretischen Formulierungen Eriksons wie auch Havighursts deutlich beeinflußt ist das Konzept der „Lebensaufgaben" (Cantor & Fleeson, 1991; Cantor & Kihlstrom, 1987; Zirkel & Cantor, 1990). Ähnlich wie *personal projects* bezeichnen *life tasks* im Kontinuum zwischen übergeordneten Lebensthemen und konkreten Aktivitäten eine mittlere Ebene der Handlungsregulation und Lebensorganisation. *Life tasks* formieren und konkretisieren sich in einem Kräftefeld von sozialen Anforderungen, Entwicklungsübergängen, Persönlichkeitsmerkmalen und unmittelbaren situativen Anregungen; sie stellen integrative Zielorientierungen dar, in denen persönliche Ziele mit prozeduralen Vorstellungen koordiniert werden und die insofern als Elemente von Lebensplänen erscheinen (vgl. Cantor & Fleeson, 1991). Der Grad der Bindung an bestimmte Lebensaufgaben hängt wesentlich davon ab, inwieweit diese Pläne kohärent und konsistent strukturiert sind.

*Current concerns*: Mit der Bindung an ein Ziel wird dieses zu einem dominanten Anliegen, das Denken und Handeln strukturiert und organisiert – zu einem *current concern* im Sinne von Klinger (1975). Handlungsabläufe beginnen mit dem Aufbau einer Bindung an ein Ziel, die mit erfolgreichem Handlungsabschluß wieder aufgelöst werden. Ziele können aber auch aufgegeben werden, wenn sich in der Ausführungsphase Schwierigkeiten ergeben. Die in diesem Zusammenhang auftretenden kognitiven, motivationalen und verhaltensspezifischen Regulationen hat Klinger (1975, 1987) im Modell des Anreiz-Ablösungs-Zyklus (*incentive-disengagement cyc-*

*le*) beschrieben. Danach wird die Blockierung oder Erschwerung von zielbezogenen Aktivitäten zunächst mit einer Intensivierung der Anstrengungen (*invigoration*) beantwortet, die zugleich mit einer Attraktivitätssteigerung des Zieles einhergeht. Falls diese verstärkten Anstrengungen nicht zum Erfolg führen, folgt – vielleicht nach einer Zwischenphase gesteigerter aggressiver Tendenzen – ein durch Apathie, Hilflosigkeitsgefühle und Depression gekennzeichnetes Stadium, in dem es zu einer Senkung des Anreizwertes der blockierten Optionen und schließlich zum *disengagement*, zur Lösung von den bisher verfolgten Zielen kommt. Das Konzept des *current concern* bezeichnet im Rahmen dieser Konzeption eine spezifische Funktionslage während der Verfolgung eines Zieles bzw. der Ausführung gesetzter Intentionen. Diese Funktionslage begünstigt beispielsweise das leichtere Erkennen und bessere Erinnern von zielrelevanten Inhalten (Klinger, 1996).

### 4.1.3 Phrasierungsniveau von Zielen

Wenn wir jemanden fragen, womit er gerade beschäftigt ist und welches Ziel er aktuell verfolgt, reicht die Spannweite möglicher Antworten von abstrakten und globalen Zielen (sich um eine gelassene Lebenshaltung bemühen, Freundschaftsbeziehungen erhalten und pflegen) bis hin zu konkreten Alltagsprojekten (z.B. dem Nachbarn den geliehenen Rasenmäher zurückgeben, den Freund im Krankenhaus besuchen). Unterschiede im „Phrasierungsniveau“ (Little, 1989) mögen unterschiedliche Erwartungen hinsichtlich des Informationsbedürfnisses des Fragenden, unterschiedliche Lebenseinstellungen oder auch unterschiedliche *current concerns* reflektieren; im allgemeinen wird für die Identifikation des eigenen Handelns eine Beschreibungsebene gewählt, die den gerade aktualisierten Zielorientierungen entspricht.

Störungen in Handlungsabläufen können eine entsprechende Verlagerung der Aufmerksamkeit auf Teilelemente einer Handlung oder Komponenten eines Projektes bewirken. Für die Handlungsidentifikation und Phrasierung von Zielen wird dann oft eine spezifischere Ebene gewählt: Statt „Ich koche Kaffee“ mag es dann etwa heißen, „Ich suche die Kaffeefilter“. Dies entspricht der von Vallacher und Wegner (1987, S. 5) postulierten Regel: „When an action cannot be maintained in terms of its prepotent identity, there is a tendency for a lower level identity to become prepotent.“ Sind Störungen auf unteren Ausführungsebenen nicht behebbar, können allerdings auch diejenigen übergeordneten Ziele, deren Umsetzung nun in Frage gestellt ist, wieder ins Zentrum der Aufmerksamkeit rücken. Gerade in Krisen- und Konfliktsituationen – gleichzeitig mit einer Inhibition konkreter Handlungsabläufe – treten oft grundlegendere Ziele und Sinndimensionen der eigenen Lebensführung wieder ins Bewußtsein; hiermit im Einklang stehen Beobachtungen, wonach gerade depressive Personen dazu neigen, ihre Ziele auf abstrakterem Niveau zu beschreiben (Emmons, 1992).

Veränderungen im Phrasierungsniveau von Zielen reflektieren auch Verschiebungen des intentionalen Horizontes, die sich im zeitlichen Übergang zwischen verschiedenen Ebenen in der Ausführung eines Zieles oder Planes ergeben. Der Studienanfänger, der sich das Ziel gesetzt hat, Jurist zu werden, wird seine Aufmerksamkeit in der Ausführung des Vorhabens auf die notwendigen Schritte und Zwischenstationen auf dem Wege zu diesem Ziel richten, z.B. auf Klausuren und Zwischenprüfungen, wobei diejenigen Argumente und Abwägungen, welche die ursprüngliche Studienwahl begründeten, bei den jeweils untergeordneten Schritten und Entscheidungen im Hintergrund bleiben. Zeitlich entfernte Ziele werden allgemein auf einem höheren, d.h. abstrakteren oder schematischeren Phrasierungsniveau repräsentiert, das erst dann mit konkreteren prozeduralen Details ausgefüllt wird, wenn der Zeitpunkt zur praktischen Umsetzung des Vorhabens heranrückt. Auf bedeutsame entscheidungstheoretische Implikationen weisen Liberman und Trope (1998) in ihrer *temporal construal theory* hin: Entscheidungen im Hinblick auf zeitlich naheliegende Ziele werden stärker von Aspekten der praktischen Durchführung und Realisierbarkeit bestimmt als von den imaginierten Valenzen des angestrebten Zielzustandes, während es sich für zeitlich distante Ziele tendenziell umgekehrt verhält. Dies kann zu charakteristischen Urteils- und Planungsfehlern führen, wie etwa zur Unterschätzung der Erledigungsdauer für zeitlich entfernte Vorhaben (*planning fallacy*; Kahneman & Tversky, 1979).

### 4.1.4 Ziele als Sinn- und Frustrationsquellen: Bindung und Lösung

Themen und Ziele intentionaler Selbstentwicklung geben dem Leben Sinn, Struktur und Kohärenz; Ziele zu haben ist allein schon ein Prädiktor psychischen Wohlbefindens (z.B. Brunstein, Schultheiss & Maier, 1999). Persönliche Ziele können allerdings nur dann zu wirksamen Regulativen intentionaler Selbstentwicklung werden, wenn sie selbst motivierende Valenz besitzen und mit hinreichend konkreten Vorstellungen hinsichtlich ihrer Realisierung verbunden sind; hier kommen also die oben angesprochenen „aufwärtsgerichteten" und „abwärtsgerichteten" Elaborierungen ins Spiel.

Ob die Person sich mit ihrem Handeln, ihrer Entwicklung und ihrem Leben insgesamt „identifizieren" kann, hängt wesentlich davon ab, inwieweit aktuell verfolgte Ziele mit allgemeineren Lebensthemen und Selbstentwürfen korrespondieren. Ziele können, ebenso wie Handlungen, multivalent sein. Ein und dasselbe Ziel kann mit mehreren, individuell unterschiedlichen „Oberzielen", Lebensplänen oder Identitätsprojekten verbunden sein; z.B. mag das Berufsziel, Arzt zu werden, einem Wunsch entspringen, anderen zu helfen, gut zu verdienen, sozialen Status zu erreichen usf., und bei verschiedenen Personen können unterschiedliche solcher Motive in unterschiedlichen Mischungen im Spiel sein. Aus welchen Gründen oder Motiven sich jemand für ein Berufsziel entschieden hat, zeigt sich auch darin, auf welche Alternativen er ausweicht, wenn das ursprüngliche Ziel nicht erreichbar ist.

Sind Entwicklungsziele von übergeordneten sinngebenden Orientierungen dissoziiert, wird ihr Anreizwert eher gering sein. Dies mag etwa der Fall sein, wenn Ziele von außen vorgegeben bzw. durch Autoritäten gesetzt werden. Allerdings wird man sich fremdgesetzte Ziele eher zu eigen machen, wenn diese als Herausforderung erlebt werden, gewünschte Selbstdefinitionen zu realisieren oder zum Ausdruck zu bringen. Für Ziele, die mit intrinsisch motivierenden Aktivitäten verbunden sind und die ihren Sinn gleichsam in sich selbst tragen, scheint sich die Frage nach übergeordneten Sinngehalten zu erübrigen. Genuß- und Mußeziele sind naheliegende Beispiele. Allerdings kann die Verfolgung solcher Ziele mit übergeordneten lebensthematischen Orientierungen durchaus soweit in Konflikt geraten, daß das intrinsische Vergnügen getrübt wird.

Bei Zielen, die mit zentralen Lebensthemen und Identitätsprojekten verbunden sind, fallen nun nicht nur Erfolge, sondern auch Mißerfolge besonders ins Gewicht. Der Grad des Engagements bzw. des *commitment* für ein bestimmtes Ziel moderiert den Effekt, den das Erreichen oder Nichterreichen des Zieles auf das Wohlbefinden haben. Ein hohes *commitment* verstärkt im Erfolgsfalle positive Gefühle, im Mißerfolgsfalle steigert es die negativen Emotionen (Brunstein et al., 1999). Da sich Erfolge und Mißerfolge in jeder Lebensgeschichte mischen, hängt die subjektive Lebensqualität auf längere Sicht wesentlich von zwei scheinbar entgegengesetzten Prozessen oder Kompetenzen ab: zum einen von der Bindung von persönlichen Zielen an übergeordnete Werte und Sinnorientierungen, zum anderen auch von der Fähigkeit, diese Bindungen im Mißerfolgsfalle aufzulösen oder zu neutralisieren. Hinsichtlich dieser Fähigkeiten gibt es offenbar individuelle Unterschiede (vgl. Brandtstädter & Renner, 1990; McIntosh & Martin, 1992).

Die Einsicht, daß Enttäuschungen und Mißerfolge nur demjenigen widerfahren können, der Bedürfnisse und Ziele hat, ist natürlich nicht neu: Dies ist der Ansatzpunkt „defensiver" Glückskonzepte, wie sie in der stoischen Philosophie oder auch in buddhistischen Weisheitslehren propagiert werden (vgl. Emge, 1967; Tatarkiewicz, 1976). Die solchen Ansätzen zugrunde liegende Vorstellung einer nahezu unbegrenzten Herrschaft des Geistes über das Gefühlsleben ist, wie oben schon angedeutet, wohl in wesentlichen Punkten überzogen (vgl. auch Arendt, 1971). Insbesondere kann man sich von persönlichen Zielen, Ambitionen und Bedürfnissen, auch wenn sie zur Quelle von Frustrationen geworden sind, nicht einfach durch einen zweckmäßigen Entschluß trennen. Dennoch ist die Ablösung von blockierten Zielen für eine effiziente Lebensplanung und für die Bewahrung einer positiven Selbst- und Lebensperspektive von zentraler Bedeutung. Dies sind Gesichtspunkte, die in den nachfolgenden Kapiteln wieder aufgegriffen und in den Mittelpunkt eingehender theoretischer Erörterungen gestellt werden sollen.

## 4.2 Selbstbeobachtung und Selbstaufmerksamkeit als Voraussetzungen selbstregulatorischen Handelns

Selbstwahrnehmungen und Selbstbeurteilungen bilden den Ausgangspunkt selbstregulatorischer Aktivitäten. Wie jeder andere Wahrnehmungs- und Urteilsprozeß sind auch die kognitiven Repräsentationen, die das Selbst von sich selbst entwirft, „theoriegeladen" und von begrifflichen Voraussetzungen abhängig. Allerdings kommt als Besonderheit hinzu, daß Selbstrepräsentationen zugleich von den Eigenarten des wahrgenommenen wie auch von denen des wahrnehmenden Selbst bestimmt werden. Persönliche Eigenschaften, Motive, Erwartungen zeigen sich nicht nur in der Selbstwahrnehmung, sondern zugleich an ihr, d.h. an ihren selektiven Fokussierungen, Sensibilisierungen und Verzerrungen.

### 4.2.1 Selbstbeobachtungsprozesse

Das Bild, das man sich von sich selbst und seinem Verhalten macht, entsteht im Zusammenwirken „datengetriebener" und „konzeptgetriebener" Prozesse. In der Verarbeitung selbstreferentieller Information werden kognitive und semantische Strukturen aktiviert, mit deren Hilfe Beobachtungen und Rückmeldungen begrifflich eingeordnet und interpretiert werden. Um sich selbst im Hinblick auf bestimmte Ziele oder Attribute, wie z.B. Höflichkeit, Selbstsicherheit oder intellektuelle Kompetenz zu beurteilen, muß verfügbare Evidenz einschließlich auch der im episodischen Gedächtnis gespeicherten Information daraufhin gemustert werden, inwieweit sie die kritischen Elemente aufweist, die als Indikatoren der fraglichen Eigenschaften gelten und somit eine Zuschreibung des betreffenden Attributes rechtfertigen können. Dieses *„pattern matching"* (Anderson, 1983) wird durch konzeptuelle Regeln gesteuert, die im semantischen Gedächtnis gespeichert sind und im Verarbeitungsprozeß selektiv aktiviert werden.

Selbstbeobachtungsprozesse sind nicht nur daten- und konzeptgeleitet, sondern insbesondere auch *selbstkonzept*geleitet. Selbsthypothesen und Selbstdefinitionen werden durch selbstreferentielle Informationen nicht nur bestätigt oder in Frage gestellt, vielmehr beeinflussen sie auch deren Selektion und Gewichtung. Starke und konsolidierte Selbstbildannahmen können per definitionem nur durch Rückmeldungen und Informationen von großer Überzeugungskraft und Konsistenz erschüttert werden. Je stärker eine Selbstbildannahme ist, um so stärker wird auch die Tendenz sein, die Gültigkeit diskrepanter Informationen oder die Zuverlässigkeit der Quelle zu bezweifeln (Nisbett & Ross, 1980). Diese Dynamiken tragen wesentlich zur Stabilisierung und Kontinuität von Selbstdefinitionen bei.

Selbstreferentielle Wahrnehmungen und Rückmeldungen können erst dann in einen Bezug zu persönlichen Zielen und Selbstentwürfen gesetzt werden, wenn sie hinsichtlich ihrer Bedeutungen und Implikationen hinreichend elaboriert sind (vgl. auch Berzonsky, 1988; Medin & Smith, 1984). Der Elaborierungsprozeß umfaßt nicht nur die begriffliche Einordnung der Evidenz und die Bestimmung ihrer Relation zu Selbstkonzeptattributen, sondern auch die Darstellung möglicher Wirkungen und Folgen im Hinblick auf die weitere persönliche Entwicklung; das „implizite Entwicklungsmodell“ der Person dient hierbei als Wissensbasis. Persönliche Ziele und Standards wiederum müssen hinreichend „beobachtungsnah“ gefaßt sein, um zu Beobachtungen in Bezug gesetzt werden zu können. Solange Ziele und selbstreferentielle Beobachtungen nicht in dieser Weise semantisch koordiniert sind, bleiben sie im Prozeß der Selbstregulation unwirksam.

### 4.2.2 Selbstaufmerksamkeit

Die Beobachtung des eigenen Verhaltens und der eigenen Entwicklung erfordert eine entsprechende Ausrichtung der Aufmerksamkeit. Die Bereitschaft, sich selbst zum Gegenstand aufmerksamer Beobachtung zu machen, ist individuell unterschiedlich ausgeprägt; Konstrukte wie *self-awareness*, *self-consciousness* oder *self-monitoring* nehmen auf entsprechende Persönlichkeitsunterschiede Bezug (Duval & Wicklund, 1972; Fenigstein, Scheier & Buss, 1975; Snyder, 1979, 1987). Zu den äußeren Bedingungen, die einen selbstaufmerksamen Zustand induzieren, gehören v.a. Situationen, in denen keine Handlungsroutinen festliegen oder Störungen gewohnter Abläufe auftreten, Problemlagen also, in denen ein starker Orientierungsbedarf besteht.

Aufmerksamkeit ist eine knappe Ressource. Die Allokation von Aufmerksamkeitsressourcen folgt einem schon von William James (1890; vgl. auch Searle, 1992) formulierten Prinzip: Aufmerksamkeit wird dort eingesetzt, wo sie benötigt wird, bzw. dort abgezogen, wie sie nicht benötigt wird. Während man sich auf eine Aufgabe konzentriert, werden andere, aufgabenirrelevante Reize und Distraktoren ausgeblendet, was allerdings nicht immer gelingt und v.a. dann erschwert ist, wenn gleichzeitig andere, unerledigte Aufgaben drängen. In der Handlungsregulation liegt der Aufmerksamkeitsfokus dort, wo Parameter des Handlungsablaufes spezifiziert und neue, zur Planung und Ausführung der Handlung relevante Informationen eingeholt werden müssen (Neumann, 1987). Gewohnheitsmäßiges Handeln ist reflexions- und aufmerksamkeitsentlastet; in der Steuerung eines habitualisierten Ablaufes werden situative Reize mit Reaktionsmustern verbunden, ohne daß es hierzu besonderer Aufmerksamkeit oder einer besonderen Intentionsbildung bedürfte. Wesentliche Teile der alltäglichen Lebensroutine laufen zwar nicht unbewußt, jedoch an der Peripherie unserer Aufmerksamkeit ab.

In der Aufmerksamkeitsregulation wirken automatische und intentional-strategische Prozesse zusammen (vgl. etwa Shiffrin & Dumais, 1981). Wir können unsere Aufmerksamkeit gezielt auf etwas lenken, bestimmte Situationen aber ziehen unsere

Aufmerksamkeit auf sich, ohne daß es hierzu eines Entschlusses bedürfte. Die Evolution hat nicht darauf gesetzt, daß das Individuum jederzeit selbst am besten weiß, wohin es die Aufmerksamkeit zu richten hat. Negative und aversive Stimuli, die Gefahren und Verluste signalisieren, binden bevorzugt die Aufmerksamkeit. Im Experiment zeigt sich dies z.B. darin, daß bei emotional aversiven Szenen periphere Details schlechter erinnert werden (Christianson & Loftus, 1991; Pratto & John, 1991).

Als intentionale Strategie kann Selbstaufmerksamkeit Zielen des Selbstmanagements, der sozialen Selbstdarstellung oder der flexiblen Anpassung an wechselnde soziale Situationen dienen (vgl. etwa Snyder & Campbell, 1982; Tesser, 1986). In biographischen Zusammenhängen finden wir eine intensivere Selbstaufmerksamkeit gerade im Umfeld von kritischen Ereignissen und Entwicklungsübergängen, die Reorientierungen und Neuanpassungen von Gewohnheiten, Plänen und Zielen erfordern. Auch hier liegt der Aufmerksamkeitsfokus auf derjenigen Handlungs- oder Zielebene, wo Reorientierungsbedarf besteht. Übergreifende lebensthematische Orientierungen rücken v.a. dann ins Zentrum der Aufmerksamkeit, wenn wir mit unserer etablierten Lebensroutine in grundlegende Schwierigkeiten geraten sind. Dies mag auch die schon erwähnte Beobachtung erklären, daß depressive Personen dazu tendieren, ihre aktuellen Aktivitäten und Ziele auf einem vergleichsweise abstrakten Niveau zu beschreiben (Emmons, 1992).

Selbstaufmerksamkeit in einem weiteren Sinne kann sich nicht nur auf die eigene Person, sondern auf alle Bedingungen richten, die für persönliche Ziele und Projekte relevant sind. Aufmerksamkeitsressourcen stehen jedoch nicht in unbegrenztem Maße zur Verfügung; Lebensabschnitte, die durch multiple, vielleicht sogar konflikthafte neuartige Anforderungen gekennzeichnet sind, bringen in dieser Hinsicht besondere Belastungen mit sich. Diese Belastungen können durch zeitliches Rangieren von Aufgaben gemildert werden. So etwa „bearbeiten“ Jugendliche die unterschiedlichen Entwicklungsaufgaben und Probleme, die der Übergang zum Erwachsenenalter mit sich bringt, nicht simultan, sondern in einer zeitlichen Abfolge; diese „Fokalisierung“ (Coleman, 1980) trägt offenbar dazu bei, die Konfliktbelastungen dieses Lebensabschnittes zu reduzieren. Bei zeitlicher Kollision verschiedener Aufgaben wird eine Rangierung von Absichten z.T. bereits durch Automatismen der Aufmerksamkeitsregulation bewirkt, wobei die Wichtigkeit der Aufgabe und die zu ihrer Bewältigung absehbar benötigte Zeit wesentliche Bestimmungsgrößen sind (Dörner, 1984).

Grundsätzlich liegen die Inhalte und Themen, die für die Person aktuell vordringlich sind, bevorzugt im Fokus der Aufmerksamkeit. Im Wandel von Lebensthemen und Identitätsprojekten verändern sich daher auch die thematischen Ausrichtungen der Aufmerksamkeit und Selbstbeobachtung, und oft wird hierdurch erst bewußt, daß sich persönliche Ziele und Einstellungen geändert haben.

### 4.2.3 Protektive und defensive Mechanismen

Die Tendenz des kognitiven Systems, motivkongruente und selbstbildkonsistente Schlußfolgerungen zu ziehen, zeigt sich in der Verarbeitung selbstreferentieller Information mit besonderer Deutlichkeit. Greenwald (1980) hat das Selbst mit einem totalitären System verglichen, dessen Geschichtsschreibung und Informationspolitik durch charakteristische Verzerrungstendenzen bestimmt ist: (a) Ursachen, Wirkungen und Ereignisabläufe werden aus einer selbst-zentrierten Perspektive analysiert und bewertet (*„egocentrism"*); (b) das Selbst wird als Urheber erwünschter Ergebnisse betrachtet, während Verantwortung für unerwünschte Ereignisse zurückgewiesen und „external" attribuiert wird (*„beneffectance"*); (c) strukturelle Veränderungen werden unterdrückt, destabilisierende Information wird abgewehrt (*„conservatism"*).

Die Metapher des „totalitären Selbst" ist instruktiv, sollte aber nicht über Gebühr strapaziert werden. Selbstwahrnehmung dient nicht primär der Aufrechterhaltung, sondern der fortlaufenden Prüfung des Bildes, das wir von uns selbst und der Welt entwerfen; unsere Selbstentwürfe bilden nicht nur die Grundlage persönlicher Kontinuität und Selbstachtung, sondern sollen auch die effektive Orientierung unseres Handelns gewährleisten. Richtig ist allerdings, daß diese Systemziele sich nicht immer konfliktfrei vereinbaren lassen; das „dynamische Selbst" (Markus & Wurf, 1987) muß oft Kompromißlösungen zwischen Stabilisierung und flexibler Anpassung individueller Selbstdefinitionen finden. Auch hinsichtlich dieser Balance bestehen offensichtlich individuelle Unterschiede, wie sie etwa im Konzept des *„need for closure"* (Kruglanski & Webster, 1996) und älteren Konstrukten (z.B. *„intolerance of ambiguity"*; Frenkel-Brunswik, 1949) angesprochen werden.

„Konservative" Tendenzen in der Verarbeitung selbstreferentieller Information sind Ausdruck kognitiver Mechanismen, die der Sicherung von Kohärenz und Kontinuität der Selbstrepräsentation dienen. Unterstützt werden solche Tendenzen durch den Umstand, daß es für die Interpretation und Erklärung der durch Selbstwahrnehmung angelieferten Evidenz zumeist Spielräume gibt, die in selbstprotektiver und selbstwertdienlicher Weise genutzt werden können. Im allgemeinen wird sich diejenige Interpretation durchsetzen, die im Kontext individueller Überzeugungen die höchste Plausibilität hat. Maßgebend sind dabei allerdings nicht nur Konsistenzbeziehungen innerhalb des Annahmengefüges, sondern auch Aspekte der Selbstwertsicherung und Selbstaufwertung. Evidenzen und Argumente, die positive Implikationen für unser Selbst- und Weltbild haben, werden im allgemeinen leichter akzeptiert und sind kognitiv leichter verfügbar als selbstwertabträgliche Information. Vielfach können Situationsdeutungen so ausgehandelt werden, daß sie Konsistenz- und Selbstwertmotiven gleichzeitig genügen (vgl. Snyder & Higgins, 1988). Allerdings kann selbstwertbedrohliche Evidenz so stark und überzeugend sein, daß ihre Zurückweisung mit anderen starken Überzeugungen in Konflikt geraten und unplausible oder abstruse Hilfskonstruktionen erfordern würde (die dann vielleicht sogar wahnhaften Charakter annehmen könnten). Der Student, der in einem einzelnen Prüfungsfach scheitert, mag noch Spielraum für entlastende Interpretationen finden; wer dagegen in allen Prüfungsfächern und bei allen Prüfern scheitert, kann sich möglicherweise nur durch eine Verschwörungstheorie vor ernsthaften Zweifeln an seinen akademischen Fähigkeiten schützen. Die Auflösung eines so gelagerten Konsistenz-Selbstwert-Konfliktes wird letztlich von dem Kräfteverhältnis zwischen den sich aufdrängenden Einsichten und den entgegenstehenden Selbstdefinitionen abhängen. Anders als Greenwalds (1980) Analyse es vielleicht nahelegt, ist es keineswegs so, daß im Konfliktfalle stets die selbstprotektive Tendenz die Oberhand behält. So z.B. ziehen wir es in partnerschaftlichen Beziehungen vor, daß der Partner uns in einer Weise sieht, die mit unserem Selbstbild konsistent ist, als daß er uns (nach unserer Meinung) falsch einschätzt; dies gilt selbst dann, wenn die Fehleinschätzung zu unseren Gunsten ausfällt (vgl. Felser, 1998; Swann, de la Ronde & Hixon, 1994). Wären selbstprotektive Tendenzen so stark, daß sie uns stets im Zustand ungefährdeter Zufriedenheit hielten, wären sie zudem kaum adaptiv. Selbstwertprobleme und Depressionen, wie sie mehr oder weniger häufig und ausgeprägt in jeder Lebensgeschichte auftreten, sind daher nicht nur Zeichen gescheiterter Bewältigungsversuche; vielmehr tragen sie wesentlich zur adaptiven Reorganisation von Lebensplänen bei.

Defensive und protektive Prozesse greifen, wie dargelegt, schon in einem präreflexiven, präintentionalen Stadium in die Informationsverarbeitung ein. Das Aufsuchen oder Vermeiden von selbstreferentiellen Informationen und Rückmeldungen unterliegt allerdings – zumindest in Grenzen – auch intentionalen Regulationen; zwar können wir nicht darüber entscheiden, welche Informationen wir für plausibel halten wollen oder nicht, aber wir können die Informationsaufnahme und -verarbeitung in bestimmte Richtungen lenken. Wir neigen im allgemeinen dazu, Situationen und Interaktionen zu meiden, die unser Selbstbild in Frage stellen oder die selbstwertabträgliche Vergleiche ermöglichen (vgl. Steele, 1988; Swann, 1983; Tesser, Martin & Cornell, 1996). Diese Tendenz wird um so ausgeprägter sein, je zentraler und bedeutsamer die potentiell bedrohten Bereiche für persönliche Lebensziele und Identitätsprojekte sind. Wenn diskrepante Rückmeldungen nicht aktiv vermieden werden können, kann durch die kompensatorische Betonung anderer positiver Selbstbildaspekte eine Destabilisierung des Selbstbildes abgewendet werden (vgl. Steele, Spencer & Lynch, 1993).

Schließlich kann auch die Analyse der Ursachen, Bedeutungen und Implikationen gegebener Evidenzen mit unterschiedlicher „Verarbeitungstiefe“ erfolgen, und den hierbei einzusetzenden Aufwand können wir in Grenzen intentional regulieren. Die Tiefe der Verarbeitung hängt in komplexer Weise von den verfügbaren kognitiven und zeitlichen Ressourcen, von der persönlichen Bedeutung bestimmter Schlußfolgerungen, sowie von Faktoren wie etwa der Wichtigkeit eines korrekten und genauen Urteils oder dem individuellen *„need for closure“* ab (Kruglanski, 1990; vgl. auch Chaiken, Liberman & Eagly, 1989; Petty & Cacioppo, 1986). Bei mehrdeutiger Evidenz wird die kognitive Analyse eher bei einem Ergebnis abgeschlossen, das präferierte und mit Voreinstellungen verträgliche Schlußfolgerungen nahelegt (Kunda, 1990).

Selbstreferentielle Beobachtungen und Rückmeldungen – und die Bedeutungen, die wir mit ihnen verbinden – modulieren Aktivitäten intentionaler Selbstentwicklung. Durch die Wahrnehmung von Selbstdiskrepanzen werden selbstkorrektive Tendenzen aktiviert; mit der Abwehr oder interpretativen Neutralisierung von Diskrepanzwahrnehmungen werden solche Tendenzen dagegen inhibiert. Wenn wir das Wahrnehmungs- und Aufmerksamkeitsgeschehen als handlungsbezogene Selektion (*„selection for action“*; Allport, 1987) verstehen, so liegt die Vermutung nahe, daß es in der Auseinandersetzung mit subjektiv kontrollierbaren Problemen eher zu einer Sensibilisierung der Wahrnehmung, bei nichtkontrollierbaren Problemen dagegen eher zu Nichtbeachtung bzw. zum Ausblenden der aversiven Information (*„blunting“*; Miller, 1979, 1996) kommt. Wer z.B. den Mißerfolg in einem bestimmten Leistungsbereich als Ausdruck von stabilen, nicht behebbaren Fähigkeitsdefiziten ansieht, wird entsprechende Rückmeldungen weniger leicht akzeptieren als derjenige, der hierfür Bedingungen verantwortlich macht, die leicht zu korrigieren sind, oder der den Rückschlag als Herausforderung betrachtet, seine Kompetenz in dem betreffenden Gebiet zu steigern (vgl. auch Dweck, 1991). Prozesse der Abwehr oder Ausblendung aversiver Information (insbesondere von Information, die auf nicht behebbare Schwierigkeiten verweist) manifestieren sich bereits auf frühen, präintentionalen Verarbeitungsebenen. So etwa gibt es Hinweise, daß die Wahrnehmungsschwelle für unkontrollierbare Schmerzreize wie auch für Signale, die unkontrollierbarer aversiver Stimulation vorangehen, erhöht ist (vgl. Reese, 1954; Jackson, Maier & Coon, 1979). Einen allgemeineren handlungstheoretischen Rahmen, in den diese Überlegungen und Befunde eingeordnet werden können, werde ich in Kapitel 6 entwickeln.

Protektive und defensive Mechanismen des Selbstsystems werden oft mit theoretischen Begriffen belegt, denen Konnotationen von Irrationalität und Selbsttäuschung anhaften („Leugnung“, *„self-serving bias“*; zum Überblick z.B. Krahé, 1984). Solche Einordnungen sind aus mehreren Gründen problematisch. Innerhalb von Rationalitätsgrenzen gibt es oft breite Spielräume für eine selbstbildkonsistente und selbstwertschützende Aushandlung der Wirklichkeit; zudem beruhen protektive Prozesse nicht auf einem intentionalen Kalkül. Zwar scheint das Selbstsystem oft der Formel zu folgen: „Ein Wahn, der mich beglückt, ist eine Wahrheit wert, die mich zu Boden drückt“ (Wieland, zit. nach Emge, 1967, S. 41). Dennoch haben wir es hier – leider, oder besser wohl: zum Glück – gerade nicht mit einer Präferenzregel zu tun, nach der man sich planmäßig richten könnte. Denn zum einen ist belastende Evidenz oft so stark, daß sie sich jeder entlastenden Interpretation widersetzt, und zum anderen kann man Meinungen nicht zugleich als wahnhaft und beglückend erleben. Hier berühren wir Grenzen der Intentionalität und der Kontrollierbarkeit mentaler Prozesse, die noch genauer auszuleuchten sind.

## 4.3 Prozesse der Selbstbewertung

Selbstbewertungen vermitteln zwischen Selbstbeobachtung und selbstregulativem Handeln. Im selbstevaluativen Prozeß wird das Bild, das die Person von sich und ihren gegenwärtigen Entwicklungsaussichten hat, zu normativen Selbstentwürfen und Projektionen der eigenen Entwicklung in Beziehung gesetzt, wie sie sich in persönlichen Zielen, Ansprüchen und Standards konkretisieren. Selbstbewertungen liegen auf einem Kontinuum zwischen Zufriedenheit und Unzufriedenheit; sie können sich auf bestimmte Lebens- und Verhaltensbereiche oder auch auf eine globale Ebene der Selbstwertschätzung oder allgemeinen Lebenszufriedenheit beziehen. Bei einer globalen, über mehrere Bereiche aggregierten Betrachtung ist die Möglichkeit unterschiedlicher Bewertungen auf unterschiedlichen Ebenen, damit auch der Kompensation negativer Bewertungen durch Fokussierung auf positiv bewertete Bereiche gegeben. Andererseits können bereichsspezifische Bewertungen auf die globale Selbstbewertung „ausstrahlen“, was um so eher zu erwarten ist, je wichtiger die betreffenden Ziel- oder Lebensbereiche für die Person sind.

Positive Selbstbewertungen bekräftigen uns in der Verfolgung gesetzter Ziele. Negative Selbstbewertungen induzieren dagegen selbstkorrektive Tendenzen, die mit unterschiedlichen Emotionen und Verhaltensbereitschaften einhergehen können – je nachdem, ob Aspekte des „gesollten“ oder des „gewünschten“ Selbst betroffen sind. Im ersten Falle sind z.B. eher Reaktionen der Scham und Schuld, im zweiten Falle eher Gefühle des Ärgers, der Enttäuschung oder Trauer charakteristisch (vgl. Higgins, 1996a). Selbstbewertungsprozesse beziehen sich, ebenso wie Selbstbeobachtung und Selbstaufmerksamkeit, auf die für die Person aktuell im Vordergrund stehenden *current concerns* (Klinger, 1977). Bei der Verfolgung von langfristigen Zielen, die eine komplexe Sequenz von Zwischenschritten umfassen, verschiebt sich der Fokus der Handlungsregulation in der Weise, daß Selbstbewertungen nun von spezifischeren Ausführungskriterien bestimmt werden, etwa davon, inwieweit die Annäherung an das Ziel planmäßig verläuft (*„meta-monitoring“*; Carver & Scheier, 1998).

Beide Seiten des im Bewertungsprozeß vorgenommenen Kontrastes – Ist und Soll, gegenwärtiger Zustand und Zielzustand – müssen kognitiv verfügbar sein; sie müssen zudem, wie oben schon angedeutet, in der Weise repräsentiert sein, daß sie in eine Vergleichsbeziehung gestellt werden können. In diesem Falle kann ein Selbstbewertungsprozeß gleichsam von zwei Seiten induziert werden: Zum einen kann durch Aktivierung eines Zieles die Selbstaufmerksamkeit auf relevante Situations- und Verhaltensaspekte gelenkt werden, und umgekehrt kann auch die Fokussierung der Aufmerksamkeit auf einen bestimmten situativen Aspekt selbstevaluative Standards aktivieren. Selbstreflexion kann – naheliegend – im Experiment durch Aufstellung von Spiegeln induziert werden (z.B. Scheier & Carver, 1980). In therapeutischen Zusammenhängen kann auch die „Spiegelung“ von Äußerungen des

Klienten selbstreflexive und selbstevaluative Prozesse unterstützen (dies ist eine der Grundstrategien der Gesprächspsychotherapie; vgl. etwa Finke, 1994). Persönlichkeitsunterschiede können sich in einer „chronischen Verfügbarkeit" spezifischer Ziele und Standards manifestieren (*„chronic accessibility"*; Higgins, 1996b): Ein dispositionelles Bedürfnis, z.B. nach sozialer Anerkennung, Macht oder Leistung, manifestiert sich auch darin, daß Verhaltensweisen und Situationen bevorzugt unter diesen Zielaspekten beobachtet und evaluiert werden, und daß thematisch relevante Situationen bevorzugt die Aufmerksamkeit binden.

Selbstbewertungsprozesse und selbstevaluative Standards formieren sich in der Auseinandersetzung mit normativen Entwicklungserwartungen und Entwicklungsaufgaben. Soziale Systeme institutionalisieren und stabilisieren normative Verhaltens- und Entwicklungsmodelle, indem sie stützende Informationen, Legitimationsargumente, Vorbilder und Gegenmodelle verfügbar machen (Dannefer & Perlmutter, 1990). Soziale „Skripte" des Lebenszyklus und damit verbundene normative Erwartungen legen schematisch fest, was etwa für Personen eines bestimmten Alters als vernünftig, angemessen, legitim oder „normal" gelten kann und schaffen so ein symbolisches Milieu, das Selbstbewertungsprozesse und damit zugleich Aktivitäten intentionaler Selbstgestaltung in bestimmte Richtungen lenkt.

### 4.3.1 Aktivierung und Inhibition selbstevaluativer Reaktionen

Wir haben die Verarbeitung selbstbezüglicher Information als einen komplexen kognitiven Prozeß beschrieben, in dem Wissenssysteme, semantische Strukturen und Selbstdefinitionen mobilisiert werden, und der zugleich auf die Wahrung oder Wiederherstellung von kognitiver Konsistenz, Selbstachtung und personaler Kontinuität gerichtet ist. Entsprechend vielfältig sind die kognitiven und interpretativen Prozesse, durch die Selbstbewertungen und selbstkorrektive Tendenzen aktiviert oder neutralisiert werden können. Der Student, der in einer Prüfung scheitert, mag dieses Ereignis auf unterschiedliche personspezifische und situative Faktoren attribuieren (z.B. mangelnde Fähigkeit, unzureichende Vorbereitung); er mag in dem Ereignis eine persönliche Niederlage, eine Herausforderung oder eine Ungerechtigkeit sehen. Selbstevaluative Reaktionen hängen davon ab, wie die Person die Bedingungen, Bedeutungen und Folgen ihres Handelns repräsentiert. Sie können dementsprechend moduliert werden, indem spezifische Repräsentationen konstruiert oder dekonstruiert werden.

Wer etwa durch seine Handlungen sich selbst oder anderen schadet, kann negative Selbstbewertungen auf verschiedene Weise neutralisieren: z.B. indem er schädliche Auswirkungen negiert, negative gegen positive Implikationen aufrechnet, oder grundsätzlich die Annahmen und semantischen Interpretationen in Frage stellt, die das eigene Tun in negativem Licht erscheinen lassen. Gefühle von Schuld und persönlicher Verantwortung können durch legitimierende Argumente oder Entschuldigungen gemildert werden, was z.B. durch Hinweise auf mangelnde Kontrollierbarkeit der Ereignisse, Rekurs auf vermeintliche moralische Rechtfertigungen oder euphemistische begriffliche Einordnungen geschehen kann (etwa wenn ein terroristischer Überfall als Akt der Gerechtigkeit dargestellt wird); auf jeweils entgegengesetzte Weise können selbstkritische Tendenzen verstärkt werden (vgl. auch Bandura, 1989).

Wesentlichen Einfluß auf den Selbstbewertungsprozeß hat die Selektion und Verfügbarkeit von sozialen Vergleichsmaßstäben. Ein Verhalten, das von normativen Standards abweicht, wird oft weniger gravierend erlebt, wenn andere sich in gleicher Weise verhalten. Wahrgenommene Erfolge anderer können negative Selbstbewertungen induzieren, zumindest soweit sie Leistungsbereiche oder Fähigkeiten betreffen, die persönlich bedeutsam sind (Tesser, 1986). Auch hier können selbstevaluative Reaktionen kognitiv neutralisiert werden, indem z.B. Gesichtspunkte aktiviert werden, die den Vergleich als einseitig oder ungerecht erscheinen lassen. Zudem können zur Kompensation belastender Vergleiche gezielt Vergleichsperspektiven gewählt werden, die positive Selbstbewertungen ermöglichen. Die Auswahl von Vergleichsperspektiven unterliegt bestimmten Angemessenheitskriterien; nicht jeder Vergleich erscheint fair oder gerechtfertigt. Zonen zulässiger Vergleiche können aber so konstruiert werden, daß sie positive Selbstbewertungen und die Kontinuität von Selbstdefinitionen unterstützen. Die Neutralisierung von negativen Selbstbewertungen durch günstig gewählte Vergleiche schwächt selbstkorrektive Tendenzen ab; umgekehrt können „Aufwärtsvergleiche“, wie etwa die Orientierung an leistungsstarken Vorbildern und Idealen, zwar das „aktuelle Selbst“ in ungünstigem Licht erscheinen lassen, damit zugleich aber motivierende Anreize für die eigene Entwicklung setzen. Letzteres ist insbesondere dann wahrscheinlich, wenn die durch den Vergleich aktivierten Ziele erreichbar erscheinen.

Inwieweit können die interpretativen Prozesse, die Selbstbewertungen in Gang setzen oder neutralisieren, als strategische Manöver – z.B. im Sinne intentional eingesetzter „Neutralisierungstechniken“ (Sykes & Matza, 1957) – verstanden werden? In diesem Punkt besteht ein bedeutsamer Unterschied zwischen dem öffentlichen und dem „inneren“ Diskurs. So etwa können in der öffentlichen Selbstverteidigung Argumente strategisch gewählt und, wo es zweckmäßig erscheint, vielleicht auch gegen eigenes besseres Wissen vorgebracht werden. Die Vorstellung jedoch, man könne sich zu Zwecken der Selbstentlastung gezielt geeignete Meinungen bilden und aneignen, ist aus verschiedenen Gründen problematisch, wie noch eingehender zu zeigen sein wird (Kapitel 5). Wenngleich man sich – auch über sich selbst – täuschen kann, so können doch Selbsttäuschungen nicht ohne weiteres intentional inszeniert werden. Vielmehr müssen Entlastungsgründe für die Person selbst hinreichend plausibel sein, um akzeptiert werden zu können. Subjektiv gültige Gründe können freilich im sozialen Diskurs wiederum in Frage gestellt werden. Auch hier wird das Selbstsystem zu solchen Lösungen tendieren, die kognitive Konsistenz und persönliche Kontinuität maximieren, oder im Konfliktfalle eine akzeptable Kompromißlinie suchen.

### 4.3.2 Emotionen im Selbstbewertungsprozeß

Selbstbewertungsprozesse sind mehr oder weniger stark mit emotionalen Reaktionen gekoppelt. Der Übergang von der Selbstbewertung zum selbstreferentiellen Handeln kann, z.B. wenn bewährte Strategien oder Problemlösungen bereitliegen, ohne Begleitemotionen ablaufen. Negative Emotionen kommen v.a. dann ins Spiel, wenn im Handlungsablauf oder in der Verfolgung persönlicher Ziele Störungen und erwartungsdiskrepante Ereignisse auftreten (vgl. auch Dörner, 1984); sie klingen mit dem „Wieder-in-Ordnung-Bringen der Selbstkontinuierung des Bewußtseins" (Luhmann, 1984, S. 371) ab. Diese „Selbstkontinuierung" kann durch Einwirkung auf äußere Umstände erreicht werden, etwa durch die Beseitigung von Handlungshindernissen; sie kann andererseits auch durch die Anpassung von Erwartungen, Ansprüchen und Zielen an die veränderte Situation bewirkt werden.

Das Spektrum von Emotionen, die man im Hinblick auf seine aktuelle, vergangene oder zukünftige Entwicklung empfinden kann, ist sehr facettenreich. Man mag im Rückblick auf seine bisherige Lebensgeschichte Stolz, Dankbarkeit, Glück oder auch Gefühle des Ärgers, der Schuld oder der Trauer empfinden; in Hinsicht auf die eigene Zukunft mögen Angst, Sorge, Verzweiflung oder auch Hoffnung, Zuversicht oder Gelassenheit vorherrschen. Emotionen schließen, phänomenologisch wie begrifflich, charakteristische Muster von Kognitionen ein (vgl. Brandtstädter, 1985a; Mees, 1991). So etwa werden Schuldgefühle durch die Überzeugung geprägt, bestimmte Normen oder moralische Forderungen, die man selbst anerkennt, verletzt zu haben, wobei das zugrunde liegende Handeln als ein intentionales und damit zurechenbares Tun repräsentiert sein muß. Sorge wiederum verbindet als spezifisch zukunftsgerichtete Emotion die Erwartung persönlich negativer Veränderungen mit der Ungewißheit, ob deren Eintreten verhindert werden kann. Gefühle des Ärgers schließen die Wahrnehmung oder Vermutung ein, daß eigene Interessen verletzt oder Ziele blockiert wurden; sie sind v.a. dann ausgeprägt, wenn positive Alternativen kognitiv leicht verfügbar sind (Kahneman & Miller, 1986). Ärger im Hinblick auf die eigene Entwicklung geht typischerweise mit der Vorstellung kontrafaktischer positiver Ereignisverläufe („Hätte ich doch nur...", „Wie schön wäre es gewesen, wenn...") einher. Über eine vermeintlich absichtliche Verletzung unserer Interessen ärgern wir uns deshalb in besonderem Maße, weil Absichtlichkeit die Möglichkeit des Unterlassens einschließt, womit kontrafaktische Kontrastvorstellungen besonders leicht verfügbar sind. Ärger kann sich zu Empörung steigern, wenn mit der Absicht zugleich auch die Verletzung bestimmter moralischer Normen unterstellt wird. Gefühle der Trauer verweisen auf das Erleben eines Verlustes, den man für irreversibel hält; z.B. mag auch die Erkenntnis traurig stimmen, daß in der noch verbleibenden (Lebens-) Zeit oder mit den noch vorhandenen Handlungsressourcen bestimmte Lebensziele nicht mehr erreicht werden können. Lebensereignisse und Episoden sind oft mehrdeutig oder haben gleichzeitig positive und negative Implikationen; aus der Multivalenz und Ambiguität einer Situation entstehen gemischte Gefühle. So kann sich etwa in die Freude über eine berufliche Beförderung die Sorge mischen, den neuen Anforderungen nicht gewachsen zu sein oder sich die Mißgunst von Konkurrenten zuzuziehen.

Emotionen können sich im Zuge der weiteren kognitiven und semantischen Elaborierung der Situation abschwächen, verstärken oder auch wandeln (vgl. Lazarus & Smith, 1988; Parkinson & Manstead, 1992). Gefühle des Ärgers oder der Sorge können übergehen in Freude, Hoffnung oder Zuversicht, aber auch in Wut, Verzweiflung oder Hilflosigkeit, je nachdem, wie sich bei gründlicherer Analyse Implikationen und Bedeutungen der Situation und eigene Eingriffsmöglichkeiten darstellen. Hierbei ist die Grundwahrscheinlichkeit positiver Übergänge möglicherweise höher: Einerseits ist die Bereitschaft zur einer gründlicheren Situationsanalyse bzw. die *elaboration likelihood* (Petty & Cacioppo, 1986; Petty & Wegener, 1999) erhöht, wenn die initiale Gefühlslage negativ ist und ein Problem anzeigt; andererseits werden entlastende Kognitionen und Argumente leichter akzeptiert und unterliegen im Hinblick auf ihre Begründung und Plausibilität toleranteren Kriterien als solche mit belastendem Inhalt (vgl. auch Brandtstädter & Renner, 1992; Wentura, 1995).

Gefühle verweisen nicht nur auf charakteristische kognitive Inhalte, sondern implizieren auch bestimmte Handlungstendenzen; dies verdeutlicht ihre vermittelnde Rolle in selbstregulatorischen Prozessen. So etwa gehen Gefühle der Scham mit der Tendenz einher, dasjenige, dessen man sich schämt – etwa ein „Stigma" im Sinne von Goffman (1972) – zu verdecken und der öffentlichen Beachtung zu entziehen. Schuldbekenntnisse, Entschuldigungen oder auch die Bereitschaft zur Sühne sind Verhaltenstendenzen, die Schuldgefühle charakterisieren und zugleich auch deren Neutralisierung bewirken (vgl. auch Boll, 1998). Scham- und Schuldgefühle können allerdings auch durch Umdeutungen der Situation – Verschiebungen der Verantwortlichkeit, entlastende Vergleiche, usf. – neutralisiert werden; hiervon war schon die Rede. Für Gefühle der *Sorge* wiederum sind vorbeugende und vorausplanende Handlungstendenzen charakteristisch, Bemühungen also, die mit einer bestimmten subjektiven Wahrscheinlichkeit erwarteten negativen Ereignisse abzuwenden oder sich gegen solche Ereignisse vorsorglich abzuschirmen. Sind die subjektiven Erfolgsaussichten solcher Maßnahmen gering, so mag Sorge in *Verzweiflung* und schließlich vielleicht in Depression übergehen. Im depressiven Zustand werden Bemühungen, dem unterstellten negativen Lauf der Dinge eine positive Wendung zu geben, aufgegeben; dies entspricht dem Syndrom „gelernter Hilflosigkeit" (Abramson et al., 1978).

Für aversive Gefühle – und dies trifft auf kognitiv elaborierte Emotionen wie etwa Scham, Schuld oder Angst in gleichem Maße wie für elementare Empfindungen wie Ekel oder Schmerz zu – gilt allgemein, daß sie Verhaltensmuster aktivieren, die auf die Neutralisierung der aversiven Gefühlslage und damit auf die Beseitigung der mit ihr verbundenen inneren oder äußeren Bedingungen gerichtet sind oder über negative Verstärkungsprozesse die Aneignung solcher instrumentellen Verhaltensmuster begünstigen. Auch Gefühle, die wir Anderen gegenüber empfinden, können – wenngleich auf eher indirekte Weise – Selbstdefinitionen und Aktivitäten intentionaler Selbstentwicklung beeinflussen. Empfindungen der Sympathie oder Bewunderung, der Empörung oder Verachtung können Identifikationsbereitschaften fördern bzw. hemmen und eigene Identitätsziele und moralische Einstellungen deutlicher ins Bewußtsein treten lassen (vgl. Taylor, 1989).

Ich habe bei der Darstellung von Zusammenhängen zwischen Emotionen, Kognitionen und Handlungstendenzen bewußt von Implikationsbeziehungen und nicht von Ursache-Folge-Beziehungen im kausalen Sinne gesprochen. Wenn wir etwa einer Person Sorge zuschreiben, ihr aber zugleich die für dieses Gefühl charakteristischen Erwartungen und Verhaltenstendenzen absprechen, so haben wir damit nicht einen überraschenden, aber empirisch möglichen Fall beschrieben, sondern haben uns in begriffliche Widersprüche verwickelt. Das heißt nun allerdings nicht, daß die angesprochenen emotionstypischen Handlungstendenzen notwendig zu entsprechenden Handlungen führen. Angst z.B. geht nicht zwangsläufig mit offenem Flucht- oder Vermeidungsverhalten einher, vielmehr bleibt zumindest bei schwächeren Ausprägungen der Emotion das Anschlußverhalten im Bereich intentionaler Kontrolle, kann also etwa aufgrund von Zweckmäßigkeitserwägungen gehemmt oder verstärkt werden. Allerdings könnte z.B. von einem Gefühl der Angst oder Sorge ohne die Implikation einer zumindest gesteigerten *Bereitschaft* zu Flucht- oder Vermeidungsreaktionen kaum die Rede sein. Je stärker die Emotion, um so ausgeprägter sind freilich auch die charakteristischen Verhaltenstendenzen, und desto stärker eingeengt erscheint oft der Spielraum personaler Kontrolle. Im Alltag wird dies durch Umschreibungen wie „er war nicht mehr bei Sinnen", „sie war außer sich" und dgl. ausgedrückt. Gefühle können „übermächtig" werden, was in rechtlichen und moralischen Urteilszusammenhängen manchmal entlastend in Rechnung gestellt wird (auf den begrifflichen Zusammenhang zwischen Verantwortungs- und Schuldzuschreibungen und der Unterstellung personaler Kontrolle habe ich schon hingewiesen; siehe auch Riedel, 1978).

Wenngleich Gefühle und emotionale Reaktionen also Kognitionen einschließen und Handlungstendenzen aktivieren, so sind sie doch keine Handlungen, zu denen wir uns aufgrund von Abwägungen entschließen. Vielmehr widerfahren uns diese Reaktionen – und zwar gelegentlich auch gegen unseren Willen –, sobald die charakteristischen kognitiven Schlüsselbedingungen erfüllt sind (vgl. auch Averill, 1980; Brandtstädter, 1985a; Gordon, 1987; Ulich, 1989). Emotionen sind regulative Bedingungen intentionalen Handelns, die – obwohl keineswegs „unbewußt" – selbst nicht intentional erzeugt werden. Dies ist ein Punkt, an dem erneut Grenzen eines intentionalistischen Erklärungsschemas sichtbar werden.

Ein mögliches Mißverständnis ist hier aus dem Weg zu räumen. Die Feststellung, daß wir unsere Gefühle und die mit ihnen inhärent vorhandenen Handlungsbereitschaften nicht intentional erzeugen, bedeutet nicht, daß wir ihnen gegenüber passiv sind. Insbesondere ist sie keineswegs unverträglich mit der Tatsache, daß wir unser Gefühlsleben kultivieren können – was gerade im Hinblick auf das Thema intentionaler Selbstentwicklung bedeutsam ist. Bekanntlich zeigen sich Bildung und persönliche Kultur gerade auch darin, welche Gefühle man hat, bei welchen Anlässen man sie hat, und in welcher Weise man sie zum Ausdruck bringt. Wir können auf unsere Gefühle und ihre expressive Ausgestaltung in verschiedener Weise Einfluß nehmen; entsprechende regulative Kompetenzen werden unter Stichworten wie „emotionale Intelligenz" (Salovey, Hsee & Mayer, 1993) oder „Bildung der Gefühle" (Montada, 1989) angesprochen. Wir können Erinnerungen hervorrufen oder Szenarien imaginieren, die Emotionen verstärken oder abschwächen (Taylor & Schneider, 1989); ebenso können wir die Kognitionen, die einem sich aufdrängenden Gefühl zugrunde liegen, einer kritischen Prüfung unterziehen. Beispielsweise können wir uns selbstkritisch fragen, ob unsere Hoffnung, unser Mitleid, unser Schuldgefühl „begründet" sind, oder ob wir „das Recht" haben, unzufrieden oder ärgerlich zu sein. Solche Formen der „Emotionsarbeit" (Hochschild, 1979, 1983) werden auch normativ eingefordert. In Trainingsprogrammen zum Selbstmanagement werden Reflexionstechniken zur Modulation von negativen emotionalen Befindlichkeiten genutzt, so etwa in Seligmans (1994) A-B-C-D (*Adversity-Beliefs-Consequences-Dispute*)-Modell zur Bewältigung negativer Emotionen.

Auch die expressiven Elemente emotionaler Reaktionen sind bis zu einem gewissen Grad intentional kontrollierbar. Zwar sind zumindest bei starken elementaren Empfindungen wie Freude, Trauer, Wut, Überraschung bestimmte Komponenten des Ausdrucksverhaltens kulturunspezifisch und offenbar stammesgeschichtlich präformiert (z.B. Eibl-Eibesfeldt, 1973). Gleichwohl ist die äußere Darstellung von Gefühlen durch kulturelle Regeln (*„affect display rules"*; Ekman, 1984) überformt. Diese Regeln unterstützen den Kommunikationsprozeß; ihre Kenntnis ermöglicht es aber zugleich, Gefühle vorzutäuschen oder zu verdecken. Indem sie auf Kognitionen und Verhaltensbereitschaften verweisen, werden Gefühlsäußerungen zu Trägern von interaktionsrelevanter Information; Simulation und Dissimulation von Gefühlen sind daher auch Mittel, soziale Abläufe zu steuern und sich interaktionsstrategische Vorteile zu verschaffen.

## 4.4 Von Zielen zum Handeln

Wie sich persönliche Ziele im Verhalten und in der individuellen Lebensführung manifestieren, hängt im wesentlichen von drei Bedingungen ab: (a) Welche konkreteren Bedeutungen die Person mit diesen Zielen verbindet, (b) welche Maßnahmen in welcher zeitlichen Anordnung sie für notwendig hält, um diese Ziele zu erreichen, (c) wie sie die Durchführbarkeit dieser Maßnahmen (und damit die Erreichbarkeit des Zieles) einschätzt, und schließlich (d) welche Kriterien sie für die Zielerreichung ansetzt. Erst durch diese semantischen, operativen und kriterialen Definitionen, für die entsprechendes Wissen mobilisiert werden muß, gewinnen Ziele handlungsregulative Kraft.

Zwischen Zielen und Handlungen bestehen keine umkehrbar eindeutigen Beziehungen: Gleiche Aktivitäten können unterschiedlichen Zielen (und auch verschiedenen Zielen gleichzeitig) dienen, und zu gleichen Zielen können sich unterschiedliche Wege anbieten. Der Prozeß der Zieldefinition hat daher nicht den Charakter einer starren Deduktion, sondern einer kreativen, kontextabhängigen Interpretation, die – je nach verfügbaren Wissensbeständen, Handlungspotentialen oder situativen Rahmenbedingungen – zu unterschiedlichen Implementationsstrategien führen kann. So wie Motive sich im Übergang zu Zielen „personalisieren" (Wurf & Markus, 1991), so personalisieren sich Ziele im Übergang zu Ausführungsintentionen, Plänen und konkreten Handlungen.

### 4.4.1 Semantische und prozedurale Explikation von Zielen

Die Transformation von Zielen in Ausführungsintentionen und konkrete Ausführungshandlungen erfordert zunächst semantische Spezifikationen. Damit prozedurale Umsetzungen überhaupt möglich werden, müssen Ziele zunächst mit konkreteren Bedeutungen verbunden werden. Zumal bei Entwicklungszielen, in denen bestimmte allgemeinere Merkmale oder Dispositionen angesprochen sind (man denke etwa an Karriereziele wie „erfolgreicher Tennisspieler", „produktiver Wissenschaftler", an Kompetenz- oder Tugendziele wie „Einfühlungsvermögen", „Besonnenheit", „Fairneß"), stellt sich die Frage nach den zentralen oder prototypischen Attributen, anhand derer man die jeweils angesprochenen Merkmale erkennen oder zuschreiben kann. Diese Fragen mögen individuell unterschiedlich beantwortet werden; der Spielraum für idiosynkratische Auslegungen ist allerdings durch semantische Regeln und durch soziale Interpretationsschemata beschränkt. Nächstenliebe oder Fairneß z.B. können zwar auf unterschiedliche Weise, aber schwerlich etwa durch grobes Foulspiel zum Ausdruck gebracht werden. Und unter welchen Bedingungen jemand in bestimmten Rollen – als Familienvater, Tennisprofi oder Hochschulpräsident – erfolgreich ist, ist wesentlich von institutionalisierten Rollenerwartungen und -definitionen abhängig. Erst durch semantische Elaborierungen werden Zielbegriffe mit einem *„recognizer pattern"* (Schank & Abelson, 1977) verbunden, das die Aufnahme und Verarbeitung von Informationen in der Planung, Ausführung und Evaluation zielbezogener Aktivitäten regelt und die Adressen festlegt, unter denen relevantes prozedurales Wissen aus dem Langzeitgedächtnis abgerufen werden kann.

Semantische Explikationen sind somit notwendige Voraussetzungen für die Umsetzung von Zielen in Handlungsabläufe; sie sind indessen für zielführendes Handeln nicht hinreichend. Vielmehr muß zur Realisierung eines Zieles neben semantischem Wissen auch *prozedurales Wissen* aktualisiert werden. Prozedurales Wissen umfaßt sowohl Wissen über Bedingungen und Folgen der Verwirklichung bestimmter Zustände als auch die Kenntnis spezifischer Implikations- und Voraussetzungsstrukturen, wie sie etwa für den Aufbau von Fertigkeiten aus Teilfertigkeiten bedeutsam ist: Zu einem erfolgreichen Tennisspieler wird man erst, wenn man die richtige Handhabung des Schlägers, die Bewegungsabfolge des Aufschlags und andere Teilfertigkeiten erlernt. Prozedurales Wissen mag in der individuellen Wissensbasis bereitliegen und aus dem Langzeitgedächtnis abrufbar sein; eventuell muß es durch Heuristiken, Problemlösungsstrategien oder zwischengeschaltete Lernprozesse erst erzeugt werden. In Verbindung mit der prozeduralen Spezifikation werden im allgemeinen auch Kriterien und Anspruchsniveaus der Zielerreichung festgelegt, z.B. zeitliche Fristen, innerhalb derer gesetzte Ziele oder Zwischenziele zu erreichen sind, oder quantitative und qualitative Kriterien der Zielerreichung. Gesundheit, Wohlstand, Zufriedenheit und soziale Anerkennung streben die meisten an; individuelle Unterschiede werden v.a. in den Formen der Interpretation und Umsetzung solcher Ziele sowie ihrer Integration in umfassendere Lebenspläne sichtbar.

Prozedurale und semantische Spezifikationen sind unterschiedliche, aber interdependente Aspekte der Zieldefinition. Prozedurales Wissen oder das Fehlen desselben wirkt auf die Selektion von Zielen zurück; Ziele, die unerreichbar oder mit anderen Zielen unverträglich erscheinen, verlieren an Attraktivität und Bedeutung. Umgekehrt ergeben sich aus der Bedeutungsstruktur von Zielen auch prozedurale Beschränkungen, was z.T. schon in früheren Ausführungen zur Ontogenese intentionaler Selbstentwicklung deutlich wurde: Wenn ein bestimmtes Entwicklungsziel oder Entwicklungsergebnis *Z* bestimmte konstituierende Elemente *E* begrifflich oder logisch einschließt, so gilt aufgrund dieser strukturellen Implikationen, daß die Realisierung von *Z* zugleich auch die Realisierung von *E* einschließt oder voraussetzt. Wenn z.B. Leistungsmotivation die Kenntnis und Anerkennung von Gütemaßstäben begrifflich impliziert, ist es bei einer konzeptuell validen Erfassung von Leistungsmotivation ausgeschlossen, daß dieses Merkmal ohne die begrifflich implizierten Kompetenzen oder Einstellungen auftritt – auch wenn Zusammenhänge solcher Art in der Forschungsliteratur vielfach als widerlegungsfähige Hypothesen behandelt werden (vgl. Brandtstädter, 1984a, 1998).

Oft bieten sich zu einem Ziel unterschiedliche Interpretationen und Mittel an; dies wird um so häufiger der Fall sein, je abstrakter die ursprüngliche Zielvorgabe und je reichhaltiger und differenzierter das verfügbare semantische und prozedurale Wissen ist. Dabei wird man Optionen präferieren, die eine subjektiv günstige Bilanz von erwünschten und unerwünschten Effekten aufweisen und mit anderen Zielen hinlänglich verträglich sind. Wer berufliche Karriereziele verfolgt, wird dabei z.B.

oft Rücksichten auf andere Ziele (etwa auf familiäre und gesundheitliche Interessen) nehmen. Dies führt zu einem wichtigen Punkt: Im Prozeß der Zieldefinition werden holistische Optimierungsprinzipien wirksam, die die gesamte Motiv- und Zielstruktur – oder zumindest größere Ausschnitte derselben – berücksichtigen; so kommt es oft zu Kompromißlösungen, die zwar im Hinblick auf ein gegebenes Ziel suboptimal sein mögen, jedoch im Kontext der gesamten Zielstruktur den größten Gesamtnutzen versprechen.

### 4.4.2 Handlungspfade und chronische Ziele

Unter- oder Zwischenziele in einem Handlungsplan umfassen kürzere zeitliche Segmente als die Endziele, auf die sie gerichtet sind. Diese Segmentierung unterstützt die Handlungsregulation auf mehrfache Weise. Nahziele markieren Stationen auf dem Wege zu einem Ziel; sie erleichtern eine genauere Überwachung des Handlungs- und Entwicklungsverlaufes und ermöglichen „proximale Verstärkungen" (Bandura & Schunk, 1981), die bei langfristigen Zielen zur Überbrückung des Gratifikationsaufschubes und zur Aufrechterhaltung gesetzter Intentionen beitragen. Während das Erreichen proximaler Ziele Selbstwirksamkeit und Erfolgszuversicht fördert, verleiht die Orientierung auf das Fernziel dem Unternehmen Sinn und thematische Kontinuität (vgl. auch Manderlink & Harackiewicz, 1994).

Ziel- und Handlungssequenzen, die mit der Erreichung eines finalen Zieles abgeschlossen sind, bilden einen „geschlossenen" Pfad (Raynor & Entin, 1982, 1983); am Anfang eines solchen Pfades ergeben sich motivierende Anreize und Sinngehalte aus der Vorwegnahme zukünftiger Fortschritte, während mit weiterem Vorrücken zunehmend auch der Rückblick auf das Erreichte für die Selbstbewertung bedeutsam wird. Da das finale Ziel als Anreiz- und Sinnquelle wirkt, können mit seinem Erreichen Sinnverluste entstehen; für berufliche Karrieren werden solche Probleme unter dem Stichwort des *topping out* diskutiert (vgl. auch Baumeister, 1986). Orientierungs- und Sinnkrisen sind weniger wahrscheinlich, wenn es gelingt, durch motivierende Anschlußziele neue Handlungspfade zu öffnen. Oft ergeben sich solche Anschlüsse aus dem Anliegen der Sicherung, Ausgestaltung oder Steigerung des Erreichten; auch die zeitliche Anordnung von Entwicklungsaufgaben und Rollenzielen im Lebenszyklus unterstützt die Bildung von Anschlußzielen. Handlungs- und Entwicklungspfade, die so verkettet sind, daß sie gleichsam offen – ohne finalen Abschluß – bleiben, bilden dauerhafte Motivations- und Sinnressourcen für die intentionale Selbstentwicklung: „The open path (...) provides a means of understanding the difference between individuals who remain psychologically young through continued ‚becoming' and those who become psychologically old through exclusive dependence upon ‚having been'" (Raynor, 1982, S. 274).

Nicht alle Ziele sind über eine Sequenz von Handlungsschritten definitiv erreichbar. Ich beziehe mich hier nicht auf den Fall, daß Zielsetzungen die persönlichen

Möglichkeiten überfordern. Vielmehr gibt es Ziele und intentionale Einstellungen, die ihrer Struktur nach „chronisch“ (Bargh, 1990) sind oder die lebenszeitliche Dimension überhaupt transzendieren. Beispielsweise kann das Streben nach Produktivität, Professionalität oder Kennerschaft in bestimmten Leistungs- und Kompetenzbereichen lebenslang handlungsbestimmend sein, da solche Ambitionen als Wachstums- oder Lernziele nahezu unbegrenzt steigerungs- und ausgestaltungsfähig sind (vgl. auch Atchley, 1989). Andere Ziele haben den Charakter von Maximen, Prinzipien oder überdauernden Dispositionen, die nicht durch singuläre Handlungsergebnisse erfüllt werden, sondern vielmehr eine Form des Handelns bestimmen und bei thematisch relevanten Gelegenheiten wiederkehrend aktualisiert werden. Dies gilt beispielsweise für Identitätsziele wie Gerechtigkeit, Höflichkeit oder Ehrlichkeit; solche Ziele sind „unstillbar“ (Gollwitzer, 1987), weil sie auf überdauernde Dispositionen verweisen und – anders als etwa Karriereziele – nicht einen Punkt bezeichnen, den man irgendwann erreicht, um sich sodann neuen Zielen zuzuwenden. Die oben diskutierten Konzepte der „Lebensthemen“ und *„personal strivings“* verweisen auf solche chronischen Orientierungen.

Die mit dem Alter fortschreitende Verkürzung der Lebenszeitreserve bringt zwangsläufig die Schließung von Handlungspfaden mit sich; das Gefühl, bestimmte Ziele in der verbleibenden Zeit nicht mehr erreichen zu können, kann mit näherrückendem Lebensende zu einer emotionalen Belastung werden. Unter diesen Bedingungen kann nicht nur der Rückblick auf das Erreichte, sondern auch die verstärkte Zuwendung zu „transzendenten“ Zielen im oben angesprochenen Sinne zur Erhaltung von Selbstachtung und persönlicher Kontinuität beitragen. Nach experimentellen Befunden von Rosenblatt et al. (1989) treten ethische Prinzipien und Grundwerte verstärkt ins Bewußtsein, wenn die Aufmerksamkeit auf das eigene Lebensende gerichtet wird (eine erhöhte *„mortality salience“* wurde im Experiment u.a. durch die vorherige Bearbeitung eines Fragebogens mit entsprechender Thematik induziert). Die Autoren interpretieren diesen Effekt als Mechanismus zur Bewältigung von Todesfurcht. Eine andere Deutungsmöglichkeit ergibt sich aus den voraufgegangenen Überlegungen: Ziele, die auf zukünftige Erträge abstellen, verlieren mit dem Verrinnen der Lebenszeit ihr motivierendes Potential; in gleichem Maße gewinnen „zeitlose“, intrinsische Werte als Handlungsorientierungen und Sinnressourcen an Bedeutung (vgl. auch Brandtstädter et al., 1997).

### 4.4.3 Regulationsebenen

Durch semantische, prozedurale und kriteriale Spezifikation werden kognitive Pfade zwischen einem Ausgangszustand und einem in der Zukunft liegenden, gewünschten Entwicklungsergebnis gebahnt; Ziele werden so gleichsam zu umfassenderen intentionalen Strukturen, z.T. auch zu komplexen und langfristigen Plänen ausgebaut.

Damit gelangen wir in die Nähe zu handlungstheoretischen Ansätzen, in denen der Übergang von Zielen zu Handlungen als ein hierarchisch-sequentiell strukturiertes, mehrere Regulationsebenen umfassendes Geschehen verstanden wird (z.B. Fuhrer, 1984; Hacker, 1978; Volpert, 1983). Hierzu ein einfaches Beispiel (Bower, 1978): Wenn man eine Theatervorstellung besuchen möchte (Ziel *A*), wird man im typischen Falle zunächst einen Platz reservieren (Unterziel *A-1*); dazu wird man z.B. die Telefonnummer der Theaterkasse heraussuchen (Unterziel oder Operation *A-1-1*) und dort die Reservierung aufgeben (*A-1-2*). Damit ist das Unterziel bzw. die im Unterziel *A-1* bestimmte Teilhandlung ausgeführt. Nun muß man sich rechtzeitig zum Theater begeben (Unterziel *A-2*), dazu vielleicht ein Taxi benutzen (*A-2-1*), sodann an der Theaterkasse die zurückgelegten Karten in Empfang nehmen (*A-2-1*), schließlich den zugewiesenen Sitzplatz einnehmen (*A-2-2*), womit *A-2* und damit zugleich das „Oberziel" *A* ausgeführt ist, das aus *A-1* und *A-2* zusammengesetzt ist.

Wie das Beispiel verdeutlicht, umfaßt der Prozeß der Interpretation und Implementation von Zielen mehrere ineinandergreifende Regulationsebenen. Dieser Gesichtspunkt wird in theoretischen Ansätzen weiter ausgeführt, in denen die Handlungsregulation als Hierarchie ineinandergeschachtelter Regelkreise modelliert wird. So etwa konzipieren Carver und Scheier (1986, 1998) die Planung und Ausführung von Handlungen als einen mehrstufigen Prozeß, in dem übergeordnete Ziele oder Prinzipien (*„system concepts"*) sukzessiv in spezifischere Handlungspläne (*„programs"*) und über weitere Zwischenschritte schließlich in konkrete Handlungsabläufe (*„sequences"*) übersetzt werden. Das abstrakte Prinzip „Hilfsbereitschaft" z.B. kann in einer thematisch entsprechenden Situation spezifische Handlungsprogramme aktivieren (z.B. einem Fremden den Weg zeigen, einem älteren Menschen beim Überqueren der Straße helfen), die dann ihrerseits, abhängig von jeweiligen situativen Umständen, weiter spezifiziert und in kontextangepaßte Verhaltensabläufe umgesetzt werden. Auf jeder Regulationsebene werden dabei Referenzwerte für die nachfolgende Ebene gesetzt, deren Erreichung durch Ist-Soll-Vergleiche innerhalb der jeweils aktivierten Ebene fortlaufend kontrolliert wird. Auftretende Hindernisse bei der Ausführung auf nachgeordneten Handlungsebenen können über evaluative Rückkopplungen zu einer Neueinstellung der Referenzwerte auf übergeordneten Ebenen führen. Die Aufmerksamkeit liegt jeweils auf derjenigen Ausführungsebene, auf der die Parameter für die nachfolgende Ebene spezifiziert werden müssen. Allgemein beansprucht der Regulationsprozeß mehr Aufmerksamkeit, wenn die Übergänge zwischen den Ausführungsebenen nur in geringem Maße habitualisiert sind.

Die heuristischen Vorzüge solcher Modellvorstellungen liegen auf der Hand. Störungen der Handlungsregulation lassen sich im Rahmen hierarchisch-sequentieller Modelle als Probleme des Überganges zwischen Regulationsebenen analysieren. Solche Probleme können z.B. aus mangelnder Spezifikation des Zieles, unzureichendem prozeduralem Wissen oder auch aus der Unfähigkeit resultieren, gewohnte Routinen an neuartige Situationen zu adaptieren. Auch Einschränkungen von Aufmerksamkeitsressourcen, etwa durch gleichzeitige Inanspruchnahme durch andere Ziele oder eine fortbestehende Bindung an ungelöste Aufgaben, können je nach Habitualisierung des Handlungsablaufes zu unterschiedlichen Regulationsstörungen führen: bei stark automatisierten Abläufen zu Stereotypierung und mangelnder Kontextanpassung, bei schwacher Habitualisierung zu Unterbrechung und Desorganisation (z.B. Norman, 1981).

Hierarchisch-sequentielle Modellvorstellungen bieten sich mit Vorbehalten auch zur Analyse entwicklungsbezogener Handlungen und Kontrollaktivitäten an. In Analogie zu den genannten Beispielen wären es hier grundlegende Lebensthemen oder Identitätsziele, die über begriffliche und operative Elaborierungen in spezifischere Handlungspläne und schließlich in konkrete Entscheidungen und Ausführungsaktivitäten umgesetzt werden (vgl. auch Emmons, 1989). Trotz solcher Entsprechungen gibt es Einschränkungen, die einer einfachen Übertragung hierarchischer Modelle auf die Bereiche der Lebensplanung und intentionalen Selbstentwicklung im Wege stehen. Zum einen sind unsere Handlungen und Ziele im allgemeinen polyvalent und multifinal (vgl. Kapitel 2.1), d.h. sie stehen vielfach in einem komplexen Sinn- und Zweckbezug. Ein Waldspaziergang etwa mag der Entspannung, der körperlichen Ertüchtigung, der Flucht vor häuslichem Ärger oder mehreren solcher Ziele gleichzeitig dienen. Auch machen wir uns die Bedeutungen unseres Tuns im Hinblick auf übergeordnete Themen und Ziele oft nicht oder erst im Nachhinein bewußt; wir zeigen z.B. einem Fremden den Weg, ohne zuvor übergeordnete Handlungsprinzipien und Lebenseinstellungen zu aktualisieren – diese bleiben im Hintergrund und treten oft erst dann ins Bewußtsein, wenn wir nach den Gründen unseres Tuns gefragt werden, oder wenn wir gehindert werden, die intendierte Handlung auszuführen. In der Aktualgenese unseres Handelns wird mit anderen Worten nicht der gesamte Begründungskontext unseres Tuns aktiviert, und es werden nicht alle argumentativen Schritte, die in der Aneignung eines Handlungsmusters einmal eine Rolle gespielt haben, rekapituliert. Wir haben bereits gelernt, was z.B. Hilfsbereitschaft bedeutet, und müssen es uns nicht jedesmal neu zurechtlegen. Diese Einschränkung gilt in erster Linie für habitualisierte intentionale Einstellungen und Handlungen, die allerdings einen großen Teil unserer alltäglichen Aktivität ausmachen.

Planungsaktivitäten und Handlungen in komplexen Problemsituationen haben zudem vielfach nicht das stromlinienförmige Format eines hierarchisch-sequentiellen Ablaufes, sondern weisen inkrementelle und heterarchische Züge auf: Gelegenheiten werden opportunistisch aufgegriffen, Ziele und Ebenen der Problembehandlung werden sprunghaft gewechselt, Pläne werden aufgrund von Schwierigkeiten, die erst im Verlauf sichtbar werden, revidiert. Planungstheoretiker haben seit längerem erkannt, daß ein solches „Durchwursteln“ v.a. in komplexen, schwer überschaubaren Situationen vorteilhaft sein kann: „... planning in tasks fraught with complexity and uncertainty might benefit from less of the discipline imposed by a top-down-process“ (Hayes-Roth & Hayes-Roth, 1979, S. 306; vgl. auch Dörner, 1992;

1992; Simon, 1983). Die eigene Entwicklung und das Leben insgesamt sind natürlich der Prototyp eines komplexen, mit Unsicherheiten befrachteten Handlungsfeldes, das – i.S.e. *„planning-in-action“* (Meyer & Rebok, 1985) – die fortlaufende Revision und Neuanpassung von Strategien, Handlungsplänen und Zielen erfordert.

### 4.4.4 Implementation und Aufrechterhaltung von Intentionen

Nicht jedes Ziel und nicht jede Handlungsabsicht führen zur Ausführung einer Handlung, und nicht jeder zielgerichtete Handlungsablauf wird erfolgreich durchgeführt und abgeschlossen. Schwierigkeiten in der Formierung und praktischen Umsetzung von Intentionen resultieren, wie deutlich geworden ist, oft schon aus einer unzureichenden semantischen und prozeduralen Bestimmung von Zielen. Kompetenzdefizite, die ungenaue Repräsentation relevanter Bedingungen oder unvorhergesehene Nebenwirkungen und Konflikte sind weitere Faktoren, die eine effiziente Ausführung gesetzter Intentionen verhindern können.

Diese Probleme verschärfen sich bei Zielen oder Plänen, die größere Zeiträume umspannen. Sowohl der äußere wie der innere Handlungskontext verändern sich im längerfristigen Ablauf; die Kenntnisse und Motive, die zur Selektion eines Zieles und zugeordneter Mittel führen, bleiben über den weiteren Verlauf der Handlungsausführung keineswegs konstant. Ablenkungen und Versuchungen können mit den gesetzten Intentionen interferieren; Handlungsressourcen mögen sich vorzeitig erschöpfen; auftretende Schwierigkeiten und Hindernisse können ursprüngliche Kosten-Nutzen-Bilanzierungen verändern. Oft reicht auch der Anreizwert des entfernten Zieles nicht aus, um einen langfristigen Gratifikationsaufschub durchzuhalten.

Probleme der Umsetzung gesetzter Ziele und Ausführungsintentionen beruhen wesentlich auf der Schwierigkeit, den inneren und äußeren Handlungskontext so zu stabilisieren und zu koordinieren, daß Kontinuität der Zielverfolgung gewährleistet ist. Wünsche als solche können auch dann koexistieren, wenn ihre Erfüllungsbedingungen miteinander unverträglich sind: Der Wunsch, eine schlanke Figur zu behalten, schließt keineswegs den Wunsch aus, dieses Stück Sahnetorte zu essen. Um sich zwischen den Optionen entscheiden zu können, müssen in gewisser Weise sogar beide Wünsche aktualisiert und in ihren Implikationen abgewogen werden. Sobald jedoch ein bestimmter Wunsch in zielgerichtetes Wollen und Tun umgesetzt werden soll, müssen unverträgliche Wünsche und Handlungstendenzen wirksam neutralisiert werden. Zeitdiskontierungseffekte können dies erheblich erschweren: Wie experimentelle Befunde zeigen, nimmt die aktuelle Valenz einer in der Zukunft liegenden attraktiven Option mit abnehmender zeitlicher Entfernung beschleunigt zu, mit dem möglichen Ergebnis, daß mit dem Heranrücken einer zeitlich näherliegenden Option diese gegenüber einer zeitlich weiter entfernten Option dominant wird und es so zu einer Präferenzumkehr kommt (Elster, 1989; Rachlin, 1995). Gestern erschien mir die Aussicht auf eine schlanke Figur noch weit attraktiver als die

Aussicht, bei der morgigen Geburtstagsfeier ein Stück Sahnetorte essen zu können: Heute steht der Kuchen vor mir und spielt seine Reize aus. Eine hartnäckige, langfristig richtungsstabile Zielverfolgung setzt daher voraus, Präferenzordnungen im zeitlichen Verlauf konstant zu halten.

Die Abschirmung gesetzter Intentionen gegen konkurrierende Handlungstendenzen ist ein Vorgang, der mit einer oft hinlänglichen Effizienz automatisch und anstrengungsfrei abläuft. In Phasen der Entscheidungsvorbereitung, etwa wenn es darum geht, sich zwischen alternativen Zielen, Plänen oder Lebenswegen zu entscheiden, ist das kognitive System auf eine breitgefächerte, holistische Erfassung aller relevanten Nutzen- und Kostengesichtspunkte eingestellt. Sobald dagegen eine Entscheidung getroffen, ein Entschluß gefaßt und eine Aktion eingeleitet ist, verändert sich die Informationsverarbeitung in einer Weise, die die Durchsetzung der Handlung unterstützt: Die Attraktionsvalenzen konkurrierender Ziele werden neutralisiert, die Aufmerksamkeit wird auf Situationsaspekte fokussiert, die für die erfolgreiche Durchführung relevant sind, und es werden Kognitionen und Argumente in erhöhtem Maße verfügbar, die die Durchführung stützen und die Entschlußbildung bekräftigen (vgl. Heckhausen & Gollwitzer, 1987; Kuhl, 1987; Kuhl & Beckmann, 1994). Das kognitive System erzeugt sozusagen die zu den jeweiligen Handlungsorientierungen „passenden“ Funktionslagen; dazu bedarf es zunächst keines weiteren intentionalen Zutuns.

Das Durchhalten gesetzter Intentionen kann andererseits aber auch gezielt unterstützt werden. Intentionale Kontrollstrategien werden v.a. relevant, wenn die genannten regulativen Automatismen nicht hinreichend stark sind, um den Handlungsablauf auf ein angestrebtes Ziel hin zu stabilisieren. Wir können trotz unserer Absicht, ruhig und gelassen zu bleiben, mit jemandem in Streit geraten; wir lassen uns trotz unserer Sparsamkeitsvorsätze dazu „hinreißen“, einen teuren Luxusgegenstand zu kaufen; oder wir vergessen angesichts der anregenden Speisekarte unser Diätziel. Solche Fälle von „Akrasie“ ziehen das handlungstheoretische und -philosophische Interesse auf sich, da sie nicht nur offensichtliche moralische Implikationen haben, sondern auch die Vorstellung einer einheitlichen Handlungsinstanz mit kohärenter Rationalität in Frage zu stellen scheinen. Traditionell hat man hier den Gegensatz zwischen Vernunft und Leidenschaft, zwischen Reflexivität und Impulsivität konstruiert (z.B. Gosling, 1990). Aber auch das akratische Verhalten ist nicht von vornherein ohne Gründe; oft ist es schlicht so, daß in der aktuellen Situation Gesichtspunkte kognitiv verfügbar werden, die eine andere als die ursprünglich intendierte Handlungsweise vernünftig erscheinen lassen. Handlungstendenzen, die sich gegen eine frühere Absichtsbildung subversiv durchsetzen, sind also nicht grundsätzlich irrational, sondern erscheinen so zunächst nur im Hinblick auf die durch den Plan oder das übergeordnete Ziel gesetzten Kohärenz- und Konsistenzerfordernisse. Gelegentlich lassen sie uns auch erkennen, daß unsere langfristigen Ziele und Pläne nicht unseren „eigentlichen“ Präferenzen und Identitätszielen entsprechen. Von einem selbstregulatorischen „Versagen“, das zu Selbstvorwürfen Anlaß gibt, sprechen wir dagegen v.a. dann, wenn im Verhalten Neigungen und Motive dominant werden, mit denen der Handelnde sich nicht identifiziert.

Die Fähigkeit, Handlungsvorsätze und Pläne gegenüber Ablenkungen und konkurrierenden Handlungstendenzen aufrechtzuerhalten, wird traditionell mit Tugendbegriffen wie Willenskraft, Selbstbeherrschung oder Ichstärke ausgezeichnet. Diese Begriffe verweisen auf eine Metaebene der Handlungsregulation, auf der nicht nur das eigene Handeln, sondern auch die ihm zugrunde liegenden emotionalen, kognitiven und volitionalen Prozesse zum Gegenstand intentionaler Steuerung gemacht werden. Das Selbstregulationskonstrukt bezeichnet in der handlungstheoretischen Literatur vielfach gerade diese übergeordnete Ebene der Handlungssteuerung (z.B. Karoly, 1993). Es gäbe allerdings keine Probleme der Selbstkontrolle, wenn Intentionen und Handlungstendenzen ohne weiteres durch einen Willensakt modifiziert werden könnten. Um regulatorische Absichten zur Wirkung zu bringen, bedarf es oft vermittelnder Techniken des „Selbstmanagements“, die auf verschiedenen Ebenen der Informationsverarbeitung und Handlungssteuerung ansetzen können, wie etwa Strategien der Reiz- und Umweltkontrolle (z.B. Ausschalten von distraktiven und ablenkenden Einflüssen), der Aufmerksamkeitssteuerung (z.B. Fokussierung auf positiv valente Zielaspekte) und der Emotions- und Motivationskontrolle (z.B. Selbstverstärkung bei Erreichung von Zwischenzielen) (vgl. etwa Gollwitzer, 1993; Kanfer & Gaelick-Buys, 1991; Kuhl, 1983). Gemeinsam ist diesen Strategien, daß sie konkurrierende Handlungstendenzen neutralisieren und die Valenz gesetzter Ziele soweit aufrechterhalten, daß eine Kontinuität der Handlungsorientierung gewährleistet ist. Die selbstregulatorische Disziplinierung des eigenen Handelns kann zu einem stabilen Habitus werden; Persönlichkeitsfaktoren wie etwa „Überichstärke“ oder „Gewissenhaftigkeit“ bezeichnen entsprechende intentionale Einstellungen, deren differentielle Entwicklung möglicherweise eine physiologische Grundlage in Mechanismen der Verhaltensinhibition hat (vgl. Gray, 1991; Kagan, 1998).

Selbstregulation, verstanden als intentionale Selbststeuerung, ist eine Koordinierungsleistung, die kognitive Ressourcen beansprucht; unter Ermüdung, Streß, emotionaler Belastung und reduzierter Aufmerksamkeit ist die Abschirmung von Distraktoren und die „Transzendierung“ der aktuellen Situation erschwert (Baumeister et al., 1994). Das Wissen um solche einschränkenden Faktoren kann freilich selbst wiederum zur Steigerung selbstregulatorischer Effizienz eingesetzt werden.

Fertigkeiten und Techniken der Selbstregulation werden in Ansätzen schon in der Sozialisation vermittelt, und schon im Vorschulalter zeigen sich – etwa in Zusammenhängen des Leistungshandelns oder des Gratifikationsaufschubs – dispositionelle Unterschiede in der Fähigkeit und Bereitschaft, Handlungen auf entfernte Ziele zu fokussieren und distraktive Einflüsse zu ignorieren (z.B. Mischel, 1983; Mischel, Cantor & Feldman, 1996). Selbstregulationsprozesse werden unterstützt durch symbolische und semantische Prozesse; um spontane Handlungstendenzen zu neutralisieren, kann es bereits hinreichend sein, sich deren Unverträglichkeit mit Selbstdefinitionen und Selbstentwürfen zu vergegenwärtigen. Durch Selbstverstärkungen, Selbstaufforderungen und Selbstvorwürfe wird das Handeln mit eigenen Identitätsprojekten und Plänen koordiniert. Wie bereits gezeigt wurde, sind diese Prozesse wesentlich an das Medium der Sprache und an die Entwicklung eines konzeptuellen Selbst gebunden (Zivin, 1979; vgl. auch Kapitel 3).

Kompetenzen der Selbstregulation fördern nicht nur die Verwirklichung von langfristigen Zielen und Projekten, sondern können selbst zu Entwicklungs- und Identitätszielen werden. Der besondere Stellenwert, der diesen Kompetenzen in der Sozialisation wie auch in der intentionalen Selbstentwicklung zukommt, erklärt sich nicht nur aus ihrer Bedeutung für effizientes Handeln, sondern auch aus Anliegen der Selbstkultivierung; die Ausrichtung der eigenen Lebensorganisation, z.B. an moralischen Standards und persönlichen Idealen, setzt den reflexiven Bezug des Denkens und Handelns auf das eigene Verhalten notwendig voraus.

## 4.5 Lebenspläne und Aktivitäten der Lebensplanung

Zukunftsgerichtete Ziele sind in umfassendere intentionale Strukturen eingebettet: Sie sind Komponenten eines Planes, eines zeitlich begrenzten Projektes oder auch eines langfristig angelegten Lebensplanes. Lebenspläne bedingen persönliche Entscheidungen, aber sie werden ihrerseits auch durch Entscheidungen bestimmt. Man entscheidet sich vielleicht im Rahmen eines Lebensplanes für einen Beruf, doch ebenso kann die Berufswahl die weitere Lebensplanung mitbestimmen. Lebenspläne sind projizierte Entwicklungspfade, die mit bestimmten Zielen verbunden sind, die aber stets, explizit oder implizit, auf ein allgemeinstes Ziel bezogen sind: das Ziel, gut, d.h. im Einklang mit Vorstellungen wünschenswerten Lebens, zu leben. Identitätsprojekte und Lebenspläne können als persönliche Interpretationen dieses allgemeinsten Zieles verstanden werden. Unsere Lebenspläne und „Lebensstile“ reflektieren nun allerdings auch Lebensumstände, die nicht Ergebnis persönlicher Wahlen und Entscheidungen sind. Innerhalb dieser Grenzen darf man gleichwohl mit Rawls (1975) behaupten: Ein Mensch und seine Identität lassen sich als ein Leben auffassen, das intentional gestaltet und insofern auch nach einem Plan gelebt wurde.

Planen, bezogen auf die persönliche Entwicklung, kann nun nicht heißen, daß die gesamte Lebensgeschichte einem vorab formulierten Drehbuch gemäß gestaltet wird. Vielmehr ist für Lebenspläne im Vergleich zu kurzfristigen Projekten eine Offenheit kennzeichnend, die Spielraum für spätere Spezifikationen läßt. Gerade unerwartete und nichtintendierte Ereignisse und deren Rückwirkungen auf die eigene Lebensplanung verleihen Lebensgeschichten ihre besondere Dramatik. Lebensgeschichten verlaufen selten „plangemäß“; Verluste, Mißerfolge und nicht vorhergesehene Zwischenfälle können uns zwingen, unsere Pläne in Teilen zu revidieren oder vielleicht ganz preiszugeben. Lebensgeschichten stehen daher zu Lebensplänen in einem

Verhältnis wechselseitiger Bedingung; im allgemeinen umfassen sie nicht einen, sondern eine Mehrzahl von Lebensplänen oder Lebensplanrevisionen, die miteinander in einem mehr oder weniger losen thematischen Zusammenhang stehen. Planen im Kontext veränderlicher, komplexer und partiell intransparenter Lebensumstände heißt daher generell auch, sich auf das Unplanbare und Unkontrollierbare einzustellen. Mit zunehmendem Alter tritt angesichts auch der Kumulierung irreversibler Verluste in späteren Lebensphasen dieser Gesichtspunkt verstärkt in den Vordergrund (Nurmi, Pulliainen & Salmela-Aro, 1992).

Lebenspläne sind in dem Maße vernünftig, wie es die ihnen zugrunde liegenden Vorstellungen von gelingendem Leben sind. Leider stellt sich ein in dieser Hinsicht kompetentes Urteil oft erst mit fortschreitender Lebenserfahrung ein: In grundlegenden Fragen des Lebens gut raten zu können, ist ein zentraler Bedeutungsinhalt des Weisheits-Konstruktes (Staudinger & Baltes, 1996; Kamlah, 1973). Der Wert, der dieser lebenspragmatischen Kompetenz zugeschrieben wird, ergibt sich aus der besonderen Bedeutung, die sie für die Gestaltung von Lebensentwürfen hat – gerade auch für denjenigen, der noch nicht weise, doch schon vernünftig genug ist, auf einen erfahrenen Ratschlag zu hören. Für die „Vernünftigkeit" individueller Lebensplanung sind daher nicht allein die rationalen Qualitäten des jeweils verfolgten Planes maßgebend, sondern auch die Bereitschaft, seine Lebenspläne neuen Erfordernissen, sowie Erkenntnissen und Einsichten, die man erst im Zuge der Ausführung eines Planes gewinnt, flexibel anzupassen.

### 4.5.1 Partielle Unbestimmtheit und Offenheit der Lebensplanung

Lebenspläne umfassen idealtypisch mehrere Komponenten: einen Entwurf der persönlichen Zukunft; eine zeitlich und prozedural strukturierte Repräsentation von Handlungs- und Entwicklungspfaden, welche die aktuelle mit der gewünschten zukünftigen Situation verbindet und auch mögliche Störungen und Hindernisse umfaßt; hinreichend genaue Vorstellungen über einzusetzende Kompetenzen und Ressourcen; sowie die Bindung an bzw. das *commitment* für den projizierten Entwurf. Es liegt nahe, Lebenspläne als Resultate einer prozeduralen Spezifikation von Zielen zu betrachten (Friedman, Scholnick & Cocking, 1987; Nuttin, 1984). Lebenspläne bilden jedoch im allgemeinen eine komplexe Struktur von unterschiedlichen Zielen und Projekten, und ein hoher Ausdifferenzierungsgrad von Planelementen und Zielen, die zukünftige Selektionen und Entscheidungen betreffen, wäre in vielen Fällen unpraktisch. Wer für den nächsten Monat einen Theaterbesuch plant, wird keineswegs schon im vorhinein alle praktischen Einzelheiten – vom Bestellen des Taxis bis zum Abholen der Karte an der Theaterkasse – planmäßig festlegen, sondern bestimmte Komponenten des Planes erst dann konkretisieren, wenn der passende Zeitpunkt gekommen ist. Eine vorwegnehmende Spezifikation ist nicht nur unpraktisch, sondern unvernünftig, wenn relevante Umstände noch gar nicht abzusehen sind. Ein zentrales Charakteristikum von langfristigen Plänen, insbesondere von Lebensplänen, ist daher ihre graduelle Entfaltung und, damit verbunden, ihre partielle Unbestimmtheit (vgl. Bratman, 1987). Wie weit Pläne und einzelne Planteile ausformuliert sein müssen, hängt nicht zuletzt auch von verfügbaren Fertigkeiten und Routinen ab: Für den geübten Skifahrer bedarf es keiner detaillierten Planung, um diesen Hang hinunterzufahren; der Anfänger muß sich dasselbe Vorhaben dagegen genauer, vielleicht bis in Einzelheiten des motorischen Ablaufs („...und dann den linken Ski belasten", etc.), zurechtlegen.

Die bemerkenswerte Eigenschaft von Plänen besteht darin, daß sie trotz ihrer charakteristischen Unbestimmtheit Handlungen und Intentionsbildungen effektiv strukturieren und zukunftsgerichtet organisieren. Pläne umfassen mehrere Ebenen; dieser Aspekt begegnete uns bereits bei der Diskussion von hierarchisch-sequentiellen Modellen der Handlungsregulation. Ziele auf übergeordneten Planungs- oder Zielebenen beschränken und fokussieren die Handlungsorganisation auf den untergeordneten Ebenen. Nachdem man sich für ein Studienfach entschieden hat, sucht man einen passenden Studienort aus; zu späteren Zeitpunkten dann einen Mentor, ein Thema für die Diplomarbeit, usw. Schon die Planung und Ausführung einzelner Handlungen ist durch den Übergang von einer offenen, holistischen Informationsverarbeitung im „prädezisionalen" Stadium zu einer geschlossenen, auf effiziente Zielerreichung gerichteten Bewußtseinslage im Ausführungsstadium gekennzeichnet (vgl. das „Rubikonmodell" der Handlungsphasen; Heckhausen & Gollwitzer, 1986). In der Ausführung von Plänen wird, um im Bild zu bleiben, der „Rubikon" mehrfach überschritten. Dabei kommt es zu einer progredienten Fokussierung der Selektions- und Implementationsprozesse: Zurückliegende Entscheidungen werden nicht mehr neu überdacht, sondern bilden den Hintergrund für nachfolgende Entscheidungen. Nutzenabwägungen beziehen sich auf das jeweils aktuelle Plansegment, während die Entscheidungsgrundlagen für schon vollzogene Schritte nicht erneut reaktualisiert werden.

Pläne schlagen Brücken zwischen angestrebten Zielen und aktuellen Bedingungen. Sie koordinieren den äußeren und „inneren" Handlungskontext und regulieren die sequentielle Organisation des Handelns, indem sie den Entscheidungs- und Wahlspielräume in charakteristischer Weise beschränken: Während in den Abwägungsprozessen, die der Ziel- und Planbildung vorangehen, nach allgemein besten Optionen gesucht wird, wird im Vollzug eines Planes der Suchraum eingeschränkt und auf ein handhabbares Format reduziert; nicht mehr die schlechthin besten Optionen, sondern nur die im Horizont der jeweiligen Planungsebene besten Lösungen werden gesucht. Gerade hierdurch verleihen Pläne der Handlungs- und Lebensorganisation eine gewisse „Trägheit" (Bratman, 1987) – verstanden sowohl im Sinne von stabiler und persistenter Ausrichtung des Handelns, sowie auch im Sinne des Widerstands gegen Ablenkungen. Langfristiges Planen und Handeln in komplexen, partiell intransparenten Zusammenhängen wäre unmöglich, wenn bei jedem Handlungsschritt erneut ein ganzheitlich-holistischer Maßstab von Rationalität und Optimalität zugrunde gelegt würde. Zu einem Rückbezug auf voraufgehende oder übergeordnete Entscheidungsebenen kommt es im allgemeinen erst, wenn Schwierigkeiten bei der weiteren Ausführung auftreten.

Pläne und Planungen strukturieren die persönliche Zukunft und reduzieren Unsicherheit, schaffen jedoch zugleich, was die Aussichten einer erfolgreichen Ausführung betrifft, Quellen von Zweifel und Unsicherheit. Sie setzen eine auf zukünftige Ziele gerichtete Bündelung von Ressourcen voraus, die oft auch Elemente von Askese und Verzicht einschließt. Positive Kontroll- und Selbstwirksamkeitsüberzeugungen unterstützen die Planungszuversicht; selbstregulatorische Fähigkeiten zum Gratifikationsaufschub und zur Ausblendung bestimmter Reize und Handlungstendenzen durch Fokussierung auf das distale Ziel sind weitere psychologische Voraussetzungen, die sowohl die Bereitschaft zur Planung als solche, wie auch die effiziente Ausführung von Plänen bestimmen (vgl. auch Kuhl, 1987; Mischel et al., 1996). Die enge Verbindung von Planung und Planungseffizienz mit Selbstwirksamkeitsüberzeugungen und selbstregulatorischen Kompetenzen wird auch in längsschnittlichen entwicklungspsychologischen Befunden deutlich, wonach der Grad an planender Vorausschau, den Jugendliche in der Gestaltung ihrer eigenen Zukunft zeigen, in einem positiven Zusammenhang zu Kriterien beruflichen Erfolgs und Merkmalen der subjektiven Lebensqualität steht (vgl. Shanahan & Hood, 2000).

Entwicklung über die Lebensspanne vollzieht sich vor dem Hintergrund wechselnder Konstellationen von persönlichen Motiven, von Entwicklungserwartungen und Entwicklungsmöglichkeiten, von äußeren Entwicklungsangeboten und Beschränkungen. Diese Bedingungen müssen in der Lebensplanung aufeinander abgestimmt werden; auch sind persönliche Ziele und Pläne mit denen anderer Personen zu koordinieren, mit denen wir – etwa im Kontext von Familie und Partnerschaft – zusammenleben. Diese „multi-relationale Synchronisation" (Berger et al., 1987, S. 65) ist ein lebenslanger Prozeß; in einem veränderlichen, teilweise nicht planbaren Feld von Bedingungen und Einflüssen ergeben sich fortlaufend neue Abstimmungs- und Harmonisierungsaufgaben.

Dies gilt um so mehr, als auch das Wissen der Person – einschließlich des Wissens, das sie über sich selbst hat – prinzipiell unabgeschlossen ist. Wie oben schon angedeutet, bestimmt sich die „Vernünftigkeit" individueller Lebensplanung nicht allein durch die formal-rationalen Qualitäten des jeweils verfolgten Planes, sondern auch durch den Grad der adaptiven Offenheit, den die Lebensführung gegenüber Erfordernissen und Erkenntnissen besitzt, die sich im Zuge der Ausführung eines Planes ergeben. Eine flexible Handlungsorientierung erfordert nicht nur planvolle Strukturierung, sondern zugleich auch die Bereitschaft und Fähigkeit zur Umstrukturierung von Plänen, eventuell sogar zur Preisgabe eines gesamten Projektes.

### 4.5.2 Substituierungs- und Ablösungsprozesse

Nicht nur die effektive Verfolgung von Zielen, sondern auch Substituierungs- und Ablösungsprozesse sind aus dieser Sicht wesentliche Bedingungen effizienter Lebensplanung. Oft bieten sich verschiedene Wege zu einem Ziel an. Wenn die gewählten Mittel und Wege nicht zielführend sind oder hinsichtlich ihrer Auswirkungen den Konsistenzerfordernissen eines Lebensplanes nicht genügen, lassen sich Konflikte oft durch den Einsatz alternativer Mittel oder Wege lösen oder vermeiden. Substitutionsprozesse werden sich v.a. auf untere, instrumentelle Ebenen eines Planes konzentrieren; für ein übergeordnetes, abstraktes Ziel, wie z.B. „beruflicher Erfolg", gibt es im allgemeinen mehr alternative Verwirklichungen als für das spezifischere Ziel, in einem bestimmten Beruf erfolgreich zu sein. Allerdings müssen abstrakte Ziele auf konkrete Weise realisiert werden; sobald im Rahmen eines Planes einmal ein bestimmter Handlungs- und Entwicklungspfad eingeschlagen wurde, sind alternative Realisationen des angestrebten Zieles oft nicht mehr in gleichem Maße wie zuvor verfügbar. Je länger man etwa „beruflichen Erfolg" im Rahmen einer bestimmten beruflichen Laufbahn anstrebt, um so mehr reduzieren sich im allgemeinen die Möglichkeiten, andere Wege einzuschlagen. Durch diese Zeitdynamik werden übergeordnete Zielen und Implementationsprozeduren in einer Weise gekoppelt, die Substituierungsspielräume einschränkt.

Substitutionsprozesse können nicht nur instrumentelle, sondern auch semantische Aspekte eines Zieles einbeziehen. Wohlbefinden, Selbstachtung, Erfolg oder soziales Ansehen sind Beispiele für abstrakte und unscharfe Ziele, die Spielraum für unterschiedliche Interpretationen, damit zugleich auch für alternative Erfüllungsmöglichkeiten, bieten. Personen, die Mißerfolge in bestimmten selbstwertrelevanten Bereichen erleben, neigen dazu, ihr Selbstwertempfinden dadurch wieder ins Lot zu bringen, daß sie andere, positive Facetten des Selbst betonen (Steele, 1988; Tesser et al., 1996). Solche Stabilisierungs- und Kompensationsprozesse bedürfen durchaus keiner voraufgehenden Intentions- oder Entschlußbildung, außer vielleicht in Fällen, wo für den äußeren Beobachter eine bestimmte Selbstdarstellung inszeniert werden soll. Kompensatorische Stabilisierungen des Selbstwertes werden auch in Zusammenhängen eines bilanzierenden Lebensrückblicks bedeutsam (vgl. Schmitz, 1998); sie erleichtern das Eingeständnis von Schwächen und fallen im allgemeinen um so leichter, je größer der Differenzierungs- und Komplexitätsgrad des Selbstentwurfes ist. Wir erinnern uns hier auch an die Überlegungen zur Ontogenese von Selbstentwürfen (Kapitel 3): Erst mit der Ausdifferenzierung eines konzeptuellen Selbstes wird es möglich, positive und negative Seiten des Selbstbildes nebeneinander bestehen zu lassen und gegeneinander bilanzierend aufzurechnen.

Ablösungsprozesse werden bedeutsam, sobald ein Ziel unerreichbar geworden ist oder seine Erreichung mit unannehmbaren Kosten verbunden ist, wenn also auch die Möglichkeit von Substitutionen auf der Mittelebene erschöpft ist. Je hochrangiger oder zentraler ein Ziel in der individuellen Lebensorganisation oder Lebensplanung ist, desto schwieriger ist es im allgemeinen, sich von ihm zu lösen; gerade für besonders bedeutsame, intrinsisch wertvolle Ziele sind gleichwertige Alternativen schwer verfügbar. Depressive Reaktionen sind daher im allgemeinen um so langwieriger und gravierender, je zentraler die blockierten Ziele sind (vgl. Klinger, 1975). Zugleich wird verständlich, daß Individuen mit geringer „Selbstkomplexität" und geringer thematischer Differenzierung von Lebenszielen und Identitätsprojekten auch in geringerem Maße gegen Depressionen geschützt sind (Linville, 1987).

Effiziente Lebensplanung steht, so könnte man diese Überlegungen zusammenfassen, in einem Dilemma zwischen Stabilität und Flexibilität: Sie muß einerseits hinreichend geschlossen und „träge" sein, um nicht bei jeder Störung und Ablenkung zusammenzubrechen, und gleichzeitig offen genug, um sich neuen Lebens- und Entwicklungsbedingungen flexibel anpassen zu können. Substitutions- und Ablösungsprozesse sind wesentliche Grundlagen dieser adaptiven Flexibilität. Die Konfliktspannung zwischen Stabilität und Flexibilität wird hier in der Weise aufgelöst, daß Substitutions- und Ablösungsprozesse sich immer auf der niedrigstmöglichen Ebene im Rahmen eines Planes abspielen. Diese Grundannahmen bilden einen wichtigen Ansatzpunkt für eine theoretische Konzeption intentionaler Selbstentwicklung, die auch Fragen optimaler Entwicklung und „erfolgreichen" Alterns in den Blick nimmt.

# 5. Der Kontext des Handelns: Grenzen der Intentionalität

Psychologische und philosophische Handlungsanalysen betrachten v.a. den „inneren“ Kontext des Handelns – die subjektiven Orientierungen und Einstellungen also, welche die intentionale Struktur des Handelns bestimmen. Dieser Zugang liefert jedoch nur ein fragmentarisches, weitgehend undynamisches und ahistorisches Bild. Er bringt die Verschränkungen von äußerem und innerem Handlungskontext nicht hinlänglich zur Geltung und klammert insbesondere auch die heteronomen und nichtintentionalen Faktoren im Entstehungs- und Wirkungszusammenhang des Handelns aus. Es ist an der Zeit, solche Faktoren genauer in den Blick zu nehmen.

Die Beachtung von Grenzen und Beschränkungen des Handelns wird gerade auch dann bedeutsam, wenn es darum geht, handlungstheoretische Konzepte für die Entwicklungspsychologie fruchtbar zu machen. Jedes Handeln steht unter kontextuellen (institutionellen, sozialen, materiellen) Bedingungen, die der Einzelne keineswegs selbst gesetzt, sondern vielfach als Ausgangsbedingung vorgefunden hat. Hinzu kommt der Einfluß quasizufälliger Faktoren. Handlungsabläufe bestehen, wie Bruner (1990a, S. 50) bemerkt, im wesentlichen aus vier Komponenten: dem Akteur, dem Ziel, dem Kontext – „plus trouble“. Aus einzelnen Handlungen werden gerade dadurch Geschichten mit Handlung (und letztlich Lebensgeschichten), daß etwas „dazwischenkommt“, was den Ablauf in unvorhergesehener, manchmal unerwünschter, gelegentlich auch glücklicher Weise verändert und damit ein Auseinanderfallen von Handlungsintentionen und Ergebnissen bewirkt: „... unser Lebenslauf ist keineswegs schlechthin unser eigenes Werk, sondern das Produkt zweier Faktoren: nämlich der Reihe der Begebenheiten und der Reihe der Entschlüsse, welche stets ineinandergreifen und sich gegenseitig modifizieren“ (Schopenhauer, 1851, S. 197).

Im individuellen Lebensablauf sind es oft gerade unerwartete Effekte und Bedeutungen des Handelns, aus denen neue Anschlußmöglichkeiten und Ziele für die intentionale Selbstentwicklung entstehen. Angesichts des Eindringens nichtintentionaler Elemente in den Handlungs- und Lebenszusammenhang gleicht die Dramaturgie des Lebens eher einer diskontinuierlichen Abfolge von Episoden und Projekten, die mit Brüchen und krisenhaften Übergängen durchsetzt ist, als einem kohärenten, von durchgängigen Themen geordneten Ablauf – wenngleich biographische Erzählungen im allgemeinen dazu tendieren, eine geschlossene Sinngestalt zu konstruieren (vgl. etwa McAdams, 1988).

Das Kontingente, das uns überraschend widerfährt oder aufgezwungen wird, verweist auf eine zweifache Beschränkung der Intentionalität. Die Kontexte, in denen wir unser Leben organisieren, sind sowohl *intransparent* wie auch partiell *intransigent*; sie sind kognitiv nicht vollständig zu durchdringen und stellen dem Handeln Widerstand entgegen. Dies gilt nicht nur für die äußeren (sozialen, institutionellen, symbolischen, kausalen) Kontexte, sondern bemerkenswerterweise auch für die Innenseite des Handelns: Für den Handelnden sind selbst eigene Wünsche, Überzeugungen und Intentionsbildungen nicht vollständig transparent, und insbesondere sind intentionale Zustände – scheinbar paradoxerweise – nicht ohne weiteres intentional zu steuern.

## 5.1 Gründe und Hintergründe im intentionalen Handeln

Wir können intentionales Handeln als Resultante von Überzeugungen, Wünschen und äußeren Handlungsspielräumen betrachten. Diese Bedingungen können nicht ohne weiteres als intentional oder frei gewählt betrachtet werden; insofern bewegt sich intentionales Tun, und schon die Intentionsbildung selbst, in einem präformierten Feld von Möglichkeiten. Wir werden in einer bestimmten Epoche geboren, wachsen in einer bestimmten Kultur, Region und Familie auf; wir sind historischen Wechselfällen ausgesetzt – all dies impliziert schon eine Vorselektion möglicher Handlungsoptionen und Entwicklungsverläufe. Zum anderen steht unser Handeln innerhalb von biologischen und sozialen Beschränkungen. Unsere Überzeugungen, Präferenzen und Handlungsmöglichkeiten reflektieren mit anderen Worten die adaptiven Erfordernisse und normativen Forderungen, denen der Akteur als biologischer Organismus wie auch als soziales Individuum und Träger bestimmter Rollen und Verantwortungen unterliegt. Solche Eingrenzungen und Bindungen werden v.a. dann als Behinderungen erlebt, wenn individuelle Ziele, Pläne und Intentionsbildungen nicht auf gegebene Handlungsspielräume abgestimmt sind. Wir werden im Lebenslauf mit wechselnden Entwicklungsaufgaben und normativen Erwartungen konfrontiert, die bestimmte Selektionen und Entscheidungen begünstigen oder erschweren; physische, soziale und materielle Handlungsressourcen verändern sich sowohl auf der ontogenetisch-lebenszyklischen wie auf der historischen Zeitebene. Zudem ist unsere Handlungs- und Lebensorganisation im familiären und weiteren sozialen Kontext mit derjenigen anderer Personen verflochten, woraus sich Koordinierungszwänge und normative Verantwortungen ergeben.

Nicht zuletzt müssen wir uns auch mit den Auswirkungen eigener früherer Handlungen und Entscheidungen arrangieren. Hier sind nicht nur Entscheidungen mit unvorhergesehenen Folgen gemeint, sondern auch solche, die wir aufgrund einer veränderten Bedürfnis- oder Erkenntnislage nun nicht mehr nachvollziehen können. Die Rationalität menschlicher Handlungssubjekte ist also nicht nur hinsichtlich der Abschätzung von Handlungsfolgen begrenzt, sondern auch hinsichtlich der Antizipation eigener späterer Überzeugungen und Präferenzen; und selbst wenn wir uns (etwa aufgrund entwicklungspsychologischer Kenntnisse) vorstellen können, wie und in welche Richtungen sich unsere Entscheidungs- und Bewertungsparameter langfristig verändern werden, können wir uns unsere späteren Einstellungen nicht vorwegnehmend aneignen und sie ohne weiteres zur aktuellen Handlungsgrundlage machen. Fremdbestimmungen des Handelns resultieren somit auch aus der Entwicklungsoffenheit und mangelnden überzeitlichen Kohärenz unseres Meinens und Wollens selbst.

Die Handlungs- und Lebenspfade, die sich zu einem lebensgeschichtlichen Muster verbinden, sind also keineswegs durchgehend das Ergebnis intentionaler Selektion. Intentionalität, so könnte man es knapp formulieren, hat stets einen nichtintentionalen Hintergrund (vgl. auch Searle, 1983). Neben Gründen, die reflektiert werden, hat intentionales Handeln und Entscheiden stets Grundlagen und Ausgangspunkte, die nicht zur Disposition stehen.

Die Bestimmung intentionalen Handelns durch nichtintentionale Einflüsse – soweit uns diese überhaupt bewußt sind – wird nun keineswegs notwendig als Zwang und Entfremdung erlebt. Jedes Handeln bewegt sich auf einem Kontinuum zwischen Selbstbestimmung und Fremdbestimmung durch aufgezwungene Intentionalität, wobei Zwischenstufen der typische Fall sind. Die Bereitschaft zur Anpassung von Intentionen an Beschränkungen wird größer sein, wenn diese uns als unabänderlich, als „normal", „natürlich", oder auch – sofern es sich um normative Einschränkungen handelt – als vernünftig und gerecht erscheinen. Soziale Systeme erzeugen eine Bereitschaft zur Akzeptierung bzw. Internalisation von normativen Beschränkungen durch legitimierende Argumentationsmuster und Realitätskonstruktionen; in dem Maße, wie dies gelingt, entfällt die Notwendigkeit der Normsicherung durch externe Sanktionen. Unser kognitives System kommt solchen affirmativen Strategien entgegen: Bei definitiver Blockierung eines Zieles tendiert es dazu, die Zielbindungen aufzulösen und kognitive Inhalte verfügbar zu machen, die ein Akzeptieren der Beschränkung und damit zugleich das Umlenken von Handlungsressourcen auf neue Ziele begünstigen (vgl. auch Brandtstädter, Wentura & Rothermund, 1999).

## 5.2 Wechselfälle und kritische Ereignisse

Die Themen von Kontingenz und Fremdbestimmung im Lebensablauf finden ihren theoretischen Niederschlag im Konzept „kritischer Lebensereignisse" (z.B. Callahan & McCluskey, 1983; Filipp, 1981). Kritische Lebensereignisse sind als unkontrollierte, nicht willentlich herbeigeführte Situationen charakterisiert, die zu Diskontinuität und Destabilisierung bisheriger Handlungs- und Lebensorientierungen führen: Arbeitslosigkeit, schwere Erkrankungen, familiäre Konflikte, Ehekrisen und Ehescheidung, Partnerverlust, Wirtschaftskrisen und politische Umbrüche, aber auch der Sechser im Lotto sind Beispiele. „Kritisch" werden Ereignisse (zu denen auch das Ausbleiben erwarteter Ereignisse gehören kann) wesentlich dann, wenn sie etablierte Selbst- und Lebensentwürfe in Frage stellen. Dies ist v.a. dann der Fall, wenn die entstehenden adaptiven Anforderungen mit den verfügbaren Handlungsressourcen nicht bewältigt werden können und die Person zu einer flexiblen Restrukturierung ihrer Lebensorganisation nicht in der Lage ist.

Kritische Ereignisse können hinsichtlich ihrer Valenz, ihrer generellen Inzidenzrate, ihrer individuellen Auftrittswahrscheinlichkeit oder ihrer statistischen Bindung an das Lebensalter theoretisch geordnet werden (vgl. etwa Brim & Ryff, 1980). Antizipierbare, an ein lebenszyklisches Erwartungsschema oder Skript gebundene und insofern „normative" Ereignisse (zeitnormierte Rollenübergänge im Familienzyklus, Ruhestand, Verwitwung) erlauben ein größeres Maß an vorwegnehmender Bewältigung und sind daher oft weniger belastend als „nonnormative" Ereignisse, die sich keinem Erwartungsschema einordnen lassen oder die – als sog. *off time events* – aus einem gewohnten zeitlichen Ordnungsmuster herausfallen (Verwitwung nach kurzer Ehedauer, Herzinfarkt im jungen Alter und dgl.). Die emotionale Valenz kritischer Ereignisse wird auch durch einen Zeitfaktor moduliert: Ereignisse sind z.B. dann besonders belastend, wenn zur Verarbeitung des Ereignisses bzw. für den Aufbau neuer Zielorientierungen nur wenig Lebens- und damit Handlungszeit bleibt. Dieser Effekt wird auch durch zeitliche Diskontierungen – etwa durch den Umstand, daß im höheren Alter die durch einen Verlust absehbar noch beeinträchtigte Lebenszeitspanne geringer ist als in jüngeren Lebensjahren – keineswegs neutralisiert (vgl. Rothermund & Brandtstädter, 1998).

Kritische Lebensereignisse haben definitionsgemäß Widerfahrnischarakter und sind, jedenfalls in ihren aversiven Implikationen, nicht intendiert. Dennoch können sie hinsichtlich inhaltlicher und formaler Merkmale (Ereignistyp, Häufigkeit, Stärke) in systematischer Weise mit intentionalen Einstellungen und dispositionellen Handlungsbereitschaften – oder allgemein mit der Persönlichkeit des Betroffenen – zusammenhängen. Nach eigenen längsschnittlichen Beobachtungen zeigt beispielsweise das Persönlichkeitsmerkmal Extraversion in logistischen Regressionsanalysen einen zwar schwachen, aber statistisch bedeutsamen Zusammenhang mit der Wahrscheinlichkeit, später von beruflichen und finanziellen Problemen betroffen zu werden, während emotionale Labilität spätere Konflikte im familiären Bereich prädiziert (Schmitz, Rothermund & Brandtstädter, 1999; vgl. auch Magnus, Diener, Fujita & Pavot, 1993).

Im gegebenen Zusammenhang interessieren allerdings auch die Mechanismen, die solche Zusammenhänge vermitteln. Es sind dies Selektionsmechanismen, wie sie auch für Prozesse der intentionalen Selbstentwicklung grundlegend sind: Wir präferieren bestimmte Lebensstile und suchen uns Lebensumstände zu schaffen, die unseren Kompetenzen, Interessen und Temperamentsmerkmalen entsprechen. Damit exponieren wir uns in systematischer Weise bestimmten Chancen oder Risiken, die sich teils als unerwartete Wirkungen, teils als in Kauf genommene Nebenwirkungen konkretisieren. Auf diese Weise wird also die eigene Biographie nicht nur in ihren Handlungs-, sondern teilweise auch in ihren Widerfahrnisaspekten zu einer Extension der eigenen Persönlichkeit.

## 5.3 Intransparenz von Handlungskontexten und „perverse" Handlungseffekte

Handlungen haben auch dort, wo gesetzte Ziele erreicht werden, Folgen und Implikationen, die für den Handelnden selbst nicht absehbar sind. Unsicherheit und Überraschung sind um so größer, je komplexer – relativ zu individuellen kognitiven Kapazitäten – die Bedingungsstrukturen des Handlungsfeldes sind. Planungen, die dies in Rechnung stellen, werden daher einen Spielraum für ein Lernen aus Fehlern und für die Korrektur des möglicherweise entstandenen Schadens lassen (vgl. Simon, 1983). Zu solchen Nachbesserungen fehlen allerdings oft die notwendigen Ressourcen; schon die Begrenzung der Lebenszeit kann die Neutralisierung unerwünschter Folgen früherer Entscheidungen verhindern. In solchen Fällen können frustrierende Diskrepanzen zwischen Wunsch und Wirklichkeit oft nur auf „akkommodative" Weise neutralisiert werden: nämlich durch Anpassung der Präferenzstrukturen an die gegebene Situation – wobei auch dieser Prozeß, wie noch eingehender gezeigt werden soll, nicht ohne weiteres intentional steuerbar ist.

Das Problem der Inkongruenz zwischen intendierten und faktischen Handlungseffekten, und die damit oft verbundene Divergenz zwischen individuellen und öffentlichen Handlungsbeschreibungen, begegnete uns bereits bei der Betrachtung von „Handlungsbäumen" (Kapitel 2.1): Die Ausfächerung der durch kausale und symbolische Strukturen generierten Folgen und Bedeutungen eines Tuns führt bei hinreichend umfassender Analyse stets zu Implikationen und Konsequenzen, die den Wissens- und Antizipationshorizont des Handelnden überschreiten und sich zu Handlungsgeschichten entfalten, in denen sich intendierte mit nichtintentionalen und kontraintentionalen Elementen mischen. Searle (1983) verdeutlicht dies am dramatischen Beispiel des Attentats auf Erzherzog Ferdinand von Österreich in Sarajewo: Gavrilo Princip krümmt den Finger am Abzug; das Resultat – oder besser: ein komplexes, in seinen Weiterungen durchaus nicht scharf abzugrenzendes Bündel von Resultaten – ist der Erste Weltkrieg (über Zwischenstufen und Konsequenzen informieren die Geschichtsbücher). Mangelnde Voraussicht von Handlungseffekten kann sowohl auf mangelnder Kenntnis relevanter Strukturen des Handlungskontextes wie auf unzureichender Erfassung oder Verkennung relevanter Randbedingungen beruhen.

Von kognitionspsychologischer Seite ist hier anzumerken, daß das kognitive System in der Phase der Handlungs- und Entscheidungsvorbereitung auf eine möglichst genaue und umfassende Abschätzung von Folgen eingestellt ist (vgl. auch Gollwitzer, 1991). Jedoch operieren Folgenabschätzungen zum einen stets auf einer begrenzten Wissensbasis, zum anderen bleiben sie auf die aktuelle Interessen- und Motivlage des Handelnden fokussiert. Außerdem tritt eine reflexive Entscheidungs- und Intentionsbildung nur in solchen Situationen oder Phasen des Handlungsablaufes auf, wo neue Handlungs- und Zielorientierungen gefunden werden müssen. Habitualisierte Handlungsabläufe können dagegen durch situative Hinweisreize auch ohne reflexive Zwischenprozesse ausgelöst und gesteuert werden, was dort, wo die gewohnheitsmäßig unterstellten Rahmenbedingungen sich geändert haben, zu Pannen und Peinlichkeiten, eventuell auch zu Katastrophen führen kann (vgl. auch Bargh & Barndollar, 1996).

Eine besondere Schwierigkeit der Vorhersage von Handlungswirkungen in sozialen Systemzusammenhängen besteht darin, daß hier mehrere Akteure involviert sind, deren Handlungen zu kumulativen Effekten führen können, die kontraintentional und für alle Betroffenen unerwünscht sind; Verkehrsstaus und Börsencrashs sind Beispiele solcher „perversen Effekte“ (Boudon, 1981). In bestimmten Konstellationen führt es notwendig zu einem für alle Beteiligten suboptimalen Ergebnis, wenn jeder Beteiligte die aus individueller Nutzenperspektive optimale Option wählt, und zwar selbst dann, wenn er bei seiner Wahl die Sicht des anderen mitreflektiert (Modellfälle sind Situationen vom Typ des „Gefangenendilemmas“; vgl. Wippler, 1978). Solche paradoxalen Effekte sind auf der Systemebene nur zu vermeiden, wenn die einzelnen Akteure ihr Handeln auf einer individuell suboptimalen Ebene koordinieren, was im allgemeinen einen normativen Zwang, eine gemeinsame moralische Haltung, oder auch ein hinreichendes Vertrauen voraussetzt, daß der andere mitspielt (vgl. auch Hollis, 1987; Müller, 1995).

Der Intransparenz von Handlungskontexten entspricht auf bedeutungstheoretischer Ebene die „referentielle Undurchsichtigkeit“ des mentalen Idioms (*„referential opacity“*; Quine, 1960). Extensionale Kontexte sind transparent: Diesem Mann habe ich Geld geliehen; nun ist dieser Mann ein Betrüger; somit habe ich einem Betrüger Geld geliehen. Dagegen kann z.B. von der Absicht, diesem Mann Geld zu geben, nicht auf eine Absicht geschlossen werden, einem Betrüger Geld zu geben. Allgemein: Wenn eine Person *X* intendiert (wünscht, erwartet, hofft, glaubt, fürchtet...), und *X* ist gleichbedeutend mit *Y*, impliziert *Y* oder schließt *Y* ein, dann folgt daraus nicht, daß sie auch *Y* wollte. Man kann glauben (erwarten, wünschen ...), daß dieser Gegenstand aus Gold ist, ohne zu glauben (erwarten, wünschen ...) – oder glauben zu müssen –, daß sich dieser Gegenstand einen Schmelzpunkt von 1064° Celsius hat, auch wenn dies eine charakteristische Eigenschaft von Gold ist. Zwar wird die Behauptung, jemand glaube (wünsche, wolle) *X*, problematisch, wenn der Betreffende von *X* nicht ein gewisses Maß an zutreffenden Vorstellungen hat: Zu glauben, daß diese Person ein Junggeselle ist, impliziert die Vermutung, daß diese

Person ledig ist. Offenbar ist die Frage, welcher Wissensstand jeweils vorausgesetzt ist, damit man sich von etwas eine zutreffende Vorstellung bilden kann, nicht immer so einfach zu beantworten wie in diesem Beispiel. Als unproblematische Beispiele referentieller Opakheit eigenen sich jedenfalls am ehesten Fälle, wo die zugrunde liegenden Einschlußbeziehungen nicht den Charakter begrifflicher Implikationen haben: Wenn ich von meiner Wohnung zu meinem Arbeitsplatz fahren möchte, so bedeutet das nicht notwendig, daß ich mich einige Kilometer in Richtung Grönland bewegen möchte, obwohl dies vielleicht geographisch impliziert ist. Referentielle Undurchsichtigkeit ist ein Konstruktionsprinzip für Dramen, Komödien und Märchen – und eben auch für Lebensgeschichten: Die Trojaner wollten dieses hölzerne Pferd, aber nicht die darin verborgenen Griechen; Ödipus wollte Iokaste, aber keineswegs seine Mutter heiraten, obwohl er unwissentlich gerade dies tat, als er Iokaste zur Frau nahm. Natürlich kann Intransparenz des Bezugs, wie im Märchen vom Froschkönig, auch zum Glücksfall geraten.

Es stellt sich hier die allgemeinere Frage, wie unbeabsichtigte oder gar kontraintentionale Aspekte in der Beschreibung und Bewertung eines Handelns zu berücksichtigen sind. Im Grundsatz kann man der Analyse von Davidson (1977, S. 286) folgen: „Jemand vollzieht dann eine Handlung, wenn das, was er tut, so beschrieben werden kann, daß er es absichtlich tut." Wenn Otto vermeintlich Champignons, tatsächlich aber Knollenblätterpilze verspeist, hat er (leider) tatsächlich letztere gegessen, obwohl nur sein „Verzehren dieser Pilze", nicht jedoch sein „sich Vergiften" ihm als Handlung bzw. zugrunde liegende Intention zugerechnet werden kann. Die Betrachtung von Fehlhandlungen oder fehlgeschlagenen Handlungen, die durch Intransparenz des Bezugs entstehen, zwingt insofern keineswegs dazu, das Intentionalitätskriterium für Handlungen aufzugeben. Zugleich aber wird auch deutlich, daß die Beschreibung und Erklärung eines Tuns sich nicht ausschließlich an den Intentionen des Handelnden orientieren kann – zumal dann nicht, wenn die äußeren Erfüllungsbedingungen der Intentionen nicht realisiert sind. Daher müssen in Handlungsbeschreibungen innere und äußere, subjektive und öffentliche Bestimmungen miteinander vermittelt werden; wo beide in Konflikt stehen, wird die Frage der zulässigen Beschreibung vielfach erst in einem Aushandlungsprozeß entschieden, in dem die verschiedenen Sichtweisen gegeneinandergestellt und in ihren sachlichen, rechtlichen, begrifflichen Grundlagen überprüft werden.

Bei der Analyse von Handlungen bzw. „Fehlhandlungen" mit unerwarteten und unerwünschten Effekten stellt sich somit eine mehrschichtige Erklärungsaufgabe (vgl. Brandtstädter & Greve, 1999): Warum tat Otto das, was er mit Absicht tat (nämlich diese Pilze essen)? Und dann: Warum kam dabei etwas heraus, was er nicht intendiert hat? Im ersten Schritt wird man zunächst nach einer intentionalen Erklärung suchen, die in stimmiger Weise möglichst viele Aspekte des Geschehenen abdeckt (was im Beispiel zunächst auch die Annahme eines suizidalen Vorsatzes einschließen mag). Erst vor diesem Hintergrund wird eine eventuelle Dissoziation von intendierten und faktischen Effekten deutlich. Diese nun erfordert einen

Wechsel der Erklärungsebene; man wird sensorische Störungen oder Defizite, Unaufmerksamkeiten, Ungeschicklichkeiten, kurzum Faktoren in das Erklärungsargument aufnehmen, die aufgrund ihrer Kausalwirkungen ein Auseinanderfallen von Intentionen und Effekten bewirkt haben.

## 5.4 Periintentionale Aspekte des Handelns und *„package deals“*

Während unvorhergesehene Folgen stets nichtintendiert sind, gilt die Umkehrung nicht; nichtintendierte Folgen sind keineswegs immer unvorhergesehen, vielmehr können auch vorhergesehene Effekte nichtintendiert sein. So z.B. mögen aversive Effekte oder Kosten im Entscheidungskalkül gegen positive Effekte aufgerechnet oder als Teil eines *package deal* (Bratman, 1987) bewußt akzeptiert worden sein. Zumindest in diesem schwachen Sinne mögen dann auch vorhergesehene negative Effekte „intendiert“ sein. In der Tat können auch Kosten und Verluste mit einer Pro-Einstellung in Kauf genommen werden, wenn sie zur Erreichung eines Zieles beitragen: Das Eintrittsgeld für eine interessante Theateraufführung zahlt man jedenfalls gern. Dennoch erscheint es sinnvoll, die Unterscheidung zwischen fokal intendierten Folgen und erwarteten Nebenfolgen, die die Handlungsmotivation nicht positiv bestimmen, beizubehalten. Brandtstädter und Greve (1999) haben Folgen des letzteren Typs als „periintentional“ bezeichnet. Durch die Kopplung von Handlungen mit nicht fokal intendierten Nebeneffekten kommen Zwang und Fremdbestimmung ins Spiel: Wir lassen uns durch aversive Nebeneffekte von Handlungen abbringen, die wir ansonsten gewählt hatten, und nehmen solche Effekte im allgemeinen nur hin, wenn sie uns durch normative und strukturelle Setzungen aufgezwungen sind und nicht ohne weiteres vermieden werden können.

Die Bereitschaft, bestimmte Handlungen auszuführen oder zu vermeiden, ist nun nicht nur von antizipierten positiven oder negativen Effekten abhängig, sondern auch von der Verfügbarkeit und Prägnanz entsprechender Antizipationen im Moment des Handelns. Probleme der Selbststeuerung entstehen oft daraus, daß später eintretende negative Effekte gegenüber kurzfristigen Anreizwerten und Nutzenperspektiven vernachlässigt werden (vgl. auch Baumeister et al., 1994). Dabei ist nicht nur einfaches Übersehen oder „Verdrängen“ unangenehmer Effekte im Spiel; vielmehr gelingt es dem Handelnden oft nicht, antizipierte spätere Folgen zu einem anschaulichen Szenario zu verdichten, das hinreichend suggestiv wäre, die Anreizwerte der aktuellen Situation zu neutralisieren.

Das Ausmaß, in dem periintentionale Effekte Aufmerksamkeit binden, ändert sich in verschiedenen Handlungsphasen. In Phasen der Handlungsvorbereitung ist der Aufmerksamkeitsfokus breit, um eine möglichst umfassende Abschätzung von

Folgen zu gewährleisten. In der Phase der Handlungsausführung treten Abwägungen und Bedenken der Entscheidungsphase in den Hintergrund; bei auftretenden Hindernissen wird das Motivationspotential zunächst durch reaktante Erhöhungen der Zielvalenz kompensatorisch stabilisiert (Gollwitzer, 1991; Wright & Brehm, 1989). Dagegen werden negative Seitenaspekte des Zieles erneut salient und kognitiv verfügbar, wenn die Zielerreichung durch Hindernisse oder unzureichende Handlungsressourcen definitiv blockiert erscheint. In Grenzsituationen, wo der Nutzen einer weiteren Zielverfolgung die antizipierten Kosten nicht mehr deutlich aufwiegt, begünstigt dieser kognitive Regulationsmechanismus die Ablösung und die Orientierung des Handelns auf neue Ziele (vgl. Brandtstädter et al., 1999).

Bei der Abgrenzung von intentionalen gegen „periintentionale" Aspekte sind fließende Übergänge in Rechnung zu stellen. Auch in dem, was wir nicht fokal intendieren, sondern als Nebeneffekt hinzunehmen bereit sind, verraten wir etwas über den motivationalen Hintergrund unseres Handelns. Die auffällige Indifferenz etwa eines depressiven Patienten gegenüber potentiellen Selbstschädigungen, wie sie sich z.B. in Nachlässigkeiten im Bereich des Gesundheitsverhaltens oder in der Nichtbeachtung ärztlicher Auflagen manifestiert, mag, wenn nicht als unmittelbares suizidales Motiv, so doch als latente selbstdestruktive Tendenz gelten. Zwar ist die z.B. im psychoanalytischen Denken verbreitete Annahme, daß Personen sich intentional selbst schädigen, problematisch; dies nicht zuletzt aus dem Grunde, weil es im Begriff des Handelns liegt, auch bei offenkundig selbstdestruktiven Handlungen ein positives Motiv zu unterstellen (etwa ein Flucht- oder Vermeidungsmotiv; vgl. Baumeister & Schütz, 1997). Ohne weiteres jedoch können selbstschädigende Effekte als *periintentionale* Elemente in die Handlungsintention eingeschlossen sein. Nicht zuletzt mögen in Kauf genommene Nebeneffekte des Handelns in der näheren oder tieferen Analyse sogar auf die „eigentlichen" Intentionen verweisen (Jeremy Bentham, 1789/1970, sprach von „obliquen Intentionen"). Besonders deutlich wird dies in Phänomenen des motivierten *self-handicapping* (Baumgardner & Arkin, 1985; Jones & Berglas, 1978): Der Student, der auf eine Urlaubsreise geht, statt sich auf die bevorstehende Prüfung vorzubereiten, verringert zwar absehbar seine Chancen, die Prüfung zu bestehen, kann nun aber einen Mißerfolg vor sich und anderen um so leichter entschuldigen, während ein eventueller Erfolg unter den selbstproduzierten Erschwernissen als Zeichen besonderer Kompetenz gelten kann. Gerade in dem, was als Nebeneffekt eigenen Handelns hingenommen wird, können sich also Motivationen verbergen, die man sich selbst nicht eingestehen möchte oder derer man sich nicht in genügender Explizitheit bewußt ist. Hier berühren wir das Thema der „Selbsttäuschung", zu dem allerdings noch weiteres zu sagen sein wird.

## 5.5 Präintentionale Aspekte, „ironische“ Prozesse

Von der sozialisierten und kultivierten Person wird erwartet, daß sie zu ihren Intentionen, Wünschen und Meinungen eine reflexive Haltung einnehmen kann, daß sie ihre intentionalen Tendenzen Bewertungen unterzieht (etwa im Hinblick auf Gerechtigkeit, Fairneß, Tugendhaftigkeit) und somit also über Metaintentionen oder „Volitionen zweiter Ordnung“ (Frankfurt, 1971) verfügt. Diese metaintentionale Ebene erscheint für das Personsein schlechthin konstitutiv: Ein verantwortlich handelndes Subjekt ist man insoweit, als man seinen primären Intentionsbildungen und Handlungstendenzen nicht ausgeliefert ist, sondern sich von ihnen distanzieren oder mit ihnen identifizieren kann (vgl. Chisholm, 1971; Frankfurt, 1971).

Das Thema, wie man seine Gedanken, Gefühle und Emotionen kontrollieren kann, hat Konjunktur, aber gerade die Nachfrage verweist auf diesbezügliche Probleme. Die Kontrolle eigener Bewußtseinszustände und Intentionsbildungen scheitert nicht nur bei pathologischen Störungen der Handlungsregulation, wie sie uns etwa bei Suchtkrankheiten, Phobien oder im zwangsneurotischen Ritual begegnen. Vielmehr ist die Steuerung mentaler Prozesse grundsätzlich störanfällig und von begrenzter Reichweite. Zwar können wir z.B. Vorstellungen und gedankliche Abläufe in Grenzen willentlich lenken, aber schon z.B. das „Abschalten“ unerwünschter Gedanken gelingt nicht einfach per Entschluß, sondern allenfalls indirekt dadurch, daß man die Aufmerksamkeit auf andere Inhalte lenkt. Die Konzentration der Aufmerksamkeit auf einen bestimmten Inhalt gelingt wiederum nur im Rahmen des Spielraums, den die aktuelle Reizsituation mit ihren distraktiven Einflüssen läßt; dieser Spielraum wird bei reduzierter Verarbeitungskapazität (etwa unter Lärmbelastung) geringer. Da die Absicht, einen bestimmten gedanklichen Inhalt zu vermeiden oder zu unterdrücken, diesen gerade einschließt, haben entsprechende Selbstaufforderungen oft einen gegenteiligen „ironischen“ Effekt (Wegner, 1994).

Diese Betrachtungen führen zu einer grundlegenderen Frage: Inwieweit können mentale Prozesse und intentionale Zustände überhaupt als intendiert oder intentional erzeugt aufgefaßt werden? Zwar können wir, wie eben betont, intentionale Einstellungen zu unseren eigenen Intentionen ausbilden. Wenn es jedoch zu jeder Intentionsbildung einer voraufgehenden Intention bedürfte, käme man offenbar in einen unendlichen Regreß und vor lauter Intendieren nicht mehr zum Handeln. Offenbar auch aus diesem funktionalen Grunde ist der Prozeß der Intentionsbildung partiell gegen sich selbst abgeschirmt. Die Vorstellung, daß wir unsere intentionalen Zustände auf die gleiche intentionale Weise kontrollieren könnten wie unsere Handlungen, führt bei genauerer Betrachtung in ernsthafte Schwierigkeiten.

Es erscheint naheliegend, hier zunächst den Bereich der Gefühle und Emotionen zu betrachten. Wie wir bereits gesehen haben (Kapitel 4.3.2), greifen Emotionen in die Intentionsbildung ein, ohne selbst Resultat voraufgehender Intentionsbildungen zu sein. Die besondere evolutionsbiologische Funktion von Emotionen wie Schreck oder Überraschung besteht gerade darin, prompt und unabhängig von reflexiven Erwägungen bestimmte Handlungsbereitschaften auszulösen. In ihrer besonderen Erlebnisqualität bilden Gefühle und Emotionen eine Fundierung unseres Verhaltens, bei der die Frage nach weiteren Gründen in einem spezifischen Sinne ins Leere läuft. Zwar macht es Sinn, den Gründen (oder Ursachen) für ein bestimmtes Gefühl nachzugehen und diese ggf. auch kritisch zu analysieren – dies ist nicht nur das professionelle Geschäft von Psychotherapeuten, sondern überhaupt ein wesentlicher Aspekt der Kultivierung unseres Gefühlslebens. Jedoch wird ein Verhalten, das mit einem spezifischen Gefühl korrespondiert – etwa ein exploratives Verhalten nach Überraschung, ein durch Angst induziertes Flucht- oder Vermeidungsverhalten – durch eben dieses Gefühl und dessen phänomenologische Qualität in einer Weise motiviert, die keine weitergehenden argumentativen Begründungen fordert: Man kann zwar fragen, aus welchen Gründen man flieht oder warum man Angst empfindet, aber kaum noch, aus welchen Gründen man zu Fluchtreaktionen neigt, wenn man Angst empfindet – diese Verbindung kommt nicht durch kognitive Vermittlungen oder praktische Schlüsse zustande, und weshalb sie zumindest bei hinreichender Stärke des Gefühls „zwingend" ist, weiß man aus eigenem Erleben. Es liegt insofern nahe, Gefühle als Automatismen zu beschreiben, die Afferenzen (Kognitionen, Wahrnehmungen), die in bestimmten Beziehungen zu Erwartungen und Zielen des Subjektes stehen (z.B. Neuheit, Risiko, Zielrelevanz), mit bestimmten Verhaltenstendenzen fest verknüpfen (vgl. auch Leventhal & Scherer, 1987; Reisenzein, 1996). Anders und vielleicht weniger mißverständlich formuliert: Gefühle setzen zwar Reflexionsprozesse nicht außer Kraft und legen auch ein Anschlußverhalten nicht in starrer Weise fest, aber sie verändern doch in charakteristischer Weise die Wahrnehmungs- und Handlungsbereitschaften, ohne daß es dazu vorausgehender oder vermittelnder Intentionen bedürfte. Die Verknüpfungen von Emotionen mit charakteristischen Kognitionen und Handlungsbereitschaften sind schon in die Emotions- und Gefühlsbegriffe selbst eingearbeitet; die Vorstellung, daß diese Zusammenhänge im Sinne einer kausalen Abfolge von Antezedentien und Konsequenzen modelliert werden könnten, ist daher problematisch (Brandtstädter, 1985a; Mees, 1991).

Gefühle und Emotionen bedingen also intentionale Einstellungen, ohne selbst intentional hervorgebracht zu sein. Dies grenzt sie nun keineswegs strikt von kognitiven Prozessen im engeren Sinn ab (vgl. hierzu auch Brandtstädter, 2000). Zwar lassen sich mentale Aktivitäten in einem gewissen Umfange strategisch lenken (z.B. Kluwe, 1997). Dagegen können wir die Resultate kognitiver und semantischer Prozesse nicht intentional bestimmen oder herbeiführen. Wir können uns z.B. nicht beliebige Meinungen oder Überzeugungen bilden, sondern nur solche, die uns plausibel erscheinen und mit unseren sonstigen Annahmen und Überzeugungen hinreichend konsistent sind. Wir können uns nicht dazu entschließen, bestimmte Einsichten oder Einfälle zu haben: diese widerfahren uns, manchmal überwältigen sie uns sogar. In all diesen Fällen überwiegt gegenüber intentionaler Steuerung ein Element der Akkommodation, des Bestimmtwerdens durch die verfügbare Information.

Schon der Wahrheitsbegriff schließt die Möglichkeit aus, Propositionen nach Belieben zu akzeptieren oder zu verwerfen: Wäre dies möglich, so könnte kein Argument überzeugend sein und keine Überzeugung den Anspruch auf Wahrheit erheben (vgl. auch Gilbert, 1993). Ähnliches gilt auch für den Bereich des praktischen Denkens. Zwar können wir über mögliche Mittel zur Erreichung von Zielen nachdenken; in diesem Sinne ist praktisches Denken zielgerichtet. Ebenso ist die Wahl eines Mittels intentional. Keineswegs ist jedoch der praktische Gedanke, durch den Ziel-Mittel-Verbindungen gefunden oder hergestellt werden, intentional erzeugt. Die Vorstellung, man könne diese Verbindung gewissermaßen in einem praktischen Schluß zweiter Ordnung intentional herstellen, ist inkohärent: „You cannot reflect that it would be useful to reflect that p, without reflecting that p, any more than you can remember that you want to remember X, without remembering X“ (Müller, 1992, S. 166). Besonders augenfällig wird diese Inkohärenz, wenn wir kreatives Denken betrachten: Die Intention, einen bestimmten Einfall zu erzeugen, müßte diesen schon implizieren („einige *kommen* auf einen Gedanken, andere *stoßen* darauf, andere *fallen* darauf ... Man sagt nicht, ich habe mich nach dem Gedanken hinbegeben“, bemerkt schon G. Ch. Lichtenberg in seinen Aphorismen; Promies, 1968, S. 760; Hervorhebungen im Original). Paradoxerweise sind es gerade jene mentalen Zustände, in denen und durch die wir uns wesentlich als Personen bestimmen – unsere Überzeugungen, Einsichten und kreativen Einfälle – deren Aktualgenese wir nicht intentional steuern können (vgl. auch Davidson, 1980; Haugeland, 1998).

Intentionalität kommt in den betrachteten Bereichen auf eine andere, eher indirekte Weise ins Spiel. Wir können Informationen, die unsere Überzeugungen in Frage stellen könnten, vermeiden oder selektiv nach bestätigender Evidenz suchen; wir können uns unterschiedlich gründlich mit Argumenten auseinandersetzen, je nachdem, welche möglichen Konsequenzen sich aus einer genaueren Analyse ergeben. Solche regulativen Prozesse operieren teilweise bereits auf subintentionaler Ebene, können aber auch intentional gesteuert werden (vgl. Kruglanski, 1996). Nicht zuletzt können wir uns, bzw. unser kognitives System, durch psychotechnische Kunstgriffe in die Bereitschaft versetzen, bestimmte Dinge zu wünschen oder zu glauben; das Spektrum möglicher Strategien reicht von Autosuggestion und mentaler Simulation bis zum gezielten Gebrauch von Psychopharmaka oder Drogen. Diese Form der Kontrolle hat jedoch offenbar mittelbaren, technischen Charakter. Gerade dies zeigt jedoch, daß die gewünschten mentalen Zustände oder Ergebnisse nicht im engeren, unvermittelten Sinne intentional erzeugt werden können. Die Vorstellung, etwa eine bestimmte Überzeugung könne per Entschluß herbeigeführt werden, scheint bereits mit dem Umstand unverträglich, daß Überzeugungen „wahrheitszentriert“ sind (Williams, 1973, S. 150): *p* glauben bedeutet, zu glauben, daß *p* der Fall ist. Und wenn wir *p* zu glauben wünschen, so wünschen wir im allgemeinen, daß dieser Glaube begründet ist bzw. daß *p* der Fall sei. *Diesen* Wunsch aber können wir uns offenbar nicht erfüllen, indem wir uns die betreffende Überzeugung durch eine mentale Manipulation (z.B. durch Hypnose) verschaffen.

„Nichtintendiert“ ist hier übrigens keineswegs gleichzusetzen mit „kontraintentional“. Der Umstand, daß wir unsere Meinungen, Wünsche und Überzeugungen nicht intentional erzeugt haben, entfremdet uns nicht grundsätzlich von ihnen. Unsere Überzeugungen sind gerade deshalb *unsere* Überzeugungen, weil wir uns nicht jederzeit von ihnen distanzieren können; wir sind stolz auf unsere Einfälle, gerade weil wir sie nicht ohne weiteres per Entschluß produziert haben. Die Möglichkeit, jederzeit Beliebiges wollen und glauben zu können, wäre nicht einmal sonderlich wünschenswert: Mit dieser Art von mentaler Omnipotenz wären wir weder zurechnungs- noch vermutlich lebensfähig.

Aus diesen Überlegungen ergibt sich als bedeutsame Folgerung, daß das intentionale Erklärungsformat unabgeschlossen ist. Wir können die Genese und Entwicklungsdynamik der mentalen Zustände und Prozesse (Überzeugungen, Wünsche, Intentionen), auf die wir bei der Erklärung intentionalen Handelns Bezug nehmen, nicht durchgängig im Rahmen des gleichen intentionalistischen Erklärungsformates erklären (vgl. auch Lanz, 1987). Vielmehr kommen auf dieser Ebene subpersonale Mechanismen ins Spiel, die Systemprinzipien unseres kognitiven Apparates spiegeln.

## 5.6 Selbsttäuschung und „*split minds*“

Mit der Betonung der Rolle nichtintentionaler Faktoren in der Aktualgenese von intentionalen Zuständen wird die Existenz von Phänomenen, wie wir sie unter Begriffen der „Selbsttäuschung“, des „Wunschdenkens“ oder allgemein des „motivierten Denkens“ (Kunda, 1990) fassen, keineswegs geleugnet. Vielmehr wird ein bestimmtes verbreitetes Verständnis solcher Phänomene in Frage gestellt.

Von „Wunschdenken“ sprechen wir im allgemeinen, wenn eine Person eine Proposition $X$ – ohne hinlängliche Berücksichtigung einschlägiger Evidenz – primär deshalb glaubt oder für wahr hält, weil es für sie angenehm wäre, wenn $X$ wahr wäre; Wunschdenken wird zur „Selbsttäuschung“, wenn sie $X$ glaubt oder für wahr hält, obwohl sie über gegenteilige Erkenntnisse verfügt. Hier ergeben sich die bekannten Paradoxien: Wie kann man etwas glauben, das eigenen Kenntnissen oder Überzeugungen widerspricht? Wie kann man sich selbst täuschen wollen und damit erfolgreich sein? Die Paradoxien von Selbsttäuschung und Wunschdenken sind in den letzten Jahren zu einem vieldiskutierten Thema geworden, da sie die Vorstellung einer einheitlichen zentralen oder übergeordneten Handlungsinstanz und damit auch traditionelle Begriffe von Personalität und Intentionalität problematisieren (z.B. Greve, 1996; Lockhard & Paulhus, 1988; Macdonald, 1995; Mele, 1987).

Phänomene des Wunschdenkens und der Selbsttäuschung erscheinen paradox, solange wir an der Vorstellung einer einheitlichen, für sich selbst transparenten rationalen Instanz festhalten (vgl. auch Rorty, 1988). Eine naheliegende Strategie zur

Auflösung der Paradoxie besteht daher in der Fragmentierung des Selbst in Teilselbste: in ein täuschendes Teilselbst *A* und ein getäuschtes Teilselbst *B*, wobei *A* sozusagen den „Durchblick“ hat, jedoch für *B* undurchsichtig ist. Ganz abgesehen davon, daß diese Vorstellung einen ziemlich unkollegialen Umgang zwischen Homunkuli unterstellt, wirft sie neue Paradoxien auf: Welches Interesse kann *A*-Selbst haben, *B*-Selbst zu täuschen? Handelt A-Selbst im eigenen Interesse oder in der Wahrnehmung der Interessen von *B*-Selbst? Wie kann *A*-Selbst die Meinungen von B-Selbst beeinflussen, ohne daß *B*-Selbst dies in irgendeiner Weise registriert? Das Modell von Täuschung und Lüge hat offenbar bizarre Konsequenzen, wenn wir es auf den „intrapersonalen“ Bereich übertragen (vgl. auch Johnston, 1995).

Die Zerlegung des Selbst in interagierende intentionale Homunkuli kann also theoretisch nicht befriedigen. Wie sonst aber können die Paradoxien aufgelöst werden? Es mag hilfreich sein, an dieser Stelle zunächst Formen von „Wunschdenken“ oder „Selbsttäuschung“ zu betrachten, die bei genauerer Betrachtung keineswegs paradoxal sind. Es kann durchaus rational sein, Maßnahmen zu ergreifen, von deren Wirksamkeit man nicht überzeugt ist, sofern nur die Valenz des angestrebten Ergebnisses hoch genug ist und wirksamere Mittel subjektiv nicht verfügbar sind. Wenn also z.B. ein schulmedizinisch „austherapierter“ Kranker sich auf alternative Therapien einläßt, an deren Wirksamkeit er selbst ernsthaft zweifelt, so ist dies, solange keine aussichtsreicheren Optionen verfügbar sind, keineswegs paradox oder inkonsistent, auch wenn hier scheinbar wider besseres Wissen gehandelt wird. Oder wenn eine mittelmäßige Tennisspielerin sich vor einem wichtigen Match durch Erfolgsphantasien Mut macht, so ist dies kaum irrational, zumal wenn sie um die positiv motivierenden Effekte von Autosuggestion weiß (vgl. etwa Paulhus, 1993). Auch kann das Wissen um bestimmte Sachverhalte eine unterschiedliche Prägnanz und Sicherheit besitzen. Je nach Umständen kann es durchaus rational sein, eine bestimmte Annahme nicht genauer zu prüfen. Dies gilt v.a. dann, wenn den Kosten einer gründlichen Überprüfung kein ausreichender Ertrag gegenübersteht oder das Ergebnis ohne praktische Relevanz ist: z.B. werfen die prognostischen Möglichkeiten der Genanalyse die Frage auf, was das Vorauswissen um eine spätere Erkrankung für den Betroffenen wert ist, wenn diese weder präventiv noch kurativ behandelt werden kann (vgl. auch Taylor, 1989). Nicht zuletzt kann auch die „Immunisierung“ von Überzeugungen gegen erwartungsdiskrepante Evidenz Ausdruck einer durchaus adaptiven Dynamik des kognitiven Systems sein. Wenn das Akzeptieren einer bestimmten Evidenz die Preisgabe anderer Überzeugungen impliziert, hängen Annahme oder Zurückweisung der Evidenz wesentlich vom resultierenden Spannungsverhältnis im gesamten Überzeugungsgefüge ab, das sich nach Prinzipien der Minimierung von Inkonsistenz stabilisiert. Angesichts des Auslegungsspielraumes, den Evidenzen im allgemeinen bieten, können sich solche Dynamiken ohne weiteres im Rahmen des Rationalen halten. Anpassungen des Glaubens an das Wünschen haben zudem wesentliche Funktionen in der Handlungsregulation: Die Bindung an ein Ziel wird typischerweise begleitet durch eine positive Einschätzung eigener

Kontrollmöglichkeiten, die auch in Richtung auf eine Überschätzung tendieren kann (vgl. Taylor & Gollwitzer, 1995), während die Ablösung von einem Ziel einen umgekehrten „Bias“ zu involvieren scheint (Brandtstädter et al., 1999).

Phänomene, bei denen wir von Selbsttäuschungen oder Wunschdenken sprechen, können also durchaus als Resultat solcher regulativen Prinzipien oder „Tropismen“ des kognitiven Systems (Johnston, 1995) gedeutet werden. Sie ergeben sich offenbar aus der Interaktion von relativ autonomen, spezialisierten Teilsystemen (z.B. Goschke, 1995), die weder selbst als intentionale Akteure anzusehen sind noch durch eine übergeordnete Intentionalitätsinstanz orchestriert werden. Die Wechselwirkung zwischen diesen verschiedenen Systemen kann dann nicht ohne weiteres nach dem Modell rationaler Verknüpfungen konzipiert werden. Wie Davidson (1982) in diesem Zusammenhang hervorhebt, macht schon die in selbstkorrektivem Handeln implizierte Selbstreferenz die Vorstellung einer homogenen Rationalität problematisch:

> „The agent has reasons for changing his own habits and character, but these reasons come from a domain of values necessarily extrinsic to the contents of the views or values that undergo change. The cause of a change, if it comes, can therefore not be the reason for what it causes“ (Davidson, 1982, S. 105).

Das Zusammenspiel verschiedener, relativ autonomer regulativer Instanzen – zugleich aber auch dessen Störbarkeit – zeigt sich auch in sog. „Fehlleistungen“: Man denke an den zerstreuten Autofahrer, der an einer Weggabelung der Gewohnheit folgend nach rechts abbiegt statt, wie eigentlich geplant, nach links, oder auch an den Radfahrer, der auf ein Hindernis zufährt und im Widerstreit verschiedener Reaktionen mit ihm kollidiert. Fehlleistungen dieser Art resultieren typischerweise aus Überlagerungen bzw. mangelnder Inhibition von konkurrierenden Handlungstendenzen (vgl. auch Reason & Mycielska, 1982). Auch der von Freud in seiner „Psychopathologie des Alltagslebens“ (1904/1956) beschriebene und nach ihm benannte Typus von Fehlleistungen ist hier einzuordnen; wobei die Pointe der tiefenpsychologischen Analyse in der Annahme liegt, daß Fehlleistungen, wie z.B. bestimmte Versprecher („Es sind Tatsachen zum *Vorschwein* gekommen...“), obwohl kontraintentional, gleichwohl latente intentionale Einstellungen des Handelnden reflektieren (vgl. Timpanaro, 1976). In den angesprochenen Phänomenen wird manifest, was im Fall koordinierten und gelungenen Handelns weniger auffällig ist: die Tatsache nämlich, daß die Genese von Intentionen wie auch das Handeln selbst zu einem wesentlichen Teil von Prozessen getragen wird, die sich autonom entfalten und organisieren.

## 5.7 Automatismen, Gründe und Hintergründe

Die letzten Beispiele haben noch einmal verdeutlicht, daß Intentionalität und intentionales Handeln in allen Phasen und auf allen Ebenen mit Automatismen und nichtintentionalen Abläufen durchsetzt sind. Jede Intentionsbildung hat einen Hintergrund und eine Entstehungsgeschichte, die nichtintentional ist; jedes Handeln bedarf, da es physische Abläufe beinhaltet, physiologischer Vermittlungen, die nicht bewußtseinsfähig oder bewußtseinspflichtig sind; schließlich können sich Handlungseffekte, ob intendiert oder nicht, nur dank vermittelnder kausaler und normativer Strukturen entfalten, die allerdings nicht immer als „helfende Hand" mitwirken.

Wenn wir Intentionalität als mentales Phänomen verstehen, so ist jedenfalls davon auszugehen, daß dieses Phänomen nicht von einem freischwebenden Geist, sondern in einem *„embodied mind"* (Johnson, 1987) erzeugt wurde, dessen physische und semantische Aktivität sich auch ohne intentionale Vermittlungen oder Anstöße entfaltet. Dies zeigt sich zuerst im elementaren Wahrnehmungsgeschehen: Nicht nur elementare sensorische Perzeptionen, sondern auch deren Bedeutungen werden (sofern entsprechende assoziative Verknüpfungen etabliert sind) in der Aktualgenese automatisch, anstrengungsfrei und ohne willentliches Zutun erzeugt; beispielhaft ist der Vorgang des Lesens. Die Eigenaktivität des kognitiven Systems spiegelt in dieser Hinsicht Merkmale der Aktivationsausbreitung im neuronalen Netz. Ebenso muß die Umsetzung bestimmter Wahrnehmungen und Informationen im Handeln nicht intentional vermittelt werden: Zumindest beim geübten Spieler bedarf es keiner reflexiven Abwägungen oder Entschlüsse, um etwa beim Fangen eines Balles den Bewegungsablauf der Flugbahn des Balles und seiner Fluggeschwindigkeit anzupassen (vgl. Mascolo et al., 1999). Selbst aufmerksame intentionale Aktivität ist also stets durch subpersonale Faktoren kodeterminiert; sofern hier Schlüsse und Schlußfolgerungen im Spiel sind, haben sie allenfalls den Charakter von „unbewußten Schlüssen" im Sinne von Helmholtz (1903). Allerdings bedarf selbst explizites Schlußfolgern keiner Intention: Wir ziehen aus gesetzten Prämissen (Menschen sind sterblich, Sokrates ist ein Mensch...), sobald diese nicht nur auf dem Papier stehen, sondern kognitiv repräsentiert sind, die Konklusion, ohne uns hierzu auffordern zu müssen (vgl. Haugeland, 1998). Auch beim bewußten Schließen sind also nichtbewußt vorlaufende und fundierende Prozesse im Spiel (hier greift erneut das schon oben geführte Argument: Die Intention, einen bestimmten Schluß zu ziehen, müßte diesen Schluß schon implizieren und damit vorwegnehmen).

Besonders deutlich wird der Einfluß von Automatisierungen in der Handlungsregulation bei Gewohnheitsbildungen und „automatisierten" Routinen, die einen wesentlichen Teil unserer Alltagsaktivität ausmachen. Gewohnheitsmäßiges Handeln ist reflexionsentlastet; in der Steuerung des habitualisierten Ablaufes werden situative und propriozeptive Reizmuster mit Aktionsmustern verbunden, ohne daß es hierzu besonderer Intentionsbildungen bedürfte; die Aufmerksamkeit konzentriert sich auf die Ebenen und Phasen des Handelns, wo Orientierungen erst aufgebaut und Steuerungsparameter für das Handeln erst definiert werden müssen (vgl. auch Neumann, 1992). Diese Entlastung bringt adaptive Vorteile mit sich, kann sich aber störend auswirken, wenn in einer scheinbar vertrauten Situation neue Elemente auftreten oder mit neuen Reaktionen geantwortet werden muß; man denke an die Probleme, die ein auf Rechtsverkehr eingestellter Autofahrer zunächst im englischen Straßenverkehr erlebt. Die Denkpsychologie hat die Schwierigkeit, an gewohnten Objekten neue Funktionswerte zu erkennen, als „funktionale Gebundenheit" beschrieben (Duncker, 1935; s. auch Hussy, 1984). Einschränkungen der Aufmerksamkeitsressourcen reduzieren die Möglichkeit, automatisierte Steuerungen intentional zu modulieren; Fehlleistungen der angesprochenen Art treten mit größerer Wahrscheinlichkeit bei Lärmbelastung, Ermüdung oder Belastung durch Mehrfachaufgaben auf. Auch komplexere intentionale Einstellungen und zielbezogene Handlungssequenzen können durch situative Hinweisreize ausgelöst oder gebahnt werden, ohne daß diese Auslöser dem Handelnden bewußt sind. In Experimenten von Bargh, Barndollar und Gollwitzer (1993) zeigten Versuchsteilnehmer, die zuvor Sätze mit Wörtern aus dem Bedeutungsfeld „höflich" gebildet hatten, eine größere Bereitschaft, eine inszenierte Unterbrechung im experimentellen Ablauf geduldig hinzunehmen.

Wir haben die Grenzen eines intentionalen Erklärungsschemas genauer ausgeleuchtet und damit vielleicht einen klareren Begriff von Intentionalität und intentionalem Handeln gewonnen. Allerdings sollte nicht übersehen werden, daß auch habitualisierte und automatisierte Routinen vielfach Teil eines umfassenderen Handlungsablaufes oder Planes sind, der als intentional zu charakterisieren ist: Wenn man z.B. mit dem Bus in die Stadt fährt, um dort ein Buch zu kaufen, mit dem man sich auf ein Examen vorbereiten möchte, so schließt dies zahlreiche automatisierte Abläufe ein (Einsteigen in den Bus, Öffnen der Geldbörse, etc.), die hier zu einer zielgerichteten Gesamthandlung koordiniert werden. Gewohnheitsmäßige Abläufe, zu deren Ausführung keine eigenen Intentionen gebildet werden müssen, sind also keineswegs ohne rationalen oder intentionalen Hintergrund. Wir haben in der Tat Gründe, vor einer roten Ampel zu stoppen, morgens unsere Zähne zu putzen und dgl., auch wenn diese Gründe im routinemäßigen Ablauf nicht mehr aktualisiert und reflektiert werden. Solche „latenten" Gründe, die z.B. in der Aneignung des Handelns eine explizite Rolle spielten, treten oft erst dann wieder ins reflexive Bewußtsein, wenn wir an der Ausführung des habitualisierten Handlungsschemas gehindert werden; worin sich zeigt, daß sie – wenngleich im gewohnten Ablauf im „Hintergrund" – zum effektiven intentionalen Kontext des Handelns gehören und keineswegs als schlichte nachträgliche Rationalisierungen zu behandeln sind.

Dieser Punkt ist gerade im Hinblick auf das Thema intentionaler Selbstentwicklung von Bedeutung. Erneut wird deutlich, daß selbst triviale Alltagsaktivitäten in einem Rahmen von Annahmen, Zielen und symbolischen Valenzen stehen, die diesen Aktivitäten Sinn verleihen. Intentionalität ist daher als Erklärungskategorie offenbar nicht nur für die turbulenteren Lebensphasen relevant, in denen wir zwischen verschiedenen Entwicklungen wählen, planvoll bestimmte Ziele verfolgen oder nach Krisen und Verlusten neue Orientierungen aufbauen. Vielmehr kann es auch bei Handlungsmustern, die durch Gewohnheit stabilisiert und institutionalisiert sind und denen keine reflexiven Entschlußbildungen vorausgehen, theoretisch sinnvoll und praktisch bedeutsam sein, intentionale Hintergründe auszuleuchten.

# 6. Sicherung personaler Kontinuität und Identität im Lebensablauf: Das Modell assimilativer, akkommodativer und immunisierender Prozesse

Ein zentrales Ergebnis der voraufgegangenen Betrachtungen ist, daß Aktivitäten intentionaler Selbstentwicklung im Gesamtzusammenhang der Prozesse gesehen werden müssen, die auf die Aktualisierung, Aufrechterhaltung und Stabilisierung individueller Selbst- und Lebensentwürfe gerichtet sind; sie sind Ausdruck jener autopoietischen Prozesse, die Kohärenz und Kontinuität des Selbstsystems sichern.

Die Konstruktion personaler Identität ist wesentlich an den Aufbau kontextinvarianter und überdauernder Selbstbeschreibungen gebunden. Objektive Identitätskennzeichen wie Geschlecht, schulische Ausbildung, Nationalität oder Lebenslaufmerkmale sind in einem trivialen Sinne stabil, da sie sich auf (im allgemeinen) festliegende Zuordnungen beziehen. Diskontinuitäten und Verluste können hier allenfalls eintreten, wenn sich gewohnte Bedeutungen und soziale Implikationen solcher Merkmale ändern. Anders verhält es sich dagegen mit selbstdeskriptiven Attributen, die – wie etwa Persönlichkeits- oder Kompetenzmerkmale – dispositionelle Eigenschaften der Person bezeichnen. Zwar haben dispositionelle Merkmale eine konzeptuelle Struktur, die kurzfristige Veränderungen ausschließt: Wir sehen von momentanen Leistungsschwankungen weitgehend ab, wenn wir jemandem Leistungsmerkmale wie intelligent, geschickt, sportlich und dgl. zuschreiben. Gleiches gilt für Temperamentsmerkmale; wenn wir eine Person (im dispositionellen Sinne) z.B. als ängstlich bezeichnen, so ist damit nicht ein aktueller Zustand gemeint, sondern vielmehr eine überdauernde Bereitschaft, in bestimmten Situationen mit Angst zu reagieren. Der Aufbau eines dispositionellen Selbst ist daher von zentraler Bedeutung, um Identität im Sinne von Selbstgleichheit über die Zeit zu konstruieren. Andererseits sind dispositionelle Merkmale durchaus nicht invariant: Auch überdauernde Persönlichkeitsdispositionen und Kompetenzen können sich – zumal in längeren Zeiträumen – ändern, und inwieweit man sich hinsichtlich solcher Merkmale auf die Dauer selbst gleich bleibt, ist eine offene empirische Frage. Der psychologische Entwicklungsbegriff bezieht sich sogar in erster Linie auf eine dispositionelle Ebene; von „Entwicklung“ sprechen wir nicht bei kurzfristigen, reversiblen Verhaltensänderungen, mit denen der Organismus auf endogene und exogene Einflüsse antwortet, sondern erst bei grundlegenden Veränderungen im Muster der Reizbeantwortung und Verarbeitung von Informationen. Wir verstehen, mit anderen Worten, Entwicklung als Veränderung „zweiter Ordnung“ (Brandtstädter, 1990).

Entwicklungsoffene Merkmale sind einer Dynamik von Gewinn und Verlust ausgesetzt, die v.a. dann zur Destabilisierung der Identitätskonstruktion führt, wenn sie jene Bereiche des konzeptuellen Selbst betrifft, die Grundlage zeitlich überdauernder Identitätsbestimmungen sind. Der Entwicklungsbegriff gerät hier in ein Spannungsverhältnis zum Identitätsbegriff, worin auch einer der Gründe zu sehen ist, weshalb sich Entwicklungspsychologen bislang vorwiegend für den Aufbau und die Veränderung von Identitätsentwürfen, weit weniger hingegen für die Prozesse der Stabilisierung von Selbstentwürfen und der Verteidigung von Selbstdefinitionen gegenüber ontogenetischen und lebenszyklischen Veränderungen interessiert haben.

Man könnte an dieser Stelle einwenden, daß Persönlichkeitsmerkmale im Erwachsenenalter ohnehin eine große Stabilität aufweisen. Längsschnittstudien belegen in der Tat eine hohe Konstanz von Selbstbeschreibungen im Erwachsenenalter (vgl. etwa Bengtson, Reedy & Gordon, 1985; Caspi, 1998; Costa & McCrae, 1994). Diese empirische Stabilität darf jedoch nicht einfach in einem statischen Sinne verstanden werden; Selbstbeschreibungen sind z.B. oft auch hinsichtlich solcher Merkmale oder Leistungsbereiche überzeitlich stabil, die altersgebundenen Veränderungen unterliegen. Begriffe wie „kompetent“, „hilfsbereit“, „gesund“, „intellektuell leistungsfähig“, „gewissenhaft“ referieren in der Anwendung auf unterschiedliche Altersgruppen auf partiell unterschiedliche Inhalte und Kriterien; das Selbstbild wird hier gegen altersgebundene Veränderungen und Verluste z.T. durch Abwandlungen in der Semantik der betreffenden Begriffe oder Änderungen der Vergleichsperspektiven stabilisiert. Statt schlicht Stabilität zu konstatieren, scheint es mithin fruchtbarer, nach den Prozessen zu fragen, durch die Selbstrepräsentationen – auch gegenüber erlebten Veränderungen und Verlusten – stabilisiert werden. Um die genauere Darstellung dieser Prozesse geht es in diesem Kapitel.

Stabilität und Kontinuität von Selbstdefinitionen sind also nicht als solche gegeben, sondern müssen – aktiv und reflexiv – *konstruiert* werden. Selbstwert- und Identitätsprobleme verweisen deshalb grundsätzlich auf Störungen in der Konstruktion von personaler Kontinuität und Kohärenz. Solche Störungen können zu jedem Zeitpunkt der Lebensspanne auftreten; sie sind v.a. dann zu erwarten, wenn zentrale Selbstbildannahmen durch hinreichend konsistente und überzeugende Rückmeldungen in Frage gestellt werden, wenn positiv valente, identitätskonstitutive Eigenschaften verloren gehen oder bedroht sind, oder wenn innere und äußere Strukturen, die personale Kontinuität stützen, instabil werden oder zusammenbrechen – kurz: wenn *Fremdes*, das wir als nicht zu uns gehörig erleben oder mit dem wir uns nicht identifizieren können, in den Selbst- und Lebensentwurf eindringt. Dies „Fremde“ kann in seinen Formen und symbolischen Valenzen sehr vielgestaltig sein; schon das erste graue Haar kann u.U. zu einem Selbstwertproblem werden (vgl. Boesch, 1998). Selbstentwürfe bilden den Sinnhintergrund, vor dem bestimmte Lebensereignisse erst zu kritischen und belastenden Situationen werden; personale Kontinuität wird gefährdet, wenn der Person etwas genommen wird, abgesprochen wird oder verloren geht, was zu ihrem Selbstentwurf gehört, sei es eine Zukunftsperspektive, die ihr sinngebend erschien, seien es identitätsstiftende Eigenschaften, sei es vielleicht ein Objekt, das zu ihrer persönlichen Kultur gehörte und zu dem sie eine Bindung aufgebaut hatte.

Selbstwert- und Identitätsprobleme sind nicht an spezifische Phasen im Lebenszyklus gebunden; bestimmte Entwicklungsabschnitte bringen jedoch aufgrund des Zusammentreffens von Veränderungen in verschiedenen Lebens- und Funktionsbereichen besondere adaptive Spannungen mit sich. Hier sind in erster Linie das Jugendalter und, mit kaum geringerer Änderungsdynamik, das späte Erwachsenenalter zu nennen. In beiden Lebensphasen wird die Stabilisierung und Sicherung der Identität zu einem dominanten Thema, wenngleich mit unterschiedlichen Akzenten. Jugendliche oder junge Erwachsene konstruieren ihre Identität wesentlich durch zukunftsbezogene Entwürfe; Selbstbild- und Selbstwertprobleme entstehen hier insbesondere aus Problemen der Konsolidierung einer eigenen Identität und der Verwirklichung eines erwünschten zukünftigen Selbst (vgl. auch Erikson, 1959; Marcia, 1980). Dagegen tritt im höheren Alter, mit zunehmender Einschränkung von physisch-gesundheitlichen Ressourcen und fortschreitender Verkürzung des Lebenszeithorizontes, die Bewahrung von positiv valenten Merkmalen und Selbstdefinitionen in den Vordergrund (vgl. auch Ogilvie & Rose, 1995).

Wenn ich im folgenden v.a. Probleme der Sicherung personaler Kontinuität im höheren Alter betrachte und aus diesem Bereich Beispiele heranziehe, so geschieht dies auch im Hinblick auf eine paradox erscheinende Konstellation von alternspsychologischen Befunden. Im individuellen Erleben ist das Älterwerden mit einschneidenden, vielfach als aversiv und unkontrollierbar empfundenen Veränderungen verbunden. Besondere adaptive Herausforderungen im höheren Alter ergeben sich durch die Kumulierung von irreversiblen, aversiven Ereignissen und eine progrediente Einschränkung von Handlungsressourcen. Der Tod nahestehender Personen, die Abdrängung in marginale soziale Positionen sowie gesundheitliche Probleme und Behinderungen gehören zu den zwar nicht durchweg zwangsläufigen, so doch charakteristischen Problemen des höheren Lebensalters; mit dem Schwinden lebenszeitlicher Ressourcen werden Bewältigungsspielräume enger, zudem verlieren zukunftsgerichtete Projekte als Sinnquellen an Bedeutung. Was liegt angesichts dieser Umstände näher, als eine Zunahme an Depressionen und Selbstwertproblemen und einen Verlust an subjektiver Lebensqualität im höheren Alter zu vermuten?

Überraschenderweise gibt es jedoch, wie im letzten Kapitel noch näher erörtert werden soll, keine konsistenten Hinweise auf eine generelle Zunahme von Depressionen oder Selbstwertproblemen oder auf Einbußen der subjektiven Lebensqualität im höheren Alter (vgl. Blazer, 1989; Häfner, 1992; Staudinger et al., 1995). Dies ist um so bemerkenswerter, als auch im subjektiven Urteil die Häufigkeit oder Wahrscheinlichkeit negativer gegenüber positiven Entwicklungsveränderungen – im Sinne der wahrgenommenen bzw. erwarteten Zunahme von negativen gegenüber positiven Veränderungen – mit dem Alter zunimmt, wobei hinsichtlich dieser Auffassung ein weitgehender Konsens zwischen Altersgruppen besteht (Brandtstädter, Wentura & Greve, 1993; Heckhausen, Dixon & Baltes, 1989).

Damit stellt sich in aller Schärfe die Frage nach den Aktivitäten und Prozessen, durch die sich das Selbstsystem – und insbesondere auch das „alternde" Selbst – gegen Diskontinuitäten und Defizite schützt. Begrifflichkeiten der Selbstkonzeptforschung geben erste Ansatzpunkte zur Beantwortung dieser Frage. Die Bereitschaft, in den Ablauf der eigenen Entwicklung gestaltend einzugreifen, ist wesentlich durch eine Selbst-Diskrepanz – eine Inkongruenz zwischen dem wahrgenommenen aktuellen Selbst und angestrebten Selbstentwürfen der Person – motiviert. Angestrebte Selbstentwürfe können Projektionen gewünschter wie auch „gesollter", normativ geforderter Entwicklungsergebnisse umfassen, wobei das individuell Gewollte in unterschiedlichem Maße dem normativ Gesollten entsprechen mag (*„desired self"*, *„ideal self"*, *„ought self"*; vgl. Higgins, Strauman, & Klein, 1986; Markus & Wurf, 1987). Erlebte Diskrepanzen zu Selbstentwürfen können zum einen nichtintendiert sein; dies ist typischerweise der Fall bei Einschränkungen und Verlusten infolge von akzidentellen oder altersgebundenen Veränderungen. Zieldiskrepanzen können dagegen auch intendiert bzw. selbstgesetzt sein und positiv motivierende Qualität besitzen – etwa wenn hochgesteckte Ziele und Ideale verfolgt werden. Die Begleitemotionen unterscheiden sich in beiden Fällen entsprechend: Gefühle wie Unzufriedenheit, Ärger und Besorgnis sind charakteristisch für Diskrepanzen, die nichtintendiert bzw. akzidentell verursacht sind; dagegen kann eine expansive, auf zukunftsgerichtete Selbstentwürfe zielende Motivation von Hoffnung, Zuversicht oder sogar Begeisterung getragen sein.

Allerdings werden diese affektiven Bewertungen wesentlich durch die Handlungs- und Entwicklungsressourcen moduliert, die sich die Person zuschreibt. Wird keine Möglichkeit gesehen, die bestehende Diskrepanz zu beseitigen, so entstehen Gefühle der Hoffnungslosigkeit, vielleicht sogar depressive Tendenzen. Entwicklungsziele und Identitätsprojekte verlieren ihre positiv motivierende Funktion, wenn sie unerreichbar sind oder außer Reichweite geraten; die Vorstellung, nicht mehr das sein oder werden zu können, was man sein oder werden möchte, ist für depressive Störungen grundlegend (vgl. auch Smedslund, 1988). Hier kommen also Selbstwirksamkeitsüberzeugungen und Repräsentationen eines „möglichen Selbst" (Markus & Nurius, 1986) wesentlich ins Spiel.

Ziehen wir ein Zwischenresümee. Selbst- und Identitätsprobleme implizieren eine Diskrepanz zwischen Selbstentwürfen und aktuellem Selbstbild; solche Diskrepanzen führen besonders dann zu emotionalen Belastungen, wenn keine Möglichkeit zu ihrer Beseitigung gesehen wird. Damit ist eine bestimmte Konstellation von Selbstentwürfen – von gewünschtem, realem und möglichem Selbst – angesprochen. Zugleich wird deutlich, daß persönliche Kontinuität wesentlich durch Prozesse gesichert wird, die diese Konstellation so verändern, daß Selbstdiskrepanzen und damit verbundene emotionale Belastungen vermieden oder reduziert werden.

Diese Prozesse folgen im Grundsatz einem Prinzip der Angleichung zwischen Faktischem und Gewünschtem, das zwei entgegengesetzte Richtungen umfaßt. Zum einen kann die gegebene Situation in Richtung auf das Gewünschte verändert werden; zum anderen können Ziele und Wünsche aber auch an situative Gegebenheiten angeglichen werden. Da die Zufriedenheit mit persönlichen Lebensumständen vom Grad der Entsprechung zwischen Erreichtem und Gewünschtem abhängt (vgl. etwa Hofstätter, 1986; James, 1890), können offenbar beide adaptive Tendenzen zur Aufrechterhaltung einer positiven Befindlichkeit beitragen. Da der Ist-Zustand aus der Subjektperspektive immer nur als repräsentierte Wirklichkeit gegeben ist, sind die Freiheitsgrade des Selbstsystems zur Neutralisierung von Ist-Soll-Diskrepanzen sogar noch größer: Es kommen auch Prozesse ins Spiel, die Selbstbilddiskrepanzen schon auf der Ebene der Informationsverarbeitung bzw. der Interpretation selbstreferentieller Rückmeldungen neutralisieren.

## 6.1 Grundprozesse der Sicherung personaler Kontinuität: Assimilation, Akkommodation, Immunisierung

Wir können nach diesen vorbereitenden Überlegungen drei Grundprozesse unterscheiden, durch die Inkongruenzen zwischen normativen Selbstbildentwürfen und aktuellem Selbstbild vermieden, beseitigt oder verringert werden können (Brandtstädter & Greve, 1994a):

(a) *Auf der Ebene selbstreferentiellen Handelns* sind dies Aktivitäten mit der Intention, die eigene Entwicklung und das eigene Verhalten in Richtung auf angestrebte Selbst- und Lebensentwürfe zu modifizieren. Die Neutralisierung von Solldiskrepanzen erfolgt hier, z.T. dem Regelkreisschema vergleichbar, durch Anpassung der Ist-Komponente. Wir bezeichnen diese aktive, problemzentrierte Bewältigungsform als assimilativ.

(b) *Auf der Ebene selbstreferentieller Bewertungen* sind dies Prozesse, durch die normative Selbst- und Lebensentwürfe (Präferenzen, Ziele, Selbstbewertungsstandards) an gegebene Lebensumstände (insbesondere auch an verfügbare Handlungsressourcen) angepaßt werden; die Neutralisierung von Ist-Soll-Diskrepanzen erfolgt hier also (anders als im assimilativen Modus) durch Modifikation der Soll-Komponente. Diese Bewältigungsform bezeichnen wir als akkommodativ.

(c) *Auf der Ebene der Selbstrepräsentation* sind dies Mechanismen, welche die Verarbeitung selbstreferentieller Evidenz so regulieren, daß konsolidierte Selbstdefinitionen stabilisiert und gegen diskrepante Evidenz verteidigt werden. Hier sprechen wir von *immunisierenden* Prozessen. Im immunisierenden Modus wird die

Wahrnehmung einer Selbstdiskrepanz auf einer frühen Verarbeitungsebene, gleichsam schon „im Keim", verhindert.

Die Unterscheidung von assimilativen und akkommodativen Prozessen erinnert an die Terminologie Piagets (z.B. Flavell, 1963). Entsprechungen bestehen insofern, als hier, wie in der Piagetschen Theorie, zwei zueinander komplementäre Phasen eines adaptiven Prozesses unterschieden werden. Während jedoch bei Piaget „Assimilation" und „Akkommodation" die Einordnung von Erkenntnisobjekten in kognitive Schemata, respektive die Anpassung der Schemata an den Gegenstand bezeichnen, sind hier zwei gegenläufige Modi der Herstellung von Kongruenz zwischen aktuellen und gewünschten Entwicklungsverläufen gemeint.[1]

Assimilative wie akkommodative Prozesse zielen, wenngleich mit unterschiedlichem Ansatzpunkt, auf die Aufhebung einer Ist-Soll-Diskrepanz. Beide Prozesse setzen voraus, daß eine solche Diskrepanz registriert und als gegeben akzeptiert wird. Wenn wir das Selbstkonzept als eine Art von Theorie auffassen, die das Selbst von sich selbst – und für sich selbst – entwirft, so ist diese Theorie – ähnlich wie dies auch für wissenschaftliche Theorien gilt (vgl. Lakatos, 1970) – gleichsam von einem Schutzschirm umgeben, der zentrale Annahmen gegen Falsifikationsdruck abschirmt bzw. diesen auf periphere Elemente ablenkt. Es wird mit anderen Worten nicht jede theoriediskrepant erscheinende Information ohne weiteres als gültige Evidenz akzeptiert. Selbstreferentielle Information wird vielmehr im Rahmen gegebener Interpretationsspielräume so ausgehandelt, daß Selbstkontinuität und Selbstwert so weit wie möglich gewahrt bleiben. Auf diese protektiven Dynamiken bezieht sich das Konzept der Immunisierung im vorliegenden Ansatz. Die Informationen, die konsolidierte, positiv bewertete Elemente der Selbsttheorie in Frage stellen, müssen jedenfalls eine hinreichende Evidenzstärke aufweisen, um die Verteidigungslinien immunisierender Mechanismen durchbrechen und assimilative oder akkommodative Prozesse aktivieren zu können (Greve, 1994).

Damit sind erste Orientierungen für weitergehende theoretische Überlegungen gewonnen. Um die Konzepte Assimilation, Akkommodation und Immunisierung theoretisch zu integrieren, müssen die Beziehungen zwischen diesen Funktionen noch näher bestimmt werden, und es müssen Randbedingungen angegeben werden, unter denen jeweils die eine oder andere Funktion dominiert. Das Strukturmodell in Abbildung 3 gibt neben den inhärenten funktionalen Beziehungen zwischen akkommodativen, assimilativen und immunisierenden Prozessen zugleich auch eine Übersicht über fördernde oder hemmende Randbedingungen (AAI-Modell; Brandtstädter, 1999b; Brandtstädter & Greve, 1994a; Brandtstädter & Rothermund, in Druck, b).

[1] Bemerkenswert ist in diesem Zusammenhang, daß der Akkommodationsbegriff schon bei Dewey (1934) in ähnlicher Weise verwendet wird, nämlich für die Anpassung von Ziel- und Präferenzstrukturen an Umstände, die nicht geändert werden können (die entgegengesetzte Tendenz der aktiven Umgestaltung der Umwelt heißt bei Dewey „*adaptation*"; vgl. Joas, 1997).

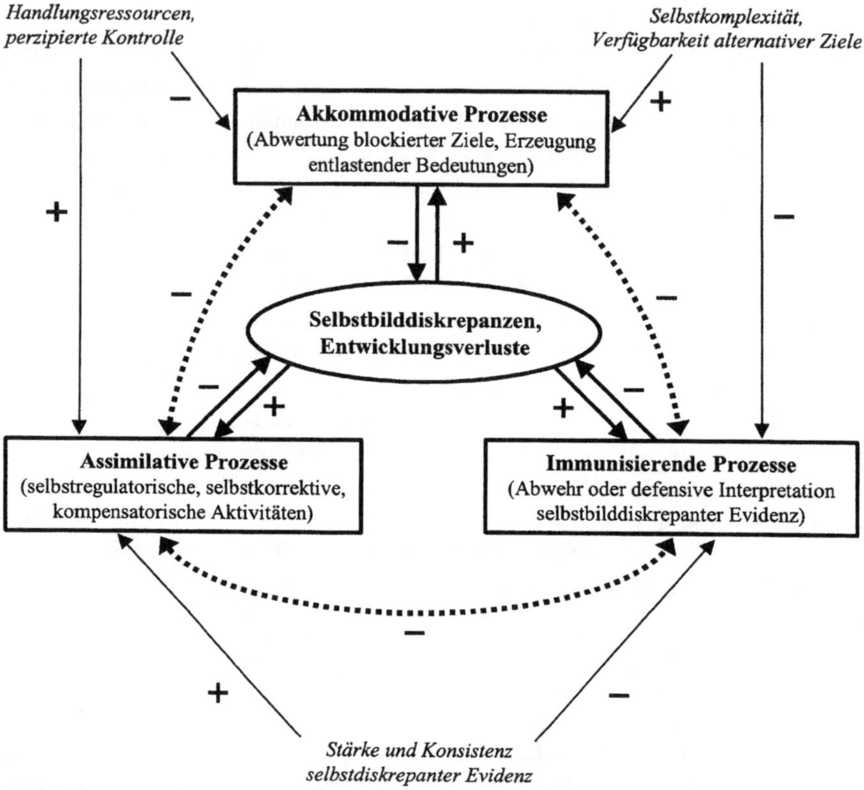


*Abbildung 3: Kernstruktur des AAI-Modells: Interdependenzen zwischen assimilativen, akkommodativen und immunisierenden Prozessen sowie fördernde (+) und hemmende (-) Bedingungen.*

Assimilative, akkommodative und immunisierende Prozesse werden jeweils durch Wahrnehmungen bzw. Informationen aktiviert, welche die Kohärenz und Kontinuität der Selbstkonstruktion in Frage stellen (in Abbildung 3 kurz als „Selbstbilddiskrepanzen" bezeichnet). Jeder der drei Prozesse bewirkt, auf seine spezifische Weise, eine Reduktion dieser Diskrepanzen. Die funktionale Beziehung zwischen den drei Basisprozessen ist jedoch antagonistisch: Ist einer der Prozesse aktiviert, so sind die jeweils beiden anderen Tendenzen inhibiert. Wenn keine Verluste oder Selbstdefizite wahrgenommen bzw. solche Wahrnehmungen abgewehrt werden (Immunisierung), bleiben assimilative und akkommodative Prozesse in den entsprechenden Bereichen inaktiv; ebenso schließen sich die Neutralisierung eines Verlustes durch Präferenzanpassung (Akkommodation) und die Bereitschaft, gegen den Verlust aktiv anzukämpfen (Assimilation), wechselseitig aus.

Trotz dieser antagonistischen Beziehungen können assimilative, akkommodative und immunisierende Prozesse auf verschiedenen Regulationsebenen koexistieren und sich im Bewältigungsprozeß ergänzen. So etwa kann jede assimilative Aktivität auch akkommodative Elemente enthalten. Wenn wir uns etwa für ein bestimmtes Entwicklungsziel entscheiden und einen bestimmten „Lebenspfad" wählen, so müssen wir uns zugleich von anderen Optionen trennen; mit jeder Selektion steigt die Anzahl ausgeschlossener alternativer Verläufe, die nun nicht mehr wählbar sind. Die Differenz zwischen realisiertem Entwicklungsverlauf und alternativen Entwicklungsmöglichkeiten ist charakteristisch für die Offenheit der menschlichen Ontogenese; „we all begin with the natural equipment to live a thousand kinds of life but end in the end having lived only one" (Geertz, 1973, S. 45).

Kritische Lebensereignisse oder Entwicklungsübergänge umfassen zudem im allgemeinen eine Vielzahl von Einzelproblemen, die unterschiedliche Lösungen und Bewältigungsformen erfordern. Wenn z.B. der ältere Mensch aus gesundheitlichen Gründen sein Ernährungsverhalten ändert, so ist diese Aktivität im Sinne der getroffenen Unterscheidungen zwar assimilativ; sie kann jedoch zugleich die Preisgabe anderer Ziele und insofern durchaus auch akkommodative Elemente einschließen – man muß sich vielleicht nicht nur von seinen Lieblingsspeisen verabschieden, sondern sich, auf symbolischer Ebene, möglicherweise auch von Selbstdefinitionen jugendlich-robuster Gesundheit trennen. Akkommodation von Präferenzen kann also assimilative Anstrengungen unterstützen; um Ziele zu erreichen, muß man zumeist auch etwas aufgeben, und wenn sich schließlich noch herausstellt, daß das Erreichte das Aufgegebene nicht wert ist, kommen vielleicht neue Ablösungs- und Akkommodationsprobleme hinzu.

Der im triadischen Modell beschriebene Funktionsantagonismus schließt also ein synergistisches Zusammenwirken aller drei Prozesse keineswegs aus; Akkommodation, Assimilation und Immunisierung stehen nur innerhalb der gleichen Regulationsebene bzw. im Hinblick auf ein und dasselbe Ziel in einem antagonistischen Verhältnis. Akkommodative Zielanpassungen beenden also assimilative Aktivitäten nicht generell, vielmehr geben sie diesen neue Richtungen und Referenzpunkte. Auf diese Weise werden Handlungsressourcen geschont und auf aussichtsreichere Gebiete kanalisiert; eben darin besteht ein adaptiver Vorteil des Akkommodationsprozesses.

Es entspricht der antagonistischen Relation zwischen den Einzelprozessen, daß jede Bedingung, die einen dieser Prozesse begünstigt, die jeweils anderen hemmt (diese Wechselbeziehungen sind in Abbildung 3 angedeutet, aber aus Gründen der Übersichtlichkeit nicht sämtlich explizit aufgeführt). Die Balance zwischen Assimilations- und Akkommodationsprozessen bzw. die relative Dominanz des einen oder anderen Prozesses wird zunächst wesentlich durch subjektiv wahrgenommene und verfügbare Handlungsressourcen beeinflußt; assimilative Anstrengungen setzen Überzeugungen hinsichtlich der Erreichbarkeit des Zieles voraus. Akkommodative Tendenzen, also etwa die Bereitschaft zur Ablösung von einem Ziel, steigen in dem Maße, wie diese Überzeugungen sich – etwa im Zuge vergeblicher Bemühungen, ein bestimmtes Ziel zu erreichen – abschwächen; der Übergang zum akkommodativen Modus wird zusätzlich durch Faktoren wie etwa die *Substituierbarkeit eines blo-*

*ckierten Zieles* oder seine Zentralität im persönlichen Lebensentwurf moduliert. Immunisierende Prozesse wiederum werden um so ausgeprägter sein, je stärker individuelle Selbstbildannahmen gefestigt sind und je breiter die Spielräume für selbstprotektive Interpretationen sind.

Das Zusammenspiel zwischen assimilativen, akkommodativen und immunisierenden Prozessen gestaltet sich nun keineswegs immer reibungslos; in konkreten Bewältigungsepisoden können die verschiedenen Tendenzen in Konflikt geraten. Dies kann v.a. dann eintreten, wenn assimilative Anstrengungen an Ressourcen- oder Belastbarkeitsgrenzen geraten. Die gleichzeitige Aktivierung von assimilativen und akkommodativen Tendenzen kann sich im subjektiven Erleben z.B. als Schwanken zwischen weiterer Zielverfolgung und Zielablösung manifestieren (vgl. auch Bak & Brandtstädter, 1998). Der Regulationskonflikt kann besonders starke Ausprägungen annehmen, wenn wichtige Ziele auf dem Spiel stehen, die zentrale Identitätsprojekte betreffen und nicht ohne weiteres gleichwertig zu substituieren sind. Krisenhafte Funktionslagen im Zusammenspiel von assimilativen, akkommodativen und immunisierenden Prozessen manifestieren sich z.B. im fortgesetzten Ruminieren über vertane Chancen, in Gefühlen von Hilflosigkeit und Sinnverlust, nicht zuletzt auch in depressiven Störungen. Damit bietet das Modell assimilativer, akkommodativer und immunisierender Prozesse neuartige Zugänge zum Verständnis der Faktoren, die zur Entstehung und Überwindung von Identitätskrisen und depressiven Störungen beitragen.

Inhaltliche und prozessuale Aspekte der drei Grundprozesse sollen weiter unten eingehener betrachtet werden. Diese Betrachtungen werden uns z.T. über einen intentionalistischen Rahmen hinausführen und auch nichtintentionale oder subpersonale Mechanismen einbeziehen. Zumal akkommodative und immunisierende Prozesse können – aus Gründen, die teilweise schon diskutiert wurden (s.o., Kapitel 4) – nicht mit Handlungen gleichgesetzt werden, die durch intentionale Entscheidungen initiiert werden. In diesem Punkt setzt sich die vorliegende Konzeption von kontroll- und bewältigungstheoretischen Modellen ab, in denen die Selektion unterschiedlicher Bewältigungsmodalitäten im Sinne einer reflexiven, personal kontrollierten Strategiewahl aufgefaßt wird (vgl. etwa das Modell „problemzentrierter“ und „emotionszentrierter“ Bewältigung bei Lazarus und Folkman (1984) oder auch die von Rothbaum, Weisz und Snyder (1982) eingeführte Unterscheidung von „primärer“ und „sekundärer“ Kontrolle und deren entwicklungspsychologische Interpretation bei Heckhausen und Schulz (1995)).

## 6.2 Assimilative Aktivitäten: Facetten und Funktionen

Im assimilativen Funktionsmodus versucht die Person, den Verlauf ihrer Entwicklung in Richtung auf Projektionen „gewünschter“ oder „gesollter“ Entwicklung zu verändern bzw. mit diesen in Übereinstimmung zu bringen. Im Grundsatz kann jeder Lebens- oder Verhaltensbereich zum Zielbereich assimilativer Bemühungen werden; Voraussetzung ist, daß die Person sich einen Einfluß auf die persönliche Entwicklung in diesem Bereich zuschreibt. In Abhängigkeit von individuellen Zielen und Mittel-Ziel-Annahmen können assimilative Aktivitäten vielerlei Formen annehmen. Assimilatives Handeln kann präventive oder korrektive Intentionen verfolgen; es kann globale Ziele (z.B. Erweiterung eigener Handlungsmöglichkeiten, Erwerb und Erweiterung beruflicher Qualifikationen, Erhaltung geistiger und körperlicher Leistungsfähigkeit) verfolgen oder auch auf konkrete Projekte gerichtet sein, die sich aus übergeordneten Plänen ergeben. Kulturelle Systeme regulieren assimilative Aktivitäten durch die Vorgabe von Modellvorstellungen gelingenden Lebens und erfolgreichen Alterns; die Selektion von Entwicklungspfaden, die solchen Vorstellungen entsprechen, wird oft auch durch Bereitstellung entsprechender Entwicklungsangebote und Handlungsressourcen unterstützt.

Von inhaltlichen Aspekten abstrahierend können wir verschiedene Typen assimilativer Aktivitäten unterscheiden: a) die Selektion und Konstruktion von Entwicklungsumwelten; b) selbstkorrektive und selbstregulatorische Aktivitäten; c) kompensatorisches Handeln sowie d) „selbstverifizierende“ Aktivitäten. Diese Unterscheidungen sind akzentuierend und keineswegs trennscharf; manche Formen assimilativer Aktivität umfassen mehrere dieser Kategorien.

(a) *Selektion und Konstruktion von Entwicklungsumwelten*: Die Umwelten, in denen wir handeln und unser Leben organisieren, sind nicht schlicht vorgegeben oder vorgefunden; wir schaffen sie uns, zumindest zu einem wesentlichen Teil, selbst. Die zugrunde liegenden Selektions- und Koordinierungsprozesse sind in unterschiedlichem Maße intentional gesteuert: Man kann reaktive, evokative und intentional-proaktive Formen der Individuums-Umwelt-Koordinierung unterscheiden (vgl. auch Caspi, 1998). Im gegebenen Zusammenhang interessiert v.a. die letztere Variante, doch seien zur deutlicheren Unterscheidung auch die beiden anderen kurz betrachtet.

*Reaktive* Koordinierungen resultieren wesentlich aus dem Umstand einer individuell unterschiedlichen Verarbeitung von Umwelten, in der sich z.B. Unterschiede in Persönlichkeits- und Temperamentsmerkmalen, Einstellungen und Erfahrungen spiegeln. Individuen erzeugen schon auf einer präintentionalen Verarbeitungsstufe aus „objektiven“ Umweltgegebenheiten ihre je eigene, phänomenologische Umwelt, und diese bestimmt zu einem wesentlichen Teil ihr Handeln und ihre weitere Entwicklung. Hier ist auch das Konzept „chronisch verfügbarer Konstrukte“ (Higgins, 1996b) einschlägig, das habitualisierte, personspezifische Wahrnehmungs- bzw. Reaktionsbereitschaften bezeichnet. Es ist in diesem Zusammenhang oft die Rede, daß die Person ihre phänomenologische Umwelt „konstruiert“. Diese zumal in sozialkonstruktivistischen Ansätzen (vgl. etwa Gergen, 1985) verbreitete Redeweise mag insofern zulässig sein, als die Informationsverarbeitung kein passiver Rezeptionsvorgang, sondern ein durch individuelle Einstellungen, Motive und Begriffe geprägter Prozeß ist; keineswegs aber ist dieser Prozeß, wie der Konstruktionsbegriff es nahelegen könnte, ein intentionaler oder personal kontrollierter Vorgang.

Mit *evokativer* Individuums-Umwelt-Koordinierung haben wir es dagegen zu tun, wenn eine Person aufgrund bestimmter Attribute bestimmte Reaktionen in ihrer Umwelt auslöst. Äußere Merkmale, wie z.B. Aussehen, wahrnehmbare Behinderungen oder spezifische *age markers,* können schematisierte Einstellungen und Reaktionen in der sozialen Umgebung hervorrufen (vgl. Busch-Rossnagel, 1981); Persönlichkeitseigenschaften, wie Aggressivität, Introversion oder Emotionalität, gehen nicht nur mit charakteristischen Handlungsbereitschaften beim Individuum selbst einher, sondern erzeugen zugleich spezifische Antworten in der sozialen Umwelt. Reaktive und evokative Formen der Individuums-Umwelt-Koordinierungen sind definitionsgemäß nichtintentional, auch wenn sie natürlich individuelle Handlungsspielräume mitbestimmen.

Von assimilativen Aktivitäten im engeren, intentionalen Sinne können wir dagegen bei *proaktiven* Individuums-Umwelt-Koordinierungen sprechen. Gemeint ist das intentionale, gezielte Aufsuchen oder Herstellen bestimmter Umwelten und Entwicklungsnischen (Super & Harkness, 1986). Diese proaktive Form der Individuums-Umwelt-Koordinierung ist ontogenetisch an die Entwicklung von Intentionalität gekoppelt (vgl. Kapitel 3) und wird, sobald sie von bestimmten Selbstentwürfen oder Entwicklungszielen geleitet wird, zu einem wesentlichen Moment assimilativer Aktivität. Individuen präferieren, soweit sie dazu hinreichende Wahl- und Bewegungsfreiheiten haben, Lebens- und Entwicklungsumwelten, die ihren Persönlichkeitsmerkmalen und Kompetenzen angemessen sind und entsprechende Entfaltungs- und Ausdrucksmöglichkeiten bieten. Im Beruflichen etwa werden Tätigkeitsbereiche präferiert, die es ermöglichen, Kompetenzen und Fertigkeiten auf dem höchsten und differenziertesten Niveau zur Geltung zu bringen; Rawls (1975) spricht in diesem Zusammenhang von einem „Aristotelischen Prinzip" der Selbstgestaltung. Begriffe wie Langeweile, Entfremdung oder Streß bezeichnen demgegenüber Zustände mangelnder Entsprechung zwischen Anforderungen und Handlungsmöglichkeiten bzw. zwischen Zielen und Erfüllungsmöglichkeiten. Solche aversiven Zustände aktivieren, bei hinreichendem Handlungspotential, assimilative Gegenregulationen, um die Zone einer optimalen Passung zwischen Anforderungen und Möglichkeiten bzw. zwischen Zielen und Erfüllungsmöglichkeiten wiederzugewinnen (vgl. auch das Konzept des *„flow channel"* bei Csikszentmihalyi & Rathunde, 1998). Diese Selektionsdynamiken sind entwicklungspsychologisch bedeutsam und bilden eine wesentliche Grundlage intentionaler Selbstentwicklung.

Ich habe schon betont, daß soziale, familiäre und berufliche Beziehungen und die sich daraus ergebenden Lebenspfade nicht durchweg Resultat von Entscheidungen sind, die explizit im Hinblick auf persönliche Entwicklungsziele getroffen werden; Beziehungen zu Freunden, Ehepartnern oder Mentoren resultieren oft z.B. auch aus *„chance encounters"* (Bandura, 1982a). Jedoch ist auch hier die „Passung" mit eigenen Lebens- und Entwicklungszielen zumindest für die Qualität und Dauerhaftigkeit von sozialen Beziehungen und Partnerschaften von entscheidender Bedeutung (siehe auch Brandtstädter et al., 1986), wobei eine solche Passung im Interaktionsprozeß auch aktiv hergestellt und – etwa durch die Ausbalancierung von Aufgaben und Verpflichtungen – stabilisiert werden muß. Die Motivstrukturen, die soziale Selektionsentscheidungen und Kontaktmuster bestimmen, können sich über die Lebensspanne wandeln. Während im Jugend- und frühen Erwachsenenalter instrumentelle Motive der Informationssuche und Kompetenzerweiterung bedeutsam sind, mögen soziale Beziehungen im höheren Lebensalter in stärkerem Maße als affektiv-emotionale Ressourcen fungieren (dies postuliert z.B. Carstensen, 1993, in ihrer *„socioemotional selectivity theory"*).

Proaktive Individuums-Umwelt-Koordinierungen umfassen die gesamte Lebensspanne und führen zur Ausbildung einer identitätsstiftenden „persönlichen Kultur" (Heidmets, 1985), d.h. von Lebensumständen und Entwicklungssettings, mit denen sich die Person identifiziert, und die insofern auch als Aktualisierung und Extension von Selbstentwürfen begriffen werden können. Die Abgrenzung zu reaktiven Koordinierungen im oben definierten Sinne ist dabei nicht durchweg trennscharf. Dies gilt einerseits schon im Hinblick auf den Umstand, daß beide Varianten z.T. auf Bewertungs- und Reaktionsbereitschaften beruhen, die nichtintentionale, genetisch verankerte Mechanismen und Prädispositionen involvieren (Scarr & McCartney, 1983). Darüber hinaus können intentionale Selektionen unerwünschte Effekte zeitigen und den Spielraum späterer Handlungen und Entscheidungen in einer Weise einschränken, die im nachhinein unwillkommen erscheint. So etwa ist die Auftrittswahrscheinlichkeit aversiver Lebensereignisse (etwa von Unfällen, Krankheiten) teilweise auch von präferierten Lebens- und Interaktionsmustern abhängig (hiervon war in Kapitel 5 bereits die Rede). Aus nichtintendierten Nebeneffekten intentionaler Umweltselektionen mögen sich dann neue adaptive Aufgaben ergeben, die assimilative Anstrengungen herausfordern. Oft kann allerdings, insbesondere nach irreversiblen Einschränkungen und Verlusten, die entstandene Diskrepanz zwischen gewünschten und aktuellen Lebensverläufen nur durch die akkommodative Anpassung von Zielen beseitigt werden.

(b) *Selbstregulation und selbstkorrektives Handeln*: Grundlage selbstkorrektiver Regulationen ist die Ausbildung eines reflexiven, konzeptuellen Selbst. Menschliche Handlungssubjekte können sich – jedenfalls bei hinlänglich entwickelten selbstreflexiven Kapazitäten – die Frage stellen, ob ihr Wollen, Wünschen und Tun mit ihren sonstigen Zielen verträglich ist oder sich im Einklang mit moralischen Kriterien und persönlichen Standards befindet. Janet (1930; vgl. auch Boesch, 1991) sprach hier von einer „sekundären" Regulationsebene des Handelns. Sekundär sind solche Regulationen insofern, als sie eine Metaebene der Intentionalität involvieren: etwa den Wunsch, bestimmte Intentionen, Wünsche, Emotionen zu haben oder nicht zu haben. Wir wünschen manchmal etwas, von dem wir – auf einer sekundären Ebene – möglicherweise wollen, daß wir es nicht so sehr wünschten (oder auch erkennen, daß wir es nicht wünschen sollten), und manchmal gelingt es, diese übergeordneten Absichten oder Einsichten im Handeln durchzusetzen. Wir „bekämpfen“ unseren Impuls, jetzt wieder eine Zigarette zu rauchen, oder „unterdrücken“ den Wunsch, uns für eine erlittene Kränkung zu revanchieren. Auf dieser übergeordneten, sekundären Handlungsebene bringen wir Begriffe von Vernunft und Moral in unserem Handeln zur Geltung; im Begriff der *„second order volitions“* wurde dies bereits angesprochen. Die Fähigkeit, Absichten zweiter Ordnung auszubilden, ist für das Personsein schlechthin, insbesondere aber auch für die moralische Handlungskompetenz, konstitutiv (Frankfurt, 1971).

Eine zentrale Funktion selbstregulativer und selbstkorrektiver Prozesse ist die Neutralisierung bzw. „Transzendierung“ unmittelbarer Handlungsimpulse, die eine zukunftsbezogene Handlungssteuerung und insofern auch eine „Öffnung der Zeitgrenze nach vorn“ (Tenbruck, 1978) erst ermöglicht. Intentionale Strategien der Selbstregulation umfassen z.B. Techniken der Reiz- und Umweltkontrolle (z.B. Elimination von distraktiven Reizen), Strategien der Aufmerksamkeitssteuerung (z.B. Ausblenden von störenden Handlungstendenzen), der Emotions- und Motivationskontrolle (z.B. Fokussierung auf motivierende Zwischenziele, selektive Konzentration auf positiv valente Zielaspekte), sowie Prozesse der Selbstinstruktion und Selbstverstärkung (vgl. etwa Gollwitzer, 1991; Kanfer & Gaelick-Buys, 1991; Karoly, 1993; Kuhl, 1983). Techniken dieser Art sind hilfreich, um gesetzte Intentionen gegen Schwierigkeiten und Versuchungen zu stabilisieren und momentane Anreizwerte gegen zukünftige Folgen abzuwägen, was etwa beim Durchbrechen eingefahrener Gewohnheiten und bei der Verfolgung langfristiger Ziele und Projekte bedeutsam wird.

Selbstregulative Kompetenzen sind hochrangige Sozialisationsziele; individuelle Unterschiede in diesem Kompetenzbereich manifestieren sich schon früh. Schon Kinder im Vorschulalter unterscheiden sich deutlich in der Fähigkeit, aktuellen situativen Anreizen zugunsten einer späteren Belohnung zu widerstehen und einen Gratifikationsaufschub zu überbrücken (vgl. Mischel et al., 1996). Zwar sind traditionelle Tugendbegriffe wie „Willensstärke“ oder „Selbstdisziplin“ heute z.T. mit zwiespältigen Konnotationen besetzt, nicht zuletzt aufgrund der aus der psychoanalytischen Tradition stammenden Vorstellung, daß die Ventilierung von Emotionen positive, kathartische Effekte habe (kritisch hierzu z.B. Baumeister et al., 1994). Dennoch ist die Fähigkeit, das Handeln gegen die aktuelle Reizsituation partiell abzuschirmen, es auf Fernziele auszurichten und gesetzte Intentionen gegen Belastungen und Widerstände durchzuhalten, für das soziale Zusammenleben wie insbesondere auch für die intentionale Selbstentwicklung konstitutiv.

(c) *Kompensatorische Aktivitäten*: Ralph Waldo Emerson (1900) sah in der kompensatorischen Balance zwischen Geben und Nehmen, Gewinn und Verlust ein „sublimes Gesetz“ des menschlichen Lebens. Kompensieren, im ursprünglichen Sinne des Wortes, meint die Herstellung eines Gleichgewichtes durch den Ausgleich von Gewichten und Gegengewichten. Aufgrund seiner engen Beziehung zu Begriffen von Gerechtigkeit, Stabilität, Ausgewogenheit und Harmonie hat der

Kompensationsbegriff bis ins 19. Jahrhundert in so verschiedenen Bereichen wie Biologie, Ökonomie, Ästhetik, Physik und Theologie als Ordnungskonzept eine bedeutende Rolle gespielt (Svagelski, 1981). Im handlungstheoretischen Kontext kann von Kompensation immer dann gesprochen werden, wenn zur Erreichung eines Zieles oder zum Ausgleich von Defiziten Hilfsmittel und Strategien eingesetzt oder entwickelt werden, die zuvor nicht zum Handlungsrepertoire des Individuums gehörten (vgl. Vygotsky, 1979).

Jede Aktivität ist an physische, psychische, zeitliche und materielle Ressourcen gebunden. Im Zusammenhang intentionaler Selbstgestaltung werden Kompensationsziele v.a. dort aktiviert, wo Handlungsmöglichkeiten erweitert, Verluste ausgeglichen und knappe oder schrumpfende Ressourcen optimal genutzt werden sollen. Kompensationsaufgaben entstehen gerade auch im höheren Lebensalter; kompensatorische Aktivitäten reichen hier vom Gebrauch äußerer technischer Hilfsmittel (z.B. Hörgeräte, „altersgerechte" Einrichtung der Wohnumwelt) bis zu spezifischen Verhaltensanpassungen (z.B. Strukturierung des Tagesablaufes, Gebrauch metakognitiver Strategien zur Unterstützung des Gedächtnisses). Leistungen und Fertigkeiten sind im allgemeinen von einer Vielzahl von Bedingungen und funktionalen Komponenten bestimmt, so daß der Verlust oder die Schwächung einer relevanten Teilfunktion oft durch den verstärkten Einsatz anderer Bedingungskomponenten ausgeglichen werden kann (Bäckman & Dixon, 1992). Salthouse (1984) beobachtete z.B., daß erfahrene ältere Schreibkräfte Einbußen in perzeptiv-motorischen Funktionen durch eine weiter vorausschauende Texterfassung ausgleichen. Hierbei handelt es sich allerdings weniger um eine strategische, intentionale Kompensation als um den Ausgleich von alterskorrelierten Funktionsverlusten durch erfahrungsbedingte Leistungsgewinne, wie er z.B. auch in Sportarten zu beobachten ist, in denen Faktoren wie Expertise und strategische Übersicht eine Rolle spielen. Assimilation im definierten Sinne umfaßt eher solche kompensatorischen Aktivitäten, die gezielt zum Ausgleich von Funktions- und Leistungsverlusten eingesetzt werden, wie etwa verstärktes Training, gezielte Konzentration auf intakte Funktionen und Fertigkeiten, strategische Nutzung von Hilfsmitteln – oder vielleicht auch Kunstgriffe von der Art, wie sie der Pianist Arthur Rubinstein im hohen Alter eingesetzt haben soll: Um Schwierigkeiten mit sehr schnellen Passagen zu umgehen, verlangsamte er sein Spiel vor der kritischen Stelle, um so zumindest durch den Kontrast den Eindruck von Schnelligkeit zu erzeugen (Baltes & Baltes, 1990).

Assimilativ-kompensatorische Aktivitäten werden primär auf Bereiche konzentriert, die „ichnah" bzw. identitätskonstitutiv sind; sie lassen daher in ihrer Ausrichtung und Stärke oft Rückschlüsse auf individuell bedeutsame Selbstbildaspekte zu. Auch Leistungsnormen und -erwartungen beeinflussen kompensatorisches Verhalten; starre Normstrukturen etwa in Berufs- oder Ausbildungskontexten, die keine flexible Anpassung an individuelle Leistungsmöglichkeiten und deren altersgebundene Veränderungen erlauben, erzeugen einen entsprechend starken Kompensationsdruck.

(d) *Selektion und Herstellung selbstbildkonsistenter Situationen*: Handlungen der „Selbstverifikation" bilden eine weitere wichtige Gruppe assimilativer Aktivitäten. Das Selbstverifikationskonzept (Swann, 1983; vgl. auch Steele, 1988) bezeichnet die Tendenz, solche Situationen oder sozialen Kontexte bevorzugt auszusuchen oder herbeizuführen, die der Bestätigung oder Stabilisierung von Selbstdefinitionen dienen, bzw. Situationen zu meiden, in denen selbstbilddiskrepante Rückmeldungen zu erwarten sind. Aktivitäten der Selbstverifikation können beispielsweise in symbolisch-expressiven Handlungen bestehen, die Selbstdefinitionen sichtbar zum Ausdruck bringen – etwa wenn bestimmte Einstellungen durch Autoaufkleber, Tätowierungen, die Art der Kleidung, des Sprechens oder einen sonstwie besonderen Habitus demonstriert werden. Insbesondere kann auch die Auswahl von Interaktions- und Kommunikationspartnern der Aufrechterhaltung präferierter Selbstdefinitionen dienen (vgl. auch Carstensen, 1993; Ward, 1984). Wo andere Möglichkeiten versagen, mag sogar die Veränderung der äußeren Erscheinung durch chirurgische Eingriffe (z.B. kosmetische Operationen) als Mittel dienen, selbstbildkonsistente Rückmeldungen zu erhalten.

Dem hier angesprochenen Formenkreis assimilativer Handlungen können auch Aktivitäten zugerechnet werden, wie sie Wicklund und Gollwitzer (1982) im Konzept der *symbolic self-completion* beschrieben haben: Wird der individuelle Selbstentwurf (z.B. „erfolgreicher Manager", „guter Psychologe" und dgl.) durch Rückmeldungen in Frage gestellt, die auf das Fehlen relevanter Identitätsindikatoren hinweisen, so entsteht die Tendenz, solche Indikatoren zu erwerben oder durch Handlungen mit entsprechender symbolisch-diagnostischer Bedeutung dem Beobachter (und sich selbst) zu demonstrieren, daß man die betreffenden Merkmale tatsächlich besitzt. Die Übergänge zu kompensatorischen Prozessen sind hier teilweise fließend (vgl. auch Gollwitzer, Bayer, Scherer & Seifert, 1999). Ähnliche selbstprotektive Prozesse zeigen sich teilweise schon auf einem automatischen, präintentionalen Niveau: Selbstbildhypothesen, die hinreichend gefestigt sind, besitzen eine inhärente Tendenz, diskrepante Evidenz abzustoßen oder zu diskreditieren. Solche Automatismen sind theoretisch allerdings eher als *Immunisierungen* (im weiter unten näher zu erläuternden Sinne) einzuordnen. Jedoch können auch Immunisierungsautomatismen durchaus die Grundlage intentionaler Selbstverikationshandlungen bilden: Wer die Gültigkeit selbstbilddiskrepanter sozialer Rückmeldungen bezweifelt, hat subjektiv auch gute Gründe, solchen Rückmeldungen gezielt aus dem Weg zu gehen.

Kennzeichnend für alle hier betrachteten Formen und Facetten assimilativer Aktivitäten ist das hartnäckige Festhalten an bestimmten Zielen, Ansprüchen und Standards. Intensität und Ausdauer assimilativer Bemühungen hängen wesentlich von subjektiven Handlungsressourcen ab. Je ausgeprägter die initialen Selbstwirksamkeitsüberzeugungen sind, um so stärker ist die Tendenz, auftretende Schwierigkeiten mit Anstrengungsverstärkungen zu beantworten, und um so später wird sich eine Tendenz zur Ablösung der Ziele durchsetzen (vgl. Bandura, 2000; Klinger, 1975; Wright & Brehm, 1989).

## 6.3 Vom assimilativen zum akkommodativen Bewältigungsmodus

Im assimilativen Modus sind akkommodative Tendenzen unterdrückt; solange Ziele erreichbar sind und Standards ohne Schwierigkeiten aufrechterhalten werden können, brauchen sie nicht revidiert zu werden. Assimilative Aktivitäten erfordern, wie jede andere Aktivität, den Einsatz von physischen, zeitlichen, z.T. auch von sozialen und materiellen Ressourcen; diese Ressourcen stehen nicht unbegrenzt zur Verfügung und können sich zudem, v.a. auch im Zuge von Alternsprozessen, fortschreitend verringern. Gerade die psychologische Problematik des Alterns resultiert nicht nur aus Funktionsverlusten und Einbußen in Handlungsressourcen, sondern auch aus dem zunehmenden Verlust von Reserven, um diese Einbußen durch „Selektion, Optimierung und Kompensation" (Baltes & Baltes, 1990) auszugleichen; ohne diese – wie man sagen könnte – Verluste zweiter Ordnung fände Altern nicht statt. Funktionsverluste mögen durch gesteigerte assimilativ-kompensatorische Anstrengungungen eine Zeitlang ausgeglichen werden. Solche Anstrengungen unterliegen jedoch einem Gesetz abnehmenden Ertragszuwachses. Dieses auch aus ökonomischen Zusammenhängen bekannte Gesetz ist eine tautologische Umschreibung des Sachverhaltes, daß es für jeden Produktionsprozeß, der auf begrenzten Ressourcen basiert, eine „Grenze der Produktionsmöglichkeiten" (Samuelson & Nordhaus, 1985) gibt. Entsprechendes gilt für den Bereich kompensatorischer Aktivitäten: Der Versuch, bei sinkenden Handlungsressourcen etwa ein gewünschtes Leistungsniveau durch Forcierung kompensatorischer Anstrengungen aufrechtzuerhalten, gerät bei Annäherung an die Grenze der Produktionsmöglichkeiten in Bereiche, wo die Relation zwischen Aufwendungen und Ertrag ungünstig wird. Man kann z.B. in manchen Sportarten altersgebundene Leistungsverluste für einige Zeit durch verstärktes Training, effektivere Nutzung physischer Ressourcen und dgl. ausgleichen, mildern oder verzögern. Die adaptiven Herausforderungen des Alterns bestehen freilich gerade darin, daß die Forcierung kompensatorischer Bemühungen zunehmend Einschränkungen in anderen, positiv valenten Bereichen erzwingt.

Wenn alle assimilativen Optionen erschöpft sind, ist eine kritische Situation erreicht, in der, klassischen kontroll- und hilflosigkeitstheoretischen Formulierungen zufolge (siehe z.B. Garber & Seligman, 1980), Gefühle der Hilflosigkeit und Depression entstehen sollten – zumindest solange an den nun mehr nicht erreichbaren Zielen und Standards festgehalten wird (dieser zusätzlichen Bedingung ist bislang in depressionstheoretischen Ansätzen nur wenig Beachtung geschenkt worden).

Hier setzt jedoch ein zweiter Typus von Bewältigungsprozessen ein, den wir als akkommodativ bezeichnen, und der im wesentlichen eine Neufestsetzung von Zielen, Ansprüchen und Selbstbewertungsstandards bewirkt. Diese Überlegung führt uns u.a. auch zu einem theoretischen Verständnis von depressiven Störungen, das von kontroll- und hilflosigkeitstheoretischen Vorstellungen in wesentlichen Punkten abweicht.

## 6.4 Akkommodative Prozesse: Anpassung von Zielen an Handlungsressourcen

Akkommodative Tendenzen bewirken eine Neutralisierung blockierter Zielbindungen und Intentionen und setzen damit einen Ablösungsprozeß in Gang, der im Falle eines ungestörten Handlungsablaufes erst nach der Zielerreichung erfolgt (Klinger, 1982). Die zentrale Funktion akkommodativer Prozesse liegt darin, die Bewertungsdifferenz zwischen angestrebtem (und nun blockiertem) Ziel und aktueller Situation, die assimilativ-zielbezogenes Handeln motiviert und aufrechterhält, einzuebnen. Dies wird durch eine Erhöhung der Verfügbarkeit von Kognitionen und Argumenten erreicht, welche die Attraktivität des Zieles reduzieren oder die Ist-Situation in vergleichsweise günstigerem Licht erscheinen lassen. Dazu müssen kognitive Funktionslagen, die im assimilativen Modus die hartnäckige Verfolgung gesetzter Intentionen z.B. durch Abschirmung gegen Ablenkungen, Intrusionen oder alternative Handlungstendenzen unterstützen (vgl. Gollwitzer, 1991; Kuhl, 1987), neutralisiert werden.

Prototypische Facetten akkommodativer Prozesse sind die Ablösung von blockierten Zielen, die Neuanpassung von Ansprüchen und Ambitionen, wie auch die selektive Fokussierung oder Generierung von Bedeutungen, die eine akzeptanzfördernde Umdeutung einer zunächst aversiven Situation ermöglichen. Auch soziale Vergleichsprozesse, die eine Neuverankerung von Selbstbewertungsmaßstäben unterstützen, sind dem akkommodativen Modus zuzuordnen.

(a) *Lösung von blockierten Zielen; akkommodative Zielabwertungen*: Eine flexible Handlungsorganisation muß auf Veränderungen des *„feasible set"* (Elster, 1989) von Zielen reagieren: Wo Ziele außer Reichweite geraten, müssen sie in der Bedeutungs- und Dringlichkeitshierarchie soweit herabgestuft werden, daß Handlungsressourcen auf neue Bereiche gerichtet werden können. In der Regelungstechnik bezeichnet man Systeme, die ihre Sollwerte bei veränderten Rahmenbedingungen neu einstellen können, als ultrastabil; in der Psychologie hat man die adaptive Funktion akkommodativer Zielabwertungen und ihre Bedeutung auch für Fragen „erfolgreichen Alterns" bislang nur unzureichend erkannt und gewürdigt. Als empirischer Befund sind Zielabwertungen nach Verlust und Mißerfolg freilich seit längerem bekannt. Pearlin, Menaghan, Lieberman und Mullan (1981) berichten beispielsweise, daß bei beruflichen und finanziellen Schwierigkeiten Wohlstandsziele abgewertet werden; Ulich et al. (1985) finden bei arbeitslosen Lehrern eine Abwertung des Lehrerberufes. Wenn man Zusammenhänge zwischen der erlebten Distanz von einem Ziel und der Wichtigkeit dieses Zieles analysiert, so findet man oft eine negative Beziehung: Je weiter man von einem Ziel entfernt ist, um so unwichtiger wird es (Brandtstädter, 1989a).

Für solche empirischen Muster bieten sich natürlich unterschiedliche Interpretationen an. Aus akkommodationstheoretischer Sicht liegt es jedoch nahe, sie als Ausdruck eines Prozesses zu deuten, durch den die individuelle Bilanz von Gewinnen und Verlusten stabilisiert wird: Verluste und Einschränkungen sind weniger belastend, wenn die betroffenen Ziele in ihrer Bedeutung abgewertet werden. Für diese Interpretation spricht nicht zuletzt der Umstand, daß der oben angesprochene negative Zusammenhang zwischen Zieldistanz und Zielwichtigkeit bei hoher Depressivität weniger ausgeprägt ist oder verschwindet (Brandtstädter & Baltes-Götz, 1990).

Zur genaueren Analyse der Akkommodation von Zielen bzw. der Auflösung von *commitments* (Klinger, 1987) ist es hilfreich, Ziele als „Wissensstrukturen" (Kruglanski, 1996) oder vielleicht zutreffender als intentionale Einstellungen zu betrachten, die mit Wissensstrukturen verbunden sind. Wissensstrukturen (Erwartungen, Meinungen, Überzeugungen) leiten einerseits die Umsetzung von Zielen in spezifischere Implementationsschritte, andererseits verbinden sie Zielsetzungen mit erwarteten, positiv und negativ valenten Effekten und Bedeutungen. Mißerfolge zielgerichteter Bemühungen reduzieren die Plausibilität früherer Mittel-Ziel-Erwartungen und induzieren Revisionen des Wissenssystems in den die Zielimplementation betreffenden Ausschnitten. Zweifel an bisherigen Mittel-Ziel-Überzeugungen können in einer frühen Bewältigungsphase zunächst Aktivitäten anregen, nach alternativen Verwirklichungsmöglichkeiten zu suchen; oft kommt es hierbei zugleich auch zu einer Erhöhung der Zielvalenz (Wright & Brehm, 1989). Wer z.B. zu einem bevorzugten Studienfach nicht zugelassen wird, wendet sich vielleicht einem anderen Fach zu, das im Hinblick auf persönliche Interessen und Ziele vergleichbare Möglichkeiten eröffnet. Die Erfahrung des wiederholten Scheiterns solcher Substitutions- und Kompensationsversuche kann zu Gefühlen der Frustration und Hilflosigkeit, bei hochvalenten Zielen auch zu depressiven Reaktionen führen, oft verbunden mit einem Kreisen der Gedanken um das Problem. In solchen Ruminationstendenzen zeigt sich, daß noch Bindungen an das blockierte Ziel bestehen, bzw. daß die mit dem Ziel verbundenen Valenzen noch nicht neutralisiert sind. Der Begriff der „degenerierten Intentionen" (Kuhl & Helle, 1986) bezeichnet diesen Zustand recht treffend.

Akkommodationsprozesse involvieren v.a. diejenigen Teile des Wissenssystems, die ein (blockiertes) Ziel mit valenten Effekten und Bedeutungen verbinden. Sie bewirken wesentlich eine Dekonstruktion jener assoziativen und semantischen Verbindungen, die dem Ziel positive Valenz verleihen, bei gleichzeitiger Aktivierung von Kognitionen, die den Istzustand aufwerten. Hierdurch werden intentionale Einstellungen und Motivationen neu konfiguriert. Jedoch ist die Entscheidung, sich von blockierten Zielen und Bindungen zu lösen, nicht als Ausgangspunkt, sondern als Ergebnis akkommodativer Prozesse anzusehen, und entsprechende Selbstaufforderungen bleiben im allgemeinen ineffektiv, solange diese Prozesse nicht ihre Wirkung getan haben.

Gefühle der Hilflosigkeit und Depression werden um so stärker sein und um so länger andauern, je schwieriger sich der Prozeß der akkommodativen Ablösung von blockierten Zielen gestaltet. Einige der in diesem Zusammenhang relevanten Bedingungen wurden in Abbildung 3 bereits angesprochen. In höherem Maße resistent gegen akkommodative Abwertungen sind Ressourcenziele, die zur Erreichung vieler anderer wichtiger Ziele dienen, sowie Ziele, die eine identitätsbestimmende oder existentielle Bedeutung für die Person haben und nicht leicht durch alternative Ziele von ähnlicher Valenz substituiert werden können. Eine differenzierte, multithematische Struktur von Zielen und Identitätsprojekten wird dagegen Ablösungsprozesse und die Umorientierung auf neue Ziele eher erleichtern. Befunde, wonach Personen mit hoher „Selbstkomplexität" ein geringeres Depressionsrisiko aufweisen (Linville, 1985, 1987), stehen deutlich im Einklang mit diesen Überlegungen.

Ablösungsprozesse sollten zugleich um so leichter verlaufen, je geringer die subjektive Wahrscheinlichkeit der Zielerreichung ist, bzw. je mehr sich diese Wahrscheinlichkeit im Zuge vergeblicher assimilativer Bemühungen abgeschwächt hat. Hier kommen Kontroll- und Selbstwirksamkeitsüberzeugungen sowie kontextspezifische Handlungsressourcen als differentielle Parameter ins Spiel. Starke Selbstwirksamkeitshypothesen sind, per definitionem, weniger leicht durch Mißerfolge zu erschüttern; entsprechend disponierte Personen werden daher länger im Modus assimilativer Bewältigung verharren. Insbesondere in der Auseinandersetzung mit faktisch irreversiblen Verlusten kann dies zu einer ineffizienten Nutzung von Ressourcen und eventuell zu einer Verschärfung von Hilflosigkeitsgefühlen führen. Solche potentiell dysfunktionalen Effekte ausgeprägter Kontroll- und Selbstwirksamkeitsüberzeugungen haben in den letzten Jahren zunehmend Beachtung gefunden (Coyne, 1992; Janoff-Bulman & Brickman, 1982; Thompson, Cheek & Graham, 1988).

(b) *Anpassung von Anspruchsniveaus und selbstevaluativen Standards*: Die Analyse von Verschiebungen des Anspruchsniveaus nach Erfolg und Mißerfolg, bzw. in Abhängigkeit vom Grad der Erfüllung oder Erreichbarkeit von Zielen, steht seit langem im Mittelpunkt handlungs- und motivationspsychologischer Forschungen (vgl. Lewin, Dembo, Festinger & Sears, 1944). Uns interessiert hier insbesondere die Rolle von Anspruchsregulationen im Rahmen akkommodativer Prozesse. Werden Ziele nicht erreicht oder bleibt der Grad ihrer Erfüllung hinter den Ambitionen zurück, so können Gefühle der Frustration und Unzufriedenheit durch eine defensive Neufestsetzung der Kriterien neutralisiert werden. Anspruchsregulationen sind durchaus keine intentionalen, strategisch inszenierten defensiven Manöver, wie es die Fabel vom Fuchs und den sauren Trauben (vgl. auch Elster, 1983) vielleicht suggeriert. Ob Personen auf Schwierigkeiten und Mißerfolge mit reaktant-hartnäckigen Bemühungen reagieren oder Ansprüche zurückstufen, hängt zwar wesentlich von Selbstwirksamkeitsüberzeugungen und Handlungs-Ergebnis-Erwartungen ab; diese Erwartungen und Überzeugungen werden jedoch ebensowenig wie die aus ihnen resultierenden Bewertungen intentional generiert. Auch im phänomenologischen Erleben erscheinen Anspruchsanpassungen spontan (vgl. auch Cantor & Blanton, 1996), und gelegentlich stellt man im Verlauf der Verfolgung von Zielen – wie auch im Lebensverlauf – zur eigenen Überraschung fest, daß Zufriedenheit mit dem Erreichten sich schon unterhalb früherer Ambitionen einstellt. Zwischen Zielabwertungen und Anspruchsanpassungen bestehen insofern fließende Grenzen, als Ziele ihre handlungsleitende Funktion im allgemeinen erst in Verbindung mit der Vorstellung bestimmter Erfüllungskriterien gewinnen. Gerade die akkommodative Umgestaltung dieser Verbindungen ermöglicht es aber, grundlegende Zielorientierungen neuen kontextuellen Gegebenheiten flexibel anzupassen, ohne sie gänzlich preiszugeben.

Durch die Anpassung von Ansprüchen und Standards können zentrale, persönlich bedeutsame Selbstdefinitionen und Zielorientierungen auch gegenüber Einschränkungen und Verlusten aufrecht erhalten werden. Ziele wie Gesundheit, Wohlstand und beruflicher Erfolg lassen sich hinsichtlich der Erfüllungskriterien so auslegen, daß eine gewisse Kontinuität der Selbstbeschreibung auch bei erlebten Verlusten in den entsprechenden Lebens- und Funktionsbereichen gewahrt bleiben kann. Die Selbstzuschreibung von Merkmalen wie reich, gesund oder erfolgreich orientiert sich teilweise an Vorstellungen darüber, was in einer bestimmten beruflichen oder familiären Situation, in einem spezifischen Lebenskontext oder in einer bestimmten Lebens- oder Entwicklungsphase als „vernünftig", „normal" oder „gerechtfertigt" angesehen wird, und solche normativen Erwartungen unterliegen sowohl auf individueller wie auf sozialer Ebene akkommodativen Anpassungen, die, wie im folgenden Abschnitt ausführlicher gezeigt wird, auch die Selektion von Vergleichsperspektiven beeinflussen.

Aus einer kontroll- und selbstwirksamkeitstheoretischen Perspektive mögen Anspruchsanpassungen gegenüber der aktiv-offensiven Auseinandersetzung mit Problemen als minderwertige Bewältigungsformen erscheinen. Gerade dann jedoch, wenn aktiv-offensive Problemlösungsversuche definitiv erfolglos oder entsprechende Handlungsressourcen nicht verfügbar sind, können sie wesentlich zur Aufrechterhaltung der subjektiven Lebensqualität beitragen. Das Phänomen, daß sich Glück und Zufriedenheit auch unter Lebensumständen einstellen können, die als widrig und belastend erscheinen (etwa bei Behinderungen oder schweren Erkrankungen), ist von der sozialpsychologischen Forschung als „Zufriedenheitsparadox" registriert worden (vgl. etwa Schwarz & Strack, 1991). Das Paradoxale solcher Befunde verschwindet, wenn man sie als Ergebnis einer Akkommodation von Zielen und Ansprüchen an gegebene Lebensumstände und Handlungsmöglichkeiten deutet.

(c) *Entlastende Vergleiche*: Wie wir uns selbst und unsere Lebensumstände erleben und bewerten, ist in hohem Maße davon abhängig, welche Vergleichsmaßstäbe und Alternativen uns zugänglich sind. Vergleiche können auf aktuellen Wahrnehmungen, erinnerten Episoden, imaginierten Situationen oder generalisierten Erwartungen beruhen; sie können einen unterschiedlichen zeitlichen Fokus haben (vergangene, aktuelle oder erwartete zukünftige Situationen können als Kontrast dienen); sie können sich, als soziale Vergleiche, auf bestimmte Personen oder Gruppen richten; Vergleiche können schließlich selbstbezüglich oder „ipsativ" sein, etwa wenn das „aktuelle Selbst" mit dem „vergangenen Selbst" oder einem „möglichen Selbst" kontrastiert wird. Nicht zuletzt kann der Vergleich sich auch auf ein „kontrafaktisches Selbst" beziehen: etwa wenn man sich vorstellt, welchen Verlauf das eigene Leben unter anderen Umständen hätte nehmen können. Vergleiche dieser Art können Selbsteinschätzungen, Selbstwertgefühle und emotionale Befindlichkeiten positiv oder negativ beeinflussen und so entlastend oder belastend wirken. Aus einer akkommodationstheoretischen Perspektive interessiert uns hier v.a. der Fall entlastender Vergleiche bzw. der Neutralisierung von belastenden Vergleichen.

Die Vorstellung, daß entlastende Vergleiche intentional gesucht und konstruiert werden, ist in bewältigungstheoretischen Zusammenhängen verbreitet. Richtig ist, daß entlastende Vergleiche gezielt gesucht werden *können*. Allerdings hängt die Verfügbarkeit kontrastierender Szenarien zugleich wesentlich von nichtintentionalen Mechanismen ab. Dies gilt insbesondere auch für den Abruf von Vergleichsinformation aus dem episodischen Gedächtnis. Alternative Szenarien drängen sich in der Vorstellung besonders dann auf, wenn der Ereignisablauf subjektiv beeinflußbare oder vom Gewohnten abweichende Elemente enthält: Bei einem negativen Ausgang entstehen Gefühle des Ärgers und der Frustration v.a. dann, wenn Handlungsgelegenheiten versäumt oder Chancen knapp verfehlt wurden (Kahneman & Miller, 1986; Miller & Turnbull, 1990). In solchen Fällen ist auch eine verstärkte Neigung zu ruminierendem Denken zu beobachten (Savitsky, Medvec & Gilovich, 1997). Umgekehrt sind Gefühle wie Freude, Erleichterung oder Triumph bei positivem Ausgang dann ausgeprägt, wenn ein negativer Verlauf im Bereich des Möglichen oder Wahrscheinlichen lag und insofern in erhöhtem Maße kognitiv verfügbar ist.

Die Offenheit und Kontextunschärfe von selbstdeskriptiven Begriffen begünstigt die Konstruktion entlastender Vergleiche. In welchem Maße jemand als stark oder intelligent, schön oder reich gilt, ist nicht durch starre Kriterien bestimmbar, sondern hängt wesentlich von der komparativen Verankerung der Urteilsskala ab. So etwa mag der ältere Mensch sich weiterhin als gesund und leistungsfähig betrachten, wenn er sich mit anderen Personen seines Alters vergleicht; beim Vergleich mit jüngeren Personen (oder, retrospektiv, mit eigenen Leistungen im jüngeren Alter) mag die Selbstbeschreibung weniger positiv ausfallen. Man hat Defizitstereotypen des Alterns, gerade auch aus etikettierungstheoretischer Sicht, zumeist eine negative Auswirkung auf das Selbstbild älterer Menschen zugeschrieben (z.B. Kuypers & Bengtson, 1973). Hier wird dagegen deutlich, daß solche Stereotype als Kontrastfolie für „Abwärtsvergleiche“ (Wills, 1987, 1991) auch entlastende Funktionen haben können. Tatsächlich zeichnen ältere Menschen mehrheitlich ein positives Bild von sich und ihren Leistungsmöglichkeiten, wenn sie sich mit der eigenen Altersgruppe vergleichen (z.B. Heckhausen, 1990). Aus gleichem Grunde kann die Auflösung negativer Altersstereotype auch belastende Nebenwirkungen haben: Verhaltensdefizite werden vorwurfsfähig, sobald sie nicht mehr als „normal“ oder „altersüblich“ betrachtet werden (womit zugleich allerdings auch ein verstärkter Anreiz entsteht, Entwicklungsverluste durch assimilativ-kompensatorische Astrengungen auszugleichen oder zu vermeiden).

Im Einklang mit diesen Überlegungen steht z.B. die Beobachtung, daß der Effekt wahrgenommener Entwicklungsverluste auf das Wohlbefinden im höheren Alter wesentlich davon abhängt, wie die Person ihre Situation im Vergleich zu anderen ihres Alters einschätzt: Wahrgenommene Verluste beeinträchtigen das Wohlbefinden um so weniger, je positiver der Vergleich mit anderen ausfällt (Brandtstädter & Greve, 1994a). Dies bedeutet nicht notwendig, daß bei Selbsteinschätzungen explizit ein sozialer Vergleich angestellt wird. Wenn Personen sich etwa als „erfolgreich“, „gesund“, „unabhängig“ oder „zufrieden“ beschreiben und diese Beschreibung begründen, so wird im allgemeinen eher auf eigene biographische Besonderheiten als auf andere Personen verwiesen (McFarland, Ross & Giltrow, 1992). Allerdings fließen hierbei zumindest implizit auch komparative Urteile und Vorstellungen ein, welche Leistungen und Lebensumstände für die eigene Altersgruppe „nomal“ oder angemessen sind. Eben diese Kriterien unterliegen aber akkommodativen Anpassungen, die ungünstige Selbstvergleiche – etwa mit jüngeren Personen – neutralisieren und eine günstige Selbstbeschreibung ermöglichen. Aufschlußreich sind in diesem Zusammenhang auch Beobachtungen zum Glücks- und Zufriedenheitserleben älterer Menschen. Fliege (1996) hat Teilnehmern verschiedener Altersgruppen Situationsbeschreibungen vorgegeben, die im Hinblick auf ihre Valenz variiert wurden. Negative Merkmale wurden als typischer für die Situation des älteren Menschen wahrgenommen, jedoch wurden ältere Zielpersonen unter negativen Lebensumständen zugleich als weniger unglücklich bzw. als zufriedener eingeschätzt als jüngere. Ältere Teilnehmer berichteten zudem für ihre eigene derzeitige Zufriedenheit ähnlich hohe Werte wie jüngere Teilnehmer; dabei lagen die aktuellen Einschätzungen älterer Teilnehmer deutlich über denen, die jüngere Teilnehmer sich in der Vorausschau auf das höhere Alter zuschrieben.

Stabilität und Kontinuität von Selbstbeschreibungen können mithin offenbar auch durch eine Anpassung von Vergleichsperspektiven und -kriterien gesichert werden. Der Spielraum zulässiger Vergleiche wird allerdings auch durch Fairneß- und Gerechtigkeitskriterien eingegrenzt: Es wird im allgemeinen als unangemessen und unfair betrachtet, z.B. Leistungsmaßstäbe von Erwachsenen auf Kinder, von Experten auf Anfänger oder auch die von Jugendlichen auf alte Menschen (und umgekehrt) anzuwenden. Belastende Vergleiche können dementsprechend neutralisiert werden, indem ihre Angemessenheit in Frage gestellt wird: Der schneidige Skilehrer mag sich dem Anfänger für „Aufwärtsvergleiche“ aufdrängen – der Vergleich belastet indessen kaum, da er mit einigermaßen guten Gründen als unfair zurückgewiesen werden kann. Die Dekonstruktion belastender Vergleiche kann auch ein kompensatorisches Element aufweisen: Wenn ein nachteiliger Vergleich nicht auf andere Weise neutralisiert werden kann, so findet sich – angesichts der Mehrdimensionalität unserer Begriffe von Schönheit, Kompetenz und Leistungsfähigkeit – im allgemeinen leicht eine Merkmalsdimension, auf der man anderen überlegen ist (siehe auch Taylor, Wood & Lichtman, 1983).

Die Bedeutung von Abwärtsvergleichen bei der Bewältigung belastender Situationen ist v.a. in der klinischen Psychologie und Sozialpsychologie betont worden (Taylor, 1983; Wills, 1987, 1991). Die Vorstellung, daß es anderen noch schlechter geht bzw. einem selbst noch weit schlechter gehen könnte, macht es Kranken, Behinderten und Verbrechensopfern oft leichter, die eigene Situation zu ertragen. Wie oben schon angedeutet, hängt die Verfügbarkeit solcher Vergleiche jedoch wesentlich von deren subjektiver Angemessenheit oder Zulässigkeit ab. Neben Fairneß- und Gerechtigkeitserwägungen beeinflussen auch Sympathie und Empathie die emotionale Wirkung von sozialen Vergleichen; das Befinden von Menschen, an deren Wohlergehen mir liegt, eignet sich kaum für entlastende Abwärtsvergleiche. Im allgemeinen müssen Ähnlichkeiten hinsichtlich gewisser Merkmale gesehen werden, damit ein Vergleich überhaupt als relevant und ggf. als entlastend empfunden werden kann. Ist die wahrgenommene Ähnlichkeit zwischen Selbst und Anderem jedoch sehr groß, können Identifikationstendenzen und Empfindungen von Mitleid oder „existentieller Schuld“ (Montada, 1992) einen Entlastungseffekt überwiegen.

Die Annahme einer generellen Präferenz für eine bestimmte Vergleichsrichtung („aufwärts“ oder „abwärts“) ist angesichts dieser Umstände zu relativieren. Die Theorie assimilativer und akkommodativer Prozesse legt vielmehr die Vermutung nahe, daß entsprechende Präferenzen durch wahrgenommene Handlungsmöglichkeiten moduliert werden. Aufwärtsvergleiche, die subjektiv erreichbare Entwicklungsziele beschreiben, sind keineswegs belastend, sondern eher positiv motivierend; jedes Ziel impliziert in gewissem Sinne den „Aufwärtsvergleich“ mit einem zukünftigen möglichen Selbst. Abwärtsvergleiche erscheinen dem gegenüber kennzeichnend für den akkommodativen Bewältigungsmodus; entsprechende kognitive Szenarios sollten v.a. dann verfügbar werden, wenn der subjektive Spielraum zur Verbesserung der eigenen Lage gering ist (vgl. auch Wrosch & Heckhausen, 1996).

## 6.5 Basismechanismen assimilativer und akkommodativer Prozesse

Assimilative und akkommodative Prozesse involvieren unterschiedliche Funktionslagen des kognitiven Systems und unterschiedliche Formen der Aufmerksamkeitsregulation. Im assimilativen Modus ist das kognitive System wesentlich auf die Erreichung eines gesetzten Zieles und die Spezifikation von Steuerungsparametern für den Handlungsablauf eingestellt. Der Aufmerksamkeitsfokus verändert sich dabei in einer Weise, die die verschiedenen Phasen des Handlungsablaufes unterstützt (vgl. auch Heckhausen & Gollwitzer, 1987; Kuhl & Beckmann, 1994). In frühen Phasen, in denen es um die Bewertung eines Zieles geht, sind die kognitiven Abläufe wesentlich auf die realistische Abwägung von möglichen Handlungsalternativen und -effekten gerichtet; der Aufmerksamkeitsfokus ist dementsprechend breit (siehe auch Bratman, 1987). Im Übergang zur Implementation gesetzter Ziele werden Repräsentationen des Zielzustandes wie auch operativer Zwischenschritte aufgebaut, die den Handlungsablauf strukturieren. Handlungsziele bilden, sobald entsprechende „Implementationsintentionen“ (Gollwitzer & Moskowitz, 1996) aufgebaut sind, hochverfügbare Wissens- und Gedächtnisstrukturen, die in der Phase der Handlungsausführung die Verarbeitung von Information regulieren. Mit der Fokussierung auf relevante Reize wird der Handlungsablauf zugleich gegen distraktive Einflüsse und konkurrierende Handlungstendenzen abgeschirmt (Kuhl, 1987). Diese Regulationen verlaufen subintentional-automatisch, können aber strategisch unterstützt werden. So etwa kann bei der Verfolgung langfristiger Ziele die Aufrechterhaltung gesetzter Intentionen durch gezielte Selbstverstärkungen und mentale Szenarios unterstützt werden, die positive Aspekte des Zieles ausmalen. Die vorwegnehmende Visualisierung gewünschter Zielzustände ist v.a. dann eine wirksame Strategie der Handlungsregulation, wenn gleichzeitig ein Kontrast mit der aktuellen Situation hergestellt wird (Karoly, 1993; Oettingen, 1999).

Die beschriebenen kognitiven Regulationen haben insgesamt die Funktion, Persistenz und Kontinuität der Handlungsausführung zu sichern. Kognitive Ressourcen stehen nicht unbegrenzt zur Verfügung; eine größere Verarbeitungstiefe, wie sie bei der Analyse und Beseitigung auftretender Hindernisse notwendig werden kann, geht daher im allgemeinen mit konzentrativen Einengungen im Aufmerksamkeitsradius einher (vgl. auch Neumann, 1996). Bei auftretenden Schwierigkeiten werden Abschirmungs- und Fokussierungstendenzen zunächst noch verstärkt; reaktante Steigerungen der Zielvalenz begünstigen die Mobilisierung zusätzlicher Reserven und wirken einer Zielablösung entgegen (Wright & Brehm, 1989). Die Verfügbarkeit von Kognitionen und die Zugänglichkeit für Argumente, die die Zielvalenz mindern und im Falle eines Mißerfolges entlastend wirken könnten, ist in dieser Phase herabgesetzt.

Der adaptive Wert hartnäckiger Zielverfolgung steht außer Frage; reaktante Regulationsmechanismen haben sich in der Evolution herausgebildet und manifestieren sich schon in einem sehr frühen Stadium der Ontogenese (siehe auch Kapitel 3). Adaptiv sind solche Mechanismen aber nur in Grenzen; es wäre dysfunktional, wenn faktisch unerreichbar gewordene Ziele weiterhin Aufmerksamkeit beanspruchen und gegen konkurrierende Handlungstendenzen abgeschirmt würden. Um die Handlungssteuerung Veränderungen des Handlungsfeldes flexibel anzupassen, bedarf es bestimmter Mechanismen, die blockierte Intentionen neutralisieren und Handlungsressourcen in aussichtsreichere Bereiche kanalisieren. Der akkommodative Modus umfaßt ein Ensemble von Hilfsprozessen, die diese Umorientierung bewirken. Diese Prozesse bewirken eine Aufhebung bzw. Umkehrung der kognitiven Funktionslage, die während der assimilativen Phase der Zielverfolgung dominierte.

(a) *Aufmerksamkeitsregulationen*: Zentral bedeutsam sind hier zunächst wiederum Mechanismen der Aufmerksamkeitsregulation. Die Akkommodationstheorie postuliert, daß in dem Maße, wie sich die Überzeugung festigt, gesetzte Ziele nicht erreichen oder gewünschte Lebensumstände nicht aufrechterhalten zu können, Abregelungsmechanismen aktiviert werden, die diese Ziele aus dem Arbeitsgedächtnis entfernen (vgl. Brandtstädter & Renner, 1990; Carver & Scheier, 1990). Ein holistisch-defokussierter Modus der Informationsverarbeitung setzt sich gegenüber dem in der assimilativen Phase vorherrschenden konvergent-fokalisierten Modus durch, und das Aufmerksamkeitsfeld öffnet sich wieder für Reize, die bislang als Distraktoren abgeschirmt wurden (vgl. auch Brandtstädter & Rothermund, in Druck, b; Rothermund, 1998). Neuropsychologische Befunde legen die Vermutung nahe, daß solche Veränderungen möglicherweise mit modulatorischen Effekten des dopaminergen Systems und mit Verlagerungen der Verarbeitungsaktivität von der rechten auf die linke Hirnhemisphäre einhergehen (vgl. etwa Kischka et al., 1996). Auch tierexperimentelle Befunde stützen die Annahme, daß es bei der Blockierung zielgerichteter Aktivitäten zu einer grundlegenden Umstellung der Informationsverarbeitung auf einen offenen, divergenten und extern-reizgetriebenen Modus der Informationsverarbeitung kommt: Ratten, die im Sinne des Untersuchungsparadigmas zur „gelernten Hilflosigkeit" unkontrollierbarer aversiver Stimulation ausgesetzt wurden, zeigen nach Befunden von Lee und Maier (1988) verbesserte Lernleistungen bei Aufgaben, die den Einbezug externer, bisher irrelevanter Hinweisreize erforderten. Diese Phänomene sind im Rahmen hilflosigkeitstheoretischer Konzepte kaum einzuordnen; sie verweisen auf adaptive Mechanismen im Umfeld von Kontrollverlust und Zielablösung, die wir als zentral für den Akkommodationsprozeß betrachten.

Man kann zu diesen Prozessen auch eine intentionalistische Geschichte erzählen: Das Handlungssubjekt glaubt, Ziele nicht mehr erreichen zu können; es entschließt sich, diese nicht mehr zu beachten und seine Aufmerksamkeit auf andere Bereiche zu lenken, und so fort. Solche Erklärungen greifen jedoch zu kurz, da sie die Aktualgenese der entstehenden Intentionen nicht ausleuchten; sie weisen ein explanatorisches Defizit auf, das innerhalb eines intentionalistischen Formates nicht beseitigt werden kann. Die Unzulänglichkeit rein intentionalistischer Erklärungen zeigt sich gerade dort, wo Übergänge zum akkommodativen Verarbeitungsmodus nicht ohne weiteres gelingen, wie es etwa bei der Blockierung von zentralen, schwer zu substituierenden Zielen der Fall sein mag. Wäre die Neutralisierung gesetzter Intentionen lediglich eine Sache freier Entscheidung, wäre schwer einzusehen, wieso etwa reaktive Depressionen nach Verlusterfahrungen nicht einfach durch den Entschluß beendet werden können, sich von blockierten Zielen zu lösen. Die Bereitschaft hierzu kann sich offenbar erst bei einer kognitiven Funktionslage ausbilden, die zunächst durch subintentionale Prozesse erzeugt werden muß.

(b) *Dekonstruktion belastender Kognitionen*: Der akkommodative Prozeß wird durch eine Reihe weiterer Mechanismen getragen, welche die o.g. Aufmerksamkeitsregulationen stützen. Assimilative Aktivitäten werden wesentlich durch den Kontrast zwischen einem hochvalenten Zielzustand und einem geringer valenten oder aversiven Ist-Zustand motiviert. Diese Differenz wird im akkommodativen Modus eingeebnet oder invertiert, indem Attraktionsvalenzen des Zieles einerseits, negative Bedeutungen des Aktualzustandes andererseits dekonstruiert werden.

Der Dekonstruktionsprozeß wird v.a. dort ausgeprägt sein, wo ein angestrebtes Ziel nicht durch alternative Mittel oder Unterziele erreicht werden kann. Unter diesen Bedingungen werden gerade solche Kognitionen wieder verfügbar, die während der Verfolgung assimilativer Ziele abgeschirmt oder ausgeblendet waren; gleichzeitig damit kommt es auch zu einer Revision illusorisch erhöhter Einschätzungen der eigenen Selbstwirksamkeit, die die Zielverfolgung im assimilativen Modus unterstützen (Taylor & Gollwitzer, 1995). Phänomene, wie sie unter dem Etikett des „depressiven Realismus“ (Alloy & Abramson, 1979) beschrieben worden sind, lassen sich daher als Symptome des beginnenden Überganges von einem assimilativen zu einem akkommodativen Verarbeitungsmodus theoretisch einordnen. Im akkommodativen Prozeß kommt es allerdings nicht nur zur Abwertung blockierter Ziele, sondern zugleich auch zur erhöhten Verfügbarkeit von kognitiven Inhalten, die dem ursprünglich aversiven Ist-Zustand positive Valenzen verleihen. Der Prozeß der entlastenden Deutung belastender Situationen ist in der klinisch-psychologischen Literatur auch als *benefit finding* beschrieben worden, allerdings ohne die hier diskutierten handlungstheoretischen Einordnungen: Querschnittsgelähmte, Patienten mit chronischem Rheuma, Schlaganfallopfer und deren Angehörige oder Krebspatienten berichten vielfach, daß sie ihrer Situation auch positive Seiten abgewinnen können (Affleck & Tennen, 1996). Die nachträgliche positive Reinterpretation von belastenden, irreversiblen Situationen ist wohl auch eine der Bedingungskomponenten, die der antizipatorischen Überschätzung der Stärke negativer Emotionen nach vorgestellten Verlust- oder Mißerfolgssituationen zugrunde liegen (vgl. auch Loewenstein & Schkade, 1999).

Bei Personen mit einer dispositionell hohen Bereitschaft zu akkommodativer Bewältigung (gemessen mit der Skala „Flexible Zielanpassung“; Brandtstädter & Renner, 1990) ist die Verfügbarkeit von entlastenden Kognitionen, die eine gegebene aversive Situation mit positiven Bedeutungen verbinden, erhöht. Dies konnte anhand eines experimentellen Ansatzes gezeigt werden, bei dem ein aversives Szenario vorgegeben wurde, das neben belastenden zugleich entlastende Informationselemente enthielt (Beispiel: *„Ihr Mann liegt schon seit längerer Zeit im Krankenhaus. Sie sehen zwar, daß es ihm durch den Aufenthalt zusehends besser geht, aber das Alleinsein belastet Sie doch sehr.“*). Teilnehmer mit hohen Werten auf der Flexibilitätsskala (speziell in einer Untergruppe von Items, die eine hohe Umdeutungsbereitschaft anzeigen) erkannten nach Darbietung des belastenden Hinweisreizes (*„Krankenhaus“*) Wörter aus der entlastenden Passage (*„zusehends besser“*) schneller, während sich bei niedrigen Skalenwerten kein entsprechender Verfügbarkeitsvorteil zeigte (Wentura, 1995). Ein interessantes akkommodationsanaloges Phänomen, das möglicherweise Hinweise auf relevante physiologische Vermittlungsmechanismen gibt, zeigt sich im Tierexperiment in der Reduzierung der Schmerzempfindlichkeit nach unkontrollierbarem Schock. Bei Blockierung von Flucht- und Vermeidungsmöglichkeiten kommt es bei den Versuchstieren (Ratten) zu einer Erhöhung der Schmerzschwellen, damit zugleich auch zu einer Reduzierung des Fluchtmotivs. Dieser Effekt wird offenbar durch die Ausschüttung endogener Opiate vermittelt (die Analgesie wird bei Verabreichung von Opiatantagonisten aufgehoben; Maier, Sherman, Lewis, Terman & Liebeskind, 1983).

(c) *„Konklusionsgetriebenes“ Denken*: Die akkommodative Veränderung von Zielen – und der sie stützenden Teile des Wissenssystems – wird weiterhin durch Mechanismen unterstützt, wie sie unter dem Stichwort des „konklusionsgetriebenen“ Denkens beschrieben werden (Kunda, 1990; Sanitioso, Kunda & Fong, 1990). Gemeint ist eine Tendenz, für eine Annahme gezielt stützende Argumente zu suchen und selektiv zu fokussieren. Diese Tendenz sollte v.a. dann dominieren, wenn die in Frage stehende Proposition einen persönlich gewünschten Sachverhalt beschreibt. Konklusionsgetriebenes Denken beansprucht im allgemeinen weniger kognitive Ressourcen als eine offene, d.h. auf eine möglichst genaue und objektive Einschätzung der Situation gerichtete kognitive Suche; Einschränkungen der Bearbeitungsressourcen, etwa durch Zeitdruck oder gleichzeitige Bearbeitung mehrerer Aufgaben, begünstigen diese Tendenz (vgl. auch Kruglanski, 1996).

Prozesse motivierten Denkens sind nicht einseitig an bestimmte Bewältigungsformen gebunden, sondern wirken in verschiedenen Phasen des Bewältigungsgeschehens in unterschiedlicher Weise. Im assimilativen Modus unterstützt motiviertes Denken die selektive Erzeugung von kognitiven Inhalten, welche die Zielverfolgung und die Aufrechterhaltung gesetzter Intentionen unterstützen. Im akkommodativen Modus tendiert das kognitive System dagegen zur Erzeugung kognitiver Inhalte, die geeignet sind, die durch irreversible Verluste und Blockierungen entstandenen aversiven Befindlichkeiten im Sinne eines *„mood repair“* (Isen, 1987; Gilbert, Pinel, Wilson, Blumberg & Wheatley, 1998) zu neutralisieren. Das entstandene Problem wird so, da es nicht aktiv-assimilativ gelöst werden kann, gleichsam kognitiv „aufgelöst“. Das Gravitieren des Denkprozesses in Richtung auf entlastende Inhalte wirkt wegen seiner Entlastungswirkung offenbar selbstverstärkend (in ähnlicher Weise haben übrigens schon Dollard und Miller 1950 das psychoanalytische Verdrängungskonzept als ein durch negative Verstärkung vermitteltes Vermeidungslernen expliziert).

Die emotionalen Begleiterscheinungen kognitiver Aktivitäten erscheinen vor diesem Hintergrund nicht als bloße Epiphänomene, sondern als wesentliche Bedingungen dieser Aktivitäten selbst. In der Tat können stimmungsinduzierte Veränderungen der kognitiven Funktionslage die beschriebenen Prozesse entscheidend unterstützen und verstärken. Positive Stimmungslagen begünstigen eine offene, „heuristische" Form der Informationsverarbeitung, negative Stimmungslagen dagegen eine tiefere und „systematischere" Verarbeitung (Bless, Bohner, Schwarz & Strack, 1990; Chaiken et al., 1989; siehe auch Park & Banaji, 2000). Bei frustrierenden Zielblockierungen kann eine Tendenz zur tieferen und gründlicheren Verarbeitung von Informationen zur Dekonstruktion bisheriger Überzeugungen beitragen. Dagegen sollte der mit zunehmender Aktivierung akkommodativer Tendenzen und mit beginnender Ablösung von blockierten Zielen eingeleitete positive Stimmungsumschwung eine für neue Sichtweisen, Argumente und Zielsetzungen offen-divergente Form der Informationsverarbeitung unterstützen, wie dies bereits angedeutet wurde.

Die genannten akkommodativen Basismechanismen wirken in ihrer Gesamtheit im Sinne einer kognitiven Funktionslage, welche die „implementative Bewußtseinslage" (Gollwitzer, 1990; Gollwitzer & Bayer, 1999), die während der Phase aktiv-assimilativer Zielverfolgung dominiert, aufhebt oder umkehrt. Unter einer akkommodativen Funktionslage werden Abschirmungen gegenüber Ablenkungen, Intrusionen oder alternativen Handlungstendenzen aufgehoben, überhöhte oder übergeneralisierte Selbstwirksamkeitseinschätzungen werden reduziert, das System schwingt zu einem offen-holistischen Verarbeitungsmodus, wie er auch in „prädezisionalen" Phasen des Handelns dominiert, zurück.

Allerdings läuft dieser Prozeß nicht immer reibungslos ab. Ich habe schon Bedingungen genannt, die akkommodative Reorientierungen erschweren bzw. auch zu einem Konflikt zwischen akkommodativen und assimilativen Regulationstendenzen führen. Situative und personspezifische Bedingungen, wie etwa hohe Attraktivität des blockierten Zieles, starke Selbstwirksamkeitsüberzeugungen, geringe Verfügbarkeit alternativer Optionen führen dazu, daß die Zielablösung spät, und dann unter u.U. besonders starken Konflikten, erfolgt. Zustände der Depression und Rumination sind aus akkommodationstheoretischer Sicht genau dieser Übergangs- und Konfliktzone zuzuordnen, wo sich weder die eine noch die andere Tendenz entscheidend durchsetzen kann. Auch der Streßbegriff kann in dieser Weise theoretisch eingeordnet werden (vgl. hierzu auch psychophysiologische Befunde bei Bak & Brandtstädter, 1998).

Depressive Reaktionen erscheinen aus der hier diskutierten theoretischen Perspektive, anders als etwa aus kontroll- und hilflosigkeitstheoretischer Sicht, keineswegs als Endpunkt gescheiterter Bewältigungsversuche. Vielmehr spricht vieles dafür, daß depressive Reaktionen aufgrund ihrer emotionalen und kognitiven Implikationen (Rumination, „depressiver Realismus“) zu einer weiteren Verstärkung akkommodativer Prozesse beitragen und somit ein inhärent selbstdestruktives Potential besitzen (vgl. auch Klinger, 1975; Webster, 1995).

In extremen Fällen mögen freilich, jedenfalls im Hinblick auf die Wirkung assimilativer und akkommodativer Bewältigungsformen, die Bewältigungsressourcen des Selbstsystems dauerhaft überfordert werden: Manche Bereiche des Überzeugungs- und Zielgefüges mögen sich, etwa aufgrund ihrer epistemischen Stärke oder tragenden Funktion im Selbst- und Lebensentwurf der Person, einer akkommodativen Abwandlung widersetzen. Spätestens hier jedoch kommen Immunisierungsprozesse als ein weiterer, dritter Bewältigungsmodus ins Spiel.

## 6.6 Immunisierungsprozesse

Das Immunsystem reagiert auf das Eindringen antigener Substanzen mit der Bildung von Antikörpern, die diese Substanzen unschädlich machen und ihre pathogenen Effekte neutralisieren. In vergleichbarer Weise reagiert auch das Selbstsystem auf das Eindringen von Informationen oder Argumenten, die es bedrohen, mit der Mobilisierung von Prozessen, die die Konsistenz und Kontinuität des Selbstentwurfes zu sichern suchen (Brandtstädter & Greve, 1994a; Gilbert et al., 1998). Hier wie dort geht es um die Abgrenzung von *Selbst* gegen *Fremd*: „As soon as something gets into the business of self-preservation, boundaries become important“ (Dennett, 1990, S. 7).

Bevor Diskrepanzen zwischen Selbstentwürfen und „aktuellem“ Selbst wahrgenommen – und für wahr genommen – werden und es zur Aktivierung entsprechender korrektiver Prozesse kommt, müssen Verteidigungslinien überwunden werden, die die Kontinuität und Kohärenz des Selbstentwurfes sichern (vgl. auch Greve, 1990). Ob und in welchem Maße Selbstbildannahmen durch diskrepante Evidenz destabilisiert werden können, ist wesentlich von zwei Parametern abhängig: erstens von der Stärke und Konsolidierung der Selbstbildes in dem betreffenden Aspekt, zum zweiten von der epistemischen Stärke der vorliegenden Evidenz. Das kognitive System bestimmt diese Parameter allerdings nicht unabhängig voneinander. Starke, konsolidierte Überzeugungen tendieren vielmehr dazu, diskrepante Evidenz „abzustoßen“. In diesem Abstoßungsprozeß werden interpretative Verteidigungen (*„refutational defenses“*; Wyer & Frey, 1983) aktiviert: Die Gültigkeit der Information wird in Frage gestellt, die Zuverlässigkeit der Informationsquelle bezweifelt (bis zu dem Punkt, wo man „seinen Augen nicht traut“), Alternativerklärungen werden aktiviert, um die Evidenz zu diskreditieren. Je krasser Abweichungen von konsolidierten Selbst- und Weltbildhypothesen, desto schwerer ist die Evidenz zu akzeptieren;

so z.B. folgt gerade traumatischen Erlebnissen eine ausgeprägte Phase des *„denial"* (Janoff-Bulman, 1992). Solche Prozesse sind „negativen Heuristiken" vergleichbar, wie sie Lakatos (1970) für die Dynamik wissenschaftlicher Theorien beschrieben hat. Kognitive Strukturen haben, ebenso wie Theorien, keinen unvermittelten Realitätskontakt. In beiden Fällen gilt, jedenfalls im Grundsatz, das Prinzip: „Any statement can be held true come what may, provided we make drastic enough adjustments elsewhere in the system" (Quine, 1951, S. 40). Im Konzept der Immunisierung (Brandtstädter & Greve, 1994a; Gilbert et al., 1998) sind solche „negativen Heuristiken" angesprochen, die den Selbstentwurf der Person durch Abwehr diskrepanter Evidenz stabilisieren. Im Zusammenspiel mit assimilativen und akkommodativen Prozessen bildet Immunisierung einen dritten Grundprozeß, der zur Sicherung personaler Kontinuität im Kontext von Entwicklung und Altern beiträgt.

### 6.6.1 Zur konsistenztheoretischen Deutung von Immunisierungsprozessen

Für die Wirkung und Wirksamkeit von interpretativen Verteidigungen der oben angesprochenen Art hat die Sozialpsychologie zahlreiche experimentelle Belege beigebracht (z.B. Nisbett & Ross, 1980). Zu ihrer theoretischen Deutung bieten sich insbesondere dissonanz- und konsistenztheoretische Modelle in der Tradition Festingers (1957) an. Diese Ansätze sagen allerdings wenig dazu, in welche Richtung entstehende Dissonanzen oder Diskrepanzen aufgelöst werden.

Betrachten wir ein System inkohärenter Annahmen wie im folgenden Beispiel (vgl. Wentura, 1995): (a) „Ich habe ein gutes Gedächtnis", (b) „Wer ein gutes Gedächtnis hat, vergißt keine wichtigen Termine", (c) „Es ist in letzter Zeit häufiger vorgekommen, daß ich wichtige Termine vergesse". Prinzipiell stellen sich diese Propositionen wechselseitig in Frage: Das wiederholte Vergessen von Terminen kann Zweifel an der Leistungsfähigkeit des eigenen Gedächtnisses begründen (d.h. unter Beibehaltung der Propositionen *b* und *c* wird *a* modifiziert), ebenso kann aber auch das Erinnern von Terminen in seiner Bedeutung als Indikator für ein funktionierendes Gedächtnis in Frage gestellt werden („Immerhin kann ich Schillers ‚Glocke' noch auswendig"). Schließlich kann auch die Stichhaltigkeit der Evidenz selbst in Frage gestellt werden („Ich habe den Termin wohl eher verdrängt als vergessen", o.ä.).

Wie die entstehende Inkonsistenz im Einzelfall aufgelöst wird, hängt aus konsistenztheoretischer Perspektive gesehen von der epistemischen Stärke und Plausibilität der einzelnen Propositionen ab, die ihrerseits von Verträglichkeitsbeziehungen zu anderen Elementen des individuellen Wissens- und Überzeugungssystems abhängt. Die naheliegende Vermutung ist, daß Inkonsistenzen bzw. kognitive Dissonanzen in der Weise aufgelöst werden, daß das gesamte Annahmen- und Überzeugungsgefüge so wenig wie möglich gestört wird bzw. in seiner Kohärenz so weit wie möglich erhalten bleibt – wobei im Falle selbstbezüglicher Annahmen allerdings noch Motivdynamiken der Selbstaufwertung (Swann, Griffin, Predmore & Gaines, 1987) ins Spiel kommen: Die Optimierungsfunktion, nach der sich das kognitive System konfiguriert, verrechnet nicht nur die Verträglichkeit von Kognitionen untereinander, sondern auch deren Beitrag zur Aufrechterhaltung des Bildes, das die Person von sich und der Welt zu haben wünscht (*„self-enhancement“*; vgl. etwa Frey, 1980; Pyszczynski & Greenberg, 1987). Konsistenztendenzen und Selbstaufwertungsmotive ziehen im allgemeinen an einem Strang, da das Selbstbild meist positiv getönt ist. Da zumal Erwachsene mit einem hinlänglich komplexen und differenzierten Selbstbild sich jedoch nicht ausschließlich positiv oder negativ valente Merkmale zuschreiben – gerade die bilanzierende Gegenüberstellung positiver gegen negative Selbstbildaspekte ist eine Quelle von Selbstsicherheit und emotionaler Stabilität –, kann es dazu kommen, daß beide Tendenzen in Konflikt geraten, etwa wenn uns positive Merkmale zugeschrieben werden, von denen wir glauben, daß sie uns nicht zutreffend beschreiben. Sofern wir nicht Grund haben, strategische Komplimente zu unterstellen, mögen wir uns in einem solchen Falle vielleicht geschmeichelt, aber auch verkannt oder mit falschen Erwartungen konfrontiert fühlen und insofern mit gemischten Gefühlen reagieren, und wenn die Rückmeldung von einer nahestehenden Person kommt, von der wir erwarten, daß sie uns genauer kennen sollte, mögen wir sogar Ärger und Betroffenheit empfinden. Eine Reihe von Befunden spricht dafür, daß auch bei positiver Verkennung das Konsistenzmotiv dominiert (vgl. etwa Swann, Pelham & Krull, 1989; vgl. auch Sedikides, 1993). Hier dürfte freilich viel davon abhängen, wie konsolidiert das Selbstbild in den angesprochenen Aspekten ist. Ohnehin wird die scharfe Trennung von Selbstaufwertungs- und Konsistenztendenzen problematisch, wenn Selbstaufwertungsmotive auch die Abwägung der Plausibilität selbstreferentieller Informationen beeinflussen. Festzuhalten ist jedenfalls, daß die Verarbeitung selbstbezüglicher Information im allgemeinen interpretative Spielräume offenläßt, die sowohl zur Sicherung des eigenen Selbstwertes, wie auch zur Wahrung persönlicher Kontinuität genutzt werden können. Damit ist auch ein wesentlicher Angriffspunkt für Immunisierungsprozesse bestimmt.

### 6.6.2 Datengerichtete und konzeptgerichtete Immunisierung

Bei der theoretischen Analyse von Immunisierungsprozessen ist von einem Zusammenwirken von konzeptgetriebenen (*bottom up*) und datengetriebenen (*top down*) Prozessen auszugehen. Immunisierungen können einerseits bei der vorliegenden Evidenz selbst ansetzen: Die vorliegende Information wird so interpretiert und codiert, daß ihre Valididät und Zuverlässigkeit, damit zugleich ihre Relevanz im Hinblick auf bedrohte Komponenten des Selbstbildes, in Frage gestellt wird. Hier sprechen wir von *datengerichteter* Immunisierung (Brandtstädter & Greve,

1994a). Exemplarisch für diesen Immunisierungstyp ist das Bezweifeln der Gültigkeit von selbstbilddiskrepanten Testergebnissen bzw. die Aktualisierung von Hilfsannahmen zur Aufhebung der Diskrepanz (z.B. Markus & Wurf, 1987; Wentura & Greve, 1996).

Spielräume für Immunisierungen ergeben sich andererseits auch aus dem schon angesprochenen Umstand, daß die in Selbstwahrnehmungen und Selbstbeschreibungen verwendeten Begriffe im allgemeinen Randunschärfen aufweisen. Hieraus ergeben sich Spielräume für Selbst-protektive Begriffsabwandlungen: Selbstbilddiskrepanzen und Selbstwertprobleme können auch auf die Weise neutralisiert werden, daß bestimmte Attribute mit partiell neuen Bedeutungsgehalten versehen werden. Dies kann sowohl durch Abwandlung der für den Begriff geltenden Anwendungs- oder Korrespondenzregeln wie auch durch Änderungen zwischenbegrifflicher Verbindungen erfolgen. Beispielsweise mag die ältere Person Selbstdefinitionen intellektueller Kompetenz stabilisieren, indem sie gegenüber solchen Leistungen, in denen sie Einbußen wahrnimmt – dies wäre für „fluide“ Intelligenzaspekte wie Wahrnehmungsgeschwindigkeit oder Gedächtnis zu erwarten (vgl. Cattell, 1971) –, verstärkt Bedeutungselemente, wie etwa Lebenserfahrung und Expertise, in das Zentrum ihres Begriffsverständnisses rückt oder vielleicht den Intelligenzbegriff mit Konnotationen von Weisheit und Gelassenheit anreichert (vgl. auch Clayton, 1982; Ryff, 1991). Hier können wir von *konzeptgerichteter* Immunisierung sprechen.

Konzeptgerichtete Immunisierungen bilden gleichsam eine zweite Verteidigungslinie (vgl. auch Greve, 1990): Selbstdiskrepante Evidenz kann, etwa bei wiederholtem Auftreten eines Problems oder konsistenten Rückmeldungen von verschiedener Seite, so stark werden, daß sie nicht bzw. nur um den Preis starker Inkonsistenzen in anderen Teilen des individuellen Überzeugungsgefüges neutralisiert werden kann. In diesem Falle können präferierte Selbstbildaspekte nur noch durch Anpassungen auf semantischer Ebene aufrechterhalten werden. Einem idiosynkratischen Begriffsgebrauch sind freilich Grenzen gezogen, die sich aus dem Erfordernis gelingender Kommunikation in Sprachgemeinschaften ergeben. Andererseits kann der öffentliche Sprachgebrauch selbstwertdienliche Begriffsabwandlungen auch unterstützen: So etwa werden Begriffe, die sich auf Merkmale körperlicher und psychischer Gesundheit oder auf intellektuelle und psychosoziale Kompetenzen beziehen, in ihrer Anwendung auf verschiedene Altersgruppen – und in verschiedenen Altersgruppen – mit partiell unterschiedlichen Bedeutungen, Indikatoren und Toleranzen verbunden. Die Grenze zu akkommodativen Prozessen ist in diesem Punkt kaum scharf zu ziehen, da mit solchen begrifflichen Anpassungen oft auch eine Anpassung normativer Standards (z.B. von Leistungserwartungen) verbunden ist. Ebenso bestehen auch Verbindungen und Überlagerungen zu assimilativen Prozessen: Zumal Handlungen der Selbstverifikation, die wir oben dem assimilativen Modus zugeordnet haben, können Immunisierungsprozessen entgegenkommen. Zwar greifen solche Handlungen nicht wie Immunisierungsprozesse im Verarbeitungsprozeß selbst an, jedoch verändern sie das Spektrum von Daten, die dem kognitiven System zugeliefert werden, in selbstbildprotektiver Weise.

Es wäre voreilig, Immunisierungsprozesse mit Begriffen wie „Wunschdenken" oder „Selbsttäuschung" zu belegen. Die Interpretation von Situationen und die Anwendung von Begriffen läßt im allgemeinen Spielräume, deren selbstwertdienliche Nutzung nicht von vornherein Rationalitätsnormen verletzt; die Grenze zu „Illusionen" im Sinne von Taylor (1989) erscheint daher fließend. Ein Überschreiten dieser Grenze ist v.a. dann zu erwarten, wenn Verluste und emotionale Belastungen weder durch assimilative Aktivitäten noch durch Präferenz- und Anspruchsanpassungen neutralisiert werden können. Ins Illusionäre tendierende Immunisierungen sind daher u.U. ein letzte, palliative Rückfallposition im Bewältigungsgeschehen.

Selbst in solchen extremeren Fällen kann Immunisierungsprozessen ein adaptiver Nutzen nicht ohne weiteres abgesprochen werden. Zwar werden Wirklichkeitsverkennungen dysfunktional, wenn sie die Vigilanz gegenüber bedrohlichen Situationen in der Weise reduzieren, daß Möglichkeiten einer aktiven Problemlösung versäumt werden – etwa wenn Krankheitssymptome unbeachtet bleiben und dadurch therapeutische Chancen versäumt werden. Allerdings gibt es Situationen, wo eine palliativ verzerrte Wahrnehmung keine weiteren negativen – vielleicht sogar positive – Implikationen für das weitere Handeln hat (man denke z.B. an terminale Erkrankungen). Traditionelle Konzeptionen psychischer Gesundheit, die einseitig die pathogenen Implikationen einer verzerrten Realitätswahrnehmung betonen, scheinen in diesem Punkt relativierungsbedürftig (zur Diskussion vgl. auch Colvin & Block, 1994; Taylor & Brown, 1988, 1994).

Wir können die voraufgegangenen Erörterungen durch einige emotionstheoretische Anmerkungen abrunden. Assimilations-, Akkommodations- und Immunisierungsprozesse dienen der Beseitigung von Selbstdiskrepanzen und damit zugleich der Neutralisierung von aversiven Emotionen, die mit solchen Diskrepanzen einhergehen. Aversive Emotionen sind von der Evolution zu einem doppelten Zweck erfunden worden: erstens, um eine Problemlage in der Individuums-Umwelt-Beziehung anzuzeigen, zweitens, um Aktivitäten in Gang zu setzen und zu verstärken, die diese Problemlage beseitigen. Sie bewirken dies im typischen Fall durch die Aktivierung von Verhaltensmustern, die sich in der Evolution oder auch in der individuellen Lerngeschichte als wirksam erwiesen haben, die aversive Befindlichkeit oder die auslösenden äußeren Bedingungen zu beseitigen. Negative Emotionen können aber nicht nur durch Veränderung der situativen Umstände beseitigt werden, sondern grundsätzlich auch durch die Modifikation der Ziele, Präferenzen und Kognitionen, vor deren Hintergrund eine gegebene Situation erst zu einem aversiven Problem wird. Man kann mit anderen Worten aktionale und mentale Formen der Neutralisierung aversiver emotionaler Befindlichkeiten unterscheiden. Assimilative Aktivitäten sind der ersteren, akkommodative und immunisierende Prozesse der letzteren Kategorie zuzuordnen. „Mentale Neutralisierung" meint hier nicht einfach, daß eigene emotionale Bewertungen im Hinblick darauf überprüft werden, ob sie situationsangemessen und „gerechtfertigt" sind bzw. auf wahren und vernünftigen Meinungen beruhen (vgl. auch Greenspan, 1988). Solche sekundären Einschätzungen sind für die Regulation von Emotionen bedeutsam, können aber den aversiven Affekt durchaus auch verstärken. Die AAI-Theorie macht vielmehr die stärkere Annahme, daß in Fällen, wo eine Emotionsneutralisierung durch Veränderung der Situation nicht möglich ist, mentale Prozesse angebahnt werden, die eine affektive Entlastung und zugleich die Hemmung weiterer aktiv-assimilativer Bewältigungsversuche bewirken. Damit wird nicht eine generelle Tendenz zu entlastender Situationsdeutung – etwa im Sinne eines allgemeinen Positivitätsbias (Frijda, 1988) – unterstellt. Vielmehr wird eine Kopplung mentaler Entlastungsprozesse an spezifische Phasen der Auseinandersetzung mit Problemen postuliert, die vielfach als zentral für das Entstehen von Hoffnungslosigkeit und Depression angesehen werden. Ein adaptiver Vorteil mentaler Problemneutralisierungen mag, im Vergleich zu aktiv-assimilativen Problemlösungen, nicht auf den ersten Blick evident sein. Ein solcher Vorteil kann sich jedoch bei Problemlagen ergeben, deren Lösung unmöglich oder zu schwierig geworden ist; hier würde die Aufrechterhaltung assimilativer Tendenzen offenbar zu einer dysfunktionalen Blockierung von Handlungsressourcen und kognitiven Kapazitäten führen.

## 6.7 Resümee und Ausblick

Aktivitäten intentionaler Selbstentwicklung bewegen sich in einem Bedingungsfeld, das sich auf ontogenetischen und historischen Zeitdimensionen verändert. Dieses Bedingungsfeld ist für die Person teilweise intransparent und überdies nur in Grenzen aktiv zu beeinflussen. Aus einer entwicklungspsychologischen Perspektive ergibt sich damit die Frage, wie unter diesen Bedingungen personale Kontinuität, Selbsteffizienz und ein positives Selbstbild gewahrt werden können. Es wird mit anderen Worten nach den Prozessen gefragt, die der Autopoiese des Selbstsystems im Lebensablauf zugrunde liegen. Ich habe ein Modell vorgestellt, das drei solcher autopoietischen und adaptiven Prozesse unterscheidet und zugleich theoretisch integriert: *Assimilative* Prozesse richten sich darauf, die eigene Entwicklung und die persönlichen Lebensumstände den Selbstentwürfen anzugleichen: Der assimilative Modus umfaßt intentionale Aktivitäten der Selektion und Konstruktion spezifischer Entwicklungsumwelten, der Selbstregulation durch „sekundäre" Volitionen sowie, gerade im höheren Lebensalter, auch der Kompensation von Entwicklungsverlusten. *Akkommodative* Prozesse bewirken im Gegensatz dazu die Angleichung von Zielen und Präferenzen an verfügbare Handlungsressourcen; Facetten des akkommodativen Modus sind die Abwertung und Neutralisierung blockierter Ziele und Entwicklungspfade, die Umstrukturierung von Präferenzen und verbunden damit die entlastende Umdeutung der aktuellen, zunächst aversiven Situation. Solche Prozesse haben nicht den Charakter intentionaler Handlungen; sie werden insbesondere in Krisen- und Grenzsituationen aktiviert, wo individuelle Handlungs- und Entwicklungsreserven zur Erreichung gesetzter Ziele nicht oder nicht mehr ausreichen. *Immunisierende* Mechanismen schließlich schützen die Selbst-Theorie der Person gegen diskrepante Evidenz, und zwar einerseits durch selbstprotektive Umdeutung der Evidenz, andererseits auch durch Veränderungen im Bedeutungsprofil von selbstdeskriptiven Attributen. Auch diese Mechanismen haben, wie es schon bei der Betrachtung der mit Begriffen wie „Selbsttäuschung" oder „motiviertes Denken" verbundenen Paradoxien deutlich wurde, nicht den Charakter von intentionalen Handlungen. Assimilative, akkommodative und immunisierende Prozesse stehen in einem wechselseitig antagonistischen Verhältnis, wirken jedoch in der Handlungsregulation wie auch in der Bewältigung konkreter Krisen- und Verlustsituationen zusammen. Diese besondere Beziehung reflektiert ein Grunddilemma effizienter Handlungsregulation, das darin liegt, Hartnäckigkeit in der Verfolgung von Zielen mit hinreichender Offenheit und Flexibilität gegenüber sich ändernden Randbedingungen zu verbinden.

# 7. Adaptive Dynamiken im Alter: Festhalten und Preisgeben von Zielen

Das Modell assimilativer, akkommodativer und immunisierender Prozesse ist in seinem Geltungsanspruch nicht auf einzelne Lebensabschnitte beschränkt. Ein paradigmatischer Anwendungsbereich ist allerdings das höhere Alter. Fragt man ältere Menschen, was für sie das Altsein charakterisiert oder zu den Belastungen des Alterns beiträgt, so ist eine häufige – ebenso einfache wie vielsagende – Antwort: „Man kann nicht mehr so, wie man möchte“ (vgl. Schmitz, 1998). Das hier angesprochene Erleben einer Diskrepanz zwischen Zielen und Handlungsmöglichkeiten verweist auf ein zweifaches adaptives Problem: zum einen auf das Problem einer Angleichung von Handlungsmöglichkeiten an Ziele, zugleich aber auch, aus entgegengesetzter Blickrichtung, auf die Notwendigkeit der Angleichung von Zielen an veränderte Handlungsressourcen. Anknüpfend an den eben beschriebenen theoretischen Ansatz möchte ich im folgenden zeigen, daß die Bewahrung einer positiven Selbst- und Lebensperspektive im Alter wesentlich auf dem Zusammenspiel von Mechanismen beruht, durch die dieses zweifache adaptive Problem bewältigt wird.

Zunächst aber ist auf eine besondere Konstellation von Forschungsbefunden näher einzugehen, die ich schon erwähnt habe. Einerseits häufen sich im höheren Lebensalter Verluste in vielen Lebens- und Funktionsbereichen, die nicht nur als aversiv, sondern oft auch als irreversibel erlebt werden. Kontroll- und hilflosigkeitstheoretischen Formulierungen zufolge, wie sie gerade auch in der alternspsychologischen Forschung einflußreich sind, sollte dies das Entstehen von Selbstwertproblemen und depressiven Störungen begünstigen (vgl. Schulz, 1980; Seligman, 1975). Zunehmend gewinnt jedoch ein anderes, in wesentlichen Punkten hoffnungsvolleres Bild Konturen. Es mehren sich Hinweise, daß Selbstbild und Identität älterer Menschen, wenn nicht unverletzlich oder „alterslos“ (Kaufman, 1986), so doch weit robuster sind und eine weit höhere adaptive Flexibilität zeigen, als es geläufigen Vorstellungen entspricht.

Diese auf den ersten Blick paradoxale Befundlage ist in der alterns- und entwicklungspsychologischen Forschung zunehmend in den Mittelpunkt des Interesses gerückt (vgl. Brandtstädter et al., 1993; Staudinger et al., 1995). Ihre scheinbare Widersprüchlichkeit läßt sich offensichtlich nur im Rahmen eines Erklärungsansatzes aufheben, der sowohl altersgebundenen Einschränkungen von Entwicklungs- und Handlungsressourcen wie auch dem Umstand Rechnung trägt, daß diese Beschränkungen keineswegs generell mit Einbußen des Wohlbefindens und der subjektiven Lebensqualität einhergehen, und der sich insofern zugleich von überkommenen „Defizitmodellen“ des Alterns wie auch von kaum weniger einseitigen Gegenentwürfen absetzt, in denen Verlustaspekte weitgehend ausgeblendet werden. In der Verbindung von handlungs- und entwicklungstheoretischen Perspektiven bietet das Modell assimilativer, akkommodativer und immunisierender Prozesse einen Erklärungszugang, der diese Gesichtspunkte integriert.

## 7.1 Ressourcen und Ressourcenverluste

Altern ist ein universeller, aber keineswegs uniformer Prozeß. Biologische, psychologische und soziale Alternsparameter zeigen eine große interindividuelle Variation, teilweise auch eine Modifizierbarkeit der Verläufe (vgl. Rowe & Kahn, 1987). Dennoch ist unbestritten, daß Altern auf verschiedenen Ebenen mit Einschränkungen und Verlusten von Handlungs- und Entwicklungsressourcen einhergeht. Hervorzuheben sind hier zunächst Einschränkungen in physiologischen, gesundheitlichen und sozialen Ressourcen, wie sie von der Forschung umfassend beschrieben worden sind (vgl. etwa Birren & Schaie, 1990; Lehr & Thomae, 1987; Shock et al., 1984). Zusätzliche Belastungen gehen von dem Schwinden von Lebenszeit-Reserven aus – ein Aspekt, der zwar inhärent mit dem Älterwerden und seinen biologischen und gesundheitlichen Begleiterscheinungen verbunden ist, der aber gerade aus handlungstheoretischer Sicht besondere Beachtung verdient.

(a) *Physiologische und gesundheitliche Ressourcen*: Mit zunehmendem Alter sinken die Funktionsreserven des Organismus; in biomedizinischen Parametern, wie z.B. Stoffwechselgrundumsatz, Herzschlagvolumen, Nierenleistung oder Lungenfunktion, setzen Einbußen teilweise bereits zu Beginn des vierten Lebensjahrzehnts ein. Einschränkungen physiologischer Ressourcen manifestieren sich vielfach erst unter besonderer Belastung eines Organsystems, und zwar in einer verlängerten Erholungsphase und einem verzögerten Wiedereinschwingen der Funktionen zur Ausgangs- bzw. Ruhelage. Verbunden mit der Zunahme von Risikofaktoren (z.B. Blutdruck, Cholesterinkonzentration im Blut, verminderte Glukosetoleranz) und der kumulativen Wirkung schädigender Einflüsse steigt die Inzidenz chronisch-degenerativer Erkrankungen (z.B. Arteriosklerose und deren Folgen wie Herzinsuffizienz, zerebrale Minderdurchblutung; Gelenkleiden; Lungenemphysem; Leberzirrhose; Osteoporose). Irreversible sensorische Verluste (z.B. Minderung der Hör- und Sehleistung) werden zunehmend manifest. Charakteristisch für das höhere Alter ist eine Multimorbidität; ältere Menschen leiden häufiger als jüngere unter mehreren Krankheiten gleichzeitig (zu biomedizinischen Aspekten des Alterns vgl. eingehender Danner & Schröder, 1994; Gerok & Brandtstädter, 1992; Schneider & Rowe, 1990). Zwar ist es durch die Verbesserung der medizinischen Versorgung zu einer zunehmenden „Morbiditätskompression" (Fries, 1990), d.h. zur Verlagerung schwerer, lebensgefährdender Erkrankungen in die späten Lebensphasen gekommen. Immerhin sehen die heute 65jährigen noch einer durchschnittlichen weiteren Lebenserwartung von 15 bis 20 Jahren und einer entsprechend langen, von gravierenden Gesundheitsproblemen zunächst noch unbelasteten Lebensperiode entgegen. Der Abbau physiologischer und gesundheitlicher Reserven bleibt dennoch ein Grundphänomen des Alterns. Dies gilt auch, wenn wir die Plastizität von Alternsprozessen in Rechnung stellen. Durch Übung und Training lassen sich Funktionsverluste in weiten Bereichen verzögern oder kompensieren. So kann z.B. ein 70jähriger im Langstreckenlauf die Leistungen eines untrainierten 30jährigen erreichen oder überbieten (Ericsson, 1990). Allerdings ist bei älteren Menschen zumeist ein größerer Trainings- und Kompensationsaufwand als bei Jüngeren erforderlich, um gleiche Leistungen oder Leistungszuwächse zu erzielen (am Beispiel des Trainings von Gedächtnisleistungen haben dies z.B. Kliegl, Smith & Baltes, 1989, gezeigt). In diesem steigenden Aufwand manifestieren sich selbst wiederum Verluste an adaptiven Reserven; die Kompensation von Ressourcenverlusten stößt an Grenzen, weil sie ihrerseits Ressourcen in Anspruch nimmt.

(b) *Soziale Ressourcen*: Neben physischen Funktionsverlusten häufen sich im höheren Alter Einbußen und Einschränkungen in sozialen Ressourcen. Rollenverluste, verbunden mit einer Ausdünnung des sozialen Beziehungsgefüges, führen vielfach zur Marginalisierung des älteren Menschen. Mit dem Tod des Ehepartners und dem Verlust von Familienangehörigen, Freunden und Nachbarn reduziert sich zunehmend der „Entwicklungskonvoi“ (Kahn & Antonucci, 1980), der die Person über ihren Lebensweg begleitet. Im Rentenalter sind etwa jeder zehnte Mann und jede zweite Frau verwitwet (diese Unterschiede resultieren aus der heute etwa sieben Jahre höheren durchschnittlichen Lebenserwartung der Frauen); mit 75 Jahren haben mehr als zwei Drittel der Frauen den Partner verloren (Klerman, 1983). Zwar können soziale Verluste durch den Aufbau neuer Beziehungen partiell ausgeglichen werden; dem steht jedoch oft das Hindernis eingeschränkter Mobilität entgegen. Zudem wird es mit zunehmendem Alter schwieriger, Interaktionspartner zu finden, die über einen vergleichbaren Lebens- und Erfahrungshintergrund verfügen. Mit wachsender „biographischer Distanz“ (Brandtstädter, 1985b) zwischen Interaktionspartnern reduziert sich der Bestand gemeinsamer lebensgeschichtlicher Erfahrungen, woraus sich Verständigungsprobleme und Konfliktpotentiale ergeben. Aufgrund von Unterschieden in den Interessenlagen und Erfahrungen verschiedener Generationen werden Angehörige anderer Altersgruppen oft aus gemeinsamen sozialen Aktivitäten ausgeschlossen; durch die Beschleunigung gesellschaftlichen Wandels werden solche Tendenzen noch verschärft. Zwar ist die Befundlage zur pathogenetischen Bedeutung von sozialer Vereinzelung – etwa im Hinblick auf das Entstehen psychischer Erkrankungen – nicht konsistent (vgl. Häfner, 1992), doch steht außer Zweifel, daß soziale Isolation, Rollenverluste und Einbußen in sozialen Stützsystemen vom älteren Menschen überwiegend als aversiv und belastend erlebt werden.

(c) *Lebenszeit-Ressourcen*: Zeit – im physikalischen Sinne wie auch im Sinne verfügbarer Handlungs- und Lebenszeit verstanden (Mittelstraß, 1989) – ist das Medium, in dem Pläne und Ziele zur Verwirklichung gelangen. Aktuelles Handeln und Erleben wird wesentlich durch den gedanklichen Vorgriff auf die Zukunft bestimmt: Wir schöpfen motivierende Sinngehalte aus Handlungsprojekten, die sich in die Zukunft erstrecken. Zeit ist zudem eine Ressource, die die Auflösung von Zielkonflikten ermöglicht: Ziele, deren gleichzeitige Verfolgung nicht möglich ist, können vielfach durch zeitliches Rangieren in eine realisierbare Abfolge gebracht werden. Mit zunehmender Einschränkung des Zukunftshorizontes schwinden diese Möglichkeiten; es kommt zur progressiven Einengung von Handlungsspielräumen und zur Schließung von Handlungspfaden (vgl. Raynor & Entin, 1983). Zu den belastenden Grunderfahrungen des höheren Alters gehört die Erkenntnis, daß persönlich bedeutsame Ziele in der absehbar noch verbleibenden Lebenszeit nicht mehr erreicht werden können; die innere Lösung von nicht realisierten Lebensentwürfen und Projekten wird gerade im höheren Alter zu einem zentralen Problem (vgl. Breytspraak, 1984; Dittmann-Kohli, 1990).

Für jeden der genannten Ressourcenbereiche sind – zumindest innerhalb altersgleicher Gruppen – deutliche Beziehungen zum Wohlbefinden, zur subjektiven Lebensqualität und zur Bewältigung von Belastungen nachgewiesen (vgl. etwa Perrig-Chiello, 1997; Saup, 1991). Um so bemerkenswerter ist der Umstand, daß Maße der Lebenszufriedenheit und subjektiven Lebensqualität keine deutlichen negativen Korrelationen mit dem chronologischen Alter aufweisen. Die Erklärung hierfür liegt im Zusammenspiel von Selbstsystemprozessen, die teils zu einer aktiven, teils zu einer kognitiven Neutralisierung von Verlusten im Alter beitragen – von Prozessen also, die sowohl mit dem Festhalten wie auch mit dem Preisgeben von Zielen zu tun haben. Bevor ich dies – ausgehend von den im letzten Kapitel dargestellten theoretischen Überlegungen – weiter ausführe, möchte ich die Befundlage zu Aspekten des Wohlbefindens und der subjektiven Lebensqualität im Alter näher beleuchten.

## 7.2 Depression und Alter

Die Annahme, daß es im höheren Alter zu einer Zunahme depressiver Störungen komme, gehört zu den klassischen Vermutungen der psychologischen und medizinischen Alternsforschung (vgl. etwa Butler & Lewis, 1982; DeLeo & Diekstra, 1990; Klerman, 1983). Der Begriff der „Altersdepression" (Breslau & Haug, 1983; Hirsch, 1992) beschreibt nicht nur ein altersspezifisches Symptombild depressiver Störungen, sondern suggeriert auch eine erhöhte Inzidenz depressiver Störungen im Alter.

Diese Annahme wird durch die Befundlage insgesamt nicht oder allenfalls mit wesentlichen Einschränkungen gedeckt. Zwar gibt es ab dem siebten Lebensjahrzehnt einen deutlichen Anstieg degenerativer Hirnveränderungen und damit einhergehender psychischer Probleme (organisches Psychosyndrom, Altersdemenzen; siehe z.B. Häfner, 1992). Dagegen gibt es bislang kaum konsistente Hinweise für eine deutliche alterskorrelierte Zunahme von depressiven Störungen; zumindest gilt dies bis in terminale Lebensabschnitte hinein, die oft von Krankheit, Schmerzen und dem Verlust nahestehender Personen überschattet sind.

Alterstypische Einschränkungen und Verluste sollten sich am ehesten in reaktiven depressiven Störungen bzw. in „Anpassungsstörungen mit depressiver Stimmung“ (American Psychiatric Association, 1987) manifestieren. Jedoch scheinen weder reaktive noch schwere psychotische Depressionsformen bei älteren Menschen konsistent häufiger aufzutreten als in jüngeren Gruppen (Blazer, 1989; Häfner, 1992; Henderson et al., 1998; Kay & Bergmann, 1980; Lewinsohn, Hoberman, Teri & Hautzinger, 1985; Newmann, 1989). Einige Studien, so insbesondere auch die großangelegte US-amerikanische *„Epidemiologic Catchment Area“* (ECA)-Studie (Myers et al., 1984), weisen sogar auf eine im Vergleich zu jüngeren Stichproben geringere Vulnerabilität älterer Menschen für depressive Erkrankungen hin. In eigenen Untersuchungen an einer Stichprobe von über 650 Teilnehmern im initialen Altersbereich von 54 bis 78 Jahren haben wir Unterschiede und Veränderungen in depressiven Tendenzen untersucht, wobei querschnittliche mit längsschnittlichen Vergleichen verbunden wurden, die über ein Intervall von acht Jahren geführt wurden (ARS-Projekt)[2]. Dabei zeigte erst in der Mitte des achten Lebensjahrzehntes – also ungefähr mit dem Erreichen der mittleren statistischen Lebenserwartung – ein Trend zu erhöhter Depressivität (vgl. Brandtstädter & Rothermund, in Druck, a). Diese Veränderungen sind indessen nicht dramatisch: Selbst in der ältesten Gruppe unserer Teilnehmer (74 bis 78 Jahre bei der ersten Erhebung) findet sich über ein Intervall von acht Jahren bei fast der Hälfte aller Fälle keine Verschlechterung (z.T. sogar eine Verbesserung) der Befindlichkeit. Zudem ist bei der Interpretation solcher Befunde zu bedenken, daß mit dem Alter der Probanden die Wahrscheinlichkeit steigt, daß sie in zeitlicher Nähe zur Erhebung von belastenden Ereignissen (z.B. Erkrankung, Behinderung, Verlust nahestehender Personen) betroffen wurden oder solchen Belastungen in naher Zukunft entgegensehen. Unter diesen Voraussetzungen kann eine Zunahme depressiver Tendenzen nicht als Ausdruck einer im Alter erhöhten psychischen Vulnerabilität gewertet werden.

Die Vermutung eines im Alter erhöhten Depressionsrisikos ist freilich so verbreitet, daß sich widersprechende Befunde leicht dem Verdacht eines Forschungsartefaktes aussetzen. Einige typische Einwände seien hier kurz erwähnt. So etwa wer-

---

[2] Projekt „Adaptive Ressourcen des alternden Selbst“, gefördert von der Deutschen Forschungsgemeinschaft. Die Kernstichprobe dieses quersequentiellen Projektes umfaßt 662 Personen; die Teilnahme an der Untersuchung wurde honoriert. Hinsichtlich Bildungsgrad, Einkommen und beruflichem Status entspricht die Stichprobe weitgehend der allgemeinen Population.

den Zweifel an der Repräsentativität der einschlägigen Befunde geäußert; naheliegend ist insbesondere der Einwand, daß in Heimen untergebrachte ältere Menschen bei vielen Erhebungen nicht einbezogen wurden. Tatsächlich verweisen Studien auf eine höhere Prävalenz von depressiven Störungen bei Heimbewohnern (z.B. Mann, Graham & Ashby, 1984). Jedoch sollte die Unterrepräsentation dieser Teilpopulation die epidemiologischen Kennwerte kaum erheblich beeinflussen: In den USA sind nur etwa vier Prozent der über 65jährigen in Heimen untergebracht; für Deutschland gelten ähnliche Zahlen (Blazer, 1989; Rückert, 1987). Auch das Argument, daß Depressive grundsätzlich eine geringere Bereitschaft zur Teilnahme an wissenschaftlichen Erhebungen besitzen, ist – wenngleich in der Sache zutreffend – im gegebenen Zusammenhang von zweifelhaftem Gewicht. Die Annahme, daß ein solcher Effekt in höheren Altersgruppen selektiv wirkt, unterstellt bereits, daß hier erhöhtes Depressionsrisiko besteht. Für eine geringere Teilnahmebereitschaft in höheren Altersgruppen finden sich jedenfalls keine durchgängigen Belege (vgl. auch Norris, 1985). Auch der Hinweis auf eine höhere Mortalität oder Suizidalität Depressiver scheint kaum geeignet, die kontraintuitiven Befunde wegzuerklären (vgl. Fredman, 1985).

Eine weitere Argumentationslinie zielt auf diagnostische Probleme. Es wird insbesondere oft moniert, daß die eingesetzten Testverfahren den Besonderheiten älterer Stichproben oder auch alterspezifischen Änderungen in der depressiven Symptomatik nicht hinlänglich Rechnung tragen. Auch diese Einwände sind zu relativieren. Depressionsskalen enthalten oft Fragen, die Begleitsymptome wie Appetitlosigkeit, Schlafstörungen, Antriebsschwäche oder das Nachlassen sexueller Funktionen ansprechen. Solche Probleme treten zumal im höheren Alter nicht nur in Verbindung mit depressiven Störungen auf, sondern auch z.B. im Zusammenhang mit körperlichen Erkrankungen. Bei Verwendung solcher Instrumente wäre offenbar eher eine Über- als eine Unterschätzung von Häufigkeit oder Schweregrad depressiver Störungen im höheren Alter zu erwarten (z.B. Berry, Storandt & Coyne, 1984; Gatz & Hurwicz, 1990; Zemore & Eames, 1979). Einige für Anwendungen im höheren Alter entwickelte Depressionsskalen wie z.B. die *Geriatric Depression Scale* (Yesavage et al., 1983) verzichten aus den genannten Gründen auf die Einbeziehung „somatischer" Fragen. Nach Befunden von Newmann, Engel und Jensen (1990, 1991) sind in der Diagnostik von Depressionen zwei weitgehend unabhängige Symptomgruppen zu unterscheiden: ein „Erschöpfungssyndrom" (*depletion syndrome*), das v.a. somatische und motivationale Probleme (z.B. Erschöpfungsgefühle, Interesselosigkeit, Eßstörungen) umfaßt, und ein „depressives Syndrom", das durch emotionale Probleme (dysphorische Stimmung, Schuldgefühle, Selbstwertprobleme) gekennzeichnet ist und eine größere Nähe zu den in klinischen Klassifikationssystemen (z.B. im DSM-III-R; American Psychiatric Association, 1987) definierten Kriterien zeigt. Beide Syndrome zeigen auch ein unterschiedliches Entwicklungsmuster im höheren Alter: In einer Längsschnittstudie bei einer älteren

Stichprobe weiblicher Probanden fanden Newmann et al. (1991) eine altersgebundene Zunahme des Erschöpfungssyndroms, jedoch nicht des Depressionssyndroms.

Gerade im Hinblick auf die z.T. kontraintuitive Befundlage wird die These diskutiert, daß Depressionen im höheren Alter vielfach in einer „larvierten" Form auftreten, bei der physische Beschwerden im Vordergrund stehen, affektive Probleme dagegen entweder verdeckt oder nicht erkennbar sind (*masked depression*; z.B. Fogel & Fretwell, 1985; Weiss, Nagel & Aronson, 1986). Auch Newmann et al. (1991) rücken das *depletion syndrome* in die Nähe einer larvierten Depression. Der Gebrauch dieses Konzeptes, das bislang nicht den Status einer wohldefinierten klinischen Kategorie hat, ist uneinheitlich (vgl. LaRue, Dessonville & Jarvik, 1985). In einer schwächeren, vergleichsweise unproblematischen Bedeutung hebt es darauf ab, daß somatische Korrelate depressiver Störungen im höheren Alter sowohl von Klinikern als auch von den Betroffenen selbst als „normale" Begleiterscheinungen des Alterns mißdeutet oder bagatellisiert werden, oft auch auf gleichzeitig bestehende Körpererkrankungen bezogen werden (wie oben erläutert wurde, kann die hier angesprochene differentialdiagnostische Schwierigkeit auch zu Überschätzungen der Häufigkeit von Depressionen im Alter führen). Motivationale Defizite mögen zudem bei Personen, die nicht mehr im Berufsleben stehen, weniger augenfällig sein; auch mögen ältere Menschen eher dazu neigen, emotionale Probleme zu leugnen oder in indirekter Weise, etwa als Klagen über körperliche Beschwerden, zum Ausdruck zu bringen (vgl. Goldfarb, 1974). Fragwürdig wird das Konzept einer larvierten Depression, wenn es unterstellt, daß es Depressionen mit rein somatischer Manifestation und ohne die für den Depressionsbegriff zentralen negativen Erlebensqualitäten geben könne; es ist zu bezweifeln, daß ein so gefaßter Depressionsbegriff noch kohärent ist. Hier mag eine sprachphilosophische Fußnote angebracht sein: Wenn eine Person von sich behauptet, sie sei keineswegs bedrückt oder deprimiert, so mag es sein, daß sie lügt oder vielleicht nicht weiß, was die von ihr benutzten Begriffe bedeuten; dagegen kann man ihr kaum Irrtum oder Selbsttäuschung unterstellen (vgl. hierzu auch Putnam, 1975). Ob und inwieweit die Rede von larvierten Depressionen sinnvoll ist, kann letztlich wohl nur aufgrund von begrifflichen und theoretischen Bestimmungen entschieden werden, die – schärfer als gängige klinische Klassifikationen – eine Unterscheidung zwischen symptomatischen Begleiterscheinungen, die unter Umständen im Erscheinungsbild depressiver Störungen fehlen können, und invarianten kriterialen Merkmalen depressiver Störungen erlauben.

Es ist an dieser Stelle aufschlußreich, einen Seitenblick auf epidemiologische Studien zum suizidalen Verhalten in verschiedenen Altersgruppen zu werfen. Auch hier ergibt die Befundlage ein gemischtes Bild. Vorab ist zu berücksichtigen, daß das Risiko eines tödlichen Ausgangs suizidaler Handlungen im höheren Alter schon aufgrund der schwächeren physiologischen Reserven ansteigt (andererseits muß auch die Möglichkeit einer höheren Dunkelziffer bedacht werden, da Selbsttötungen bei älteren Menschen leichter als Todesfälle aufgrund von Krankheit oder von akzidentellen Ursachen – etwa durch Fehldosierung von Medikamenten – verkannt oder verschleiert werden können). Betrachtet man das epidemiologische Gesamtbild (Unterschiede zwischen Ländern und historischen Epochen sind z.T. beträchtlich), so nimmt die Häufigkeit vollendeter Suizide – besonders deutlich mit dem Beginn des siebten Lebensjahrzehntes und hier wiederum besonders ausgeprägt bei Männern – mit dem Alter zu. Dieses Verlaufsmuster zeigt sich beispielsweise in Ländern wie Ungarn, der früheren Tschechoslowakei oder Frankreich, die auch hinsichtlich der Suizidraten im höheren Alter in der Spitzengruppe aller Nationen liegen (wogegen sich z.B. in Polen und Irland kein klarer Alterstrend manifestiert). Die Unterschiede zwischen Nationen sind im übrigen erheblich; Suizidraten (pro 100.000 Einwohner; Jahr 1995) für den Altersbereich von 75 Jahren und darüber variieren bei Männern zwischen 170 (Ungarn) und 12 (Irland), bei Frauen zwischen 60 (Ungarn) und 2 (Griechenland); für Deutschland werden Raten von 92 (bei Männern) und 20 (bei Frauen) berichtet (*Department of Mental Health* der WHO, 2000; vgl. auch DeLeo & Diekstra, 1990).

Ein anderes Bild ergibt sich dagegen, wenn die Rate der Suizidversuche insgesamt betrachtet wird. Hier zeigt sich eine deutliche Altersabnahme; auch präsuizidale Tendenzen, wie etwa die Beschäftigung mit dem Gedanken einer Selbsttötung, werden von jüngeren Personen um ein Vielfaches häufiger als von älteren berichtet (eingehender hierzu Blazer, Bachar & Manton, 1986; DeLeo & Diekstra, 1990; Demling & Lungershausen, 1989; Häfner, 1989). Insgesamt zeigen sich also auch in diesem Bereich keine deutlichen Alterseffekte. Häfner (1992, S. 156) resümiert die generelle Befundlage dahingehend, daß im höheren Alter der Entschluß zu suizidalem Handeln zwar zumeist ernsthafter, aber seltener sei.

Der methodisch vielleicht gewichtigste Vorbehalt betrifft den Umstand, daß einschlägige Befunde meist auf querschnittlichen Erhebungen beruhen, bei denen zu einem Zeitpunkt unterschiedliche Altersgruppen, die somit zugleich verschiedenen Geburtskohorten angehören, verglichen werden. Bei diesem Ansatz können sich ontogenetisch-altersgebundene Effekte mit Generationseffekten überlagern. So etwa könnte ins Feld geführt werden, daß die heute lebenden älteren Generationen durch eine stärkere Bindung an gemeinschaftliche Werte und sinnstiftende Institutionen (Religion, Familie, Nation) gegen Sinnverlust und Depression in besonderer Weise geschützt sind (Seligman, 1990); auch mag ein lebensgeschichtlicher Hintergrund, der durch Krieg und wirtschaftliche Krisen bestimmt ist, einen für die Bewertung der aktuellen Lebenssituation günstigen Kontrast bilden (vgl. auch Strack, Schwarz & Gschneidinger, 1985). Solche alternativen Erklärungen würden einen systematischen Zusammenhang zwischen den Ergebnissen von querschnittlichen epidemiologischen Erhebungen und dem jeweiligen Erhebungszeitpunkt implizieren, für den es jedoch kaum Hinweise gibt (vgl. etwa Newmann, 1989).

Ist Depression im Alter also ein „Mythos“ (Feinson, 1985)? Das wäre sicher ein überzogenes Resümee. Depressive Störungen sind ein verbreitetes und schwerwiegendes Problem im höheren Alter; empirisch gestützte Schätzungen der Prävalenzrate liegen zwischen 5 und 25 Prozent, abhängig z.T. von zugrunde gelegten Definitionen und der Strenge angesetzter Kriterienwerte (für Studien, die Fragebogenmaße verwenden, liegen die Prävalenzraten allgemein höher als in Erhebungen, die auf klinischen Interviews basieren; vgl. DeLeo & Diekstra, 1990; Eaton & Kessler, 1981; Hirsch 1992). Frauen weisen in allen Altersbereichen ein etwa doppelt so hohes Risiko wie Männer auf (vgl. hierzu auch Nolen-Hoeksema, 1987). Insgesamt scheint es jedoch, daß der Übergang zum höheren Alter nicht mit einer generellen oder gravierenden Zunahme depressiver Tendenzen einhergeht; bis in späte Lebensabschnitte hinein imponiert vielmehr eine erstaunliche Widerstandsfähigkeit älterer Menschen gegenüber den mit dem Alternsprozeß vielfach verbundenen Belastungen und Verlusten. Individuelle Unterschiede in depressiven Tendenzen hängen offensichtlich weniger eng mit der Altersvariable als mit Lebensumständen und Personmerkmalen zusammen, die auch innerhalb altersgleicher Gruppen variieren, wie z.B. mit dem Selbstwertgefühl der Person, ihren subjektiven Kontrollüberzeugungen oder mit der Qualität sozialer Beziehungen (vgl. etwa Lewinsohn, Rohde, Seeley & Fischer, 1991).

## 7.3 Subjektive Lebensqualität, Zufriedenheit und Wohlbefinden

Zufriedenheit ist eine zentrale Komponente eines umfassenderen Begriffs subjektiven Wohlbefindens, der eine Vielfalt weiterer Bedeutungselemente einschließt, wie z.B. Glück, Freude, Abwesenheit von subjektiven Belastungen, Selbstachtung, Überwiegen von positiven gegenüber negativen Affekten, Entsprechung von Anforderungen und Bewältigungskompetenzen oder wahrgenommene Entwicklungs- und Handlungsressourcen (vgl. Becker, 1995; Mayring, 1987). Diese Facetten sind konzeptuell und empirisch keineswegs deckungsgleich: Wohlbefindensrelevante Emotionen wie Ärger oder Freude können vor dem Hintergrund hoher wie auch geringer Lebenszufriedenheit auftreten, wenngleich vielleicht auch mit unterschiedlicher Stärke oder Häufigkeit; positive Selbstwertgefühle können in einem sozialen Umfeld, das diese Selbsteinschätzungen nicht bestätigt, durchaus zu Unzufriedenheit führen; gegenwärtiges Glück kann im Sinne eines Kontrasteffektes spätere Unzufriedenheit begünstigen, wenn es zum Maßstab für zukünftige Erwartungen gemacht wird.

Die Selbstzuschreibung von Wohlbefinden und Zufriedenheit ist beeinflußt durch vorherrschende Vorstellungen hinsichtlich dessen, was man – als Person eines bestimmten Alters – von seinem Leben wünschen oder erwarten kann oder darf (entsprechende Definitionsangebote werden von Medien, politischen Gruppen und anderen Instanzen laufend formuliert). Die Frage, wie zufrieden man mit seinem Leben ist, fordert dazu auf, die eigenen Lebensumstände daraufhin zu mustern, ob im

Lichte solcher Vorstellungen ein positives Urteil berechtigt erscheint. Allerdings ist eine derart komplexe Abwägung schwierig. Zufriedenheitsurteile basieren im allgemeinen nicht auf einer integrativen Gesamtbewertung des eigenen Lebens, sondern auf der selektiven Beachtung einzelner Aspekte, die in der aktuellen Situation gerade verfügbar sind. Diese Selektion wird, im Sinne von *mood congruency*-Effekten (Blaney, 1986; Bower, 1981), auch von der aktuellen Befindlichkeit beeinflußt; die momentane Affektlage kann sogar als Leitinformation bei der Beurteilung der Lebenszufriedenheit dienen. Experimentelle Befunde (Schwarz & Strack, 1991) weisen darauf hin, daß die aktuelle Stimmungslage stärker auf globale Zufriedenheitsurteile als auf bereichsspezifische Urteile (Zufriedenheit mit der Gesundheit, dem Einkommen und dgl.) abfärbt.

Trotz dieser Einschränkungen können Untersuchungen zur Zufriedenheit älterer Menschen wichtige Aufschlüsse zu den adaptiven Dynamiken geben, die zur Bewältigung alternstypischer Belastungen und Probleme beitragen. Auch hier ergeben vorliegende Forschungsbefunde ein teilweise kontraintuitives Bild, das insoweit aber mit den oben angesprochenen Befunden zur Altersprävalenz depressiver Erkrankungen durchaus in Einklang steht: Auch von dieser Seite gibt es nämlich keinerlei Evidenz für eine generelle Verschlechterung des Wohlbefindens und der subjektiven Lebensqualität im höheren Alter. Einzelnen Arbeiten, die negative Korrelationen von Zufriedenheitsmaßen mit der Altersvariable berichten, steht eine größere Anzahl gegenläufiger Befunde gegenüber (vgl. hierzu Übersichten bei Mayring, 1987; Diener, Suh, Lucas & Smith, 1999).

Auch hier ist wieder – insbesondere bei querschnittlichen Erhebungen, wo die verglichenen Altersgruppen zugleich unterschiedlichen Geburtskohorten angehören – die Möglichkeit von Generationseffekten zu bedenken. Es liegt auf der Hand, daß es für die subjektive Lebensqualität bedeutsam sein kann, in welchen historischen Abschnitt die eigene Lebensgeschichte fällt und welche Lebensumstände, Wertorientierungen und Vorstellungen gelingender Entwicklung jeweils in diesem Zeitsegment vorherrschend waren. Man hat in diesem Zusammenhang auch argumentiert, daß eventuelle negative Zusammenhänge von Maßen der subjektiven Lebensqualität mit der Altersvariable im Querschnittsbild durch eine zunehmende Unzufriedenheit der nachfolgenden Generationen überdeckt werden könnten (z.B. Felton & Shaver, 1984; Glenn, 1980). Auch in dieser Argumentation zeigt sich eine gewisse Tendenz, unter verfügbaren Interpretationsalternativen solche zu bevorzugen, die mit überkommenen Defizitvorstellungen des Alters konsistent sind. Hinsichtlich der Plausibilität solcher Alternativerklärungen ist immerhin bedeutsam, daß auch längsschnittlich vergleichende Studien insgesamt das Bild einer hohen Stabilität von Merkmalen der subjektiven Lebensqualität vermitteln (vgl. Baur & Okun, 1983; Palmore 1981).

Stock, Okun, Haring und Witter (1983) kommen in einer sorgfältigen Metaanalyse von über 200 Einzeluntersuchungen zu dem Schluß, daß subjektives Wohlbefinden im höheren Alter tendenziell eher zu- als abnimmt (für die Verteilung der in den einzelnen Studien ermittelten Korrelationskoeffizienten zwischen Zufriedenheitsmaßen und chronologischem Alter ergibt sich ein Modalwert von .10). Dabei fällt offenbar die Art der verwendeten Skalen bzw. der jeweils betrachteten Facetten des Wohlbefindens kaum bedeutsam ins Gewicht; für die Vermutung, daß Lebenszufriedenheit mit dem Alter zunehme, das Glückserleben dagegen abnehme (Campbell, Converse & Rodgers, 1976), fand sich keine Bestätigung. Ein ähnliches Bild ergibt sich im übrigen bei Zufriedenheitsurteilen hinsichtlich spezifischer Lebensbereiche; lediglich die Zufriedenheit mit der eigenen Gesundheit zeigt überwiegend negative, jedoch zumeist nur schwache bis moderate Regressionen auf die Altersvariable (siehe auch Herzog & Rodgers, 1986).

Natürlich hat das chronologische Alter als solches keinen theoretischen Erklärungswert. Zur Erklärung altersgebundener Veränderungen müssen stets vermittelnde Bedingungen bzw. Mediatorvariablen in Betracht gezogen werden, die statistisch mit der Altersvariable assoziiert sind, jedoch prinzipiell auch innerhalb altershomogener Stichproben variieren können. Als solche Mediatoren können im gegebenen Falle beispielsweise der subjektive und objektive Gesundheitszustand, der Grad der sozialen Integration oder auch die finanzielle Situation betrachtet werden, die mit Indikatoren der Lebenszufriedenheit tendenziell in positivem Zusammenhang stehen (vgl. Lewinsohn, Redner & Seeley, 1991; Himmelfarb, 1984). Wenn sich trotz altersgebundener Verluste in diesen Ressourcenbereichen kein negativer Zusammenhang zwischen Lebenszufriedenheit und Alter zeigt, so verweist dies sehr deutlich auf Mechanismen, die Mediatoreffekten der angesprochenen Art entgegenwirken bzw. sie neutralisieren.

In manchen Hinsichten erinnert die Befundlage zur subjektiven Lebensqualität im höheren Alter an die schon erwähnten „Zufriedenheitsparadoxien" (Schwarz & Strack, 1991). Es ist eine wiederkehrende Beobachtung, daß subjektive und objektive Indikatoren der Lebensqualität zueinander in einem nur losen Zusammenhang stehen, der erwartungswidrige Konstellationen sowohl im Sinne von Zufriedenheits- wie im Sinne von Unzufriedenheitsparadoxien zuläßt: Unfallopfer, Behinderte oder Schwerkranke unterscheiden sich in ihrem Zufriedenheits- oder Glückserleben oft nicht bedeutsam von Vergleichsgruppen ohne entsprechende Belastungen (z.B. Brickman, Coates & Janoff-Bulman, 1978), und Wohlstandsindikatoren, wie Einkommen, Bildungsgrad oder beruflicher Status, tragen im allgemeinen nur geringe Varianzanteile zur Vorhersage interindividueller Unterschiede im subjektiven Wohlbefinden bei (z.B. Inglehart & Rabier, 1986). Diese scheinbaren Paradoxien lassen sich mit Blick auf Dynamiken der Anpassung von Zielen und Ansprüchen an Erfüllungsmöglichkeiten, wie sie im Modell assimilativer, akkommodativer und immunisierender Prozesse beschrieben werden, theoretisch auflösen.

## 7.4 Gewinne, Verluste und Bilanzierungen

Sucht man nach Erklärungen für die hohe „Resilienz" – oder geringe Vulnerabilität – des alternden Selbst, liegt es nahe, Verlusten im Alter Gewinne entgegenzustellen. Dies ist seit jeher ein zentrales Argument der Tröstungsliteratur zum Alter und eine geläufige Strategie, Defizitkonzeptionen des Alterns zu dekonstruieren. So argumentiert bereits Cicero im Dialog *Cato Maior de Senectute*, es sei „...nicht nur kein Tadel, sondern das schönste Lob des hohen Alters [...], daß es nach keinerlei Sinnenlust besonders stark verlangt. Es kennt keine Schmausereien, keinen überreich beladenen Tisch, keine wiederholt gefüllten Becher, demzufolge auch keine Trunkenheit, keine Verdauungsbeschwerden, keine schlaflosen Nächte" (nach Faltner, 1988, S. 57). Dieser Topos hat sich, mit Abwandlungen, über die Jahrhunderte erhalten. So postuliert im 18. Jahrhundert der französische Naturphilosoph Buffon eine kompensatorische Stabilisierung der Glücksbilanz im Alter, da die „Gewinne im Moralischen die Verluste im Physischen" überwögen; „mit 55 Jahren ... ist der Lebensstand gefestigt, die Ambitionen haben sich verflüchtigt oder erfüllt, die Projekte sind gereift oder wurden aufgegeben, die Leidenschaften haben sich beruhigt oder abgekühlt ... im Moralischen läuft alles zum Vorteil des Alters zusammen" (Buffon, 1777; zit. nach Svagelski, 1981, S. 9; Übersetzung J.B.). Die in diesen älteren Zitaten anklingenden Weisheits- und Glücksideale der Gelassenheit, Enthaltsamkeit und Freiheit von Leidenschaften spiegeln den Einfluß der stoischen Philosophie. In einer Zeit, wo gelingendes Altern eher nach Kriterien jugendlicher Leistungsfähigkeit modelliert wird, wird man solche Wertungen kaum noch uneingeschränkt teilen. Jedoch hat die allgemeine Argumentationslinie ihre Aktualität offenbar kaum verloren: „Gains in old age emerge to compensate for losses" (Uttal & Perlmutter, 1989, S. 102).

Im Grundsatz ist natürlich nicht zu bestreiten, daß das Älterwerden – wie jeder Lebensprozeß – neben Verlusten auch Veränderungen mit sich bringt, die positiv zu bewerten sind (vgl. Baltes, 1987): etwa eine Zunahme an Lebenserfahrung und Expertise, an Urteilskraft und „*bon sense*" (Bloch, 1969), vielleicht auch eine größere Gelassenheit gegenüber Widrigkeiten des Alltags, im glücklichen Falle auch das Gewinnen einer „weisen" Lebenshaltung. Die im Alter abnehmende Fernorientierung der Lebens- und Zielperspektiven mag sogar ein gewisses Maß an innerer Unabhängigkeit und Unverletzlichkeit vermitteln (Arendt, 1976). In Interviewstudien, die wir im Rahmen des ARS-Projektes durchgeführt haben (s.o., S. 179), nannten Teilnehmer als positive Seiten des Alters u.a. größere Freiheiten in der Gestaltung des Alltags, Entlastung von beruflichen und familiären Verpflichtungen, die Weitergabe von Lebenserfahrungen, aber auch – um aus den Interviewprotokollen zu zitieren – die Möglichkeit „zu genießen, was erarbeitet worden ist" (vgl. Schmitz, 1998).

Mit Marquard (1985) mag man in der Gegenrechnung von Gewinnen und Verlusten im Alter eine Tendenz zur „Malitätsbonisierung", zur Umwertung eines subjektiv unausweichlichen Übels ins Positive erkennen. Sieht man von ironischen Nebentönen ab, wird hier ein theoretisch bedeutsamer Punkt angesprochen. Argumente, in denen Gewinne des Alterns betont werden, sind nicht als Erklärungsargumente, sondern vielmehr als Explananda anzusehen: Sie sind in theoretischer Hinsicht weniger aufschlußreich als die Entlastungen und Umwertungen, die in ihnen zum Ausdruck kommen. Altersgebundene Veränderungen haben nicht an sich Verlust- oder Gewinncharakter, sondern gewinnen positive und negative Valenz erst vor dem Hintergrund persönlicher Wertungen. Interessen, Werte und Ansprüche aber wandeln sich im Lebensablauf offenbar in einer Weise, die der Aufrechterhaltung einer positiven Selbst- und Lebensperspektive dienlich ist.

Die Rede von Gewinnen und Verlusten im Alter wirft die Frage nach dem Saldo auf. Hier begegnet uns wieder eine scheinbar paradoxale Situation: Befragt man Erwachsene zu ihren diesbezüglichen Vorstellungen, so wird allgemein unterstellt, daß die Wahrscheinlichkeit oder relative Häufigkeit günstiger Veränderungen (im Sinne z.B. eines Zuwachses positiv bewerteter Merkmale) mit fortschreitendem Alter abnimmt; hinsichtlich dieser Auffassung besteht ein weitgehender Konsens zwischen Altergruppen (vgl. Baltes, 1987; Heckhausen et al., 1989). Ein ähnliches Bild resultiert auch, wenn selbstbezügliche Wahrnehmungen und Erwartungen erfragt werden: Je älter die befragten Gruppen, um so deutlicher tendiert die eigene Gewinn-Verlust-Bilanz ins Negative, und zwar sowohl im Vergleich der aktuellen mit der vergangenen Situation als auch im Hinblick auf erwartete Veränderungen (Brandtstädter et al., 1993). Jedoch führen diese zunehmend negativen Saldierungen nicht, wie man vielleicht erwarten könnte, zu einem Auseinanderdriften von Real- und Idealselbstbeschreibung; es ergeben sich auch in dieser Hinsicht keine Hinweise auf zunehmende Identitätsdefizite oder Selbstwertprobleme. Blieben Ansprüche, Ziele und Vergleichsmaßstäbe im Übergang zum höheren Alter unverändert, so wären altersgebundene Einschränkungen und Verluste in höchstem Maße belastend. Jedoch ändern sich diese evaluativen Ankerpunkte selbst in entlastender Weise: Durch die Bezugnahme auf die Referenzgruppe Gleichaltriger wird trotz rückblickend wahrgenommener Veränderungen in einem Merkmal gleichwohl „positionale Stabilität" konstruiert; zugleich werden selbstbeschreibende Attribute in einer Weise abgewandelt, die auf sozial geteilte Vorstellungen hinsichtlich dessen Bezug nimmt, was von einer Person eines bestimmten Alters üblicher- oder gerechterweise erwartet werden kann. Wer im hohen Alter das goldene Sportabzeichen erreicht, darf sich zu Recht weiterhin als „sportlich" bezeichnen, auch wenn die eigenen Leistungen weit hinter denen zurückbleiben, die man in jüngeren Jahren erzielt hat. Auf diese Weise trägt die flexible Anpassung von Zielen und Vergleichsmaßstäben – die in bestimmten Bereichen auch durch einen sozialen Senioritätsbonus unterstützt wird – dazu bei, retrospektiv wahrgenommene Einbußen affektiv zu neutralisieren, sie eventuell sogar, wenn sie geringer ausgefallen sind als bei anderen, ins

Positive zu transformieren. Bedeutsam ist in diesem Zusammenhang auch der Umstand, daß negativ bewertete Veränderungen im höheren Alter in stärkerem Maße als unkontrollierbar erlebt werden als positiv valente Veränderungen (Heckhausen, 1990). Dieser Befund ist zwar nicht sonderlich überraschend, denn aversive Veränderungen treten im allgemeinen nur dann ein, wenn man sie nicht vermeiden kann. Aus der Perspektive des AAI-Modells ist er jedoch insofern bedeutsam, als gerade subjektiv unkontrollierbare und irreversible Verluste eher aus dem Arbeitsgedächtnis ausgeblendet und akkommodativ in entlastender Weise umgedeutet werden.

Im AAI-Modell haben wir drei Arten von Prozessen unterschieden, durch die wahrgenommene oder erwartete Verluste neutralisiert werden: zum einen durch aktives präventives oder kompensatorisches Handeln, wobei die bislang geltenden Ziele und Ansprüche beibehalten werden (Assimilation); zum anderen – insbesondere dann, wenn aktiv-offensive Bewältigungsformen nicht möglich sind – durch die Neufestsetzung von Ansprüchen und die Auflösung des *commitments* an blokkierte Ziele (Akkommodation), und schließlich auch durch defensive Prozesse, die – u.U. schon auf frühen Ebenen der Informationsverarbeitung – zur Zurückweisung von selbstbilddiskrepanter Evidenz führen (Immunisierung). Vor dem Hintergrund der dargestellten Befunde erscheint die auch in der Literatur verbreitete Vermutung, daß Zufriedenheit im höheren Alter das Resultat defensiver, immunisierender Prozesse sei (vgl. etwa Lazarus & Golden, 1981), nicht sehr plausibel. Zwar ist nicht zu übersehen, daß z.B. die Anpassung von Kriterien für die Zuschreibung bestimmter Selbstattribute durchaus in die Nähe dessen gerät, was wir weiter oben als „konzeptgerichtete" Immunisierung beschrieben haben, doch werden Verluste und Einbußen vom älteren Menschen im allgemeinen nicht negiert, sondern sensibel registriert. Daher möchte ich im folgenden die Aufmerksamkeit besonders auf das Zusammenspiel von assimilativen und akkommodativen Prozessen richten; wie gesagt setzen beide Prozesse voraus, daß Verlusterfahrungen stark und konsistent genug sind, um Immunisierungsbarrieren zu durchbrechen. Da adaptive Probleme des höheren Alters wesentlich aus einer Einschränkung von physischen, sozialen und zeitlichen Ressourcen resultieren, möchte ich zunächst genauer verdeutlichen, wie sich Handlungsressourcen und deren Veränderung auf die Balance von assimilativen und akkommodativen Prozessen auswirken.

## 7.5 Ressourcengrenzen, Regulationskonflikte und Ablösungsprozesse

Die Abstimmung von Handlungszielen auf verfügbare Ressourcen ist – auch wenn sie nicht durchweg intentional bewerkstelligt wird – eine zentrale Voraussetzung vernünftigen Handelns und Planens. Psychologische Handlungs- und Entscheidungstheorien haben solche Abstimmungen wesentlich im Kontext von Entscheidungsprozessen betrachtet und dabei Dynamiken der Akkommodation von Zielen weitgehend ausgeklammert. Die Betrachtung dieser Dynamiken ist jedoch zentral für das Verständnis der Handlungsregulationen und Regulationskonflikte unter begrenzten oder knapper werdenden Ressourcen; gerade dieser Problemtyp ist modellhaft für adaptive Probleme des höheren Alters. Bei einer progredienten Einschränkung von Handlungsressourcen können Ziele oft nur aufrechterhalten werden, indem die Nutzung verbleibender Reserven optimiert wird; zuletzt müssen eventuell Ziele preisgegeben oder Erfüllungskriterien gesenkt werden. Dieser Punkt soll im folgenden eingehender verdeutlicht werden, da er für das Verständnis assimilativer und akkommodativer Prozesse und für das Zusammenspiel dieser Prozesse bei der Annäherung an Knappheitsgrenzen von zentraler Bedeutung ist.

### 7.5.1 Ressourcen und Grenzfunktionen

Wenn Handlungsressourcen oder Produktionsmittel, die nicht unbegrenzt verfügbar sind, auf verschiedene Bereiche verteilt werden, so sind mögliche Verteilungen – wie schon in Kapitel 6 dargelegt – durch Grenzfunktionen beschränkt. Abbildung 4 illustriert dies für die einfache Annahme, daß individuelle Ressourcen (z.B. Zeit, Geld) in zwei Tätigkeits- oder Aufgabenbereiche *A* und *B* investiert werden – beispielsweise in berufliche und in familiäre Ziele. Wird der Ressourceneinsatz in einem bestimmten Bereich verstärkt, so erfordert dies, sobald eine kritische Grenze erreicht ist, die Reduzierung des Einsatzes in einem anderen Bereich; bei einer progressiven Verringerung verfügbarer Ressourcen (*I* > *II* > *III*) wird diese Grenze entsprechend enger (Brandtstädter & Wentura, 1995). Die zugeordneten Grenzfunktionen begrenzen jeweils diejenigen Kombinationen von Aufwendungen in *A* und *B*, die unter einem gegebenen Ressourcenniveau realisierbar sind (eine kurvilineare Funktion entspricht der Annahme, daß steigende Aufwendungen einen Prinzip abnehmenden Ertrages folgen).

Die hier interessierenden adaptiven Regulationen werden deutlicher, wenn wir zusätzlich annehmen, daß in den Aufgaben- oder Zielbereichen *A* und *B* bestimmte Mindestgrenzwerte einzuhalten sind (*A**, *B**). Die schattierten Segmente unterhalb der Grenzfunktionen *I* und *II* bestimmen diejenigen Kombinationen von Aufwendungen bzw. Produktionsmöglichkeiten in *A* und *B*, die auf dem jeweiligen Ressourcenniveau mit den gesetzten Standards *A** und *B** verträglich sind. Bei hohen Ressourcen (*Grenzfunktion I*) ist diese Fläche entsprechend groß, d.h. die Standards *A** und *B** können leicht eingehalten werden, und es besteht noch hinreichend Spielraum, um Aufwendungen oder Leistungen in *A* oder *B* über diese Standards hinaus zu steigern und freie Kapazitäten in andere Bereiche zu investieren (z.B. für Hobbies). Bei verminderten Ressourcen (*Grenzfunktion II*) ist dieser Möglichkeitsbereich eingeengt (dunkel schattiertes Segment); hier bewegen wir uns in einer Zone, wo – solange an den Standards *A** und *B** festgehalten wird – Maßnahmen einer effizienten Ressourcennutzung durch Optimierung, Selektion und Kompensation dringlich werden (Baltes & Baltes, 1990). Sinken die Ressourcen weiter (*Grenzfunktion III*), so gibt es schließlich keine Möglichkeit mehr, die Standards in beiden Bereichen unverändert zu beizubehalten. In diesem Grenzbereich treten – so unsere theoretische Annahme – akkommodative Prozesse in den Vordergrund.

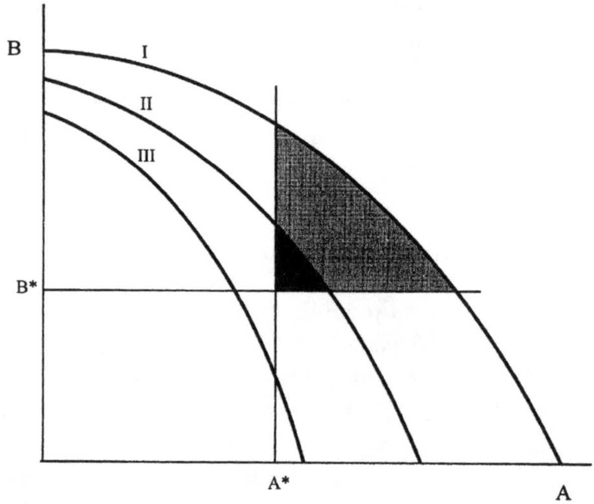


*Abbildung 4: „Grenzen der Produktionsmöglichkeit" bei unterschiedlichen Ressourcenniveaus (I, II, III; nähere Erläuterungen im Text).*

Der betrachtete Modellfall ist in mancher Hinsicht vereinfacht. Dennoch wird deutlich, wie assimilative und akkommodative Dynamiken, auch in ihrer zeitlichen Abfolge, ineinandergreifen. Wir beobachten zunächst eine Intensivierung von Bemühungen, verfügbare Ressourcen auszuschöpfen, wobei allerdings ein Grenznutzenprinzip gilt. Kompensatorische Anstrengungen sollten maximal ausgeprägt sein, wenn Verluste bereits deutlich erkennbar oder absehbar sind, aber noch – bei vertretbarem Aufwand – beeinflußbar erscheinen. Bei fortschreitenden Verlusten und zunehmender Ressourcenerschöpfung sollte es dagegen zu einer Abschwächung kompensatorischer Anstrengungen in dem betreffenden Bereich, bei gleichzeitiger Neuanpassung von Zielen und Ambitionen, kommen. Es ist daher zu erwarten, daß kompensatorische Anstrengungen in bestimmten Funktionsbereichen eine kurvilineare, umgekehrt u-förmige Beziehung zur Altersvariable zeigen. Eigene Befunde aus der Stichprobe des ARS-Projektes (siehe Kapitel 7.2) stützen diese Annahme: Der selbstberichtete kompensatorische Aufwand – betrachtet wurden die Bereiche körperliche Fitneß, äußeres Erscheinungsbild, intellektuelle Leistungsfähigkeit, Alltagskompetenzen – steigt zunächst bis zum Alter von 70 bis 75 Jahren leicht an, fällt danach jedoch wieder zurück. Mit abnehmendem Effekt kompensatorischer Bemühungen schwächt sich zugleich das Motiv ab, in dem betreffenden Bereich mit Jüngeren mitzuhalten. Diese Akkommodation von Ansprüchen und Leistungsstandards hat nach unseren Befunden den Effekt, daß wahrgenommene Verluste als weniger belastend erlebt werden (Brandtstädter & Rothermund, in Druck, b). In ähnliche Richtung weisen auch Beobachtungen, wonach das Festhalten an Jugendlichkeitsidealen im Alter zu einer erhöhten Vulnerabilität für depressive Störungen einhergeht (z.B. Miskimins & Simmons, 1966).

Mit der Annäherung an Ressourcenlimits entsteht eine labile und konflikthafte Grenzlage der Handlungsregulation, in der zwei entgegengesetzte Tendenzen aktiviert werden: Das Motiv zur hartnäckigen Beibehaltung des Zieles konkurriert mit dem Motiv, sich von dem blockierten Ziel zu lösen. Die Neigung, am gesetzten Ziel festzuhalten, wird noch durch eine assimilative Funktionslage bestimmt; es kommt zu einer Mobilisierung zusätzlicher Reserven und zur verstärkten Zentrierung der Aufmerksamkeit auf das Problem. Mit zunehmender Schwierigkeit bzw. zunehmenden Kosten der Zielerreichung schwächt sich die assimilative Tendenz ab, bis schließlich die akkommodative Tendenz dominiert und es zur Neutralisierung der blockierten Intentionen kommt. Durch die Öffnung des Aufmerksamkeitsfeldes in dieser Phase wird zugleich die Orientierung auf neue Ziele erleichtert.

Die Annäherung an eine Grenze der Produktionsmöglichkeiten wird im allgemeinen durch steigenden „Streß" signalisiert; dieser adaptive Streß erreicht dort ein Maximum, wo Motive des Festhaltens an Zielen und des Ablösens von Zielen gleichzeitig aktiviert sind, bzw. wo sich assimilative und akkommodative Tendenzen überlagern (vgl. auch Bak & Brandtstädter, 1998). Wie lange in der Annäherung an Ressourcengrenzen assimilative Tendenzen andauern bzw. wie schnell sich akkommodative Mechanismen durchsetzen, hängt von Situations- und Personmerkmalen ab, die schon angesprochen wurden: Bei Zielen und Standards, die für den individuellen Lebens- und Selbstentwurf zentral sind, wird man eine größere „assimilative Hartnäckigkeit" entfalten; ausgeprägte Selbstwirksamkeitsüberzeugungen können diesen Effekt noch verstärken. In Grenzbereichen äußerster Ressourcenmobilisierung werden allerdings auch Grenzen eigener Handlungsmöglichkeiten erfahren, was akkommodativen Tendenzen Auftrieb verleiht.

### 7.5.2 Ablösungsprozesse bei Erreichung von Ressourcengrenzen

Der Druck, sich von blockierten Zielen zu lösen, ist im allgemeinen um so größer, je weniger Spielraum es für Substitutionen und alternative Verwirklichungen auf der prozeduralen Ebene gibt. Erfüllungs- und Substitutionsmöglichkeiten ändern sich im Lebensablauf, wobei die entsprechenden Grenzfunktionen für unterschiedliche Ziele differieren können (Steverink, Lindenberg & Ormel, 1998). So etwa mögen die Erfüllungsmöglichkeiten für Ziele, die thematisch mit Status- oder Machtmotiven zusammenhängen, im Übergang zum höheren Alter – insbesondere auch nach dem Ausscheiden aus dem Berufsleben – zu einem früheren Zeitpunkt an Grenzen stoßen als etwa für Ziele, die mit einem Bedürfnis nach emotionaler Nähe und Intimität zusammenhängen. Dies kann im System individueller Zielpräferenzen zu entsprechenden akkommodativen Verschiebungen führen, mit dem Resultat, daß subjektives Wohlbefinden im höheren Alter z.T. von anderen Ziel- und Motivbereichen bestimmt wird als in voraufgehenden Lebensabschnitten (vgl. auch Freund, Li & Baltes, 1999; Turk-Charles & Carstensen, 1999).

Während die Elaborierung von Zielen und Handlungsplänen von abstrakteren zu konkreteren, von distalen zu proximal-prozeduralen Bestimmungen voranschreitet, vollzieht sich die Ablösung von Zielen in umgekehrter Richtung: Bei erschwerter Erreichung oder Blockierung eines Zieles entsteht ein Anpassungsdruck zunächst auf der prozeduralen Ebene, d.h. es wird zunächst nach alternativen Handlungs- und Entwicklungspfaden gesucht, auf denen das Ziel vielleicht noch erreicht werden kann. Kompensatorische Aktivitäten im höheren Alter sind prototypische Beispiele. Solange hierbei das ursprünglich verfolgte Ziel beibehalten wird, bleibt das Bewältigungsgeschehen noch im assimilativen Bereich. Allerdings fließen schon akkommodative Elemente ein, die jedoch zunächst noch auf Unter- und Zwischenziele bzw. korrespondierende Implementationsintentionen beschränkt sind. Akkommodationen auf der prozeduralen Ebene können also durchaus im Dienste hartnäckiger Zielverfolgung stehen; hartnäckiges Festhalten an Zielen zeigt sich oft gerade darin, daß bei Blockierung des Zieles besonders lange und intensiv nach alternativen Erfüllungsmöglichkeiten gesucht wird.

Eine von Brim (1992) berichtete Geschichte scheint geeignet, die voraufgegangenen Überlegungen exemplarisch zu illustrieren. Der Autor beschreibt, wie sein Vater, der in jüngeren Jahren eine große Farm bewirtschaftete, mit zunehmendem Alter und abnehmenden Kräften seinen Tätigkeitsradius zunehmend einschränkt, bis schließlich, gegen Ende des Lebens, seine ganze Aufmerksamkeit und Liebe sich auf die Pflege des Blumenkastens vor dem Fenster konzentriert:

> „Over the years, almost unnoticeably, the upper part of the mountain was no longer within his range; and gradually his level of aspiration lowered, coming down the hillside, so to speak, into the trees and land around the house with a new and large investment of energy in gardening (...) This man was as happy and fullfilled at one hundred as he was at age sixty. In dealing with the gaps between his desires and achievement, he had an unyielding drive for growth and mastery, a rational mind, and a capacity for change“ (Brim, 1992, S. 1/2).

Wie dieses Fallbeispiel noch einmal deutlich macht, werden assimilative Aktivitäten durch die flexible Akkommodation von Zielen und Leistungsstandards keineswegs unterdrückt; vielmehr werden Ambitionen und Aktivitäten verfügbaren Ressourcen angeglichen, was wesentlich auch zur Aufrechterhaltung einer positiven intentionalen Spannung beitragen kann. Wie bedeutsam dieser Prozeß für die Bewahrung einer positiven Selbst- und Lebensperspektive ist, möchte ich im folgenden an weiteren empirischen Beispielen verdeutlichen, wobei ich die Bedeutung akkommodativer Zielanpassungen insbesondere im Hinblick auf die Substitution von Zielen, das Erleben von Selbstwirksamkeit und Kontrolle sowie die Veränderung von Zeit- und Sinnperspektiven im höheren Alter betrachten möchte.

## 7.6 Zielanpassung und Selbstwirksamkeit

Lebensgeschichtliche Abläufe entstehen in der Wechselwirkung von intendierten Handlungsergebnissen mit Ereignissen, die sich intentionaler Beeinflussung entziehen; das Ausmaß, in dem man eine Kontingenz zwischen Lebensereignissen und eigenen Handlungen wahrnimmt oder unterstellt, bestimmt den Grad erlebter Kontrolle über die eigene Entwicklung. Personen unterscheiden sich hinsichtlich des Spielraumes, den sie sich in der Gestaltung ihrer Lebensumstände zuschreiben. Neben Unterschieden in situativen Handlungsressourcen spielen hier auch Persönlichkeitsunterschiede, wie etwa die Ausprägung generalisierter Hilflosigkeits- und Selbstwirksamkeitsüberzeugungen, eine Rolle (Brandtstädter, 1992).

Kontroll- und Selbstwirksamkeitsüberzeugungen hängen begrifflich und empirisch sehr eng mit Aspekten der subjektiven Lebensqualität zusammen. Entwicklungsverluste und Zieldiskrepanzen sind weniger belastend, wenn man sich Handlungsressourcen zur Beseitigung dieser Diskrepanzen zuschreibt. Auch das Erleben von Sinn und Bedeutung im eigenen Leben wird vom Grad der subjektiven Kontrolle über persönlich bedeutsame Zielbereiche bestimmt. Personen, die sich als aktive Gestalter ihrer eigenen Entwicklung erleben, beschreiben sich im allgemeinen als zufriedener, sie blicken mit größerem Stolz auf ihre bisherige Entwicklung und mit mehr Gelassenheit und Zuversicht in die Zukunft. Dagegen sind Kontrolldefizite bzw. der Verlust an Kontrolle über persönliche Ziele mit Unzufriedenheit, Pessimismus und Depressivität, allgemein auch mit einer ungünstigeren Bilanz erlebter Gewinne und Verluste verbunden (Brandtstädter, 1991; Brandtstädter, Krampen & Greve, 1987). Subjektive Kontrollüberzeugungen wirken sich zugleich auf psychoendokrine und psychoimmunologische Aspekte des Streßgeschehens aus; so etwa werden Zusammenhänge zwischen erlebter Hilflosigkeit und reduzierter Immunkompetenz und entsprechenden gesundheitlichen Risiken diskutiert (z.B. erhöhte Infektionsanfälligkeit, Tumorentstehung; eingehender hierzu z.B. Ursin & Olff, 1993). Hier ist allerdings einschränkend anzumerken, daß sich bei Erhebungen *in situ* Zusammenhänge zwischen psychoendokrinologischen Variablen und Indikatoren der subjektiven Lebensqualität zeigen können, die von den durch die experimentelle Streßforschung nahegelegten Erwartungen abweichen. Physiologische Indikatoren des Streßgeschehens wie z.B. der Cortisolspiegel können in der differentiellen Analyse durchaus positiv mit Merkmalen psychischen und körperlichen Wohlbefindens korrelieren, da beruflicher Erfolg und die Erreichung von Statuszielen in kompetitiven sozialen Systemen auch an die Bereitschaft geknüpft ist, sich belastenden Herausforderungen zu stellen (vgl. Brandtstädter, Baltes-Götz, Kirschbaum & Hellhammer, 1991).

Kontrollüberzeugungen bestimmen nicht zuletzt auch die Einstellung zum eigenen Altern und die Bereitschaft, Verlusten in verschiedenen Funktionsbereichen aktiv entgegenzuwirken. Werden Funktionsverluste als unvermeidlich und irreversibel betrachtet, kann es zu mangelnder Nutzung von Handlungs- und Entwicklungsreserven und letztlich zu beschleunigtem Abbau kommen; auf solche negativen Eigendynamiken ist v.a. von Seiten disuse- und aktivitätstheoretischer Alternskonzeptionen hingewiesen worden (vgl. auch Kuhl, 1986). Experimentelle Studien in Heimen haben z.B. gezeigt, daß erweiterte Handlungs- und Entscheidungsspielräume in der Gestaltung von Alltagsabläufen sich positiv auf die Zufriedenheit und das Aktivitätsniveau der Heimbewohner auswirken und auch zu einer Verbesserung des gesundheitlichen Wohlbefindens führen können (vgl. Langer & Rodin, 1976; Rodin & Langer, 1977; Schulz, 1976; Schulz & Hanusa, 1978). In Alten- und Pflegeheimen werden Kontrollverlust und Hilflosigkeit tendenziell verstärkt, wenn Eigeninitiative und selbständiges Handeln der Heimbewohner als Störungen der Alltagsroutine betrachtet werden; auch orientiert sich das Personal oft an einem impliziten „Abhängigkeitsskript“ (Baltes, 1996). Durch systematische Verstärkung abhängiger Verhaltensmuster kann sich freilich auch eine paradoxale, strategische Variante gelernter Hilflosigkeit herausbilden, wobei Abhängigkeit als instrumentelles Verhaltensmuster zur Herbeiführung positiver Effekte – z.B. zur Initiierung oder Aufrechterhaltung von Sozialkontakten – dient.

Angesichts der beschriebenen Implikationen überrascht es nicht, daß generalisierte Kontroll- und Selbstwirksamkeitsüberzeugungen mit klinischen Depressionsindikatoren überwiegend negativ korreliert sind. Beachtung verdienen allerdings auch Untersuchungen, wo sich die erwarteten negativen Beziehungen zwischen Kontroll- und Depressionsmaßen nicht zeigten oder sogar positive Zusammenhänge beobachtet wurden (Überblick z.B. bei Coyne, 1992). Das Modell assimilativer und akkommodativer Bewältigungsprozesse bietet für solche kontraintuitiven Zusammenhänge eine Erklärung: Dispositionell generalisierte Kontrollüberzeugungen verzögern die Ablösung von blockierten Zielen und damit zugleich eine Reorientierung auf neue Ziele. Zumal in der Auseinandersetzung mit faktisch irreversiblen Verlusten oder Einschränkungen kann dies zu erhöhter Belastung führen. Depressive Reaktionen mögen unter diesen Umständen zwar später auftreten, dafür aber um so ausgeprägter und langwieriger sein (vgl. auch Janoff-Bulman & Brickman, 1982; Thompson et al., 1988). So etwa konnte bereits Wolk (1976) in einer Studie mit Altenheimbewohnern zeigen, daß die Richtung des Zusammenhangs zwischen Depressivität und hohen Kontrollüberzeugungen von der Resistenz der Umgebung gegen Änderungsbemühungen abhängt: Bei hoher Widerständigkeit des Settings gingen hohe internale Kontrollüberzeugungen mit niedrigem Wohlbefinden einher. Dieser Befund verweist erneut auf die Bedeutung einer Akkommodation von Zielen an Handlungsressourcen. Wie sich zeigen wird, ist dieser adaptive Mechanismus auch für die Bewahrung positiver Selbstwirksamkeitsüberzeugungen im höheren Alter von zentraler Bedeutung.

Die Erhaltung von Kontrolle und Selbstwirksamkeit im höheren Alter gilt zumeist als ein nur unter günstigen Bedingungen bzw. bei entsprechenden Trainingsangeboten erreichbares, keinesfalls jedoch typisches Entwicklungsergebnis. Viele

Forschungsprogramme sind davon ausgegangen, daß es mit fortschreitendem Alter zu Kontrollverlusten kommt, und tatsächlich scheint eine Vielzahl von plausiblen Argumenten für diese Annahme zu sprechen. Einbußen in gesundheitlichen, materiellen, sozialen und lebenszeitlichen Ressourcen und daraus resultierende Beschränkungen von Handlungsspielräumen sollten auch in der Eigenwahrnehmung zu Kontrolldefiziten führen. Nicht zuletzt sollte auch die Konfrontation mit negativen Altersstereotypen, die einseitig Verlust und Abbau betonen, Gefühle von Kontrolle und Selbstwirksamkeit unterminieren (vgl. Bandura, 1981, 2000; Kuypers & Bengtson, 1973; Rodin & Langer, 1980; Schulz, 1980; Seligman & Elder, 1986; Weisz, 1983).

Auch für diese Annahmen gibt es überraschenderweise keine konsistenten empirischen Belege. Während einzelne Untersuchungen auf eine Abnahme erlebter Kontrolle und Selbstwirksamkeit im höheren Alter hinweisen, deuten andere in die entgegengesetzte Richtung oder finden keine signifikanten Alterseffekte (vgl. Übersichten bei Fung, Abeles & Carstensen, 1999; Krampen, 1987; Lachman, 1986; Rodin, Timko & Harris, 1985). Die Befundlage in diesem Bereich konvergiert somit weitgehend mit Forschungsergebnissen über den Zusammenhang zwischen Alter und subjektiver Lebensqualität. Auch in longitudinalen oder in quersequentiellen Untersuchungen, in denen quer- und längsschnittliche Beobachtungen kombiniert wurden, finden sich keine konsistenten Hinweise auf eine Abnahme in generalisierten Kontroll- und Selbstwirksamkeitsüberzeugungen im höheren Alter. Ergebnisse altersvergleichender Studien, in denen autonome und heteronome (bzw. „internale" und „externale") Kontrollüberzeugungen separat erfaßt wurden, deuten darauf hin, daß ältere Menschen zwar einerseits ein stärkeres Bewußtsein der externen Beeinflußbarkeit und Verletzlichkeit ihrer Lebensabläufe haben, sich gleichzeitig aber auch in stärkerem Maße bewußt sind, welchen Einfluß sie selbst durch ihr Verhalten auf ihre weitere Entwicklung nehmen können (vgl. Brandtstädter & Baltes-Götz, 1990; Miller & Lachman, 1999). Lediglich in bereichsspezifischen Analysen treten Alterseffekte z.T. deutlicher hervor; so deutet sich insbesondere im gesundheitlichen Bereich eine Zunahme „externaler", heteronomer Kontrollorientierungen an (vgl. Lachman, 1991; Nurmi et al., 1992). Bemerkenswert bleibt bei alldem, daß sich wahrgenommene Kontrollverluste in einzelnen Lebens- und Funktionsbereichen kaum gravierend auf das generelle Erleben von Kontrolle und Selbstwirksamkeit im Alter auswirken.

Bei der Suche nach einer Erklärung dieses Phänomens wird man zunächst an aktiv-assimilative Bewältigungsstrategien denken; insbesondere kompensatorische Anstrengungen sind für die Aufrechterhaltung positiver Selbstwirksamkeitsüberzeugungen im Alter bedeutsam (Baltes & Baltes, 1990). Wir können innerhalb des assimilativen Modus mehrere Ebenen oder Varianten kompensatorischer Aktivität unterscheiden. So etwa kann bei auftretenden Schwierigkeiten, z.B. in der Aufrechterhaltung bestimmter Leistungsziele, zunächst versucht werden, verfügbare Handlungsreserven effizienter auszuschöpfen oder diese, etwa durch Aneignung neuer Fertigkeiten, zu erweitern. Sind solche primären Kompensationsmöglichkeiten nicht verfügbar oder unzureichend, so verlagern sich assimilativ-kompensatorische Aktivitäten auf Formen vermittelter Kontrolle (*proxy control*; Bandura, 1982b, 2000), etwa indem Hilfsmittel oder Helfer einbezogen werden, um gewünschte Ziele zu erreichen. Auch die Schaffung „altersfreundlicher" Wohnumwelten (Kruse, 1994), die z.B. sensorische oder motorische Einschränkungen kompensieren, ist noch dem Funktionskreis assimilativer Bewältigung zuzurechnen. Mit dem Einsatz kompensatorischer Mittel wird indessen auch die Beschränkung eigener Kontroll- und Handlungsressourcen offensichtlich – zumal wenn die weitere Verstärkung kompensatorischer Anstrengungen, wie oben unter dem Stichwort des Grenznutzens diskutiert, einen zunehmend geringeren Effekt zeitigt. Assimilativ-kompensatorische Aktivitäten erscheinen deshalb, was ihren Beitrag zur Aufrechterhaltung von Kontroll- und Selbstwirksamkeitsüberzeugungen im höheren Alter angeht, ambivalent, denn sie verweisen zugleich auf Möglichkeiten wie auf Grenzen personaler Kontrolle. Der Begriff einer „Inkompetenzkompensationskompetenz" (Marquard, 1985) bringt dies auf den Punkt.

Ein umfassenderer Erklärungsansatz muß daher auch den Beitrag berücksichtigen, den die Akkommodation von Zielen und Ambitionen zur Stabilität und Stabilisierung von Kontrollüberzeugungen im höheren Alter leistet. Diese Argumentationslinie mag auf den ersten Blick überraschen, da – entsprechend den diskutierten theoretischen Voraussetzungen – der Akkommodationsprozeß wesentlich durch den Verlust von Kontrolle in den betreffenden Zielbereichen vermittelt wird. Mißerfolge und Frustrationen, die individuelle Kontrollüberzeugungen untergraben, entstehen jedoch gerade aus einer Inkongruenz von Zielen und Handlungsmöglichkeiten. Schon einfache begriffliche Überlegungen führen auf diese theoretische Spur: „Macht" und „Kontrolle" bezeichnen die Fähigkeit, *persönlich bedeutsame* Ziele zu erreichen. Wir erleben es jedoch nicht als belastend, wenn wir nicht erreichen können, woran uns nichts liegt. Dies impliziert aber auch – und gerade dies ist weitgehend unbeachtet geblieben –, daß die Abwertung oder Ablösung von Zielen, die unerreichbar geworden sind, zur Aufrechterhaltung von Kontroll- und Selbstwirksamkeitsgefühlen beitragen kann.

Eigene empirische Befunde stützen diese Annahme. Wir haben in unseren Erhebungen Veränderungen wahrgenommener Kontrolle in verschiedenen Zielbereichen (Gesundheit, intellektuelle Leistungsfähigkeit, soziale Anerkennung, Freundschaftsbeziehungen, Lebensstandard, u.a.) bei einer Stichprobe im initialen Altersbereich von 30 bis 59 Jahren (1983) über ein Längsschnittintervall von acht Jahren analysiert (EEP-Projekt; zur eingehenderen Darstellung Brandtstädter & Rothermund, 1994)[3]. Im Einklang mit den theoretischen Erwartungen zeigte sich, daß

[3] Projekt „Entwicklungskontrolle und Entwicklungserleben in Partnerschaften", gefördert von der Deutschen Forschungsgemeinschaft. Die Kernstichprobe dieses quersequentiellen Projektes umfaßt 735 Personen; die Teilnahme an der Untersuchung wurde honoriert. Hinsichtlich Bildungsgrad, beruflichem Status und Einkommen entspricht die Zusammensetzung der Stichprobe weitgehend der allgemeinen Population.

Kontrollverluste in spezifischen Zielbereichen sich in geringerem Maße auf das allgemeine Erleben von Kontrolle auswirken, wenn im gleichen Zeitraum die persönliche Bedeutung der betreffenden Ziele reduziert wurde. Daten, die bei dem älteren Panel der ARS-Stichprobe (siehe oben, Kapitel 7.2) erhoben wurden, bestätigen diesen Befund (Brandtstädter, Rothermund & Schmitz, 1998).

Ergänzend ist anzumerken, daß nicht nur Veränderungen der Zielwichtigkeit, sondern auch akkommodative Anpassungen in den Erfüllungskriterien und Bedeutungen von Zielen zur Erhaltung von Selbstwirksamkeitsüberzeugungen beitragen können. Wie schon erwähnt, bieten gerade abstrakt gefaßte Ziele in dieser Hinsicht einen breiten Spielraum. So etwa können allgemeine Status- oder Leistungsziele auf verschiedene Weise erreicht werden; der Wissenschaftler, der den Zenith seines produktiven Schaffens überschritten hat, mag sich z.B. verstärkt Aufgaben des Wissenschaftsmanagements oder der akademischen Gremienarbeit zuwenden. Das Selbstbild kann gegenüber wahrgenommenen Leistungs- und Funktionseinbußen dadurch geschützt werden, daß in der subjektiven Definition von Erfolg und Kompetenz noch intakte, nicht betroffene Leistungsbereiche gegenüber defizitären Bereichen hervorgehoben werden. Auch hier ist freilich wiederum eine entsprechende Komplexität und Differenziertheit positiver Selbstrepräsentationen vorausgesetzt (vgl. auch Morgan & Janoff-Bulman, 1994).

Die Akkommodation der Anwendungsbedingungen und Erfüllungskriterien selbstdeskriptiver Begriffe hat einen in seiner Bedeutung für das Selbstbild im höheren Alter kaum zu unterschätzenden Effekt: Sie ermöglicht Kontinuität der Selbstbeschreibung auch bei veränderten Handlungs- und Entwicklungsmöglichkeiten. Die Übergänge zu immunisierenden Prozessen – insbesondere zu Mechanismen, die wir als „konzeptgerichtete Immunisierung" bezeichnet haben – erscheinen hier allerdings fließend; es wird deutlich, daß akkommodative Präferenz- und Zielanpassungen durchaus im Dienst immunisierender Prozesse stehen können. Gerade die Wahrnehmung eigener Kompetenzen berührt Kernbereiche der Selbsttheorie, die durch einen automatischen *„immune neglect"* (Gilbert et al., 1998) besonders wirksam gegen Diskontinuität und Destabilisierung geschützt werden. Ein solcher *immune neglect* wird auch dadurch unterstützt, daß zentrale Selbstbildattribute oft auf einer abstrakteren semantischen Ebene codiert und so leichter gegen empirische „Widerlegungen" abzusichern sind.

## 7.7 Zeit, Handeln und Sinn: Veränderung von Zeitperspektiven im Alter

Handeln und Entwicklung sind zeitgebunden und auf Zeit bezogen: Wir entwickeln uns und wir handeln in der Zeit, wobei die Zeit, über die wir in unserem Handeln verfügen, unsere Entwicklungs- und Handlungsoptionen wesentlich bestimmt. Im Handeln versuchen wir, Zeit zweckmäßig zu nutzen und „auszufüllen". Wir benötigen Zeit zur Verwirklichung unserer Ziele und Projekte; wir investieren und „opfern" Zeit, um erwünschte Lebensumstände und Selbstdefinitionen über die Zeit abzusichern und zu stabilisieren; Erwartungen zukünftiger Handlungsergebnisse verleihen unserem Tun Bedeutung. Zeit ist insofern zugleich eine Handlungs- und eine Sinnressource (Brandtstädter, 1998).

Nicht nur aber handeln wir und entwickeln wir uns in der Zeit: Wir altern mit der Zeit, und mit der physikalischen Zeit verfließt unsere Lebenszeit. Von jüngeren Menschen werden Zeit und Zukunft wesentlich als Möglichkeitsraum erlebt, in dem sich Chancen ergeben, Projekte erfüllen und Ziele realisieren; im höheren Alter wird Zeit als eine zunehmend knapper werdende, zugleich auch wertvollere Ressource erfahren (vgl. auch Dittmann-Kohli, 1995). Der Umgang mit der eigenen Zeit wird reflektierter und planvoller: Man opfert seine Zeit nur noch für Dinge, die hinreichend bedeutsam erscheinen. Zugleich wird auch die Bedeutung und Valenz der Bereiche, in die man Zeit investiert, zunehmend weniger von Ergebniserwartungen bestimmt, die in einer nicht mehr erlebbaren Zukunft liegen. Die selektive Allokation von Zeitressourcen führt zu einer auf das Wesentliche reduzierten Gestaltung des Zeitbudgets, in der sich assimilative und akkommodative Tendenzen mischen: Der entstehende Auswahldruck kann einerseits eine Tendenz zur Straffung und Optimierung von Handlungsabläufen fördern, gleichzeitig aber auch eine Ablösung von bestimmten Zielen anbahnen.

Ressourcenverluste sind Schlüsselbedingungen von Streß und Belastung (Hobfoll, 1989). Für Verluste an Lebenszeit gilt dies, angesichts der angesprochenen Implikationen, in besonderem Maße. Wird zudem noch die Verschränkung der individuell erlebten biographischen Zeit mit der Dimension historisch-kulturellen Zeitwandels in Betracht gezogen, erscheinen die angesprochenen Probleme potenziert. Mit zunehmender Geschwindigkeit kultureller Wandlungsprozesse verfällt der Gebrauchswert von Lebenserfahrungen, die in einer überholten Vergangenheit gesammelt wurden. Gefühle der Obsoleszenz, des Nicht-Mehr-Mitkommens und Überrolltwerdens, stellen sich in zunehmend früherem Alter ein. „Die Zeit ist das, was heimatlos macht", formuliert Mittelstraß (1992, S. 405); in einer Zeit, wo das Erleben des Altwerdens durch die Dynamik gesellschaftlichen Wandels zusätzlich verschärft ist, verfallen auch gewohnte Lebens- und Sinnentwürfe in immer kürzerer Zeit. Allerdings steigt im Zuge solcher ontogenetisch-historischen Entwicklungen auch die Nachfrage nach Sinnentwürfen, aus denen „keine weitere Entwurzelung mehr möglich ist" (Sloterdijk, 1999, S. 369).

Wenn es im höheren Alter dennoch nicht zu einer generellen Zunahme an depressiven Störungen und Selbstwertproblemen kommt, so scheint dies vor dem bezeichneten Hintergrund noch bemerkenswerter. Sicher spielen defensive Prozesse eine Rolle; das Selbstsystem hat gegen die Vergegenwärtigung des eigenen Endes besonders mächtige immunisierende Barrieren errichtet (vgl. Janoff-Bulman, 1992).

Andererseits sind diese Barrieren im allgemeinen kaum stark genug, um ein Bewußtsein des näherrückenden Lebensendes beim älteren Menschen auszublenden, zumal gleichzeitig Mechanismen des *time discounting* (Loewenstein & Prelec, 1993), d.h. der zeitproportionalen Abwertung zukünftiger Bedrohungen, mit dem Näherrücken eben dieser Bedrohung ihre entlastende Wirkung verlieren. Einen wesentlichen Beitrag zur subjektiven Lebensqualität im Alter scheinen v.a. akkommodative Prozesse zu leisten, welche die Handlungsorganisation und die Einstellung zu Zeit und Zukunft so verändern, daß das Erleben von Sinn und persönlicher Kontinuität gegen die Erfahrung der verfließenden Lebenszeit abgeschirmt wird.

### 7.7.1 Zeitperspektive und Zeiterleben

Wie verändern sich Einstellungen zu Zeit und Zukunft im Alter? Wir sind dieser Frage im Rahmen der ARS-Longitudinalstudie nachgegangen (s.o.). Das Längsschnittintervall betrug acht Jahre; die Teilnehmer waren zum Zeitpunkt der letzten Erhebung 62 bis 86 Jahre alt. Die eingesetzten Skalen umfaßten verschiedene Facetten des Zukunftserlebens: Erfragt wurden zum einen Merkmale der *Konkretheit* (Itembeispiel: *„Ich habe sehr feste Vorstellungen davon, wie ich mein zukünftiges Leben gestalten werde"*), *Offenheit* (*„In meinem Leben gibt es immer neue und reizvolle Perspektiven"*) und *Kontrollierbarkeit* (*„Wie meine Zukunft aussieht, hängt in erster Linie von mir selbst ab"*), zum anderen auch Aspekte der *affektiven Valenz* der Zukunftsperspektive (*„Ich freue mich auf das Leben, das noch vor mir liegt"*) sowie der *Vergangenheitsorientierung*, d.h. der bevorzugten Beschäftigung mit vergangenheits- gegenüber zukunftsbezogenen Themen (*„Ich denke häufiger an mein bisheriges Leben als an die Zukunft"*). Die Facetten *Offenheit, Konkretheit, Kontrollierbarkeit* und *affektive Valenz* der persönlichen Zukunft zeigen erwartungsgemäß positive Interkorrelationen. Der Blick auf die eigene Zukunft hat v.a. dann positive Valenz, wenn diese als Ressource für Entwicklungsoptionen gesehen wird und wenn konkrete Vorstellungen zu ihrer Gestaltung bestehen. Gerade in dieser Hinsicht zeigen sich allerdings deutliche Alterseffekte; Abbildung 5 zeigt die längsschnittlichen Gradienten für die verschiedenen Alterskohorten (Brandtstädter & Rothermund, in Druck, a).

Sehr deutlich manifestieren sich in diesen Befunden altersgebundene Veränderungen der Zeitperspektive in Richtung auf geringere Konkretheit, Offenheit und Beeinflußbarkeit der eigenen Zukunft. Diese wird in zunehmend geringerem Maße mit positiv valenten Aspekten verknüpft; zugleich nimmt die gedankliche Beschäftigung mit der zurückliegenden Lebensgeschichte zu. Das Effektmuster erscheint noch prägnanter, wenn statt des chronologischen Alters die subjektiv verbleibende Lebenszeit als Bezugsgröße betrachtet wird (die erwartete Restlebenszeit wurde über die Differenz zwischen chronologischem Alter und geschätzter Lebenserwartung bestimmt). Dies spricht dafür, daß die dargestellten Veränderungen stärker durch

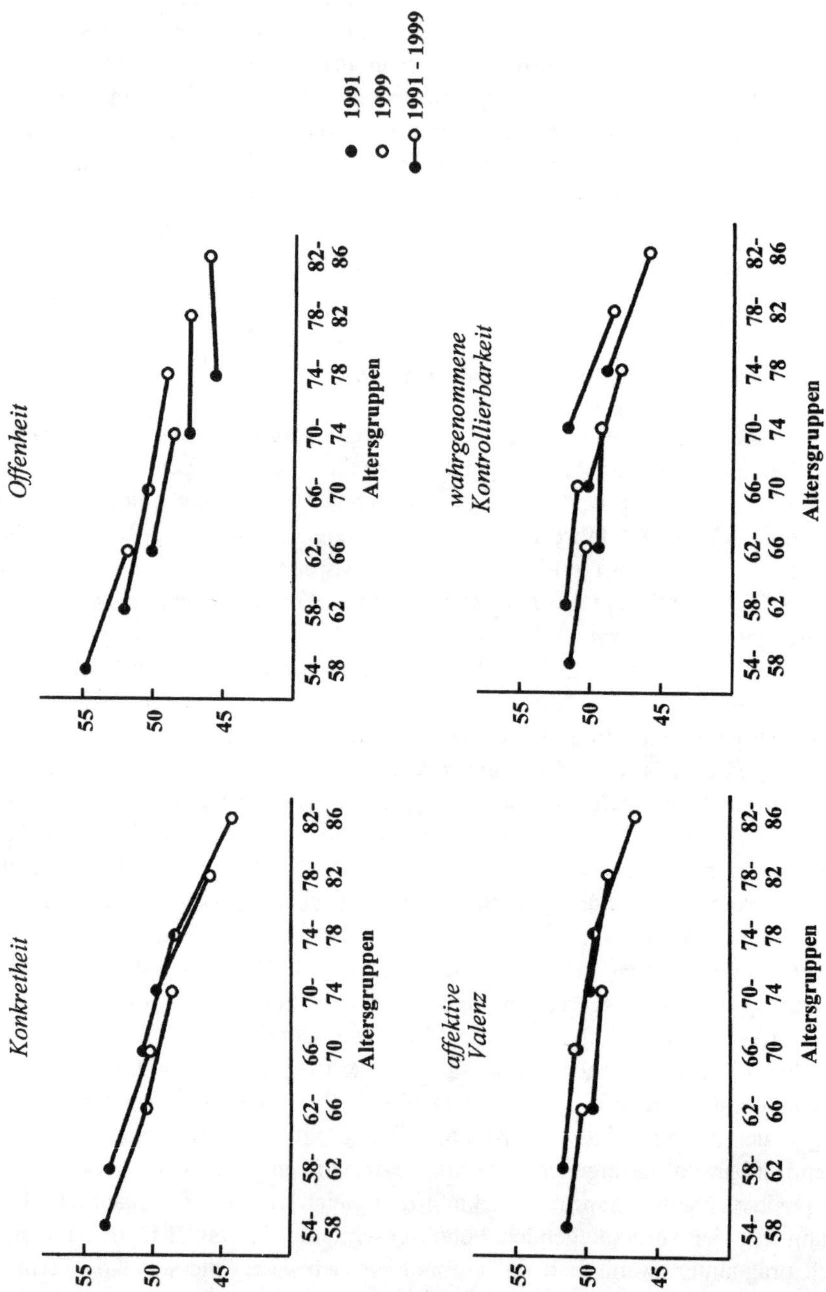


*Abbildung 5: Altersgebundene Veränderungen des Zeiterlebens: Konkretheit, Offenheit, Kontrollierbarkeit und affektive Valenz der Zukunft (sequentielle Daten, ARS-Projekt).*

die subjektiv noch vorausliegende als durch die zurückgelegte Lebenszeitstrecke bestimmt werden – obwohl beide Größen natürlich eng zusammenhängen.

Im Zuge der kritischen Auseinandersetzung mit Defizitmodellen des Alterns ist argumentiert worden, daß der ältere Mensch durchaus noch bis ins hohe Alter „eine große Zahl unterschiedlicher Ziele und Interessen“ haben könne (Thomae, 1989; S. 62; vgl. auch Schneider, 1989). Diesem Argument kann in seiner Allgemeinheit kaum widersprochen werden. Dennoch wird deutlich, daß das zunehmende Alter und die damit einhergehende Verkürzung des lebenszeitlichen Horizontes für die persönliche Zukunftsperspektive und Handlungsorganisation bedeutsame Implikationen hat. Diese Umstrukturierung hat allerdings nicht notwendig krisenhaften oder belastenden Charakter. Im Gegenteil finden sich Hinweise, daß die genannten Verschiebungen – und hier insbesondere ein zunehmender Vergangenheitsbezug – Ausdruck akkommodativer Prozesse sind, die stabilisierende und entlastende Funktion haben.

Während ein geringer Zukunftsbezug beim jüngeren Menschen oft Ausdruck von Orientierungsproblemen und depressiven Tendenzen ist, hat die Fokussierung auf die eigene Vergangenheit im höheren Alter offenbar auch entlastende und identitätssichernde Funktionalwerte (vgl. Sherman, 1991); für den älteren Menschen wird die zurückliegende Lebensgeschichte zunehmend zu einer Ressource personaler Kontinuität und Stabilität. Im Einklang mit dieser Annahme steht eine zusätzliche Beobachtung: Der korrelative Zusammenhang zwischen Depressivität und Vergangenheitsbezug schwächt sich mit zunehmendem Alter der Teilnehmer ab. Ein gleichartiger Moderationseffekt zeigt sich auch in längsschnittlichen Veränderungen: Während bei jüngeren Teilnehmern unserer Stichprobe zunehmende Vergangenheitsorientierung mit einer Zunahme depressiver Tendenzen verknüpft ist, verschwindet dieser Zusammenhang im höheren Alter (vgl. auch Brandtstädter & Wentura, 1994).

### 7.7.2 Akkommodation von Sinnperspektiven im höheren Alter

Unsere Lebensaktivitäten gewinnen motivierenden Sinn wesentlich aus Plänen, Zielen und „möglichen Selbsten“ (Cross & Markus, 1991; Hooker, 1999), durch die wir unsere persönliche Entwicklung in die Zukunft projizieren. Mit näherrückendem Lebensende und der Schließung von „Handlungspfaden“ (Raynor & Entin, 1983) verlieren investive Projekte und Ziele, deren Anreizwert primär in zukünftigen Erträgen liegt, als Sinnquellen tendenziell an Bedeutung; Entfremdung und Depression sind mögliche Folgen (Klinger, 1977).

Aus akkommodationstheoretischer Perspektive liegt die Vermutung nahe, daß ein Verlust an *„future meaning“* (Reker, Peacock & Wong, 1987) auch durch Verschiebungen in individuellen Sinnperspektiven bewältigt wird. Die schon angesprochene zunehmende Beschäftigung mit zurückliegenden Lebensereignissen im höheren Alter (vgl. auch Birren & Hedlund, 1987; Staudinger & Dittmann-Kohli, 1992) läßt sich ohne weiteres in diesem Sinne deuten. Insbesondere aber sollten auch solche Sinnbereiche verstärkt betont werden, deren Valenz sich nicht aus zukünftigen Ergebnissen ableitet, und die in diesem Sinne „zeitlos" und „unbedingt" sind. Moralische, religiöse, ästhetische Orientierungen, aber auch sozioemotionale und altruistische Ziele (Freundschaft, Fürsorge, Liebe) sind Beispiele für intrinsisch valente Sinngehalte, die sich in strumentell-zweckrationalen Deutungen weitgehend entziehen (vgl. auch Rentsch, 1992). In dem Maße, wie sich Lebenszeitreserven verringern, sollten solche zeittranszendenten, wertrational-expressiven Orientierungen gegenüber instrumentell-zweckrationalen, auf zukünftige Wirkungen abzielenden Einstellungen an Gewicht und Bedeutung gewinnen.

Es sollte mit anderen Worten im höheren Alter eine Handlungsorientierung an Bedeutung gewinnen, die sich nicht primär an zukünftigen Folgen oder Nebenwirkungen eines Tuns und deren Wertigkeit orientiert, sondern an dem – und hier können wir vielleicht an Max Webers (1972, S. 12) klassische Definition wertrationalen Handelns anknüpfen –, „was Pflicht, Würde, Schönheit, religiöse Weisung, Pietät oder die Wichtigkeit einer Sache [...] zu gebieten scheinen". Die hier angesprochene Verschiebung von Sinnperspektiven kann offenbar nicht ohne weiteres als intentionale kompensatorische Strategie betrachtet werden, durch die ein drohender Sinnverlust abgewehrt wird. Sinngehalte, die dem individuellen Handeln und Leben Bedeutung verleihen, erzeugen zwar intentionale Einstellungen, sie werden jedoch nicht intentional gewählt – eine solche Wahl würde eine entsprechende Wert- oder Sinnorientierung schon voraussetzen.

Wertrationale und instrumentell-zweckrationale Orientierungen sind nur in der idealtypischen Betrachtung Gegensätze; in alltäglichen Handlungszusammenhängen können sich beide Orientierungen verbinden und gleichsam an einem Strang ziehen, aber auch überlagern und in Konflikt geraten. Insbesondere können wertrationale Handlungstendenzen durch zukunftsbezogen-zweckrationale Erwägungen inhibiert werden, etwa dann, wenn ein normativ gebotenes Handeln negative Rückwirkungen auf persönliche Pläne und Zukunftsaussichten hat. Ein solcher Konflikt wird je nach Festigkeit oder Stärke der persönlichen moralischen Orientierungen unterschiedlich stark empfunden und unterschiedlich aufgelöst. Allerdings – und auch dies sollte zu einer Akzentuierung wertrationaler Handlungstendenzen beitragen – fallen mit dem Ausrinnen der Lebenszeit strategische Rücksichtnahmen auf eigene zukunftsgerichtete Projekte weniger ins Gewicht, was gelegentlich auch eine als rücksichtslos anmutende Authentizität des Handelns zur Folge haben kann: „... man braucht im Alter keinen Mut mehr, in Fettnäpfchen zu treten, weil man nicht mehr genug Zukunft hat, um wiedergetreten zu werden" (Marquard, 1999, S. 49).

In der Panelstudie des ARS-Projektes mit Teilnehmern im mittleren und höheren Lebensalter (Kapitel 7.2) wurden auch Skalen zur Erfassung von Sinnperspektiven eingesetzt (Brandtstädter et al., 1997). Im Vergleich der Altersgruppen fanden wir deutliche Hinweise auf eine verstärkte Betonung von „zeittranszendenten" Sinnperspektiven im höheren Alter: Neben der Hinwendung zur persönlichen Vergangenheit als Sinnressource betonten ältere Teilnehmer in stärkerem Maße ethisch-moralische Sinnperspektiven (Ausrichtung der Lebensführung an übergeordneten Werten und Idealen) und zeigten eine stärkere Orientierung an Zielen, die über den Zeithorizont des eigenen Lebens hinausweisen (wie z.B. Fürsorge für nachfolgende Generationen). Experimentelle Befunde von Rosenblatt et al. (1989) weisen in eine ähnliche Richtung: Die Konfrontation mit der eigenen Sterblichkeit – eine erhöhte *„mortality salience"* wurde im Experiment u.a. durch die Frage induziert, was man bei dem Gedanken an den eigenen Tod empfinden würde – führte bei den Versuchsteilnehmern zu einer verstärkten Norm- und Wertorientierung, die sich u.a. in einer verschärften Ablehnung normabweichenden Verhaltens manifestierte. Nach der theoretischen Vorstellung der Autoren hat die Betonung kultureller Werte die Funktion, Unsicherheit und Todesfurcht abzuwehren (*„terror management"*). Die hier entfaltete Theorieperspektive betont demgegenüber den Aspekt der Neutralisierung von Sinnverlusten durch Ablösungs- und Reorientierungsprozesse; sie stellt die betrachteten Befunde in einen breiteren theoretischen Zusammenhang, der – wie im folgenden gezeigt werden soll – eine Reihe weiterer Phänomene integriert.

## 7.8 Abkopplungseffekte, Neutralisierung aversiver Bedeutungen, Einordnung in Sinnbezüge

Wie ich im vorigen Kapitel dargestellt habe, gehen assimilative und akkommodative Prozesse mit charakteristischen kognitiven Funktionslagen einher. In einer assimilativen Funktionslage wird die Verfolgung und effiziente Durchsetzung gesetzter Ziele unterstützt: Positive Zielvalenzen werden akzentuiert, zugleich und kontrastierend dazu werden negative Valenzen des Istzustandes bzw. des zu beseitigenden Problems betont. Im akkommodativen Modus ist dieses Muster umgekehrt; das motivierende Valenzgefälle zwischen Ist-Zustand und angestrebtem Zielzustand wird dekonstruiert, mit dem Effekt einer relativen Abwertung des ursprünglich angestrebten Zustandes gegenüber dem aktuellen Zustand. Man kann in diesen Dekonstruktionsprozessen einen Vorgang sehen, durch den Ereignisse und Situationen, die Selbstentwürfe bedrohen und zunächst als „Fremdes" erlebt werden, schließlich als Komponenten der eigenen Identität und Lebensgeschichte akzeptiert werden.

Offenbar gibt es zeitlich überdauernde individuelle Unterschiede in assimilativen und akkommodativen Bewältigungstendenzen. Zur Erfassung solcher dispositioneller Unterschiede haben wir in unseren Projekten zwei Fragebogenskalen eingesetzt: „Hartnäckige Zielverfolgung" als Assimilationsmaß (Beispielitems: *„Je schwieriger ein Ziel zu erreichen ist, um so erstrebenswerter scheint es mir oft"*; *„Mit Niederlagen kann ich mich nur schlecht abfinden"*) sowie „Flexible Zielanpassung" als

Akkommodationsmaß (Beispielitems: „*Wenn ich etwas nicht ändern kann, verschwende ich auch keinen weiteren Gedanken daran*"; „*Ich kann mich leicht umstellen, wenn die Dinge einmal nicht nach Wunsch laufen*"). Die Flexibilitäts- und die Hartnäckigkeitsskala erfassen statistisch unabhängige Facetten der Bewältigungskompetenz; dennoch weisen sie teils gleichsinnige, teils gegenläufige Korrelationen zu Außenvariablen auf. Beide Skalen korrelieren substantiell positiv mit Merkmalen subjektiver Lebensqualität, wie Lebenszufriedenheit, Optimismus und geringe Depressivität (Brandtstädter & Renner, 1990; Becker, 1995). Zugleich aber weisen die Skalen gegenläufige Regressionen auf die Altersvariable auf, und zwar im Sinne einer zunehmenden Dominanz akkommodativer gegenüber assimilativen Bewältigungsformen (Brandtstädter, 1992; Heckhausen & Schulz, 1995). Bedenkt man die Kumulation irreversibler Verluste und die Einschränkung von Handlungsressourcen im höheren Alter, so ist dies mit unseren theoretischen Überlegungen konsistent.

In Verbindung mit den betrachteten Befunden verweist die stärkere Betonung von akkommodativer Flexibilität gegenüber assimilativer Hartnäckigkeit im höheren Alter auf die besondere Bedeutung von Akkommodationsprozessen zur Bewältigung alterstypischer Einschränkungen und Verluste. Die protektive Wirkung akkommodativer Bewältigungsformen im höheren Alter zeigt sich allerdings nicht lediglich darin, daß Personen mit hoher akkommodativer Flexibilität über eine höhere subjektive Lebensqualität berichten. Vielmehr zeigt die Flexibilitätsskala charakteristische Puffer- und Dissoziationswirkungen: Einschränkungen und Belastungen, die in bestimmten Lebens- und Funktionsbereichen erlebt werden, beeinträchtigen das Wohlbefinden und die subjektive Lebensqualität in um so geringerem Maße, je höher die akkommodative Flexibilität ausgeprägt ist. Entsprechende Effekte wurden z.B. hinsichtlich der Wirkung gesundheitlicher Belastungen und chronischer Schmerzen beobachtet; auch wird der alternsgebundene Verlust lebenszeitlicher Reserven von Personen mit hoher akkommodativer Flexibilität leichter bewältigt (für die Hartnäckigkeitsskala sind solche spezifischen Moderationseffekte schwächer ausgeprägt oder fehlen ganz; vgl. Brandtstädter et al., 1998; Brandtstädter & Wentura, 1995; Schmitz, Saile & Nilges, 1996). Die akkommodationstheoretische Erklärung der angesprochenen Puffer- und Dissoziationseffekte liegt auf der Hand: Eine höhere Flexibilität in der Adjustierung von Zielen an Handlungsmöglichkeiten, eine leichtere Verfügbarkeit entlastender Kognitionen und eine ausgeprägtere Bereitschaft oder Fähigkeit, negativen Ereignissen Sinn zu abzugewinnen, führen im Effekt dazu, daß erlebte Einschränkungen und Verluste in geringerem Maße auf das Wohlbefinden und die subjektive Lebensqualität durchschlagen.

Zitate aus Interviewstudien, die wir bei einer Substichprobe von 60 Probanden (Altersbereich von 55 bis 79 Jahren) aus dem Panel des ARS-Projektes durchgeführt haben, machen anschaulich, wie sich solche akkommodativen De- und Rekonstruktionsprozesse in der Einstellung zum Alter und zum eigenen Älterwerden manifestieren (Brandtstädter et al., 1998; Schmitz, 1998):

„Dinge, an denen ich nichts ändern kann, da mache ich mir nicht viel Sorgen drum. Denn wenn ich darum grämen würde, da werden die Falten ja noch immer schlimmer dadurch (lacht). Und wenn ich da nicht dran denke, dann nimmt das halt seinen gewöhnlichen Lauf, aber ich tue nichts dazu, daß es noch schlimmer wird." (*73 Jahre, weiblich*)

„Man könnte Verluste sehen in der eigenen nachlassenden Kraft, etwas zu beherrschen oder etwas zu machen. Aber kommt es wirklich darauf an? Muß ich denn alles bis zum Exzeß betreiben? Muß ich denn alles möglichst gut machen? Wir sind doch nur Menschen und endlich, und deshalb kann ich das auch nicht als negativ ansehen. Denn es wird eigentlich unwesentlich. Das versinkt irgendwo." (*62 Jahre, weiblich*)

„Man sollte seine Erwartungen nicht zu hoch schrauben, man sollte nicht glauben, daß man sein Leben so weiterführen kann, wie man es bisher geführt hat. Es nehmen einfach die Kräfte ab... Also die Dinge alle gemächlicher angehen lassen und nicht glauben, man könnte dann noch die Welt verändern wie aus falschem Ehrgeiz oder einer Sucht heraus, sich darstellen zu müssen." (*59 Jahre, männlich*)

„Im früheren Alter will man Können oder Leistungen zu einer gewissen Perfektion bringen. Ich glaub', das ist auch ganz richtig und gesund so eingerichtet. Aber das läßt nach. Das will man nicht mehr, weil man es auch vielleicht nicht mehr kann, aber auch der Sinn der Sache wird einem dann nicht mehr so deutlich." (*62 Jahre, weiblich*)

„Es ist merkwürdig wie mit einigem im Leben, man gewöhnt sich langsam daran. Man bedauert das, daß man älter wird, daß der Körper älter wird, daß man also im Bikini nicht mehr attraktiv aussieht, aber irgendwie findet man sich nach einer gewissen Zeit damit ab, weil wieder andere Dinge auftauchen, die dann schön sind und die halt eben das Aussehen nicht mehr so betreffen." (*57 Jahre, weiblich*)

„Man sollte das Alter so nehmen, wie es kommt, und sich nicht allzu furchtbar wichtig nehmen. Nicht immer von sich reden, wie schlimm das ist, daß das mal etwas weniger wird, daß man Falten im Gesicht kriegt und daß man nicht mehr so gut gucken kann. Das muß man mit einer gewissen Gelassenheit und auch mit einer gewissen Heiterkeit – ist zwar so ein Wort, was heute gar nicht mehr gang und gäbe ist – irgendwo hinnehmen als gegeben. Aber nicht mit verbissenem Gesicht sagen: Ach, wie schrecklich. Nein, das ist nun mal so." (*67 Jahre, weiblich*)

„(...) denn all dieses Zurücknehmen ergibt ja auch wieder einen Freiraum." (*62 Jahre, weiblich*)

Sehr deutlich manifestieren sich in diesen Äußerungen die Grunddynamiken akkommodativer Bewältigung: Abwertung blockierter Ziele, Akzeptierung von irreversiblen Veränderungen, nachträgliche Einordnung von erlebten Verlusten und Beschränkungen in Sinnbezüge. Auch wird deutlich, daß akkommodative Bewältigungsformen keineswegs mit Resignation oder Depression verwechselt werden dürfen. Teilnehmer, die in der dargestellten Weise akkommodative Tendenzen zum Ausdruck brachten, berichteten vielmehr zugleich eine größere Zufriedenheit mit ihren Lebensumständen, zeigten eine positivere Einstellung zu ihrem Altern und zum Älterwerden im allgemeinen, und fanden zugleich mehr Kontinuität und Sinn in ihrer persönlichen Entwicklung (Schmitz, 1998).

## 7.9 Resümee und Ausblick

Selbstkultivierung, Selbsteffizienz und die Bewahrung persönlicher Kontinuität sind zentrale Themen intentionaler Selbstentwicklung über die Lebensspanne. Bedeutungen und Erfüllungsbedingungen wandeln sich auf ontogenetischen und historischen Zeitebenen; intentionale Selbstentwicklung vollzieht sich nicht in stromlinienförmigen Plänen, sondern in Lebensgeschichten, in denen sich kontrollierte und unkontrollierte, erwünschte und unerwünschte Elemente mischen. Daher greifen Konzeptionen „optimaler Entwicklung" oder „erfolgreichen Alterns" zu kurz, wenn sie nur auf den Aspekt der erfolgreichen Verfolgung persönlicher Ziele zentrieren. Vielmehr muß gerade aus einer entwicklungspsychologischen Sicht auch beachtet werden, wie sich Ziele im Kräftefeld ontogenetischer und historischer Einflüsse ändern, und wie sie verfügbaren Handlungsressourcen angepaßt werden.

Ziele geben der persönlichen Entwicklung Sinn und Struktur, sie werden jedoch zu Quellen von Entfremdung und Depression, wenn sie nicht auf individuelle Handlungs- und Entwicklungsmöglichkeiten abgestimmt werden. Ein grundlegendes Dilemma der Handlungsregulation und Lebensplanung besteht darin, Orientierungsstabilität und personale Kontinuität mit adaptiver Flexibilität zu vereinbaren. Dieses Dilemma verschärft sich in Übergangsphasen der Entwicklung, in denen die Person mit Lebensumständen und Entwicklungsaufgaben konfrontiert wird, die eine Revision bisheriger Handlungsorientierungen und Lebenspläne erfordern. In den durch die Dynamiken kultureller Akzeleration geprägten Entwicklungsumwelten der Moderne treten Konfliktspannungen zwischen Kontinuität und adaptiver Flexibilität besonders prägnant in Erscheinung.

Ich habe das Modell assimilativer, akkommodativer und immunisierender Prozesse als einen theoretischen Rahmen diskutiert, der diese Aspekte integriert. Im Mittelpunkt des Ansatzes steht das Wechselspiel zwischen intentionalen Aktivitäten, die auf die Verwirklichung normativer Selbstentwürfe zielen (assimilativer Bewältigungsmodus) und Prozessen, die eine Angleichung normativer Selbstentwürfe – d.h. von Zielen, Ambitionen und selbstevaluativen Standards – an Umstände bewirken, die sich intentionaler Kontrolle und Modifikation widersetzen (akkommodativer Bewältigungsmodus). Wie deutlich wurde, führt die theoretische Analyse der letztgenannten Prozesse über ein rein intentionalistisches Erklärungsschema hinaus; man kann sich von blockierten Zielen und Bindungen nicht durch einen Entschluß lösen – ein solcher Entschluß wäre allenfalls das Ergebnis, nicht die Voraussetzung einer akkommodativen Veränderung individueller Präferenzen. Das AAI-Modell konvergiert mit klassischen kontrolltheoretischen Konzeptionen, indem es die Bedeutung von Selbstwirksamkeitswahrnehmungen für assimilative Bewältigungsformen betont; zugleich verweist es auf Beschränkungen solcher Konzeptionen. Deutlich werden diese Beschränkungen z.B. in der Erklärung von Depressionen. Während kontrolltheoretische Formulierungen hier v.a. den Verlust von

Kontrolle über persönlich bedeutsame Lebensziele in den Vordergrund stellen, wird vor dem Hintergrund akkommodationstheoretischer Überlegungen ein zweiter wesentlicher Risikofaktor sichtbar, nämlich die mangelnde Bereitschaft oder Fähigkeit, sich von blockierten Zielen und Projekten zu lösen. Das AAI-Modell beschreibt grundlegende Mechanismen sowie person- und situationsspezifische Faktoren, welche den Übergang von assimilativen zu akkommodativen Bewältigungsformen erleichtern oder erschweren.

Wie zuletzt deutlich wurde, bietet die Analyse des Zusammenspiels assimilativer, akkommodativer und immunisierender Prozesse Ansatzpunkte zu einer genaueren Bestimmung der Mechanismen und differentiellen Bedingungen, die zur Aufrechterhaltung einer positiven Selbst- und Lebensperspektive im Alter beitragen. Das höhere Alter ist zwar in vielen Bereichen mit einer Einschränkung von Handlungsressourcen verbunden, gleichwohl treten bis in terminale Lebensabschnitte kaum generelle oder dramatische Einbußen der subjektiven Lebensqualität in Erscheinung. Ich habe hier die Bedeutung akkommodativer Prozesse besonders hervorgehoben, da diese bislang wenig Beachtung gefunden und teilweise auch irreführende Einordnungen als „minderwertige" Bewältigungsformen erfahren haben. Der adaptive Wert akkommodativer Prozesse im höheren Alter zeigt sich insbesondere in der Bewältigung von irreversiblen Einschränkungen und Verlusten. Akkommodative Flexibilität begünstigt auch die Reorientierung auf Ziele und Sinnbereiche, die in geringerem Maße von verfügbaren lebenszeitlichen Reserven abhängen.

In seinen Grundannahmen verbindet der hier dargestellte Ansatz entwicklungspsychologische mit handlungs- und kognitionspsychologischen Perspektiven; er trägt insbesondere den dialektischen Wechselbeziehungen zwischen Intentionalität und Entwicklung Rechnung. Entwicklungs- wie auch Alternsprozesse werden einerseits durch intentionales Handeln modifiziert, andererseits sind die Bedingungen intentionalen Handelns – persönliche Ziele, Überzeugungen, Handlungsressourcen – selbst entwicklungsoffen. Es war ein zentrales Anliegen dieses Buches, diese von der entwicklungspsychologischen Forschung und Theorienbildung weitgehend vernachlässigte Wechselbeziehung – ich habe hier den Begriff der „Selbstreferentialität" der Ontogenese ins Spiel gebracht – zu verdeutlichen. Die Betrachtung der Dialektik zwischen dem Festhalten und dem Preisgeben von Zielen bringt nicht zuletzt einen Topos wieder zur Geltung, der Weisheits- und Eudämoniekonzepte von der Antike bis zur Gegenwart durchzieht: Die Einsicht, daß eine gelingende Lebensführung nicht nur technisches Wissen voraussetzt, wie Ziele effizient erreicht werden können, sondern auch praktisches Wissen erfordert – Wissen darüber, wann Ziele preiszugeben sind und welche Ziele es überhaupt wert sind, verfolgt zu werden.

# Literatur


Abramson, L.Y., Seligman, M.E.P. & Teasdale, E.J.D. (1978). Learned helplessness in humans: Critique and reformulation. *Journal of Abnormal Psychology*, *87*, 49-74.

Adler, A. (1931). *What life should mean to you*. Boston, MA: Little.

Aebli, H. (1980). *Denken: Das Ordnen des Tuns. Bd. 1: Kognitive Aspekte*. Stuttgart: Klett-Cotta.

Affleck, G. & Tennen, H. (1996). Construing benefits from adversity: Adaptational significance and dispositional underpinnings. *Journal of Personality*, *64*, 899-922.

Ainsworth, M.D.S., Blehar, M.C., Waters, E. & Wall, S.N. (1978). *Patterns of attachment: A psychological study of the strange situation*. Hillsdale, NJ: Erlbaum.

Alloy, L.B. & Abramson, L.Y. (1979). Jugdement of contingency in depressed and nondepressed students: Sadder but wiser? *Journal of Experimental Psychology: General*, *108*, 441-485.

Allport, A. (1987). Selection for action: Some behavioral and neurophysiological considerations of attention and action. In H. Heuer & A. F. Sanders (Eds.), *Perspectives on perception and action* (pp. 395-419). Hillsdale, NJ: Erlbaum.

Allport, G.W. (1955). *Becoming*. New Haven, CT: Yale University Press.

American Psychiatric Association (1987). *Diagnostic and statistical manual of mental disorders* (3rd ed.). Washington, DC: Author.

Anderson, J.R. (1983). *The architecture of cognition*. Cambridge, MA: Harvard University Press.

Arend, R., Gove, F.L. & Sroufe, L.A. (1979). Continuity of individual adaptation from infancy to kindergarten: A prediction study of ego-resiliency and curiosity in preschoolers. *Child Development*, *50*, 950-959.

Arendt, H. (1976). *The life of the mind. Vol. 1: Thinking*. London: Secker & Warburg.

Arendt, H. (1971). *Vom Leben des Geistes. Bd. 1: Das Denken*. München: Piper.

Ashby, R. (1956). *An introduction to cybernetics*. London: Wiley.

Atchley, R.C. (1989). A continuity theory of normal aging. *The Gerontologist*, *29*, 183-190.

Atkinson, J.W. (1970). *The dynamics of action*. New York: Wiley.

Averill, J.A. (1980). A constructivistic view of emotion. In R. Plutchik & H. Kellerman (Eds.), *Emotion. Theory, research and experience. Vol. 1: Theories of emotion* (pp. 305-339). New York: Academic Press.

Bäckman, L. & Dixon, R.A. (1992). Psychological compensation: A theoretical framework. *Psychological Bulletin*, *112*, 259-283.

Bak, P.M. & Brandtstädter, J. (1998). Flexible Zielanpassung und hartnäckige Zielverfolgung als Bewältigungsressourcen: Hinweise auf ein Regulationsdilemma. *Zeitschrift für Psychologie*, *206*, 235-249.

Baltes, M.M. (1996). *The many faces of dependency in old age*. New York: Cambridge University Press.

Baltes, P.B. (1983). Life-span developmental psychology: Observations on history and theory revisited. In R.M. Lerner (Ed.), *Developmental psychology: Historical and philosophical perspectives* (pp. 79-111). Hillsdale, NJ: Erlbaum.

Baltes, P.B. (1987). Theoretical propositions of life-span developmental psychology: On the dynamics between growth and decline. *Developmental Psychology*, *23*, 611-626.

Baltes, P.B. (1997). The incomplete architecture of human ontogeny: Selection, optimization, and compensation as foundation of developmental theory. *American Psychologist*, *52*, 366-380.

Baltes, P.B. & Baltes, M.M. (1990). Psychological perspectives on successful aging: The model of selective optimization with compensation. In P.B. Baltes & M.M. Baltes (Eds.), *Successful aging: Perspectives from the behavioral sciences* (pp. 1-34). New York: Cambridge University Press.

Baltes, P.B., Reese, H.W. & Lipsitt, L.P. (1980). Life-span developmental psychology. *Annual Review of Psychology, 31*, 65-110.

Baltes, P.B. & Smith, J. (1990). Toward a psychology of wisdom and its ontogenesis. In R.J. Sternberg (Ed.), *Wisdom: Its nature, origin, and development* (pp. 87-120). New York: Cambridge University Press.

Bandura, A. (1977). Self-efficacy: Toward a unifying theory of behavioral change. *Psychological Review, 84*, 191-215.

Bandura, A. (1981). Self-referent thought: A developmental analysis of self- efficacy. In J.H. Flavell & L. Ross (Eds.), *Social cognitive development. Frontiers and possible futures* (pp. 200-239). Cambridge: Cambridge University Press.

Bandura, A. (1982a). The psychology of chance encounters and life paths. *American Psychologist, 37*, 747-755.

Bandura, A. (1982b). Self-efficacy mechanisms in human agency. *American Psychologist, 37*, 122-147.

Bandura, A. (1986). *Social foundations of thought and action: A social cognitive theory.* Englewood Cliffs, NJ: Prentice Hall.

Bandura, A. (1989). Self-regulation of motivation and action through internal standards and goals systems. In L.A. Pervin (Ed.), *Goal concepts in personality and social psychology* (pp. 19-85). Hillsdale, NJ: Erlbaum.

Bandura, A. (Ed.). (1995). *Self-efficacy in changing societies.* New York: Cambridge University Press.

Bandura, A. (2000). Self-efficacy: The foundation of agency. In W. Perrig & A. Grob (Eds.), *Control of human behavior, mental processes, and consciousness* (pp. 17-34). Mahwah, NJ: Erlbaum.

Bandura, A. & Schunk, D.H. (1981). Cultivating competence, self-efficacy and intrinsic interest through proximal self-motivation. *Journal of Personality and Social Psychology, 41*, 586-598.

Banziger, G. & Drevenstedt, J. (1982). Achievement attributions by young and old judges as a function of perceived age of stimulus person. *Journal of Gerontology, 37*, 468-474.

Bargh, J.A. (1982). Attention and automaticity in the processing of self-relevant information. *Journal of Personality and Social Psychology, 43*, 425-436.

Bargh, J.A. (1990). Auto-motives: Pre-conscious determinants of social interaction. In E.T. Higgins & R.M. Sorrentino (Eds.), *Handbook of motivation and cognition* (Vol. 2, pp. 93-130). New York: Guilford Press.

Bargh, J.A. (1996). Automaticity in social psychology. In E.T. Higgins & A.W. Kruglanski (Eds.), *Social psychology: Handbook of basic principles* (pp. 457-481). New York: Guilford Press.

Bargh, J.A. & Barndollar, K. (1996). Automaticity in action: The unconscious as a repository of chronic goals and motives. In P.M. Gollwitzer & J. A. Bargh (Eds.), *The psychology of action. Linking cognition and motivation to behavior* (pp. 457-481). New York: Guilford Press.

Bargh, J.A., Barndollar, K. & Gollwitzer, P.M. (1993). *Environmental control of behavior.* Unpublished manuscript, New York University, New York (zit. nach Bargh, J.A. & Gollwitzer, P.M. [1994]. Environmental control of goal-directed action: Automatic and strategic contingencies between situations and behavior. *Nebraska Symposium on Motivation, 41*, 72-124).

Bargh, J.A. & Chartrand, T.L. (1999). The unbearable automaticity of being. *American Psychologist, 54*, 462-479.

Baumeister, R.F. (1986). *Identity. Cultural change and the struggle for self.* New York: Oxford University Press.

Baumeister, R.F., Heatherton, T.F. & Tice, D.M. (1994). *Losing control: How and why people fail at self-regulation.* San Diego, CA: Academic Press.

Baumeister, R.F. & Schütz, A. (1997). Das tragische Paradoxon selbstschädigenden Verhaltens. *Psychologische Rundschau, 48*, 67-83.

Baumgardner, A.H. & Arkin, R.M. (1985). Claiming mood as a self-handicap: The influence of spoiled and unspoiled public identities. *Journal of Personality and Social Psychology, 50*, 636-643.

Baur, P.A. & Okun, M.A. (1983). Stability of life satisfaction in late life. *Gerontologist, 23*, 261-265.

Becker, P. (1995). *Seelische Gesundheit und Verhaltenskontrolle*. Göttingen: Hogrefe.

Beckermann, A. (1977). Handeln und Handlungserklärungen. In A. Beckermann (Hrsg.), *Analytische Handlungstheorie. Bd. 2: Handlungserklärungen* (S. 7-84). Frankfurt/M.: Suhrkamp.

Beckermann, A. (1979). Intentionale vs. kausale Handlungserklärungen. In H. Lenk (Hrsg.), *Handlungstheorien interdisziplinär* (Bd. 2, II, S. 445-490). München: Fink.

Bengtson, V.L., Reedy, M.N. & Gordon, C. (1985). Aging and self-conceptions: Personality processing and social contexts. In J.E. Birren & K.W. Schaie (Eds.), *Handbook of the psychology of aging* (pp. 544-593). New York: Van Nostrand.

Bentham, J. (1970). *An introduction to the principles of morals and legislation* (The collected works of J. Bentham, ed. by J.H. Burns). London: Athlone Press.

Berger, P.L., Berger, B. & Kellner, H. (1987). *Das Unbehagen in der Modernität*. Frankfurt/M.: Campus.

Berry, J.M., Storandt, M. & Coyne, A. (1984). Age and sex differences in somatic complaints associated with depression. *Journal of Gerontology, 39*, 465-467.

Berzonsky, M. (1988). Self-theorists, identity status, and social cognition. In D.K. Lapsley & F.C. Power (Eds.), *Self, ego, and identity* (pp. 243-262). New York: Springer.

Bijou, S.W. & Baer, D.M. (1961). *Child development. Vol. 1: A systematic and empirical theory*. New York: Appleton-Century-Crofts.

Birren, J.E. & Hedlund, B. (1987). Contributions of autobiography to developmental psychology. In N. Eisenberg (Ed.), *Contemporary topics in developmental psychology* (pp. 394-415). New York: Wiley.

Birren, J.E. & Schaie, K.W. (Eds.). (1990). *Handbook of the psychology of aging* (3rd ed.). New York: Van Nostrand-Reinhold.

Blaney, P.H. (1986). Affect and memory: A review. *Psychological Bulletin, 99*, 229-246.

Blazer, D.G. (1989). Depression in late life: An update. *Annual Review of Gerontology and Geriatrics, 9*, 197-215.

Blazer, D.G., Bachar, J.R. & Manton, K.G. (1986). Suicide in late life. Review and commentary. *Journal of the American Geriatric Society, 34*, 519-525.

Bless, H., Bohner, G., Schwarz, N. & Strack, F. (1990). Mood and persuasion: A cognitive response analysis. *Personality and Social Psychology Bulletin, 16*, 331-345.

Bless, H. & Schwarz, N. (1998).Context effects in political judgement: Assimilation and contrast as a function of categorization processes. *European Journal of Social Psychology, 28*, 159-172.

Bloch, E. (1969). *Philosophische Aufsätze zur objektiven Phantasie* (Gesamtausgabe, Bd. 10). Frankfurt/M.: Suhrkamp.

Boesch, E.E. (1976). *Psychopathologie des Alltags*. Bern: Huber.

Boesch, E.E. (1980). *Kultur und Handlung*. Bern: Huber.

Boesch, E.E. (1991). *Symbolic action theory in cultural psychology*. Berlin: Springer.

Boesch, E.E. (1998). *Sehnsucht. Von der Suche nach Glück und Sinn*. Bern: Huber.

Boll, T. (1998). *Analyse kognitiver und motivationaler Aspekte spezifischer Emotionen am Beispiel von Schuldgefühlen und Empörung nach Führerscheinentzug*. Hamburg: Verlag Dr. Kovac.

Boudon, R. (1981). *The unintended consequences of social action*. New York: St. Martin's Press.

Bourdieu, P. (1977). *Outline of a theory of practice*. Cambridge: Cambridge University Press.

Bourdieu, P. (1991). *Language and symbolic power*. Cambridge, MA: Harvard University Press.

Bower, G.H. (1978). Experiments on story comprehension and recall. *Discourse Processes, 1*, 211-231.

Bower, G. H. (1981). Mood and memory. *American Psychologist, 36*, 129-148.

Braithwaite, V.A. (1986). Old age stereotypes: Reconciling contradictions. *Journal of Gerontology, 41*, 353-360.

Brandtstädter, J. (1977). Normen. In T. Herrmann, P.R. Hofstätter, H.P. Hober & F.E. Weinert (Hrsg.), *Handbuch psychologischer Grundbegriffe* (S. 327-334). München: Kösel.

Brandtstädter, J. (1980). Gedanken zu einem psychologischen Modell optimaler Entwicklung. *Zeitschrift für Klinische Psychologie und Psychotherapie, 28*, 209-222.

Brandtstädter, J. (1981). Begriffliche Voraussetzungen der Moralpsychologie. In W. Kempf & G. Aschenbach (Hrsg.), *Konflikt und Konfliktbewältigung* (S. 231-254). Bern: Huber.

Brandtstädter, J. (1984a). Apriorische Elemente in psychologischen Forschungsprogrammen: Weiterführende Argumente und Beispiele. *Zeitschrift für Sozialpsychologie*, *15*, 151-158.

Brandtstädter, J. (1984b). Entwicklung in Handlungskontexten. Aussichten für die entwicklungspsychologische Theorienbildung und Anwendung. In H. Lenk (Hrsg.), *Handlungstheorien interdisziplinär* (Bd. 3, II, S. 848-878). München: Fink.

Brandtstädter, J. (1984c). Personal and social control over development: Some implications of an action perspective in life-span developmental psychology. In P.B. Baltes & G. Brim (Eds.), *Life-span development and behavior* (Vol. 6, pp. 1-32). New York: Academic Press.

Brandtstädter, J. (1985a). Emotion, Kognition, Handlung: Konzeptuelle Beziehungen. In L.H. Eckensberger & E.-D. Lantermann (Hrsg.), *Emotion und Reflexivität* (S. 252-261). München: Urban & Schwarzenberg.

Brandtstädter, J. (1985b). Entwicklungsprobleme des Jugendalters als Probleme des Aufbaus von Handlungsorientierungen. In D. Liepmann & A. Stiksrud (Hrsg.), *Entwicklungsaufgaben und Bewältigungsprobleme der Adoleszenz* (S. 5-12). Göttingen: Hogrefe.

Brandtstädter, J. (1986). Normen und Ziele in der Entwicklungsintervention: Probleme der Konstruktion und Kritik. In K.H. Wiedl (Hrsg.), *Rehabilitationspsychologie* (S. 194-206). Stuttgart: Kohlhammer.

Brandtstädter, J. (1989a). Optimale Entwicklung als Problem der Selbstregulation von Entwicklungsprozessen. In M.M. Baltes, M. Kohli & K. Sames (Hrsg.), *Erfolgreiches Altern. Bedingungen und Variationen* (S. 319-323). Bern: Huber.

Brandtstädter, J. (1989b). Personal self-regulation of development: Cross-sequential analyses of development-related control beliefs and emotions. *Developmental Psychology*, *25*, 96-108.

Brandtstädter, J. (1990). Entwicklung im Lebensablauf. Ansätze und Probleme der Lebensspannen-Entwicklungspsychologie. In K.U. Mayer (Hrsg.), Lebensverläufe und sozialer Wandel. *Kölner Zeitschrift für Soziologie und Sozialpsychologie*, *31*, 322-350.

Brandtstädter, J. (1991). Development, aging and control: Empirical and theoretical issues. In D. Magnusson & P. Casaer (Eds.), *Longitudinal research on individual development: Present status and future perspectives* (pp. 194-216). New York: Cambridge University Press.

Brandtstädter, J. (1992). Personal control over development: Some developmental implications of self-efficacy. In R. Schwarzer (Ed.), *Self-efficacy: Thought control of action* (pp. 127-145). New York: Hemisphere.

Brandtstädter, J. (1998). Action perspectives on human development. In R.M. Lerner (Ed.), *Theoretical models of human development* (Handbook of child psychology, Vol. 1, 5th ed., pp. 807-863). New York: Wiley.

Brandtstädter, J. (1999a). The self in action and development: Cultural, biosocial, and ontogenetic bases of intentional self-development. In J. Brandtstädter & R.M. Lerner (Eds.), *Action and self-development: Theory and research through the life span* (pp. 37-65). Thousand Oaks, CA: Sage.

Brandtstädter, J. (1999b). Sources of resilience in the aging self: Toward integrating perspectives. In T.M. Hess & F. Blanchard-Fields (Eds.), *Social cognition and aging* (pp. 123-141). San Diego, CA: Academic Press.

Brandtstädter, J. (2000). Emotion, cognition, and control: Limits of intentionality. In W.J. Perrig & A. Grob (Eds.), *Control of human behavior, mental processes, and consciousness* (pp. 3-16). Mahwah, NJ: Erlbaum.

Brandtstädter, J. (in Druck). Agency in developmental settings of modernity: The dialectics of commitment and disengagement. *The American Behavioral Scientist.*

Brandtstädter, J. & Baltes-Götz, B. (1990). Personal control over development and quality of life perspectives in adulthood. In P.B. Baltes & M.M. Baltes (Eds.), *Successful aging. Perspectives from the behavioral sciences* (pp. 197-224). New York: Cambridge University Press.

Brandtstädter, J., Baltes-Götz, B., Kirschbaum, C. & Hellhammer, D. (1991). Developmental and personality correlates of adrenocortical activity as indexed by salivary cortisol: Observations in the age range of 35 to 65 years. *Journal of Psychosomatic Research*, *35*, 173-185.

Brandtstädter, J. & Gräser, H. (1999). Entwicklungsorientierte Beratung. In R. Oerter, C. v. Hagen, G. Röper & G. Noam (Hrsg.), *Klinische Entwicklungspsychologie* (S. 335-350). Weinheim: Psychologie Verlags Union.

Brandtstädter, J., Gräser, H. & Mazomeit, A. (1990). *Expressive Valenz und Selbstbildkonsistenz von Handlungen: Untersuchungen im Altersbereich von 7-11 Jahren* (Trierer Psychologische Berichte 17, Heft 6). Trier: Universität Trier.

Brandtstädter, J. & Greve, W. (1992). Das Selbst im Alter: adaptive und protektive Mechanismen. *Zeitschrift für Entwicklungspsychologie und Pädagogische Psychologie, 24*, 269-297.

Brandtstädter, J. & Greve, W. (1994a). The aging self: Stabilizing and protective processes. *Developmental Review, 14*, 52-80.

Brandtstädter, J. & Greve, W. (1994b). Entwicklung im Lebenslauf als Kulturprodukt und Handlungsergebnis: Aspekte der Konstruktion und Kritik. In K.A. Schneewind (Hrsg.), *Enzyklopädie der Psychologie, Bd. 1: Psychologie der Erziehung und Sozialisation. Pädagogische Psychologie* (S. 41-71). Göttingen: Hogrefe.

Brandtstädter, J. & Greve, W. (1999). Intentionale und nichtintentionale Aspekte des Handelns. In J. Straub und H. Werbik (Hrsg.), *Handlungstheorie. Begriff und Erklärung des Handelns im interdisziplinären Diskurs* (S. 185-212). Frankfurt/M.: Campus.

Brandtstädter, J., Krampen, G. & Greve, W. (1987). Personal control over development: Effects on the perception and emotional evaluation of personal development in adulthood. *International Journal of Behavioral Development, 10*, 99-120.

Brandtstädter, J., Krampen, G. & Heil, F.E. (1986). Personal control and emotional evaluation of development in partnership relations during adulthood. In M.M. Baltes & P.B. Baltes (Eds.), *The psychology of control and aging* (pp. 265-296). Hillsdale, NJ: Erlbaum.

Brandtstädter, J. & Lerner, R.M. (1999). Introduction: Development, action, and intentionality. In J. Brandtstädter & R.M. Lerner (Eds.), *Action and self-development: Theory and research through the life span* (pp. ix-xx). Thousand Oaks, CA: Sage.

Brandtstädter, J. & Renner, G. (1990). Tenacious goal pursuit and flexible goal adjustment: Explication and age-related analysis of assimilative and accommodative strategies of coping. *Psychology and Aging, 5*, 58-67.

Brandtstädter, J. & Renner, G. (1992). Coping with discrepancies between aspirations and achievements in adult development: A dual-process model. In L. Montada, S.-H. Filipp & R.M. Lerner (Eds.), *Life crises and experiences of loss in adulthood* (pp. 301-319). Hillsdale, NJ: Erlbaum.

Brandtstädter, J. & Rothermund, K. (1994). Self-percepts of control in middle and later adulthood: Buffering losses by rescaling goals. *Psychology and Aging, 9*, 265-273.

Brandtstädter, J. & Rothermund, K. (in Druck, a). Intentionality and time in human development and aging. In U.M. Staudinger & U. Lindenberger (Eds.), *Understanding human development: Life span psychology in exchange with other disciplines*. Dordrecht: Kluwer Academic Publishers.

Brandtstädter, J. & Rothermund, K. (in Druck, b). Intentional self-development: Exploring the interfaces between development, intentionality, and the self. In L.J. Crockett (Ed.), *Motivation, agency, and the life course* (Nebraska Symposium on Motivation, Vol. 47). Lincoln, NE: University of Nebraska Press.

Brandtstädter, J., Rothermund, K. & Schmitz, U. (1998). Maintaining self-integrity and self-efficacy through adulthood and later life: The adaptive functions of assimilative persistence and accommodative flexibility. In J. Heckhausen & C.S. Dweck (Eds.), *Motivation and self-regulation across the life span* (pp. 365-388). New York: Cambridge University Press.

Brandtstädter, J. & Wentura, D. (1994). Veränderungen der Zeit- und Zukunftsperspektive im Übergang zum höheren Erwachsenenalter: entwicklungspsychologische und differentielle Aspekte. *Zeitschrift für Entwicklungspsychologie und Pädagogische Psychologie, 26*, 2-21.

Brandtstädter, J. & Wentura, D. (1995). Adjustment to shifting possibility frontiers in later life: Complementary adaptive modes. In R.A. Dixon & L. Bäckman (Eds.), *Compensating for psychological deficits and declines: Managing losses and promoting gains* (pp. 83-106). Mahwah, NJ: Erlbaum.

Brandtstädter, J., Wentura, D. & Greve, W. (1993). Adaptive resources of the aging self: Outlines of an emergent perspective. *International Journal of Behavioral Development, 16*, 323-349.

Brandtstädter, J., Wentura, D. & Rothermund, K. (1999). Intentional self-development through adulthood and later life: Tenacious pursuit and flexible adjustment of goals. In J. Brandtstädter & R.M. Lerner (Eds.), *Action and self-development: Theory and research through the life-span* (pp. 373-400). Thousand Oaks, CA: Sage.

Brandtstädter, J., Wentura, D. & Schmitz, U. (1997). Veränderungen der Zeit- und Zukunftsperspektive im Übergang zum höheren Alter: quer- und längsschnittliche Befunde. *Zeitschrift für Psychologie, 205*, 377-395.

Bratman, M. E. (1987). *Intentions, plans, and practical reason*. Stanford, CA: University of Stanford Press.

Brazelton, T.B., Koslowski, B. & Main, M. (1974). The origins of reciprocity: The early mother-infant interaction. In M. Lewis & L.A. Rosenblum (Eds.), *The effect of the infant on its caregiver* (pp. 45-76). New York: Wiley.

Brennenstuhl, W. (1975). *Handlungstheorie und Handlungslogik*. Kronberg: Scriptor.

Brentano, F. (1874). *Psychologie vom empirischen Standpunkt*. Leipzig: Duncker & Humblot.

Breslau, L.D. & Haug, M.R. (1983). Some elements in an integrative model of depression in the aged. In L.D. Breslau & M.R. Haug (Eds.), *Depression and aging. Causes, care, and consequences* (pp. 269-279). New York: Springer.

Bretherton, I. (1985). Attachment theory: Retrospect and prospect. *Monographs of the Society for Research in Child Development, 50*, 3-35.

Breytspraak, L.M. (1984). *The development of self in later life*. Boston, MA: Little, Brown & Co.

Brickman, P., Coates, D. & Janoff-Bulman, R. (1978). Lottery winners and accident victims: Is happiness relative? *Journal of Personality and Social Psychology, 36*, 917-927.

Brim, G. (1976). Life span development and the theory of oneself: Implications for child development. In H.W. Reese (Ed.), *Advances in child development and behavior* (Vol. 11, pp. 82-103). New York: Academic Press.

Brim, G. (1992). *Ambition. How we manage success and failure throughout our lives*. New York: Basic Books.

Brim, G. & Kagan, J. (1980). Constancy and change: A view of the issues. In O.G. Brim,Jr. & J. Kagan (Eds.), *Constancy and change in human development* (pp. 1-25). Cambridge, MA: Harvard University Press.

Brim, G. & Ryff, C.D. (1980). On the properties of life-events. In P.B. Baltes & G. Brim (Eds.), *Life-span development and behavior* (Vol. 3, pp. 368-389). New York: Academic Press.

Bronfenbrenner, U. (1979). *The ecology of human development*. Cambridge, MA: Harvard University Press.

Bruner, J.S. (1982). The organization of action and the nature of adult-infant transaction. In M. von Cranach & R. Harré (Eds.), *The analysis of action* (pp. 313-327). Cambridge: Cambridge University Press.

Bruner, J.S. (1990a). *Acts of meaning*. Cambridge, MA: Harvard University Press.

Bruner, J.S. (1990b). Culture and human development: A new look. *Human Development, 33*, 344-355.

Brunstein, J.C. (1993). Personal goals and subjective well-being: A longitudinal study. *Journal of Personality and Social Psychology, 65*, 1061-1070.

Brunstein, J.C., Schultheiss, O.C. & Maier, G.W. (1999). The pursuit of personal goals: A motivational approach to well- being and life adjustment. In J. Brandtstädter & R.M. Lerner (Eds.), *Action and self-development: Theory and research through the life-span* (pp. 169-196). Thousand Oaks, CA: Sage.

Buck, A. (Hrsg.). (1990). *Giovanni Pico della Mirandola. De hominis dignitate – Über die Würde des Menschen* (Übersetzung: N. Baumgarten). Hamburg: Meiner.

Bühler, C. (1933). *Der menschliche Lebenslauf als psychologisches Problem*. Leipzig: Hirzel.

Bühler, C. (1969). Die allgemeine Struktur des menschlichen Lebenslaufes. In C. Bühler & F. Massarik (Hrsg.), *Lebenslauf und Lebensziele* (S. 10-22). Stuttgart: Fischer.

Bühler, C. & Marschak, M. (1969). Grundtendenzen des menschlichen Lebens. In C. Bühler & F. Massarik (Hrsg.), *Lebenslauf und Lebensziele* (S. 78-88). Stuttgart: Fischer.

Bühler, K. (1918). Die *geistige Entwicklung des Kindes*. Jena: Fischer.

Bühler, K. (1927). *Die Krise der Psychologie*. Jena: Fischer.

Buffon, G.L.L. (1777). *De l'homme, des probabilités de la durée de vie: Suppléments à l'histoire naturelle, Vol. 4* (zit. nach Svagelski, J. [1981]. *L'idée de compensation en France, 1750-1850*. Lyon: Editions l'Hermès).

Bullock, M. (Ed.). (1991). *The development of intentional action. Cognitive, motivational, and interactive processes.* (Contributions to Human Development, Vol. 22). Basel: Karger.

Bunge, M. (1979). *Causality and modern science* (3rd ed.). New York: Dover.

Burckhardt, J. (1952). *Die Kultur der Renaissance in Italien: ein Versuch*. Stuttgart: Kröner.

Busch-Rossnagel, N.A. (1981). Where is the handicap in disability? The contextual impact of physical disability. In R.M. Lerner & M. Busch-Rossnagel (Eds.), *Individuals as producers of their development. A life-span perspective* (pp. 281-312). New York: Academic Press.

Butler, R.N. & Lewis, M. (1982). *Aging and mental health*. St. Louis, MO: C.V. Mosby.

Butterworth, G. (1990). Self-perception in infancy. In D. Cichetti & M. Beeghly (Eds.), *The self in transition: Infancy to childhood* (pp. 119-137). Chicago: University of Chicago Press.

Cairns, R.B. (1983). The emergence of developmental psychology. In W. Kessen (Ed.), *Handbook of child psychology. Vol. 1: History, theory, and methods* (pp. 41-102). New York: Wiley.

Callahan, E.C. & McCluskey, K.A. (Eds.). (1983). *Life-span developmental psychology: Nonnormative life events*. New York: Academic Press.

Campbell, A., Converse, P.C. & Rodgers, W.L. (1976). *The quality of american life*. New York: Russel Sage.

Cantor, N. & Blanton, H. (1996). Effortful pursuit of personal goals in daily life. In P.M. Gollwitzer & J.A. Bargh (Eds.), *The psychology of action: Linking cognition and motivation to behavior* (pp. 338-359). New York: Guilford Press.

Cantor, N. & Fleeson, W. (1991). Life tasks and self-regulatory processes. In M.L. Maehr & P.R. Pintrich (Eds.), *Advances in motivation and achievement* (Vol. 7, pp. 327-369). Greenwich, CT: JAI Press.

Cantor, N. & Kihlstrom, J. (1987). *Personality and social intelligence*. Englewood Cliffs, NJ: Prentice Hall.

Cantor, N., Norem, J.K., Niedenthal, P.M., Langston, C.A. & Brower, A.M. (1987). Life tasks, self-concept ideals and cognitive strategies in a life transition. *Journal of Personality and Social Psychology, 53*, 1178-1191.

Care, N.S. & Landesman, C. (Eds.). (1968). *Readings in the theory of action*. Bloomington, IN: Indiana University Press.

Carstensen, L.L. (1993). Motivation for social contact across the life-span: A theory of socioemotional selectivity. *Nebraska Symposium on Motivation, 40*, 205-254.

Carver, C.S. & Scheier, M.F. (1981). *Attention and self-regulation: A control-theory approach to human behavior*. New York: Springer.

Carver, C.S. & Scheier, M.F. (1986). Self and the control of behavior. In L.M. Hartman & K.R. Blankstein (Eds.), *Perception of self in emotional disorder and psychotherapy* (pp. 5-35). New York: Plenum Press.

Carver, C.S. & Scheier, M.F. (1990). Origins and foundations of positive and negative affect: A control-process view. *Psychological Review, 97*, 19-25.

Carver, C.S. & Scheier, M.F. (1998). *On the self-regulation of behavior*. New York: Cambridge University Press.

Case, R. (1985). *Intellectual development: Birth to adulthood*. New York: Academic Press.

Case, R. (1991). Stages in the development of the young child's first sense of self. *Developmental Review, 11*, 210-230.

Caspi, A. (1998). Personality development across the life course. In N. Eisenberg (Ed.), *Social, emotional and personality development* (Handbook of child psychology, Vol. 3, 5th ed, pp. 311-388). New York: Wiley.

Cattell, R.B. (1971). *Abilities: Their structure, growth, and action*. Boston, MA: Houghton Mifflin.

Chaiken, S., Liberman, A. & Eagly, A.H. (1989). Heuristic and systematic information processing within and beyond persuasion context. In J.S. Uleman & J.A. Bargh (Eds.), *Unintended thought* (pp. 306-326). New York: Guilford Press.

Chapman, M. (Ed.). (1984). Intentional action as a paradigm for developmental psychology: A symposium. *Human Development, 27*, 113-144.

Charles, D. (1984). *Aristotle's philosophy of action*. London: Duckworth.

Childe, C.G. (1956). *Man makes himself*. London: Watts.

Chisholm, R.M. (1971). „Er hätte etwas anderes tun können." *Conceptus, 5*, 13-19.

Christianson, S.-A. & Loftus, E.F. (1991). Remembering emotional events: The fate of detailed information. *Cognition and Emotion, 5*, 81-108.

Chudacoff, H.P. (1989). *How old are you? Age consciousness in American culture*. Princeton, NJ: Princeton University Press.

Clarke, A.M. & Clarke, A.D.B. (Eds.). (1976). *Early experience: Myth and evidence*. New York: Free Press.

Clausen, J. (1986). *The life-course: A sociological perspective*. Englewood Cliffs, NJ: Prentice-Hall.

Clausen, J. (1991). Adolescent competence and the shaping of the life course. *American Journal of Sociology, 96*, 805- 842.

Clayton, U. (1982). Wisdom and intelligence: The nature and function of knowledge in the later years. *International Journal of Aging and Development, 15*, 315-323.

Coleman, J.C. (1980). *The nature of adolescence*. London: Methuen.

Colvin, C.R. & Block, J. (1994). Do positive illusions foster mental health? An examination of the Taylor and Brown formulation. *Psychological Bulletin, 116*, 3-20.

Connell, J.P. (1990). Context, self, and action: A motivational analysis of self-system processes across the life span. In D. Cicchetti & M. Beeghly (Eds.), *The self in transition: Infancy to childhood* (pp. 61-97). Chicago: University of Chicago Press.

Costa, P.T. & McCrae, R.R. (1994). Set like plaster? Evidence for the stability of adult personality. In T.F. Heatherton & J.L. Weinberger (Eds.), *Can personality change?* (pp. 21-40). Washington, DC: American Psychological Association.

Coyne, J.C. (1992). Cognition in depression: A paradigm in crisis. *Psychological Inquiry, 3*, 232-234.

Cranach, M. von (1982). The psychological study of goal-directed action: Basic issues. In M. von Cranach & R. Harré (Eds.), *The analysis of action. Recent theoretical and empirical advances* (pp. 35-74). Cambridge: Cambridge University Press.

Cross, S. & Markus, H. (1991). Possible selves across the life span. *Human Development, 34*, 230-255.

Csikszentmihalyi, M. & Beattie, O. (1979). Life themes: A theoretical and empirical exploration of their origins and effects. *Journal of Humanistic Psychology, 19*, 45-63.

Csikszentmihalyi, M. & Rathunde, K. (1998). The development of the person: An experiential perspective on the ontogenesis of psychological complexity. In R.M. Lerner (Ed.), *Theoretical models of human development* (Handbook of child psychology, Vol. 1, 5th ed., pp. 635-683). New York: Wiley.

Damon, W. & Hart, D. (1988). *Self-understanding in childhood and adolescence*. Cambridge: Cambridge University Press.

D'Andrade, R.G. (1984). Cultural meaning systems. In R.A. Shweder & R.A. Le Vine (Eds.), *Culture theory: Essays on mind, self, and emotion* (pp. 88-119). Cambridge: Cambridge University Press.

Dannefer, D. & Perlmutter, M. (1990). Development as a multidimensional process: Individual and social constituents. *Human Development, 33*, 108-137.

Danner, D.B. & Schröder, H.C. (1994). Biologie des Alterns (Ontogenese und Evolution). In P.B. Baltes, J. Mittelstraß & U.M. Staudinger (Hrsg.), *Alter und Altern: Ein interdisziplinärer Studientext* (S. 95-123). Berlin: de Gruyter.

Davidson, D. (1977). Handeln. In G. Meggle (Hrsg.), *Analytische Handlungstheorie. Bd. 1: Handlungsbeschreibungen* (S. 284-307). Frankfurt/M.: Suhrkamp.

Davidson, D. (1980). *Essays on actions and events*. Oxford: Clarendon Press.

Davidson, D. (1982). Paradoxes of irrationality. In R.S. Wollheim & J. Hopkins (Eds.), *Philosophical essays on Freud* (pp. 289-305). Cambridge: Cambridge University Press.

Dawkins, R. (1982). *The extended phenotype: The gene as the unit of selection*. Oxford, UK: Oxford University Press.

DeLeo, D. & Diekstra, R.F.W. (1990). *Depression and suicide in late life*. Toronto: Hogrefe.

Demling, J. & Lungershausen, E. (Hrsg.). (1989). Suizidität. In: *Handbuch der Gerontologie* (Bd. 5, S. 285-296). Stuttgart: Fischer.

Dennett, D.C. (1984). *Elbow room. The varieties of free will worth wanting*. Oxford: Clarendon.

Dennett, D.C. (1986). *The myth of original intentionality* (Research Group on „Perception and Action", Report No. 142). Bielefeld: Zentrum für Interdisziplinäre Forschung.

Dennett, D.C. (1990). *The origins of selves*. (Research Group on „Mind and Brain", Report No. 14). Bielefeld: Zentrum für Interdisziplinäre Forschung.

Dennett, D.C. (1995). *Darwin's dangerous idea. Evolution and the meanings of life*. London: Penguin Press.

Dennett, D.C. & Haugeland, J. (1987). Intentionality. In R.L. Gregory (Ed.), *The Oxford companion to the mind* (pp. 383-386). Oxford: Oxford University Press.

Department of Mental Health der WHO (2000). *Project suicide*. www.who.int/mental_health/suicide.

Dewey, J. (1934). The activity movement. In National Society for the Study of Education (Ed.), *Thirty-third yearbook* (pp. 81-86). Chicago, IL: University of Chicago Press.

Diaz, R.M, Neal, L.J. & Amaya-Williams, M. (1991). The social origins of self-regulation. In L. Moll (Ed.), *Vygotsky and education* (pp. 127-154). London: Cambridge University Press.

Diener, E., Suh, E.M., Lucas, R.E. & Smith, H.L. (1999). Subjective well-being: Three decades of progress. *Psychological Bulletin*, *125*, 276-302.

Dilthey, W. (1894). *Ideen über eine beschreibende und zergliedernde Psychologie* (Sitzungsbericht der Berliner Akademie der Wissenschaften 1894, 1309-1407; Wiederabdruck in: W. Dilthey (1968). *Gesammelte Schriften*, Bd. V, S. 139-240).

Dittmann-Kohli, F. (1990). Sinngebung im Alter. In P. Mayring & W. Saup (Hrsg.), *Entwicklungsprozesse im Alter* (S. 145-166). Stuttgart: Kohlhammer.

Dittmann-Kohli, F. (1995). *Das persönliche Sinnsystem: Ein Vergleich zwischen frühem und spätem Erwachsenenalter*. Göttingen: Hogrefe.

Dörner, D. (1984). Denken und Handeln in Unbestimmtheit und Komplexität. In P. Wapnewski (Hrsg.), *Wissenschaftskolleg zu Berlin – Jahrbuch 1982/83* (S. 97-118). Berlin: Siedler.

Dörner, D. (1992). *Die Logik des Mißlingens. Strategisches Denken in komplexen Situationen*. Reinbek: Rowohlt.

Dollard, J. & Miller, N.E. (1950). *Personality and psychotherapy: An analysis in terms of learning, thinking, and culture*. New York: McGraw-Hill.

Dreher, M. & Oerter, R. (1987). Action planning competencies during adolescence and early adulthood. In S.L. Friedman, E.K. Scholnick & R.R. Cocking (Eds.), *Blueprints for thinking: The role of planning in cognitive development* (pp. 321-355). Cambridge: Cambridge University Press.

Duncker, W. (1935). *Zur Psychologie des produktiven Denkens*. Berlin: Julius Springer.

Durkheim, E. (1965). *Regeln der soziologischen Methode*. Neuwied: Luchterhand (Original französisch, 1895).

Duval, S. & Wicklund, R.A. (1972). *A theory of objective self-awareness*. New York: Academic Press.

Dweck, C.S. (1991). Self-theories and goals: Their role in motivation, personality, and development. In R.A. Dienstbier (Ed.), *Perspectives on motivation: Current theories and research in motivation* (Nebraska symposium on motivation, Vol. 38, pp. 199-235). Lincoln, NE: University of Nebraska Press.

Eaton, W.W. & Kessler, L.G. (1981). Rates of symptoms of depression in a national sample. *American Journal of Epidemiology*, *114*, 528-538.

Eibl-Eibesfeldt, I. (1973). The expressive behavior of the deaf- and blind-born. In M.von Cranach & I. Vine (Eds.), *Nonverbal behavior and expressive movements* (pp. 163-194). New York: Academic Press.
Ekman, P. (1984). Expression and the nature of emotion. In K.R. Scherer & P. Ekman (Eds.), *Approaches to emotion* (pp. 319-343). Hillsdale, NJ: Erlbaum.
Elster, J. (1983). *Sour grapes. Studies in the subversion of rationality*. Cambridge: Cambridge University Press.
Elster, J. (1989). *Nuts and bolts for the social sciences*. New York: Cambridge University Press.
Emerson, R.W. (1900). *Compensation*. New York: Caldwell.
Emge, A. (1967). *Der Weise. Gedanken über die Möglichkeit sinnvoller Haltung im Wechsel der Situationen*. Berlin: Duncker & Humblot.
Emmons, R.A. (1986). Personal strivings: An approach to personality and subjective well-being. *Journal of Personality and Social Psychology, 51*, 1058-1068.
Emmons, R.A. (1989). The personal striving approach to personality. In L.A. Pervin (Hrsg.), *Goal concepts in personality and social psychology* (pp. 87-126). Hillsdale, NJ: Erlbaum.
Emmons, R.A. (1992). Abstract versus concrete goals: Personal striving level, physical illness, and psychological well-being. *Journal of Personality and Social Psychology, 62*, 292-300.
Emmons, R.A. & Kaiser, H.A. (1996). Goal orientation and emotional well-being: Linking goals and affect through the self. In L.L. Martin & A. Tesser (Eds.), *Striving and feeling: Interactions among goals, affect, and self-regulation* (pp. 79-98). Mahwah, NJ: Erlbaum.
Epstein, S. (1973). The self-concept revisited or a theory of a theory. *American Psychologist, 28*, 405-416.
Ericsson, K.A. (1990). Peak performance and age: An examination of peak performance in sports. In P.B. Baltes & M.M. Baltes (Eds.), *Successful aging: Perspectives from the behavioral sciences* (pp. 154-196). New York: Cambridge University Press.
Erikson, E.H. (1959). *Identity and the life cycle*. New York: International University Press.
Etzioni, A. (1968). *The active society: A theory of societal and political processes* (3rd ed.). London: Collier-Macmillan.
Fallo-Mitchell, L. & Ryff, C.D. (1982). Preferred timing of female life events. *Research on Aging, 4*, 249-267.
Faltner, M. (Hrsg.). (1988). *Marcus Tullius Cicero. Cato der Ältere über das Alter – Laelius über die Freundschaft*. München: Artemis.
Fantino, E. (1995). The future is uncertain: Eat dessert first. *Behavioral and Brain Sciences, 18*, 125-126.
Feather, N.T. (Ed.). (1982). *Expectations and actions. Expectancy-value models in psychology*. Hillsdale, NJ: Erlbaum.
Feinberg, J. (1977). Handlung und Verantwortung. In G. Meggle (Hrsg.), *Analytische Handlungstheorie. Bd. 1:Handlungsbeschreibungen* (S. 186-224). Frankfurt/M.: Suhrkamp.
Feinson, M.C. (1985). Aging and mental health: Distinguishing myth from reality. *Research on Aging, 7*, 155-174.
Felser, G. (1998). *Inkonsistenzen zwischen Selbstbild und der Wahrnehmung durch den Partner: Bedingungen der interpersonellen Wahrnehmung und ihr Zusammenhang mit der Partnerschaftsqualität* (Dissertationsschrift). Trier: Universität Trier.
Felser, G., Schmitz, U. & Brandtstädter, J. (1998). Stabilität und Qualität von Partnerschaften: Risiken und Ressourcen. In K. Hahlweg, D.H. Baucom, R. Bastine & H.J. Markman (Hrsg.), *Prävention von Trennung und Scheidung – internationale Ansätze zur Prädiktion und Prävention von Beziehungsstörungen* (S. 83-103). Stuttgart: Kohlhammer.
Felton, B.J. & Shaver, P.H. (1984). Cohort variations in adults: Reported feelings. In C.Z. Malatesta & C.E. Izard (Eds.), *Emotions in adult development* (pp. 103-123). Beverly Hills, CA: Sage.
Fenigstein, A., Scheier, M.F. & Buss, A.H. (1975). Public and private self-consciousness: Assessment and theory. *Journal of Consulting and Clinical Psychology, 43*, 522-527.
Festinger, L. (1957). *A theory of cognitive dissonance*. Stanford, CA: Stanford University Press.
Filipp, S.-H. (Hrsg.). (1981). *Kritische Lebensereignisse*. München: Urban & Schwarzenberg.

Filipp, S.-H. & Mayer, A.-K. (2000). *Bilder des Alters*. Stuttgart: Kohlhammer.

Finke, J. (1994). *Empathie und Interaktion. Methodik und Praxis der Gesprächspsychotherapie*. Stuttgart: Thieme.

Fischer, K.W. (1980). A theory of cognitive development: The control and construction of a hierarchy of skills. *Psychological Review, 87*, 477-531.

Fishbein, M. & Ajzen, I. (1975). *Belief, attitude, intention and behavior: An introduction to theory and research*. Reading, MA: Addison-Wesley.

Flammer, A. (1995). Developmental analysis of control beliefs. In A. Bandura (Ed.), *Self-efficacy in changing societies* (pp. 69-113). New York: Cambridge University Press.

Flammer, A. & Avramakis, J. (1992). Developmental tasks: Where do they come from? In M. von Cranach, W. Doise & G. Mugny (Eds.), *Social representations and the social bases of knowledge* (pp. 56-63). Lewinston: Hogrefe & Huwer.

Flavell, J.H. (1963). *The developmental psychology of Jean Piaget*. New York: van Nostrand.

Flavell, J.H. (1977). *Cognitive development*. Engelwood Cliffs, NJ: Prentice-Hall.

Flavell, J.H., Speer, J.R., Green, F.L. & August, D.L. (1981). The development of comprehension monitoring and knowledge about communication. *Monographs of the Society for Research in Child Development, 46* (Serial No. 192).

Fliege, H. (1996). *Glück und Zufriedenheit im Spiegel subjektiver Theorien über die Entwicklung im Erwachsenenalter* (Dissertationsschrift). Trier: Universität Trier.

Fogel, B.S. & Fretwell, M. (1985). Reclassification of depression in the medically ill elderly. *Journal of the American Geriatric Society, 33*, 446-448.

Ford, D.H. (1987). *Humans as self-constructing living systems: A developmental perspective on personality and behavior*. Hillsdale, NJ: Erlbaum.

Frankfurt, H.G. (1971). Freedom of the will and the concept of a person. *Journal of Philosophy, 68*, 5-20.

Fredman, L. (1985). The association between depression and mortality in older adults. *Dissertation Abstracts International, 47*, 156B.

Frenkel-Brunswik, E. (1949). Intolerance of ambiguity as emotional and perceptual personality variable. *Journal of Personality, 18*, 108-143.

Freud, S. (1904/1956). *Zur Psychopathologie des Alltagslebens*. Frankfurt/M.: Fischer.

Freud, S. (1923/1992). *Das Ich und das Es*. Frankfurt/M.: Fischer.

Freud, S. (1930/1972). *Abriss der Psychoanalyse/Das Unbehagen in der Kultur*. Frankfurt/M.: Fischer.

Freund, A.M., Li, K.Z.H. & Baltes, P.B. (1999). The role of selection, optimization, and compensation in successful aging. In J. Brandtstädter & R.M. Lerner (Eds.), *Action and self-development: Theory and research through the life span* (pp. 401-434). Thousand Oaks, CA: Sage.

Frey, D. (1980). The effect of negative feedback about oneself and cost of information on preferences for information about the source of this feedback. *Journal of Experimental Social Psychology, 17*, 42-50.

Friedman, S.L., Scholnick, E.K. & Cocking, R.R. (Eds.). (1987). *Blueprints for thinking: The role of planning in cognitive development*. Cambridge: Cambridge University Press.

Fries, J.F. (1990). Medical perspectives upon successful aging. In P.B. Baltes & M.M. Baltes (Eds.), *Successful aging. Perspectives from the behavioral sciences* (pp. 35-49). Cambridge: Cambridge University Press.

Frijda, N.H. (1988). The laws of emotion. *American Psychologist, 43*, 349-358.

Fry, C.L. (1988). Theories of age and culture. In J.E. Birren & V.L. Bengtson (Eds.), *Emergent theories of aging* (pp. 447-481). New York: Springer.

Fuhrer, U. (1984). *Mehrfachhandeln in dynamischen Umfeldern. Vorschläge zu einer systematischen Erweiterung psychologisch-handlungstheoretischer Modelle*. Göttingen: Hogrefe.

Fung, H.H., Abeles, R.P. & Carstensen, L.L. (1999). Psychological control in later life: Implications for life-span development. In J. Brandtstädter & R.M. Lerner (Eds.), *Action and self-development: Theory and research through the life span* (pp. 345-372). Thousand Oaks, CA: Sage.

Garber, J. & Seligman, M.E.P. (1980). *Learned helplessness in humans: An attributional analysis.* New York: Academic Press.

Garhammer, M. (in Druck). Time pressure in modern Germany. In J. Zuzanek & A.J. Veal (Eds.), *Time pressure, stress, and well-being: Leisure and life-style connection. Society and Leisure* (Special Issue).

Gatz, M. & Hurwicz, M.-L. (1990). Are old people more depressed? Cross-sectional data on center for epidemiological studies depression scale factors. *Psychology and Aging, 5*, 284-290.

Geertz, C. (1973). *The interpretation of cultures. Selected essays.* New York: Basic Books.

Gehlen, A. (1971). *Der Mensch. Seine Natur und seine Stellung in der Welt* (9. Aufl.). Bonn: Bouvier.

Geppert, U. & Küster, U. (1983). The emergence of „Wanting to do it oneself": A precursor of achievement motivation. *International Journal of Behavioral Development, 6*, 355-369.

Gergen, K.J. (1977). The social construction of self-knowledge. In T. Mischel (Ed.), *The self: Social and philosophical issues* (pp. 139-169). Totowa, NJ: Rowman & Littlefield.

Gergen, K.J. (1980). The emerging crisis in life-span developmental theory. In P.B. Baltes & G. Brim (Eds.), *Life-span development and behavior* (Vol. 3, pp. 31-63). New York: Academic Press.

Gergen, K.J. (1985). The social constructionist movement in modern psychology. *American Psychologist, 40*, 266-275.

Gerok, W. & Brandtstädter, J. (1992). Normales, krankhaftes und optimales Altern: Variations- und Modifikationsspielräume. In P.B. Baltes & J. Mittelstraß (Hrsg.), *Zukunft des Alterns und gesellschaftliche Entwicklung* (S. 356-385). Berlin: de Gruyter.

Gibson, J.J. (1977). The theory of affordances. In R. Shaw & F. Bransford (Eds.), *Perceiving, acting, and knowing* (pp. 67-82). Hillsdale, NJ: Erlbaum.

Giddens, A. (1979). *Central problems in social theory. Action, structure and contradiction in social theory.* London: Macmillan.

Giddens, A. (1991). *Modernity and self-identity: Self and society in the late modern age.* Stanford, CA: Stanford University Press.

Gigon, O. (Hrsg.). (1975). *Aristoteles: Die Nikomachische Ethik* (2. Aufl.). München: Deutscher Taschenbuch-Verlag.

Gilbert, D.T. (1993). The assent of man: Mental representation and the control of belief. In D.M. Wegner & J.W. Pennebaker (Eds.), *Handbook of mental control* (pp. 57-87). Englewood Cliffs, NJ: Prentice Hall.

Gilbert, D.T., Pinel, E.C., Wilson, T.D., Blumberg, S.J. & Wheatley, T.P. (1998). Immune neglect: A source of durability bias in affective forecasting. *Journal of Personality and Social Psychology, 75*, 617-638.

Gilovich, T. & Medvec, V.H. (1995). The experience of regret: What, when, and why. *Psychological Review, 102*, 379-395.

Glenn, N.D. (1980). Values, attitudes, and beliefs. In G. Brim & J. Kagan (Eds.), *Constancy and change in human development* (pp. 596-640). Cambridge, MA: Harvard University Press.

Goffman, E. (1972). *Stigma: Über Techniken der Bewältigung beschädigter Identität.* Frankfurt/M.: Suhrkamp.

Goldfarb, A.I. (1974). Masked depression in the elderly. In S. Lesse (Ed.), *Masked depression* (pp. 236-249). New York: Jason Aronson.

Goldman, A.I. (1970). *A theory of human action.* Englewood Cliffs, NJ: Prentice-Hall.

Gollwitzer, P.M. (1987). Suchen, Finden und Festigen der eigenen Identität: unstillbare Zielintentionen. In H. Heckhausen, P.M. Gollwitzer & F.E. Weinert (Hrsg.), *Jenseits des Rubikon: der Wille in den Sozialwissenschaften* (S. 176-189). Berlin: Springer.

Gollwitzer, P.M. (1990). Action phases and mind-sets. In E.T. Higgins & R.M. Sorrentino (Eds.), *Handbook of motivation and cognition: Foundations of social behavior* (Vol. 2, pp. 53-92). New York: Guilford Press.

Gollwitzer, P.M. (1991). *Abwägen und Planen. Bewußtseinslagen in verschiedenen Handlungsphasen.* Göttingen: Hogrefe.

Gollwitzer, P.M. (1993). Goal achievement: The role of intentions. *European Review of Social Psychology, 4*, 141-185.
Gollwitzer, P.M. & Bargh, J.A. (Eds.). (1996). *The psychology of action: Linking cognition and motivation to behavior*. New York: Guilford Press.
Gollwitzer, P.M. & Bayer, U. (1999). Deliberative vs. implemental mindsets in the control of action. In S. Chaiken & Y. Trope (Eds.), *Dual-process theories in social psychology* (pp. 403-422). New York: Guilford Press.
Gollwitzer, P.M., Bayer, U., Scherer, M. & Seifert, A.E. (1999). A motivational-volitional perspective on identity development. In J. Brandtstädter & R.M. Lerner (Eds.), *Action and self-development: Theory and research through the life-span* (pp. 283-314). Thousand Oaks, CA: Sage.
Gollwitzer, P.M. & Moskowitz, G.B. (1996). Goal effects on action and cognition. In E.T. Higgins & A.W. Kruglanski (Eds.), *Social psychology: Handbook of basic principles* (pp. 361-399). New York: Guilford Press.
Goodnow, J.J. & Collins, W.A. (1991). *Development according to parents: The nature, sources, and consequences of parents' ideas*. Hillsdale, NJ: Erlbaum.
Gordon, R.M. (1987). *The structure of emotions. Investigations in cognitive philosophy*. New York: Cambridge University Press.
Goschke, T. (1995). Wille und Kognition. Zur funktionalen Architektur der intentionalen Handlungssteuerung. In: J. Kuhl & H. Heckhausen (Hrsg.), *Enzyklopädie der Psychologie, Serie II, Bd. IV: Gedächtnis* (S. 605-694). Göttingen: Hogrefe.
Gosling, J. (1990). *Weakness of the will*. London: Routledge.
Gould, S.J. (1977). *Ontogeny and phylogeny*. Cambridge, MA: Belknap.
Gray, J.A. (1991). The neuropsychology of temperament. In J. Strelau & A. Angleitner (Eds.), *Explorations in temperament: International perspectives on theory and measurement* (pp. 105-128). New York: Plenum Press.
Greenspan, P.S. (1988). *Emotions and reasons: An inquiry into emotional justification*. New York: Routledge.
Greenwald, A.G. (1980). The totalitarian ego: Fabrication and revision of personal history. *American Psychologist, 35*, 603-618.
Greve, W. (1990). Stabilisierung und Modifikation des Selbstkonzeptes im Erwachsenenalter: Strategien der Immunisierung. *Sprache & Kognition, 9*, 218-230.
Greve, W. (1994). *Handlungsklärung. Die psychologische Erklärung menschlichen Handelns*. Göttingen: Hogrefe.
Greve, W. (1996). Erkenne dich selbst? Argumente zur Bedeutung der „Perspektive der ersten Person". *Sprache & Kognition, 15*, 104-119.
Greve, W. (2000a). Das erwachsene Selbst. In W. Greve (Hrsg.), *Psychologie des Selbst* (S. 96-114). Weinheim: Psychologie Verlags Union.
Greve,W. (Hrsg.). (2000b). *Psychologie des Selbst*. Weinheim: Psychologie Verlags Union.
Groeben, N. (1986). *Handeln, Tun, Verhalten als Einheiten einer verstehend-erklärenden Psychologie*. Tübingen: Francke.
Grossmann, K.E. & Grossmann, K. (1991). Attachment quality as an organizer of emotional and behavioral responses in a longitudinal perspective. In C.M. Parkes, J. Stevenson-Hinde & P. Marris (Eds.), *Attachment across the life cycle* (pp. 93-114). London/New York: Tavistock/Routledge.
Grusec, J.E. (1983). The internalization of altruistic dispositions: A cognitive analysis. In E.T. Higgins, D.N. Ruble & W.W. Hartup (Eds.), *Social cognition and social development: A sociocultural perspective* (pp. 275-293). New York: Cambridge University Press.
Guardo, C.J. & Bohan, J.B. (1971). Development of a sense of self-identification in children. *Child Development, 42*, 1909-1921.
Gunnar, M.R. (1980). Contingent stimulation: A review of its role in early development. In S. Levine & H. Ursin (Eds.), *Coping and health* (pp. 101-120). New York: Plenum Press.
Hacker, W. (1978). *Allgemeine Arbeits- und Ingenieurspsychologie* (2. Aufl.). Bern: Huber.

Häfner, H. (1989). Epidemiologie von Suizid und Suizidversuch. *Psychiatrie, Neurologie und medizinische Psychologie, 41*, 449-475.
Häfner, H. (1992). Psychiatrie des höheren Lebensalters. In P.B. Baltes & J. Mittelstraß (Hrsg.), *Zukunft des Alterns und gesellschaftliche Entwicklung* (S. 151-179). Berlin: de Gruyter.
Hagestad, G.O. (1991). Trends and dilemmas in life course research: An international perspective. In W.R. Heinz (Ed.), *Theoretical advances in life course research* (pp. 23-57). Weinheim: Deutscher Studien Verlag.
Hagestad, G.O. & Neugarten, B.L. (1985). Age and the life course. In R.H. Binstock & E. Shanas (Eds.), *Handbook of aging and the social sciences* (pp. 38-61). New York: Van Nostrand.
Harré, R. (1984). *Personal being*. Cambridge, MA: Harvard University Press.
Harré, R. & Secord, P.F. (1972). *The explanation of social behavior*. Oxford, England: Blackwell.
Harris, D.B. (Ed.). (1957). *The concept of development*. Minneapolis, MN: University of Minnesota Press.
Harter, S. (1978). Effectance motivation reconsidered: Toward a developmental model. *Human Development, 1*, 34-64.
Harter, S. (1983). Developmental perspectives on the self-system. In E.M. Hetherington (Ed.), *Socialization, personality, and social development* (Handbook of child psychology, Vol. IV, pp. 275-385). New York: Wiley.
Harter, S. (1998). The development of self-representations. In. N. Eisenberg (Ed.), *Social, emotional, and personality development* (Handbook of child psychology, Vol. 3, 5th ed., pp. 553-618). New York: Wiley.
Haugeland, J. (1998). *Having thought. Essays in the metaphysics of mind*. Cambridge, MA: Harvard University Press.
Havighurst, R.J. (1953). *Human development and education*. New York: Longmans & Green.
Hayek, F.A. (1979). *Die drei Quellen menschlicher Werte* (Walter Encken Institut. Vorträge und Aufsätze, Bd. 70). Tübingen: Mohr.
Hayes-Roth, B. & Hayes-Roth, F. (1979). A cognitive model of planning. *Cognitive Science, 3*, 275-310.
Heckhausen, H. (1984). Emergent achievement behavior: Some early developments. In J. Nicholls (Ed.), *The development of achievement motivation* (Vol. 3, pp. 1-32). Greenwich, CT: JAI Press.
Heckhausen, H. (1985). Emotion im Leistungsverhalten aus ontogenetischer Sicht. In C. Eggers (Hrsg.), *Emotionalität und Motivation im Kindes- und Jugendalter* (S. 95-132). Frankfurt/M.: Fachbuchhandlung für Psychologie.
Heckhausen, H. (1989). *Motivation und Handeln* (2. Aufl.). Berlin: Springer.
Heckhausen, H., Gollwitzer, P.M. (1986). Information processing before and after the formation of an intent. In F. Klix & H. Hagendorf (Eds.), *In memoriam Hermann Ebbinghaus: Symposium on the Structure and Function of Human Memory* (pp. 1071-1082). Amsterdam: Elsevier/North Holland.
Heckhausen, H. & Gollwitzer, P.M. (1987). Thought contents and cognitive functioning in motivational vs. volitional states of mind. *Motivation and Emotion, 11 (2)*, 101-120.
Heckhausen, J. (1990). Erwerb und Funktion normativer Vorstellungen über den Lebenslauf. In K.U. Mayer (Hrsg.), Lebensverläufe und sozialer Wandel. *Kölner Zeitschrift für Soziologie und Sozialpsychologie, 31*, 351-373.
Heckhausen, J., Dixon, R.A. & Baltes, P.B. (1989). Gains and losses in development throughout adulthood as perceived by different adult age groups. *Developmental Psychology, 25*, 109-121.
Heckhausen, J. & Schulz, R. (1995). A life-span theory of control. *Psychological Review, 102*, 284-304.
Heidmets, M. (1985). Environment as the mediator of human relationships: Historical and ontogenetic aspects. In T. Gärling & J. Valsiner (Eds.), *Children within environments. Toward a psychology of accident prevention* (pp. 217-227). New York: Plenum Press.
Held, T. (1986). Institutionalization and deinstitutionalization of the life course. *Human Development, 29*, 157-162.
Helmholtz, H. von (1903). *Vorträge und Reden* (5. Aufl.). Braunschweig: Vieweg.

Henderson, A.S., Jorm, A.F., Korten, A.E., Jacomb, P., Christensen, H. & Rodgers, B. (1998). Symptoms of depression and anxiety during adult life: Evidence for a decline in prevalence with age. *Psychological Medicine, 28*, 1321-1328.

Herder, J.G. (1772). *Abhandlung über den Ursprung der Sprache*. Berlin: A. Weichert.

Herrmann, T. (1979). *Psychologie als Problem. Herausforderungen der psychologischen Wissenschaft*. Stuttgart: Klett-Cotta.

Herzog, A.R. & Rodgers, W.L. (1986). Satisfaction among older adults. In F.M. Andrews (Ed.), *Research on the quality of life* (pp. 235-251). Ann Arbor, MI: University of Michigan, Institute of Social Research.

Higgins, E.T. (1988). Development of self-regulatory and self-evaluative processes: Costs, benefits, and trade-offs. In M.R. Gunnar & L.A. Sroufe (Eds.), *Self processes in development: Minnesota Symposium on Child Psychology* (Vol. 23, pp. 125-165). Minneapolis, MN: University of Minnesota Press.

Higgins, E.T. (1996a). Ideals, oughts, and regulatory focus: Affect and motivation form distinct pains and pleasures. In P.M. Gollwitzer & J.A. Bargh (Eds.), *The psychology of action: Linking cognition and motivation to behavior* (pp. 91-114). New York: Guilford Press.

Higgins, E.T. (1996b). Knowledge activation: Accessibility, applicability, and salience. In E.T. Higgins & A.W. Kruglanski (Eds.), *Social psychology: Handbook of basic principles* (pp. 133-168). New York: Guilford Press.

Higgins, E.T. (1996c). The „self digest": Self-knowledge serving self-regulatory functions. *Journal of Personality and Social Psychology, 71*, 1062-1083.

Higgins, E.T. (1997). Beyond pleasure and pain. *American Psychologist, 52*, 1280-1300.

Higgins, E.T., Strauman, T. & Klein, R. (1986). Standards and the process of self-evaluation: Multiple affects from multiple stages. In R.M. Sorrentino & E.T. Higgins (Eds.), *Handbook of motivation and cognition: Foundations of social behavior* (pp. 23-63). New York: Guilford Press.

Himmelfarb, S. (1984). Age and sex differences in the mental health of older persons. *Journal of Consulting and Clinical Psychology, 52*, 844-856.

Hinde, R.A. & Stevenson-Hinde, J. (1987). Interpersonal relations and child development. *Developmental Review, 7*, 1-21.

Hirsch, R.D. (Hrsg.). (1992). *Altern und Depressivität*. Bern: Huber.

Hobfoll, S.E. (1989). Conservation of resources: A new attempt at conceptualizing stress. *American Psychologist, 44*, 513-524.

Hochschild, A.R. (1979). Emotion work, feeling rules, and social structure. *American Journal of Sociology, 85*, 551-575.

Hochschild, A.R. (1983). *The managed heart: Commercialisation of human feeling*. Berkeley, CA: University of California Press.

Hofstätter, P.R. (1977). Einleitung: Psychologie und Gesellschaft. In T. Herrmann, P.R. Hofstätter, H.P. Huber & F.E. Weinert (Hrsg.), *Handbuch psychologischer Grundbegriffe* (S. 7-14). München: Kösel.

Hofstätter, P.R. (1986). *Bedingungen der Zufriedenheit*. Zürich: Interfrom.

Höhn, E. (1958). Entwicklung als aktive Gestaltung. In H. Thomae (Hrsg.), *Entwicklungspsychologie* (Handbuch der Psychologie in 12 Bänden, Bd. 3, S. 312-325). Göttingen: Hogrefe.

Hollis, M. (1987). *The cunning of reason*. Cambridge: Cambridge University Press.

Hollis, M. (1995). *Soziales Handeln. Eine Einführung in die Philosophie der Sozialwissenschaft*. Berlin: Akademie-Verlag.

Hooker, K. (1999). Possible selves in adulthood: Incorporating teleonomic relevance into studies of the self. In T.M. Hess & F. Blanchard-Fields (Eds.), *Social cognition and aging* (pp. 97-112). San Diego, CA: Academic Press.

Hussy, W. (1984). *Denkpsychologie. Ein Lehrbuch. Bd. 1*. Stuttgart: Kohlhammer.

Inglehart, R. & Rabier, J.-R. (1986). Aspirations adapt to situations – but why are the Belgians so much happier than the French? A cross-cultural analysis of the subjective quality of life. In F.M. Andrews (Ed.), *Research on the quality of life* (pp. 1-56). Ann Arbor, MI: University of Michigan.

Ingold, T. (1994). Introduction to culture. In T. Ingold (Ed.), *Companion encyclopedia of anthropology: Humanity, culture, and social life* (pp. 329-349). London: Routledge.

Isen, A.M. (1987). Positive affect, cognitive processes, and social behavior. In L. Berkowitz (Ed.), *Advances in experimental social psychology* (Vol. 20, pp. 203-253). New York: Academic Press.

Jackson, F. & Pettit, P. (1992). Structural explanation in social theory. In D. Charles & K. Lennon (Eds.), *Reduction, explanation, and realism* (pp. 97-131). Oxford: Clarendon.

Jackson, R.L., Maier, S.F. & Coon, D.J. (1979). Long-term analgesic effects of inescapable shock and learned helplessness. *Science, 206*, 91-93.

James, W. (1890). *The principles of psychology*. New York: Holt.

James, W. (1984). *Psychology: Briefer course*. Cambridge, MA: Harvard University Press (Erstveröffentlichung: 1892).

Janet, P. (1930). L'analyse psychologique. In C. Murchison (Ed.), *Psychologies of 1930* (pp. 369-373). Worcester, MA: Clark University Press.

Janoff-Bulman, R. (1992). *Shattered assumptions: Towards a new psychology of trauma*. New York: Free Press.

Janoff-Bulman, R. & Brickman, P. (1982). Expectations and what people learn from failure. In N.T. Feather (Ed.), *Expectations and actions: Expectancy-value models in psychology* (pp. 207-237). Hillsdale, NJ: Erlbaum.

Joas, H. (1997). *Die Entstehung der Werte*. Frankfurt/M.: Suhrkamp.

Johnson, M. (1987). *The body in the mind. The bodily basis of meaning, imagination, and reason*. Chicago: University of Chicago Press.

Johnston, M. (1995). Self-deception and the nature of mind. In C. Macdonald & G. Macdonald (Eds.), *Philosophy of psychology. Debates on psychological explanation* (Vol. 1, pp. 433-460). Oxford: Blackwell.

Jones, E.E. & Berglas, S. (1978). Control of attributions about the self through self-handicapping strategies: The appeal of alcohol and the role of underachievement. *Personality and Social Psychology Bulletin, 2*, 200-206.

Jones, E.E. & McGillis, D. (1976). Correspondent inferences and the attribution cube: A comparative reappraisal. In J.H. Harvey, W.J. Ickes & R.F. Kidd (Eds.), *New directions in attribution research* (Vol. 1, pp. 389-420). Hillsdale, NJ: Erlbaum.

Kagan, J. (1980). Perspectives on continuity. In G. Brim & J. Kagan (Eds.), *Constancy and change in human development* (pp. 26-74). Cambridge, MA: Harvard University Press.

Kagan, J. (1984a). Continuity and change in the opening years of life. In R.N. Emde & R.J. Harmon (Eds.), *Continuities and discontinuities in development* (pp. 15-40). New York: Plenum Press.

Kagan, J. (1984b). *The nature of the child*. New York: Basic Books.

Kagan, J. (1998). The biology of the child. In N. Eisenberg (Ed.), *Social, emotional and personality development* (Handbook of child psychology, Vol. 3, 5th ed., pp. 177-236). New York: Wiley.

Kahana, E. (1982). A congruence model of person-environment interaction. In M.P. Lawton, P.G. Windley & T.O. Byerts (Eds.), *Aging and the environment: Theoretical approaches* (pp. 97-121). New York: Garland.

Kahn, R.L. & Antonucci, T.C. (1980). Convoys over the life course: Attachment, roles, and social support. In P.B. Baltes & G. Brim (Eds.), *Life-span development and behavior* (Vol. 3, pp. 253-286). New York: Academic Press.

Kahneman, D. & Miller, D.T. (1986). Norm theory: Comparing reality to its alternatives. *Psychological Review, 93*, 136-153.

Kahneman, D. & Tversky, A. (1979). Intuitive prediction: Biases and corrective procedures. *Management Science, 12*, 313-327.

Kalicki, B. (1995). *Die Normalbiographie als psychologisches Regulativ. Zum subjektiven Bedeutungsgehalt von Lebensereignissen, die vom normalbiographischen Zeitmuster abweichen* (Dissertationsschrift). Trier: Universität Trier.

Kamlah, W. (1973). *Philosophische Anthropologie. Sprachkritische Grundlegung und Ethik*. Mannheim: BI Taschenbücher.

Kanfer, F.H. & Gaelick-Buys, L. (1991). Self management methods. In F.H. Kanfer & A.P. Goldstein (Eds.), *Helping people change* (4th ed., pp. 305-360). New York: Pergamon.

Karoly, P. (1993). Mechanisms of self-regulation: A systems view. *Annual Review of Psychology, 44*, 23-52.

Karoly, P. & Kanfer, F.H. (Eds.). (1982). *The psychology of self-management. From theory to practice*. New York: Plenum Press.

Kaufman, S. (1986). *The ageless self.* New York: Meridian.

Kay, D.W. & Bergmann, K. (1980). Epidemiology of mental disorders among the aged in the community. In J.E. Birren & R.B. Sloane (Eds.), *Handbook of mental health and aging* (pp. 34-56). Englewood Cliffs, NJ: Prentice Hall.

Kemmler, L. (1957). Untersuchung über den frühkindlichen Trotz. *Psychologische Forschung, 25*, 279-338.

Kern, J. (Hrsg.). (1973). *E. Husserl. Zur Phänomenologie der Intersubjektivität. Texte aus dem Nachlass. Zweiter Teil: 1921-1928*. Den Haag: Nijhoff.

Kertzer, D.I. (1989). Age structuring in comparative and historical perspective. In D.I. Kertzer & K.W. Schaie (Eds.), *Age structuring in comparative and historical perspective* (pp. 3-21). Hillsdale, NJ: Erlbaum.

Kesselring, F. (1981). *Entwicklung und Widerspruch*. Frankfurt/M.: Suhrkamp.

Kihlstrom, J.F. & Cantor, N. (1984). Mental representations of the self. In L. Berkowitz (Ed.), *Advances in experimental social psychology* (Vol. 17, pp. 1-47). New York: Academic Press.

Kischka, U., Kammer, T., Weisbrod, M., Maier, S., Thimm, M. & Spitzer, M. (1996). Dopaminergic modulation of semantic network activation. *Neuropsychologica, 34*, 1107-1113.

Klaus, G. & Buhr, M. (Hrsg.). (1971). *Philosophisches Wörterbuch* (Bd. 1). Leipzig: VEB Enzyklopädie.

Klerman, G.L. (1983). Problems in the definition and diagnosis of depression in the elderly. In L.D. Breslau & M.R. Haug (Eds.), *Depression and aging: Causes, care, and consequences* (pp. 1305-1319). New York: Springer.

Kliegl, R., Smith, J. & Baltes, P.B. (1989). Testing-the-limits and the study of adult age differences in cognitive plasticity of a mnemonic skill. *Developmental Psychology, 25*, 247-256.

Klinger, E. (1975). Consequences of commitment to and disengagement from incentives. *Psychological Review, 82*, 1-25.

Klinger, E. (1977). *Meaning and void. Inner experience and the incentives in people's lives*. Minneapolis, MN: University of Minnesota Press.

Klinger, E. (1982). On the self-management of mood, affect, and attention. In P. Karoly & F.H. Kanfer (Eds.), *Self-management and behavior change* (pp. 129-164). New York: Pergamon.

Klinger, E. (1987). Current concerns and disengagement from incentives. In F. Halisch & J. Kuhl (Eds.), *Motivation, intention, and volition* (pp. 337-347). Berlin: Springer.

Klinger, E. (1996). Emotional influences on cognitive processing, with implications for theories of both. In P. M. Gollwitzer & J.A. Bargh (Eds.), *The psychology of action: Linking cognition and motivation to behavior* (pp. 168-189). New York: Guilford Press.

Kluwe, R.H. (1997). Intentionale Steuerung kognitiver Prozesse. *Kognitionswissenschaft, 6*, 53-69.

Kohlberg, L. (1976). Moral stages and moralization. The cognitive developmental approach. In T. Lickona (Ed.), *Moral development and behavior. Theory, research and social issues* (pp. 31-53). New York: Holt, Rinehart & Winston.

Kopp, C.B. (1982). Antecedents of self-regulation: A developmental perspective. *Developmental Psychology, 18*, 199-214.

Kopp, C.B. (1989). Regulation of distress and negative emotions: A developmental view. *Developmental Psychology, 25*, 343-354.

Krahé, B. (1984). Der „self-serving bias“ in der Attributionsforschung: Theoretische Grundlagen und empirische Befunde. *Psychologische Rundschau, 35*, 79-97.

Krampen, G. (1987). Entwicklung von Kontrollüberzeugungen: Thesen zu Forschungsstand und Perspektiven. *Zeitschrift für Entwicklungspsychologie und Pädagogische Psychologie, 19*, 195-227.

Krampen, G. (2000). *Handlungstheoretische Persönlichkeitspsychologie* (2. Aufl.). Göttingen: Hogrefe.

Kravitz, H.D., Goldenberg, D. & Neyhus, A. (1978). Tactual exploration by normal infants. *Developmental Medicine and Child Neurology*, *20*, 720-726.
Kruglanski, A.W. (1990). Lay epistemic theory in social-cognitive psychology. *Psychological Inquiry*, *1*, 181-187.
Kruglanski, A.W. (1996). Goals as knowledge structures. In P.M. Gollwitzer & J.A. Bargh (Eds.), *The psychology of action: Linking cognition and motivation to behavior* (pp. 599-618). New York: Guilford Press.
Kruglanski, A.W. & Webster, D.M. (1996). Motivated closing of the mind: „Seizing" and „freezing". *Psychological Review*, *103*, 263-283.
Kruse, A. (1994). Altersfreundliche Umwelten: Der Beitrag der Technik. In P.B. Baltes, J. Mittelstraß & U.M. Staudinger (Hrsg.), *Alter und Altern. Ein interdisziplinärer Studientext* (S. 668-694). Berlin: de Gruyter.
Kuhl, J. (1983). Emotion, Kognition und Motivation: I. Auf dem Wege zu einer systemtheoretischen Betrachtung der Emotionsgenese. *Sprache und Kognition*, *2*, 1-27.
Kuhl, J. (1986). Aging and models of control: The hidden costs of wisdom. In M.M. Baltes & P.B. Baltes (Eds.), *The psychology of control and aging* (pp. 1-33). Hillsdale, NJ: Erlbaum.
Kuhl, J. (1987). Action control: The maintenance of motivational states. In F. Halisch & J. Kuhl (Eds.), *Motivation, intention, and volition* (pp. 279-291). Berlin: Springer.
Kuhl, J. & Beckmann, J. (Eds.). (1985). *Action control. From cognition to behavior*. Berlin: Springer.
Kuhl, J. & Beckmann, J. (Eds.). (1994). *Volition and personality*. Göttingen: Hogrefe.
Kuhl, J. & Helle, P. (1986). Motivational and volitional determinants of depression: The degenerated-intention hypothesis. *Journal of Abnormal Psychology*, *95*, 247-251.
Kunda, Z. (1990). The case for motivated reasoning. *Psychological Bulletin*, *108*, 480-498.
Kuypers, J.A. & Bengtson, V.L. (1973). Social breakdown and competence. *Human Development*, *16*, 181-201.
Lachman, M.E. (1986). Locus of control in aging research. *Psychology and Aging*, *1*, 34-40.
Lachman, M.E. (1991). Perceived control over memory aging: Developmental and intervention perspectives. *Journal of Social Issues*, *47*, 159-175.
Lakatos, I. (1970). Falsification and the methodology of scientific research programmes. In I. Lakatos & A. Musgrave (Eds.), *Criticism and the growth of knowledge* (pp. 91-196). Cambridge: Cambridge University Press.
Lamb, M.E. & Easterbrooks, M.A. (1981). Individual differences in parental sensitivity: Some thoughts about origins, components, and consequences. In M.E. Lamb & R.L. Sherrod (Eds.), *Infant social cognition: Empirical and theoretical considerations* (pp. 127-153). Hillsdale, NJ: Erlbaum.
Langer, E.J. & Rodin, J. (1976). The effects of choice and enhanced personal responsibility for the aged: A field experiment in an institutional setting. *Journal of Personality and Social Psychology*, *34*, 191-198.
Lanz, P. (1987). *Menschliches Handeln zwischen Kausalität und Rationalität*. Frankfurt/M.: Athenäum.
LaRue, A., Dessonville, L. & Jarvik, L. (1985). Aging and mental disorders. In J.E. Birren & K.W. Schaie (Eds.), *Handbook of the psychology of aging* (2nd ed., pp. 664-702). New York: Van Nostrand-Reinhold.
Lawrence, J.A. & Valsiner, J. (1993). Conceptual roots of internalization: From transmission to transformation. *Human Development*, *36*, 150-167.
Lazarus, R.S. & Folkman, S. (1984). *Stress, appraisal and coping*. New York: Springer.
Lazarus, R.S. & Golden, G.Y. (1981). The function of denial in stress, coping, and aging. In J.L. McGaugh & S.B. Kiesler (Eds.), *Aging, biology, and behavior* (pp. 283-307). New York: Academic Press.
Lazarus, R.S. & Smith, C.A. (1988). Knowledge and appraisal in the cognition-emotion relationship. *Cognition and Emotion*, *2*, 281-300.
Lee, B., Wertsch, J.V. & Stone, A. (1983). Toward a Vygotskyan theory of the self. In B. Lee & G.G. Noam (Eds.), *Developmental approaches to the self* (pp. 309-341). New York: Plenum Press.

Lee, R.K. & Maier, S.F. (1988). Inescapable shock and attention to internal versus external cues in a water discrimination escape task. *Journal of Experimental Psychology: Animal Behavior Processes, 14*, 302-310.

Lehr, U. & Thomae, H. (1987). *Formen seelischen Alterns. Ergebnisse der Bonner Gerontologischen Längsschnittstudie (BOLSA)*. Stuttgart: Enke.

Lenk, H. (1972). *Erklärung, Prognose, Planung. Skizzen zu Brennpunktproblemen der Wissenschaftstheorie*. Freiburg: Rombach.

Lenk, H. (1978). Handlung als Interpretationskonstrukt. Entwurf einer konstituenten- und beschreibungstheoretischen Handlungsphilosophie. In H. Lenk (Hrsg.), *Handlungstheorien interdisziplinär* (Bd. 2, I, S. 279-350). München: Fink.

Lenk, H. (1979). *Pragmatische Vernunft. Philosophie zwischen Wissenschaft und Praxis*. Stuttgart: Reclam.

Lenk, H. (1981). Interpretative action constructs. In J. Agassi & R.S. Cohen (Eds.), *Scientific philosophy today* (pp. 151-157). Dordrecht: Reidel.

Leontiew, A.N. (1977). *Tätigkeit, Bewußtsein, Persönlichkeit*. Stuttgart: Klett.

Leontiew, A.N. (1978). *Activity, consciousness, and personality*. Englewood Cliffs, NJ: Prentice Hall.

Lerner, R.M. (1984). *On the nature of human plasticity*. Cambridge: Cambridge University Press.

Lerner, R.M. (1985). Individual and context in developmental psychology: Conceptual and theoretical issues. In J.R. Nesselroade & A. von (Eds.), *Individual development and social change: Explanatory analysis* (pp. 155-188). New York: Academic Press.

Leventhal, H. & Scherer, K. (1987). The relationship of emotion to cognition: A functional approach to a semantic controversy. *Cognition and Emotion, 1*, 3-28.

Lewin, K., Dembo, T., Festinger, L. & Sears, P.S. (1944). Level of aspiration. In J.M. Hunt (Ed.), *Personality and the behavior disorders* (pp. 333-378). New York: Roland Press.

Lewinsohn, P.M., Hoberman, H.M., Teri, L. & Hautzinger, M. (1985). An integrative theory of depression. In S. Reiss & R.R. Bootzin (Eds.), *Theoretical issuses in behavior therapy* (pp. 331-362). New York: Academic Press.

Lewinsohn, P.M., Redner, J.E. & Seeley, J.R. (1991). The relationship between life satisfaction and psychosocial variables: New perspectives. In F. Strack, M. Argyle & N. Schwarz (Eds.), *Subjective well-being: An interdisciplinary perspective* (pp. 141-169). Oxford: Pergamon Press.

Lewinsohn, P.M., Rohde, P., Seeley, J.R. & Fischer, S.A. (1991). Age and depression: Unique and shared effects. *Psychology and Aging, 6*, 247-260.

Lewis, C. & Mitchell, P. (Eds.). (1994). *Children's early understanding of mind: Origins and development*. Howe, UK: Erlbaum.

Lewis, M. & Brooks-Gunn, J. (1979). *Social cognition and the acquisition of self.* New York: Plenum Press.

Lewis, M., Sullivan, M. & Brooks-Gunn, J. (1985). Emotional behavior during the learning of contingency in early infancy. *British Journal of Developmental Psychology, 3*, 307-316.

Lewontin, R.C. (1982). Organism and environment. In H.C. Plotkin (Ed.), *Learning, development and culture* (pp. 151-170). Chichester: Wiley.

Liberman, N. & Trope, Y. (1998). The role of feasibility and desirability considerations in near and distant future decisions: A test of temporal construal theory. *Journal of Personality and Social Psychology, 75*, 5-18.

Linville, P.W. (1985). Self-complexity and affective extremity: Don't put all your eggs in one cognitive basket. *Social Cognition, 3*, 94-120.

Linville, P.W. (1987). Self-complexity as a cognitive buffer against stress-related illness and depression. *Journal of Personality and Social Psychology, 52*, 663-676.

Little, B.R. (1983). Personal projects. A rationale and method for investigation. *Environment and Behavior, 15*, 273-309.

Little, B.R. (1989). Personal projects analyses: Trivial pursuits, magnificent obsessions and the search for coherence. In D.M. Buss & N. Cantor (Eds.), *Personality psychology: Recent trends and emerging directions* (pp. 15-31). New York: Springer.

Little, B.R. (1993). Personal projects and the distributed self: Aspects of a conative psychology. In J. Suls (Ed.), *Psychological perspectives on the self* (Vol. 4, pp. 157-181). Hillsdale, NJ: Erlbaum.

Little, B.R. (1999). Personal projects and social ecology: Themes and variations across the life-span. In J. Brandtstädter & R.M. Lerner (Eds.), *Action and self-development: Theory and research through the life-span* (pp. 197-221). Thousand Oaks, CA: Sage.

Little, B.R., Lecci, L. & Watkinson, B. (1992). Personality and personal projects: Linking Big Five and PAC units of analysis. *Journal of Personality, 60*, 501-525.

Lockard, J.S. & Paulhus, D.L. (Eds.). (1988). *Self-deception: An adaptive mechanism?* Englewood Cliffs, NJ: Prentice-Hall.

Loehlin, J.C. (1992). *Genes and environment in personality development*. Newbury Park, CA: Sage.

Loevinger, J. (1976). *Ego development: Conceptions and theories*. San Francisco: Jossey-Bass.

Loewenstein, G.F. & Prelec, D. (1993). Preferences for sequences of outcomes. *Psychological Review, 100*, 91-108.

Loewenstein, G.F. & Schkade, D. (1999). Wouldn't it be nice? Predicting future feelings. In D. Kahneman, E. Diener & N. Schwarz (Eds.), *Well-being: The foundations of hedonic psychology* (pp. 85-105). New York: Russell Sage Foundation.

Lorenz, K. (1950). Ganzheit und Teil in der tierischen und menschlichen Gemeinschaft. *Studium Generale, 3*, 455-499.

Lorenz, K. (1954). Psychologie und Stammesgeschichte. In G. Heberer (Hrsg.), *Die Evolution der Organismen* (S. 131-172). Jena: Fischer.

Lübbe, H. (1996). Zeit-Erfahrungen. Sieben Begriffe zur Beschreibung moderner Zivilisationsdynamik. *Akademie der Wissenschaften und Literatur. Abhandlungen der geistes- und sozialwissenschaftlichen Klasse, 5*, 5-37.

Luhmann, N. (1964). *Funktionen und Folgen formaler Organisation*. Berlin: Duncker & Humblot.

Luhmann, N. (1968). *Zweckbegriff und Systemrationalität*. Tübingen: Mohr & Siebeck.

Luhmann, N. (1984). *Soziale Systeme: Grundriß einer allgemeinen Theorie*. Frankfurt/M.: Suhrkamp.

Luhmann, N. (1985). Die Autopoiesis des Bewußtseins. *Soziale Welt, 36*, 402-446.

Luria, A.R. (1969). Speech development and the formation of mental processes. In M. Cole & I. Maltzman (Eds.), *A handbook of contemporary Soviet psychology* (pp. 121-162). New York: Basic Books.

Luria, A.R. (1979). *The making of mind*. Cambridge, MA: Harvard University Press.

Macdonald, G. (1995). Introduction: Psychoanalytic explanation. In C. Macdonald & G. Macdonald (Eds.), *Philosophy of Psychology. Debates on psychological explanation* (Vol. 1, pp. 394-408). Oxford: Blackwell.

Magnus, K., Diener, E., Fujita, F. & Pavot, W. (1993). Extraversion and neuroticism as predictors of objective life events: A longitudinal analysis. *Journal of Personality and Social Psychology, 65*, 1046-1053.

Magnusson, D. (1990). Personality development from an interactional perspective. In L.A. Pervin (Ed.), *Handbook of personality: Theory and research* (pp. 193-222). New York: Guilford Press.

Maier, S.F. & Seligman, M.E.P. (1976). Learned helplessness: Theory and evidence. *Journal of Experimental Psychology: General, 105*, 3-46.

Maier, S.F., Sherman, J.E., Lewis, J.W., Terman, G.W. & Liebeskind, J.C. (1983). The opioid/nonopioid nature of stress-induced analgesia and learned helplessness. *Journal of Experimental Psychology: Animal Behavior Processes, 9*, 80-90.

Manderlink, G. & Harackiewicz, J.M. (1984). Proximal vs. distal goal setting and intrinsic motivation. *Journal of Personality and Social Psychology, 47*, 918-928.

Mann, A.H., Graham, N. & Ashby, D. (1984). Psychiatric illness in residential homes for the elderly. *Age and Aging, 13*, 257-265.

Marcia, J. (1980). Identity in adolescence. In J. Adelson (Ed.), *Handbook of adolescent psychology* (pp. 159-187). New York: Wiley.

Marcus, D.E. & Overton, W.F. (1978). The development of cognitive gender constancy and sex role preferences. *Child Development, 49*, 434-444.

Markus, H. & Nurius, P. (1986). Possible selves. *American Psychologist, 41*, 954-969.

Markus, H. & Wurf, E. (1987). The dynamic self-concept: A social psychological perspective. *Annual Review of Psychology, 38*, 299-337.

Marquard, O. (1984). Entlastungen. Theodizeemotive in der neuzeitlichen Philosophie. In P. Wapnewski (Hrsg.), *Wissenschaftskolleg. Jahrbuch 1982/83* (S. 245-258). Berlin: Siedler.

Marquard, O. (1985). *Abschied vom Prinzipiellen*. Stuttgart: Reclam.

Marquard, O. (1999). Am Ende, nicht am Ziel. *Frankfurter Allgemeine Zeitung, Nr. 273*, S. 49.

Mascolo, M.F., Fischer, K.W. & Neimeyer, R. (1999). The dynamic co-development of intentionality, self, and social relations. In J. Brandtstädter & R.M. Lerner (Eds.), *Action and self-development: Theory and research through the life-span* (pp. 133-166). Thousand Oaks, CA: Sage.

Maslow, A.H. (1954). *Motivation and personality*. New York: Harper.

Maslow, A.H. (1967). A theory of metamotivation. *Journal of Humanistic Psychology, 7*, 93-127.

Maslow, A.H. (1977). *Motivation und Persönlichkeit*. Olten: Walter.

Maturana, H. & Varela, F. (1980). *Autopoiesis and cognition: The realization of the living*. Boston, MA: D. Reidel.

Mayring, P. (1987). Subjektives Wohlbefinden im Alter. Stand der Forschung und theoretische Weiterentwicklung. *Zeitschrift für Gerontologie, 20*, 367-376.

McAdams, D.P. (1988). Biography, narrative, and lives. *Journal of Personality, 56*, 1-18.

McCrae, R.R. & Costa, P.T. (1988). Age, personality, and the spontaneous self-concept. *Journals of Gerontology: Social Sciences, 43*, 177-185.

McFarland, C., Ross, M. & Giltrow, M. (1992). Biased recollections in older adults: The role of implicit theories of aging. *Journal of Personality and Social Psychology, 62*, 837-850.

McGuire, W.J. & McGuire, C.V. (1981). The spontaneous self-concept as affected by personal distinctiveness. In M.D. Lynch, A.A. Norem-Hebeisen & K.J. Gergen (Eds.), *Self-concept. Advances in theory and research* (pp. 147-172). Cambridge, MA: Ballinger.

McGuire, W.J., McGuire, C.V., Child, P. & Fujioka, T. (1978). Salience of ethnicity in the spontaneous self-concept as a function of one's ethnic distinctiveness in the social environment. *Journal of Personality and Social Psychology, 36*, 511-520.

McGuire, W.J., McGuire, C.V. & Winton, W. (1979). Effects of household sex composition on the salience of one's gender in the spontaneous self-concept. *Journal of Experimental Social Psychology, 15*, 77-90.

McIntosh, W.D. & Martin, L.L. (1992). The cybernetics of happiness: The relation between goal attainment, rumination, and affect. In M.S. Clark (Ed.), *Review of personality and social psychology* (Vol. 14, pp. 222-246). Newbury Park, CA: Sage.

Mead, G.H. (1934). *Mind, self, and society*. Chicago, IL: University of Chicago Press.

Medin, D.L. & Smith, E.E. (1984). Concepts and concept formation. *Annual Review of Psychology, 35*, 113-138.

Mees, U. (1991). *Die Struktur der Emotionen*. Göttingen: Hogrefe.

Meggle, G. (1977a). *Analytische Handlungstheorie. Bd. 1: Handlungsbeschreibungen*. Frankfurt/M.: Suhrkamp.

Meggle, G. (1977b). *Analytische Handlungstheorie. Bd. 2: Handlungserklärungen*. Frankfurt/M.: Suhrkamp.

Mele, A. (1987). Recent work on self-deception. *American Philosophical Quarterly, 24*, 1-17.

Meltzoff, A.N. (1990). Towards a developmental cognitive science: The implications of cross-model matching and imitation for the development of representation and memory in infancy. *Annuals of the New York Academy of Science, 608*, 1-37.

Meltzoff, A.N. (1995). Understanding the intention of others: Re-enactment of intended acts by 18-months-old children. *Developmental Psychology, 31*, 838-850.

Meyer, J.S. & Rebok, G.W. (1985). Planning-in-action across the life span. In T.M. Shlechter & M.P. Toglia (Eds.), *New directions in cognitive sciences* (pp. 47-68). Norwood, NJ: Ablex.

Miller, D.T. & Turnbull, W. (1990). The counterfactual fallacy: Confusing what might have been with what ought to have been. *Social Justice Research, 4*, 1-19.
Miller, G.A., Galanter, E. & Pribram, K.H. (1960). *Plans and the structure of behavior*. New York: Holt, Rinehart & Winston.
Miller, L.M.S. & Lachman, M.E. (1999). The sense of control and cognitive aging. In T.M. Hess & F. Blanchard-Fields (Eds.), *Social cognition and aging* (pp. 14-42). San Diego, CA: Academic Press.
Miller, S.M. (1979). Coping with impending stress: Physiological and cognitive correlates of choice. *Psychophysiology, 16*, 572-581.
Miller, S.M. (1996). Monitoring and blunting of threatening information: Cognitive interference and facilitation in the coping process. In I.G. Sarason, G.R. Pierce & B.R. Sarason (Eds.), *Cognitive interference: Theories, methods, and findings* (pp. 175-190). Hillsdale, NJ: Erlbaum.
Mischel, H.N. & Patterson, C.J. (1978). Effective plans for self-control in children. In W.A. Collins (Ed.), *Minnesota Symposium on Child Psychology* (Vol. 11, pp. 199-230). Hillsdale, NJ: Erlbaum.
Mischel, W. (1983). Delay of gratification as process and as person variable in development. In D. Magnusson & U.P. Allen (Eds.), *Human development: An interactional perspective* (pp. 149-165). New York: Academic Press.
Mischel, W., Cantor, N. & Feldman, S. (1996). Principles of self-regulation: The nature of willpower and self-control. In E.T. Higgins & A.W. Kruglanski (Eds.), *Social psychology. Handbook of basic principles* (pp. 329-361). New York: Guilford Press.
Mischel, W., Shoda, Y. & Rodriguez, M. (1989). Delay of gratification in children. *Science, 244*, 933-938.
Miskimins, R.W. & Simmons, W.L. (1966). Goal preference as a variable in involutional psychosis. *Journal of Consulting and Clinical Psychology, 30*, 73-77.
Mittelstraß, J. (1988). Vorbereitende Bemerkungen zu einer pragmatischen Philosophie des Bewußtseins. *Zeitschrift für Wissenschaftsforschung, 2*, 139-151.
Mittelstraß, J. (1989). Die menschliche Zeit. Bemerkungen zur Philosophie der Lebensalter. In Akademie der Wissenschaften zu Berlin (Hrsg.), *Jahrbuch 1988* (S. 306-335). Berlin: de Gruyter.
Mittelstraß, J. (1992). Zeitformen des Lebens: Philosophische Unterscheidungen. In P.B. Baltes & J. Mittelstraß (Hrsg.), *Zukunft des Alterns und gesellschaftliche Entwicklung* (S. 386-407). Berlin: de Gruyter.
Montada, L. (1989). Bildung der Gefühle. *Zeitschrift für Pädagogik, 35*, 293-312.
Montada, L. (1992). Attribution of responsibility for losses and perceived injustice. In L. Montada, S.-H. Filipp & M. Lerner (Eds.), *Life crises and experiences of loss in adulthood* (pp. 133-161). Hillsdale, NJ: Erlbaum.
Morgan, H.J. & Janoff-Bulman, R. (1994). Positive and negative self-complexity: Patterns of adjustment following traumatic versus non-traumatic life experiences. *Journal of Social and Clinical Psychology, 13*, 63-85.
Müller, A. (1982). *Praktisches Folgern und Selbstgestaltung nach Aristoteles*. Freiburg: Alber.
Müller, A. (1992). Mental teleology. *Proceedings of the Aristotelian Society, 92 (Part 1)*, 161-183.
Müller, A. (1995). *Ende der Moral?* Stuttgart: Kohlhammer.
Murray, H.A. (1938). *Explorations in personality*. New York: Oxford University Press.
Myers, J.K., Weissman, M.M., Tischler, G.L., Holzer, L.E., Leaf, A.J., Orvaschel, H., Anthony, J.L., Boyd, J.H., Burke, J.D., Kramer, M. & Stoltzman, R. (1984). Six-month-prevalence of psychiatric disorders in three communities: 1980 to 1982. *Archives of General Psychiatry, 41*, 959-967.
Neugarten, B.L., Moore, J.B. & Lowe, J.C. (1965). Age norms, age constraints and adult socialization. *American Journal of Sociology, 70*, 710-717.
Neumann, O. (1987). Zur Funktion der selektiven Aufmerksamkeit für die Handlungssteuerung. *Sprache & Kognition, 6*, 107-125.
Neumann, O. (1992). Theorien der Aufmerksamkeit: von Metaphern zu Mechanismen. *Psychologische Rundschau, 43*, 83-101.

Neumann, O. (1996). Theories of attention. In O. Neumann & A.F. Sanders (Eds.), *Handbook of perception and action* (Vol. 3, pp. 389-446). London: Academic Press.
Newman, B.M. & Newman, P.R. (1975). *Development through life. A psychological approach.* Homewood, IL: Dorsey.
Newmann, J.P. (1989). Aging and depression. *Psychology and Aging, 4*, 150-165.
Newmann, J.P., Engel, R.J. & Jensen, J. (1990). Depressive symptom patterns among older women. *Psychology and Aging, 5*, 101-118.
Newmann, J.P., Engel, R.J. & Jensen, J. (1991). Changes in depressive-symptom experiences among older women. *Psychology and Aging, 6*, 212-222.
Nicholls, J.G. & Miller, A.T. (1984). Development and its discontents: The differentiation of the concept of ability. In J.G. Nicholls (Ed.), *The development of achievement motivation* (pp. 185-218). Greenwich, CT: JAI Press.
Nicholls, J.G. & Miller, A.T. (1985). Differentiation of the concepts of luck and skill. *Developmental Psychology, 21*, 76-82.
Nisbett, R. & Ross, L. (1980). *Human inference: Strategies and shortcomings of social judgment.* Englewood Cliffs, NJ: Prentice-Hall.
Nolen-Hoeksema, S. (1987). Sex differences in unipolar depression: Evidence and theory. *Psychological Bulletin, 101*, 259-282.
Norem-Hebeisen, A.A. (1981). A maximization model of self-concept. In M.D. Lynch, A.A. Norem-Hebeisen & K.J. Gergen (Eds.), *Self-concept: Advances in theory and research* (pp. 133-146). Cambridge, MA: Ballinger.
Norman, D.A. (1981). Categorization of action slips. *Psychological Review, 88*, 1-15.
Norris, F.H. (1985). Characteristics of older nonrespondents over five waves of a panel study. *Journal of Gerontology, 40*, 627-636.
Nozick, R. (1989). *The examined life. Philosophical meditations.* New York: Simon & Schuster.
Nurmi, J.E. (1992). Age differences in adult life goals, concerns, and their temporal extension: A life course approach to future-oriented motivation. *International Journal of Behavioral Development, 15*, 487-508.
Nurmi, J.E. (1993). Adolescent development in an age-graded context: The role of personal beliefs, goals, and strategies in the tackling of developmental tasks and standards. *International Journal of Behavioral Development, 16*, 169-189.
Nurmi, J.E., Pulliainen, H. & Salmela-Aro, K. (1992). Age differences in adults' control beliefs related to life goals and concerns. Psychology and Aging, 7, 194-196.
Nuttin, J.R. (1984). *Motivation, planning, and action: A relational theory of behavior dynamics.* Hillsdale, NJ: Erlbaum.
Nydegger, C. (1986). Timetables and implicit theory. *American Behavioral Scientist, 29*, 710-729.
Odling-Smee, F.J. (1994). Niche construction: Evolution and culture. In T. Ingold (Ed.), *Companion encyclopedia of anthropology: Humanity, culture, and social life* (pp. 162-196). London: Routledge.
Oerter, R. (1978). Zur Dynamik von Entwicklungsaufgaben im menschlichen Lebenslauf. In R. Oerter (Hrsg.), *Entwicklung als lebenslanger Prozeß* (S. 66-110). Hamburg: Hoffmann & Campe.
Oerter, R. (1991). Self-object relation as a basis of human development. In L. Oppenheimer & J. Valsiner (Eds.), *The origins of action: Interdisciplinary and international perspectives* (pp. 65-100). New York: Springer.
Oettingen, G. (1999). Free fantasies about the future and the emergence of developmental goals. In J. Brandtstädter & R.M. Lerner (Eds.), *Action and self-development: Theory and research through the life span* (pp. 315-342). Thousand Oaks, CA: Sage.
Ogilvie, D.M. & Rose, K.M. (1995). Self-with-other representations and a taxonomy of motives: Two approaches to studying persons. *Journal of Personality, 63*, 643-679.
O'Gorman, H.J. (1980). False consciousness of kind: Pluralistic ignorance among the aged. *Research on Aging, 2*, 105-128.

Olson, G.M. & Sherman, T. (1983). Attention, learning, and memory in infants. In M. Haith & J.J. Campos (Eds.), *Handbook of child psychology. Vol. 2: Infancy and developmental psychobiology* (pp. 1001-1080). New York: Wiley.

Oppenheimer, L. & Valsiner, J. (Eds.). (1991). *The origins of action. Interdisciplinary and international perspectives*. New York: Springer.

Overton, W.F. (1998). Developmental psychology: Philosophy, concepts, and methodology. In R.M. Lerner (Ed.), *Theoretical models of human development* (Handbook of child psychology, Vol. 1, 5th ed., pp. 107-189). New York: Wiley.

Oyama, S. (1979). The concept of the sensitive period in developmental studies. *Merrill-Palmer Quarterly, 25*, 83-103.

Palmore, E. (1981). *Social patterns in normal aging*. Durham, NC: Duke University Press.

Papoušek, M. & Papoušek, H. (1989). Stimmliche Kommunikation im frühen Säuglingsalter als Wegbereiter der Sprachentwicklung. In H. Keller (Hrsg.), *Handbuch der Kleinkindforschung* (S. 465-489). Berlin: Springer.

Park, J. & Banaji, M.R. (2000). Mood and heuristics: The influence of happy and sad states on sensitivity and bias in stereotyping. *Journal of Personality and Social Psychology, 78*, 1005-1023.

Parkinson, B. & Manstead, A.S.R. (1992). Appraisal as a cause of emotion. In M.S. Clark (Ed.), *Emotion* (pp. 122-149). Newbury Park, CA: Sage.

Parsons, T. & Shils, E.A. (Eds.). (1962). *Toward a general theory of action* (3rd ed.). New York: Harper & Row.

Paulhus, A. (1993). Bypassing the will: The automatization of affirmations. In D.M. Wegner & J.W. Pennebaker (Eds.), *Handbook of mental control* (pp. 573-589). Englewood Cliffs, NJ: Prentice Hall.

Pearlin, P.S., Menaghan, E.G., Lieberman, M.A. & Mullan, J.T. (1981). The stress process. *Journal of Health and Social Behavior, 22*, 337-356.

Perrig-Chiello, P. (1997). *Wohlbefinden im Alter. Körperliche, psychische und soziale Determinanten und Ressourcen*. München: Juventa.

Petty, R.E. & Cacioppo, J.T. (1986). The elaboration likelihood model of persuasion. In L. Berkowitz (Ed.), *Advances in experimental social psychology* (Vol. 19, pp. 123-205). San Diego, CA: Academic Press.

Petty, R.E. & Wegener, D.T. (1999). The Elaboration Likelihood Model: Current status and controversies. In S. Chaiken & Y. Trope (Eds.), *Dual-process theories in social psychology* (pp. 41-72). New York: Guilford Press.

Piaget, J. (1932). *The moral judgment of the child*. New York: Harcourt & Brace.

Piaget, J. (1947). *Psychologie der Intelligenz*. Zürich: Rascher.

Piaget, J. (1954). *The construction of reality in the child*. New York: Basic Books.

Piaget, J. (1970). Piaget's theory. In P.H. Mussen (Ed.), *Carmichael's manual of child psychology* (Vol. 1, pp. 703-732). New York: Wiley.

Piaget, J. (1976). *The grasp of consciousness: Action and concept in the young child*. Cambridge, MA: Harvard University Press.

Piaget, J. (1978). *Success and understanding*. Cambridge, MA: Harvard University Press.

Plath, D.W. (1980). Contours of consociation: Lessons from a Japanese narrative. In P.B. Baltes & G. Brim (Eds.), *Life-span development and behavior* (Vol. 3, pp. 287-305). New York: Academic Press.

Plath, D.W. & Ikeda, K. (1975). After coming of age: Adult awareness of age norms. In T.R. Williams (Ed.), *Socialization and communication in primary groups* (pp. 107-123). The Hague: Mouton.

Plomin, R. (1994). *Genetics and experience. The interplay between nature and nuture*. Thousand Oaks, CA: Sage.

Plomin, R., Lichtenstein, P., Pedersen, N.L., McClearn, G.E. & Nesselroade, J.R. (1990). Genetic influence on life events during the last half of the life span. *Psychology and Aging, 5*, 25-30.

Portmann, A. (1956). *Zoologie und das neue Bild vom Menschen. Biologische Fragmente zu einer Lehre vom Menschen*. Reinbek: Rowohlt.

Powers, W.T. (1973). *Behavior: The control of perception*. Chicago, IL: Aldine.

Pratto, F. & John, O.P. (1991). Automatic vigilance: The attention-grabbing power of negative social information. *Journal of Personality and Social Psychology, 61*, 380-391.

Prigogine, I. (1979). *Vom Sein zum Werden. Zeit und Komplexität in den Naturwissenschaften.* München: Piper.

Promies, W. (Hrsg.). (1968). *Georg Christoph Lichtenberg. Schriften und Briefe. Erster Band: Sudelbücher.* München: Hanser.

Putnam, H. (1975). *Philosophical Papers. Vol. 2: Mind, language, and reality.* Cambridge, MA: Cambridge University Press.

Putnam, H. (1985). Is logic empirical? In S. Cohen & M.W. Wartofsky (Eds.), *A portrait of twenty-five years. Boston colloquium for the philosophy of science 1960-1985* (pp. 75-100). Dordrecht: Reidel.

Pyszczynski, T. & Greenberg, J. (1987) Toward an integration of cognitive and motivational perspectives on social inference: A biased hypothesis-testing model. In L. Berkowitz (Ed.), *Advances in Experimental Social Psychology* (Vol. 20, pp. 297-340). New York: Academic Press.

Quine, W.V.O. (1951). Two dogmas of empiricism. *Philosophical Review, 60*, 2-43.

Quine, W.V.O. (1960). *Word and object.* Cambridge, MA: MIT Press.

Rachlin, H. (1995). Self control: Beyond commitment. *Behavioral and Brain Sciences, 18*, 109-159.

Rawls, J. (1975). Eine *Theorie der Gerechtigkeit.* Frankfurt/M.: Suhrkamp.

Raynor, J.O. (1982). A theory of personality functioning and change. In J.O. Raynor & E.E. Entin (Eds.), *Motivation, career striving, and aging* (pp. 249-302). Washington, DC: Hemisphere.

Raynor, J.O. & Entin, E.E. (1982). Theory and research on future orientation and achievement motivation. In J.O. Raynor & E.E. Entin (Eds.), *Motivation, career striving, and aging* (pp. 13-82). Washington: Hemisphere.

Raynor, J.O. & Entin, E.E. (1983). The function of future orientation as a determinant of human behavior in step-path theory of action. *International Journal of Psychology, 18*, 436-487.

Reason, J.T. & Mycielska, K. (1982). *Absent-minded? The psychology of mental lapses and everyday errors.* Englewood Cliffs, NJ: Prentice-Hall.

Reese, H.W. & Overton, W.F. (1970). Models of development and theories of development. In L.R. Goulet & P.B. Baltes (Eds.), *Life-span developmental psychology: Research and theory* (pp. 116-149). New York: Academic Press.

Reese, M.M. (1954). The effect of shock on recognition thresholds. *Journal of Abnormal and Social Psychology, 49*, 165-172.

Reinert, G. (1976). Grundzüge einer Geschichte der Human-Entwicklungspsychologie. In H. Balmer (Hrsg.), *Die Psychologie des 20. Jahrhunderts. Bd. 1: Die europäische Tradition. Tendenzen, Schulen, Entwicklungslinien* (S. 862-896). Zürich: Kindler.

Reisenzein, R. (1996). Emotional action generation. In W. Battmann & S. Dutke (Eds.), *Processes of the molar regulation of behavior* (pp. 151-165). Lengerich: Pabst.

Reker, G.T., Peacock, E.J. & Wong, P.T. (1987). Meaning and the purpose in life and well-being: A life-span perspective. *Journal of Gerontology, 42*, 44-49.

Rentsch, T. (1992). Philosophische Anthropologie und Ethik der späten Lebenszeit. In P.B. Baltes & J. Mittelstraß (Hrsg.), *Zukunft des Alterns und gesellschaftliche Entwicklung* (S. 283-304). Berlin: de Gruyter.

Riedel, M. (1978). Handlungstheorie als ethische Grunddisziplin. In H. Lenk (Hrsg.), *Handlungstheorien interdisziplinär* (Bd. 2, I, S. 139-159). München: Fink.

Riegel, K.F. (1975). Adult life-crises: A dialectical interpretation of development. In N. Datan & L.H. Ginsberg (Eds.), *Life-span developmental psychology. Normative life crises* (pp. 99-128). New York: Academic Press.

Rodin, J. & Langer, E.J. (1977). Long-term effects of a control-relevant intervention with the institutionalized aged. *Journal of Personality and Social Psychology, 35*, 897-902.

Rodin, J. & Langer, E.J. (1980). Aging labels: The decline of control and the fall of self-esteem. *Journal of Social Issues, 36*, 12-29.

Rodin, J., Timko, C. & Harris, S. (1985). The construct of control: Biological and psychosocial correlates. *Annual Review of Gerontology and Geriatrics, 5*, 3-55.

Rogoff, B. (1995). *Apprenticeship in thinking: Cognitive development in social context*. New York: Oxford University Press.
Rokeach, M. (1973). *The nature of human values*. New York: Free Press.
Rorty, A.O. (1988). The deceptive self: Liars, layers, and lairs. In B.P. McLaughlin & A.O. Rorty (Eds.), *Perspectives on self-deception* (pp. 11-28). Berkeley, CA: University of California Press.
Rosch, E. (1977). Human categorization. In N. Warren (Ed.), *Studies in cross-cultural psychology* (pp. 1-49). New York: Academic Press.
Rosenberg, M. & Rosenberg, F. (1981). The occupational self: A developmental study. In M.D. Lynch, A.A. Norem-Hebeisen & K. Gergen (Eds.), *Self-concept: Advances in theory and research* (pp. 173-189). Cambridge, MA: Ballinger.
Rosenblatt, A., Greenberg, J., Solomon, S., Pyszczynski, T. & Lyon, D. (1989). Evidence for terror management theory: I. The effects of mortality salience on reactions to those who violate or uphold cultural values. *Journal of Personality and Social Psychology, 62*, 681-690.
Rothbaum, F., Weisz, J.R. & Snyder, S.S. (1982). Changing the world and changing the self. A two-process model of perceived control. *Journal of Personality and Social Psychology, 42*, 5-37.
Rothermund, K. (1998). *Persistenz und Neuorientierung: Mechanismen der Aufrechterhaltung und Auflösung zielbezogener kognitiver Einstellungen* (Dissertationsschrift). Trier: Universität Trier.
Rothermund, K. & Brandtstädter, J. (1998). Auswirkungen von Belastungen und Verlusten auf die Lebensqualität: alters- und lebenszeitgebundene Moderationseffekte. *Zeitschrift für Klinische Psychologie, 27*, 86-92.
Rotter, J.B. (1966). Generalized expectancies for internal versus external control of reinforcement. *Psychological Monographs, 80 (1)*, 1-28.
Rowe, J.W. & Kahn, R.L. (1987). Human aging: Usual and successful. *Science, 237*, 143-149.
Rudolph, W. & Tschohl, P. (1977). *Systematische Anthropologie*. München: Fink.
Rückert, W. (1987). Demographische Grundlagen der Altenhilfe-Planung. In H. Brand, E.M. Dennebaum & W. Rückert (Hrsg.), *Stationäre Altenhilfe* (S. 59-97). Freiburg: Lambertus.
Russell, G. & Smith, J. (1979). Girls can be doctors, can't they: Sex differences in career aspirations. *Australian Journal of Social Issues, 14*, 91-102.
Ryff, C.D. (1979). Value transition and adult development in women: The instrumentality-terminality sequence hypothesis. In M. Rokeach (Ed.), *Understanding human values* (pp. 148-153). New York: Free Press.
Ryff, C.D. (1991). Possible selves in adulthood and old age: A tale of shifting horizons. *Psychology and Aging, 6*, 286-295.
Salovey, P., Hsee, C.K. & Mayer, J.D. (1993). Emotional Intelligence and the regulation of affect. In D.M. Wegner & J.W. Pennebaker (Eds.), *Handbook of mental control* (pp. 258-277). Englewood Cliffs, NJ: Prentice Hall.
Salthouse, T.A. (1984). Effects of age and skill in typing. *Journal of Experimental Psychology: General, 113*, 343-371.
Sameroff, A. (1975). Transactional models in early social relations. *Human Development, 18*, 65-79.
Samuelson, P.A. & Nordhaus, W.D. (1985). *Economics* (12th ed.). New York: McGraw-Hill.
Sanitioso, R., Kunda, Z. & Fong, G.T. (1990). Motivated recruitment of autobiographical memories. *Journal of Personality and Social Psychology, 59*, 229-241.
Sartre, J.P. (1943). *L'être et le néant*. Paris: Librairie Gallimard (deutsch: 1962. *Das Sein und das Nichts*. Hamburg: Rowohlt).
Saudino, K.J., Pedersen, N.L., Lichtenstein, P., McClearn, G.E. & Plomin, R. (1997). Can personality explain genetic influences on life events? *Journal of Personality and Social Psychology, 72*, 196-206.
Saup, W. (1991). *Konstruktives Altern*. Göttingen: Hogrefe.
Savitsky, K., Medvec, V.H. & Gilovich, T. (1997). Remembering and regretting: The Zeigarnik effect and the cognitive availability of regrettable actions and inactions. *Personality and Social Psychology Bulletin, 23*, 248-257.

Scarr, S. & McCartney, K. (1983). How people make their own environments. A theory of genotype- environment effects. *Child Development, 54*, 424-435.
Schank, R. & Abelson, R.P. (1977). *Scripts, plans, goals and understanding*. Hillsdale, NJ: Erlbaum.
Scheier, M.F. & Carver, C.S. (1980). Individual differences in self-concept and self-process. In D.M. Wegner & R.R. Vallacher (Eds.), *The self in social psychology* (pp. 229-251). New York: Oxford University Press.
Scherer, K.R. (1999). Appraisal theory. In T. Dalgleish & M.D. Power (Eds.), *Handbook of cognition and emotion* (pp. 637-664). Chichester, UK: Wiley.
Schlenker, B.R. (1980). *Impression management: The self concept, social identity, and interpersonal relations*. Monterey, CA: Brooks/Cole.
Schmitz, U. (1998). *Entwicklungserleben älterer Menschen. Eine Interviewstudie zur Wahrnehmung und Bewältigung von Entwicklungsproblemen im höheren Alter*. Regensburg: Roderer.
Schmitz, U., Rothermund, K. & Brandtstädter, J. (1999). Persönlichkeit und Lebensereignisse: Prädiktive Beziehungen. *Zeitschrift für Entwicklungspsychologie und Pädagogische Psychologie, 31*, 147-156.
Schmitz, U., Saile, H. & Nilges, P. (1996). Coping with chronic pain: Flexible goal adjustment as an interactive buffer against pain-related distress. *Pain, 67*, 41-51.
Schneider, E.L. & Rowe, J.W. (Eds.). (1990). *Handbook of the biology of aging*. San Diego, CA: Academic Press.
Schneider, W.-F. (1989). *Zukunftsbezogene Zeitperspektive von Hochbetagten* (Beiträge zur Gerontologie, Empirische Forschung, Bd. 1). Regensburg: Roderer.
Schopenhauer, A. (1851). *Parerga und Paralipomena: Kleine philosophische Schriften*. Berlin: A.W. Hayn.
Schütz, A. (1962). *Collected papers* (Vol. 1). Den Haag: Nijhoff.
Schulenberg, J.T. & Ebata, A.T. (1994). The United States. In K. Hurrelmann (Ed.), *International Handbook of Adolescence* (pp. 414-430). Westport, CT: Greenwood Press.
Schulz, R. (1976). Some life and death consequences of perceived control. In J.S. Carroll & J.W. Payne (Eds.), *Cognition and social behavior* (pp. 135-153). Hillsdale, NJ: Erlbaum.
Schulz, R. (1980). Aging and control. In J. Garber & M.E.P. Seligman (Eds.), *Human helplessness* (pp. 261-277). New York, NY: Academic Press.
Schulz, R. & Hanusa, B.H. (1978). Long-term effects of control and predictability-enhancing interventions: Findings and ethical issues. *Journal of Personality and Social Psychology, 36*, 1194-1201.
Schwarz, N. & Bohner, G. (1996). Feelings and their motivational implications: Moods and the action sequence. In P.M. Gollwitzer & J.A. Bargh (Eds.), *The psychology of action: Linking cognition and motivation to behavior* (pp. 119-145). New York: Guilford Press.
Schwarz, N. & Strack, F. (1991). Evaluating one's life: A judgment model of subjective well-being. In F. Strack, M. Argyle & N. Schwarz (Eds.), *Subjective well-being. An interdisciplinary perspective* (pp. 22-47). Oxford: Pergamon Press.
Searle, J.R. (1971). *Sprechakte. Ein sprachphilosophischer Essay*. Frankfurt/M.: Suhrkamp.
Searle, J.R. (1983). *Intentionality: An essay in the philosophy of mind*. New York: Cambridge University Press.
Searle, J.R. (1992). *The rediscovery of the mind*. Cambridge, MA: MIT Press.
Sedikides, C. (1993). Assessment, enhancement, and verification determinats of the self-evaluation process. *Journal of Personality and Social Psychology, 65*, 317-338.
Seligman, M.E.P. (1975). *Helplessness: On depression, development and death*. San Francisco: Freeman.
Seligman, M.E.P. (1990). Why is there so much depression today? The waxing of the individual and the waning of the commons. In R.E. Ingram (Ed.), *Contemporary psychological approaches to depression* (pp. 1-9). New York: Plenum Press.
Seligman, M.E.P. (1994). *What you can change and what you can't: The ultimate guide to self-improvement*. New York: Knopf.

Seligman, M.E.P. & Elder, G. (1986). Learned helplessness and life-span development. In A.B. Sorensen, F.E. Weinert & L.R. Sherrod (Eds.), *Human development and the life course: Multidisciplinary perspectives* (pp. 377-428). Hillsdale, NJ: Erlbaum.
Selman, R. (1980). *The growth of interpersonal understanding*. New York: Academic Press.
Sennett, D. (1998). *The corrosion of character*. New York: Norton.
Settersten, R.A., Jr. & Mayer, K.U. (1997). The measurement of age, age structuring, and the life course. *Annual Review of Sociology, 23*, 233-261.
Shanahan, M. & Hood, K.E. (2000). Adolescents in changing social structures: Bounded agency in life course perspective. In L.J. Crockett & R.K. Silbereisen (Eds.), *Negotiating adolescence in times of social change* (pp. 123-134). New York: Cambridge University Press.
Sherman, E. (1991). *Reminiscence and the self in old age*. New York: Springer.
Shiffrin, R.M. & Dumais, S.T. (1981). The development of automatism. In J.R. Anderson (Ed.), *Cognitive skills and their aquisition* (pp. 111-140). Hillsdale, NJ: Erlbaum.
Shock, N.W., Greulich, R.C., Costa, P.T., Andres, R., Lakatta, E.G., Arenberg, D. & Tobin, J.D. (1984). *Normal human aging. The Baltimore Longitudinal Study on Aging*. Washington, DC: NIH Publications.
Shweder, R.A., Goodnow, J.J., Hatano, G., LeVine, R., Markus, H. & Miller, P. (1998). The cultural psychology of development: One mind, many mentalities. In R.M. Lerner (Ed.), *Theoretical models of human development* (Handbook of child psychology, Vol. 1, 5th ed., pp. 865-937). New York: Wiley.
Simon, H.A. (1983). *Reason in human affairs*. Oxford: Basil Blackwell.
Skinner, B.F. (1953). *Science and human behavior*. New York: Macmillan.
Skinner, E.A. (1995). *Perceived control, motivation, and coping*. Thousand Oaks, CA: Sage.
Skinner, E.A. (1996). A guide to constructs of control. *Journal of Personality and Social Psychology, 71*, 549-570.
Skinner, E.A., Chapman, M. & Baltes, P.B. (1988). Control, mean-ends, and agency beliefs: A new conceptualization and its measurement during childhood. *Journal of Personality and Social Psychology, 54*, 117-133.
Skinner, E.A. & Connell, J.P. (1986). Control understanding: Suggestions for a developmental framework. In M.M. Baltes & P.B. Baltes (Eds.), *The psychology of control and aging* (pp. 35-69). Hillsdale, NJ: Erlbaum.
Sloterdijk, P. (1999). *Sphären II. Globen*. Frankfurt/M.: Suhrkamp.
Smedslund, J. (1988). *Psycho-Logic*. Berlin: Springer.
Smith, J. (1996). Planning about life: An area in need of social-interactive paradigms? In P.B. Baltes & U.M. Staudinger (Eds.), *Interactive minds: Life-span perspectives on the social foundations of cognition* (pp. 242-275). New York: Cambridge University Press.
Smith, J. (1999). Life planning: Anticipating future life goals and managing personal development. In J. Brandtstädter & R.M. Lerner (Eds.), *Action and self-development: Theory and research through the life span* (pp. 223-255). Thousand Oaks, CA: Sage.
Snyder, C.R. & Higgins, R.L. (1988). Excuses: Their effective role in the negotiation of reality. *Psychological Bulletin, 104*, 23-35.
Snyder, M. (1979). Self-monitoring processes. In L. Berkowitz (Ed.), *Advances in experimental social psychology* (Vol. 12, pp. 85-128). New York: Academic Press.
Snyder, M. (1987). *Public appearances/private realities: The psychology of self-monitoring*. San Francisco, CA: Freeman.
Snyder, M. & Campbell, B.H. (1982). Self-monitoring: The self in action. In J. Suls (Ed.), *Psychological perspectives on the self* (Vol. 1, pp. 185-208). Hillsdale, NJ: Erlbaum.
Spranger, E. (1914). *Lebensformen. Geisteswissenschaftliche Psychologie und Ethik der Persönlichkeit*. Tübingen: Niemeyer.
Stangor, C. & Ruble, D.N. (1987). Development of gender role knowledge and gender constancy. In L.S. Liben & M.L. Signorella (Eds.), *New directions for child development. Vol. 39: Children's gender schemata* (pp. 5-22). San Francisco: Jossey-Bass.
Stangor, C. & Ruble, D.N. (1989). Differential influence of gender schemata and gender constancy on children's information processing and behavior. *Social Cognition, 7*, 353-372.

Staudinger, U.M. & Baltes, P.B. (1996). Weisheit als Gegenstand psychologischer Forschung. *Psychologische Rundschau, 47*, 57-77.

Staudinger, U.M. & Dittmann-Kohli, F. (1992). Lebenserfahrung und Lebenssinn. In P.B. Baltes & J. Mittelstraß (Hrsg.), *Zukunft des Alterns und gesellschaftliche Entwicklung* (S. 408-436). Berlin: de Gruyter.

Staudinger, U.M., Marsiske, M. & Baltes, P.B. (1995). Resilience and reserve capacity in later adulthood: Potentials and limits of development across the life span. In D. Cicchetti & D. Cohen (Eds.), *Developmental psychopathology. Vol. 2: Risk, disorder, and adaptation* (pp. 801-847). New York: Wiley.

Steele, C.M. (1988). The psychology of self-affirmation: Sustaining the integrity of the self. In L. Berkowitz (Ed.), *Advances in experimental social psychology. Vol. 21: Social psychological studies of the self: Perspectives and programs* (pp. 261-302). New York: Academic Press.

Steele, C.M., Spencer, S.J. & Lynch, M. (1993). Self-image resilience and dissonance: The role of affirmational resources. *Journal of Personality and Social Psychology, 64*, 885-896.

Sternberg, R.J. (1990). *Wisdom: Its nature, origin, and development*. New York: Cambridge University Press.

Steverink, N., Lindenberg, S. & Ormel, J. (1998). Towards understaning successful aging: Patterned change in resources and goals. *Ageing and Society, 18*, 441-467.

Stock, W.A., Okun, M.A., Haring, M.J. & Witter, R.A. (1983). Age and subjective well-being: A meta-analysis. In R.J. Light (Ed.), *Evaluation studies: Review annual* (Vol. 8, pp. 279-302). Beverly Hills, CA: Sage.

Strack, F., Schwarz, N. & Gschneidinger, E. (1985). Happiness and reminiscing: The role of time perspective, affect, and mode of thinking. *Journal of Personality and Social Psychology, 49*, 1460-1469.

Streri, A. & Pêcheux, M. (1986). Vision-to-touch and touch-to-vision transfer of form in 5-month-old infants. *British Journal of Developmental Psychology, 4*, 161-167.

Stroud, B. (1977). *Hume*. London: Routledge & Kegan Paul.

Super, C.M. & Harkness, S. (1986). The developmental niche. *International Journal of Behavioral Development, 9*, 545-570.

Svagelski, J. (1981). *L'idée de compensation en France 1750-1850*. Lyon: Editions l'Hermès.

Swann, W.B. (1983). Self-verification: Bringing the social reality in harmony with the self. In J. Suls & A.G. Greenwald (Eds.), *Psychological perspectives on the self* (Vol. 2, pp. 33-66). Hillsdale, NJ: Erlbaum.

Swann, W.B., de la Ronde, C. & Hixon, J.G. (1994). Authenticity and positivity strivings in marriage and courtship. *Journal of Personality and Social Psychology, 66*, 857-869.

Swann, W.B., Griffin, J.J., Predmore, S.C. & Gaines, B. (1987). The cognitive-affective crossfire: When self-consistency confronts self-enhancement. *Journal of Personality and Social Psychology, 52*, 881-889.

Swann, W.B., Pelham, B.W. & Krull, D.S. (1989). Agreeable fancy or disagreeable truth? Reconciling self-enhancement und self-verification. *Journal of Personality and Social Psychology, 57*, 782-791.

Sykes, G. & Matza, D. (1957). Techniques of neutralization: A theory of delinquency. *American Sociological Review, 22*, 664-670.

Tanney, J. (1995). Why reasons may not be causes. *Mind & Language, 10*, 105-128.

Tatarkiewicz, W. (1976). *Analysis of happiness*. Den Haag: Nijhoff.

Taylor, C. (1989). *Sources of the self. The making of the modern identity*. Cambridge, MA: Harvard University Press.

Taylor, C. (1994). *Quellen des Selbst. Die Entstehung der neuzeitlichen Identität*. Frankfurt/M.: Suhrkamp.

Taylor, C. & Schneider, S.K. (1989). Coping and the simulation of events. *Social Cognition, 7*, 174-194.

Taylor, S.E. (1983). Adjustment to threatening events. *American Psychologist, 38*, 1161-1173.

Taylor, S.E. (1989). *Positive illusions: Creative self-deception and the healthy mind*. New York: Basic Books.

Taylor, S.E. & Brown, J.D. (1988). Illusion and well-being: A social psychological perspective on mental health. *Psychological Bulletin, 95*, 193-210.

Taylor, S.E. & Brown, J.D. (1994). Positive illusions and well-being revisited: Separating fact from fiction. *Psychological Bulletin, 103*, 193-210.

Taylor, S.E. & Gollwitzer, P.M. (1995). Effects of mindset on positive illusions. *Journal of Personality and Social Psychology, 69*, 213-226.

Taylor, S.E., Wood, J.V. & Lichtman, R.R. (1983). It could be worse: Selective evaluation as a response to victimization. *Journal of Social Issues, 39 (2)*, 19-40.

Tenbruck, F. (1972). *Zur Kritik der planenden Vernunft*. Freiburg: Alber.

Tenbruck, F. (1978). Zur Anthropologie des Handelns. In H. Lenk (Hrsg.), *Handlungstheorien interdisziplinär II: Handlungserklärungen und philosophische Handlungsinterpretation. Erster HalbBd.* (S. 89-138). München: Fink.

Tesser, A. (1986). Some effects of self-evaluation maintenance on cognition and action. In R.M. Sorrentino & E.T. Higgins (Eds.), *Handbook of motivation and cognition: Foundations of social behavior* (pp. 435-464). New York: Guilford Press.

Tesser, A., Martin, L.L. & Cornell, D.P. (1996). On the substitutability of self-protective mechanisms. In P.M. Gollwitzer & J.A. Bargh (Eds.), *The psychology of action: Linking cognition and motivation to behavior* (pp. 48-68). New York: Guilford Press.

Tetens, J. (1777). *Philosophische Versuche über die menschliche Natur und ihre Entwicklung* (Bd. 1). Leipzig: M.G. Weidmanns Erben und Reich.

Thelen, E. & Smith, L.B. (1994). *A dynamic systems approach to the development of cognition and action*. Cambridge, MA: MIT Press.

Thomae, H. (1968). *Das Individuum und seine Welt*. Göttingen: Hogrefe.

Thomae, H. (1985). Psychologie und Biographie. Versuch einer Zwischenbilanz. In U.M. Lehr & F.E. Weinert (Hrsg.), *Hans Thomae. Dynamik des menschlichen Handelns* (S. 353-366). Bonn: Grundmann.

Thomae, H. (1987). Gerontologische Längsschnittstudien. Ziele – Möglichkeiten – Grenzen. In U. Lehr & H. Thomae (Hrsg.), *Formen seelischen Alterns* (S. 1-6). Stuttgart: Enke.

Thomae, H. (1989). Veränderungen der Zeitperspektive im höheren Alter. *Zeitschrift für Gerontologie, 22*, 58-66.

Thompson, S.C., Cheek, P.R. & Graham, M.A. (1988). The other side of perceived control: Disadvantages and negative effects. In S. Spacapan & S. Oskamp (Eds.), *The social psychology of health* (pp. 69-93). Newbury Park, CA: Sage.

Timpanaro, S. (1976). *The Freudian Slip*. London: NLB.

Tooby, J. & Cosmides, L. (1992). The psychological foundations of culture. In J.H. Barkow, L. Cosmides & J. Tooby (Eds.), *The adapted mind: Evolutionary psychology and the generation of culture* (pp. 19-136). New York: Oxford University Press.

Toulmin, S.E. (1974). Rules and their relevance for understanding human behavior. In T. Mischel (Ed.), *Understanding other persons* (pp. 185-215). Oxford: Blackwell.

Trautner, M. (1991). *Lehrbuch der Entwicklungspsychologie. Bd. 1: Theorien und Befunde*. Göttingen: Hogrefe.

Trevarthen, C. (1980). The foundations of inter-subjectivity: Development of interpersonal and cooperative understanding in infants. In D.R. Olson (Ed.), *The social foundations of language and thought* (pp. 316-342). New York: Norton.

Trevarthen, C. (1988). Universal cooperative motives: How infants begin to know the language and culture of their parents. In G. Jahoda & I.M. Lewis (Eds.), *Acquiring culture: Cross-cultural studies in child development* (pp. 116-135). New York: Croom Helm.

Triandis, H.C. (1988). Collectivism and development. In D. Sinha & H.S.R. Kao (Eds.), *Social values and development: Asian perspectives* (pp. 285-303). New Dehli: Sage.

Trudewind, C., Unzner, L. & Schneider, K. (1989). Die Entwicklung der Leistungsmotivation. In H. Keller (Hrsg.), *Handbuch der Kleinkindforschung* (S. 491-524). Berlin: Springer.

Turk-Charles, S. & Carstensen, L.L. (1999). The role of time in the setting of social goals across the life span. In T.M. Hess & F. Blanchard-Fields (Eds.), *Social cognition and aging* (pp. 319-339). San Diego, CA: Academic Press.

Ulich, D. (1989). *Ein kontextualistisch-feldtheoretisches Modell der Aktual- und Ontogenese von Emotionen* (Augsburger Berichte zur Entwicklungspsychologie und Pädagogischen Psychologie Nr. 37). Augsburg: Universitätsdruck.

Ulich, D., Haußer, K., Mayring, P., Strehmel, P., Kandler, M. & Degenhardt, B. (1985). *Psychologie der Krisenbewältigung: Eine Längsschnittuntersuchung mit arbeitslosen Lehrern.* Weinheim: Beltz.

Ursin, H. & Olff, M. (1993). The stress response. In S.C. Stanford & P. Salmon (Eds.), *Stress: From synapse to syndrome* (pp. 3-22). London: Academic Press.

Uttal, D.H. & Perlmutter, M. (1989). Toward a broader conceptualization of development: The role of gains and losses across the life span. *Developmental Review, 9*, 101-132.

Vallacher, R.R. & Wegner, D.M. (1987). What do people think they're doing? Action identification and human behavior. *Psychological Review, 94*, 3-15.

Valsiner, J. (1987). *Culture and the development of children's action.* New York: Wiley.

Valsiner, J. (1989). *Human development and culture.* Lexington, MA: D.C. Heath.

Valsiner, J. (1994). Culture and human development: A co-constructionist perspective. *Annals of Theoretical Psychology, 10*, 247-298.

van der Veer, R. & Valsiner, J. (1991). *Understanding Vygotsky: A quest for synthesis.* Oxford: Blackwell.

Varela, F. (1975). A calculus for self-reference. *International Journal of General Systems, 2*, 5-24.

Vico, G. (1744). *Principi di una scienza nuova d'intorno alla communa natura delle nazioni* (Die neue Wissenschaft über die gemeinschaftliche Natur der Völker; 1924). München: Allgemeine Verlagsanstalt.

Volpert, W. (1983). Das Modell der hierarchisch-sequentiellen Handlungsorganisation. In W. Hacker, W. Volpert & M. von (Hrsg.), *Kognitive und motivationale Aspekte der Handlung* (S. 38-58). Bern: Huber.

Vygotsky, L.S. (1978). *Mind in society: The development of higher mental processes.* Cambridge, MA: Harvard University Press.

Vygotsky, L.S. (1979). The instrumental method in psychology. In J.V. Wertsch (Ed.), *The concept of activity in Soviet psychology* (pp. 134-143). Armonk, NY: Sharpe.

Vygotsky, L.S. (1986). *Thought and language.* Cambridge, MA: MIT Press (Erstveröffentlichung in Russisch: 1934).

Waldenfels, B. (1999). Symbolik, Kreativität und Responsivität. In J. Straub & H. Werbik (Hrsg.), *Handlungstheorie. Begriff und Erklärung des Handelns im interdisziplinären Diskurs* (S. 243-260). Frankfurt/M.: Campus.

Ward, R.A. (1984). The marginality and salience of being old: When is age relevant? *The Gerontologist, 24*, 227-232.

Watson, J.B. (1930). *Behaviorism.* New York: Norton.

Watson, J.S. (1966). The development of „contingency awareness" in early infancy: Some hypotheses. *Merrill-Palmer Quarterly, 12*, 123-135.

Weber, M. (1972). *Wirtschaft und Gesellschaft. Grundriß der verstehenden Soziologie* (5. Aufl.). Tübingen: Mohr.

Webster, C. (1995). Computer modeling of adaptive depression. *Behavioral Science, 40*, 314-330.

Wegner, D.M. (1994). Ironic processes of mental control. *Psychological Review, 101*, 34-52.

Weiner, B. (1980). *Human motivation.* New York: Holt, Rinehart & Winston.

Weiss, I.K., Nagel, C.L. & Aronson, M.K. (1986). Applicability of depression scales to the old person. *Journal of the American Geriatric Society, 34*, 215-218.

Weisz, J.R. (1983). Can I control it? The pursuit of veridical answers across the life span. In P.B. Baltes & G. Brim (Eds.), *Life-span development and behavior* (pp. 233-300). New York: Academic Press.

Weisz, J.R. & Cameron, A.M. (1985). Individual differences in the student's sense of control. In C. Ames & R.E. Ames (Eds.), *Research on motivation and education: The classroom milieu* (Vol. 2, pp. 93-140). New York: Academic Press.

Wells, L.E. & Stryker, S. (1988). Stability and change in self over the life course. In P.B. Baltes, D.L. Featherman & R.M. Lerner (Eds.), *Life-span development and behavior* (Vol. 8, pp. 191-229). Hillsdale, NJ: Erlbaum.

Wentura, D. (1995). *Verfügbarkeit entlastender Kognitionen. Zur Verarbeitung negativer Lebenssituationen*. Weinheim: Psychologie Verlags Union.

Wentura, D. & Greve, W. (1996). Selbstkonzept-Immunisierung: Evidenz für automatische selbstbildstabilisierende Begriffsanpassungen. *Zeitschrift für Sozialpsychologie*, *27*, 207-223.

Werbik, H. (1978). *Handlungstheorien*. Stuttgart: Kohlhammer.

Werle, J.M. (Hrsg.). (2000). *Klassiker der philosophischen Lebenskunst*. München: Goldmann.

Wertsch, J.V. (Ed.). (1981). *The concept of activity in Soviet psychology*. Armonk, NJ: Sharpe.

White, R.W. (1959). Motivation reconsidered: The concept of competence. *Psychological Review*, *66*, 297-333.

White, S. (1991). *The unity of the self*. Cambridge, MA: MIT Press.

Wicklund, R.A. & Gollwitzer, P.M. (1982). *Symbolic self-completion*. Hillsdale, NJ: Erlbaum.

Williams, B. (1973). *Problems of the self*. Cambridge: Cambridge University Press.

Wills, T.A. (1987). Downward comparison as a coping mechanism. In C.R. Snyder & C.E. Ford (Eds.), *Coping with negative life events* (pp. 243-268). New York: Plenum Press.

Wills, T.A. (1991). Similarity and self-esteem in downward comparison. In J. Suls & T.A. Wills (Eds.), *Social comparison: Contemporary theory and research* (pp. 51-78). Hillsdale, NJ: Erlbaum.

Winch, R.F. (1958). *Mate-selection: A study of complementary needs*. New York: Harper.

Wippler, R. (1978). Nicht-intendierte soziale Folgen individueller Handlungen. *Soziale Welt*, *29*, 155-179.

Wittgenstein, L. (1969). *Über Gewißheit. On certainty* (Hrsg. G.E.M. Anscombe & G.H. von Wright). Oxford: Blackwell.

Wolk, S. (1976). Situational constraint as a moderator of the locus of control- adjustment relationship. *Journal of Consulting and Clinical Psychology*, *44*, 420-427.

Wollheim, R. (1984). *The thread of life*. Cambridge, MA: Harvard University Press.

Wong, P.T.P. & Watt, L.M. (1991). What types of reminiscence are associated with successful aging? *Psychology and Aging*, *6*, 272-279.

Wood, D., Bruner, J.S. & Ross, G. (1976). The role of tutoring in problem-solving. *Journal of Child Psychology and Psychiatry*, *17*, 89-100.

Wortman, C.B. & Brehm, J.W. (1975). Responses to uncontrollable outcomes: An integration of reactance theory and the learned helplessness model. In L. Berkowitz (Ed.), *Advances in experimental social psychology* (Vol. 8, pp. 278-336). New York: Academic Press.

Wright, R.A. & Brehm, J.W. (1989). Energization and goal attractiveness. In L.A. Pervin (Ed.), *Goal concepts in personality and social psychology* (pp. 169-210). Hillsdale, NJ: Erlbaum.

Wrosch, C. & Heckhausen, J. (1996). Adaptivität sozialer Vergleiche: Entwicklungsregulation durch primäre und sekundäre Kontrolle. *Zeitschrift für Entwicklungspsychologie und Pädagogische Psychologie*, *28*, 126-147.

Wrosch, C. & Heckhausen, J. (in Druck). Being on-time or off-time: Developmental deadlines for regulating one's own development. In A.N. Perret-Clermont, J.M. Barrelet, A. Flammer, D. Miéville, J.F. Perret & W. Perrig (Eds.), *Mind and time*. Göttingen: Hogrefe & Huber.

Wurf, E. & Markus, H. (1991). Possible selves and the psychology of personal growth. In D.J. Ozer, J.M. Healy, Jr. & A.J. Stewart (Eds.), *Perspectives in personality. Vol. 3, Part A: Self and emotion* (pp. 39-62). London: Kingsley.

Wyer, R.S.J. & Frey, D. (1983). The effect of feedback about self and others on the recall and judgments of feedback-relevant information. *Journal of Experimental Psychology*, *19*, 540-559.

Yesavage, J.A., Brink, T.L., Rose, T.L., Lum, O., Huang, V., Adey, M. & Leirer, V.O. (1983). Development and validation of a geriatric depression scale. *Journal of Psychiatric Research*, *17*, 31-49.

Zemore, R. & Eames, N. (1979). Psychic and somatic symptoms of depression among young adults, institutionalized and noninstitutionalized aged. *Journal of Gerontology*, 716-722.

Zepelin, H., Sills, R.A. & Heath, M.W. (1987). Is age becoming irrelevant? An exploratory study of perceived age norms. *International Journal of Aging and Human Development*, *24*, 241-256.

Zirkel, S. & Cantor, N. (1990). Personal construal of life tasks: Those who struggle for independence. *Journal of Personality and Social Psychology*, *58*, 172-195.

Zivin, G.E. (1979). The development of self-regulation through private speech. New York: Wiley.

# Personenregister

# Sachregister